북한경제의 구조

—경제개발과 침체의 메커니즘—

양 문 수

서울대학교출판문화원

머리말

현재의 조선민주주의인민공화국(이하 '북한'이라고 줄임)의 심각한 경제난을 부정하는 사람은 아무도 없을 것이다. 최악의 상황은 벗어났다고 하나 식량난은 여전히 심각한 상태이다. 몇 십만 명인지 몇 백만 명인지 확실하지 않지만 대규모의 아사자(餓死者)가 발생했었다. 공장의 가동률은 극단적으로 떨어진 상태이다. 경제의 내부자원은 사실상 고갈된 상태이다. 경제가 움직이고 있는지 아닌지 의심스러울 정도이다. '경제난', '경제부진', '경제위기', '경제파탄'이라는 표현의 차이만 있을 뿐 현재의 북한경제가 심각한 상태에 있다는 것에 이의를 제기하는 사람은 없을 것 같다. 자존심 강하기로 유명한 북한 당국도 공식적으로 현재의 경제난을 인정하고 있을 정도이다.

한때 북한의 눈부신 경제성장이 전해지면서 북한체제가 제3세계의 각국이 배워야 할 '모범 케이스'로 된 적도 있었다. 정보공개가 엄격히 제한되어 있던 상황에서 가끔 흘러 나오는 단편적인 정보를 둘러싸고 북한경제가 어느 정도인지, 정말로 나쁜 상황인지 그렇지 않으면 아직 괜찮은지 뜨거운 논쟁이 벌어지던 시기도 있었다. 하지만 어느덧 이러한 것들은 옛날 이야기가 되어 버렸다.

한반도의 해방(1945), 북한의 건국(1948) 이후 지금에 이르기까지의 반세기 동안에 도대체 무엇이 있었던 것일까. 현재의 심각한 경제난은 대체 어디에서 온 것일까. 북한경제는 어디로 향하고 있는 것일까. 북한 사회주의 체제는 도대체 무엇이었던가.

이러한 물음들은 어느덧 진부한 느낌조차 주게 되었지만 사회과학의 입장에서는 이들 물음에 관해 선행연구에서 아직 해명되지 않은 부분이 적지 않다고 할 수 있다. 적지 않은 연구자들이 이들 질문에 자기 나름대로의 대답을 제시하기 위해 노력하여 왔지만 북한경제연구는 정말 느린 속도로 전진해 왔다고 할 수 있을 것 같다. 특히 오늘날 북한의 경제난을 이야기할 때 사회주의 경제의 비효율성이니, 폐쇄적 경제운영이니, 경제적 합리성의 정치적 목적에의 종속이니 하는 것만 가지고 너무 쉽게, 너무 단순화시켜 논하는 것은 아닌가 하는 인상을 씻을 수가 없다.

오늘날의 심각한 경제난은 북한 지도부가 의도하지도, 예상하지도 않았던 것이다. 그들도 경제를 발전시키기 위해, 오늘날과 같은 사태를 막기 위해 나름대로 그리고 필사적으로 노력했던 것은 분명한 사실이다. 하지만 결과는 참담했다. 그렇다면 반세기라는 오랜 기간에 북한 지도부는 어떤 식으로 나라 경제를 꾸려 왔던 것일까. 자신들이 생각했던 것들과 눈앞에 펼쳐지는 현실 간의 괴리를 어떻게 받아들였던 것일까. 그들은 경제운영상의 제반 문제들에 대해 어떻게 대응해 왔던 것일까. 그들은 대체 어떤 고민들을 안고 있었던 것일까. 결국 이러한 문제들을 정면에서 다루지 않고서는 북한을 제대로 '이해' 하려고 노력했다고 할 수 없을 것이다.

북한이라는 나라는 아직도 엄연히 '존재' 하는 하나의 실체이다. 한때 북한 붕괴론이 거세게 일었던 적이 있으나 현 시점에서 북한의 조기 붕괴를 이야기하는 사람은 찾아보기 힘들다. 더욱이 한국의 입장에서 보면 북한은 같은 민족이다. 잃어버린 반쪽이다. 물론 한국 내에는 아직도 북한이 우리의 적(敵)이라고 주장하고 있는 사람들이 있다. 하지만 백 번 양보한다 하더라도 북한은 한국이 외면하고 싶다고 해서 외면할 수 있는 대상이 아니다. 어떤 형태로든 '함께할' 수밖에 없는 존재이다. 보다 적극적으로는 대화와 협력을 통해 민족 전체의 문제를 함께 풀어 나가야 할 숙명적 관계에 놓여 있다. 한국이 북한을 보다 잘 이해해야 할 필요성은 아무리 강조해도 지나치지 않다.

아울러 최근의 남북관계에 있어서 핵심적인 요소는 북한의 생존, 특히 경제문제의 해결이라 할 수 있다. 북한이 '변화' 를 모색하게 된 근저에도 경제문제가 있다. 북한의 변화를 유도함과 동시에 그 변화의 모색을 도와주는 한국측의 노력도 여기에 초점이 맞추어져 있다. 결국 당면한 북한의 경제문제를 풀어 나가기 위해서도 북한경제에 대한 이해의 지평을 넓힐 필요가 있다.

그리고 통일독일의 경험이 보여 주듯이 역사는, 특히 경제의 역사는 결코 '비약'하지 않는다. 어떠한 극적인 역사적 격변에도 불구하고 경제는 연속과 단절의 두 가지 면을 동시에 지닐 수밖에 없다. 이러한 진리에 비추어 본다면 북한경제를 보다 체계적으로 이해하려는 노력은 한반도의 미래를 준비한다는 관점에서도 결코 소홀히 할 수 없는 과제라고 본다. 이 책은 이상과 같은 문제의식에서 출발하고 있다.

이 책의 특징은 다음의 네 가지로 요약할 수 있다. 이는 북한경제에 관한 선행연구와 이 책의 차별성이기도 하다.

첫째, 이 책은 기본적으로 '메커니즘론' 내지 '프로세스론'이다. 즉 이 책의 주된 연구과제는 북한경제침체의 메커니즘 내지 프로세스를 해명하는 것이다. 즉 북한경제가 왜, 어떻게 해서 오늘날의 심각한 경제난에 이르게 된 것인지 고찰하는 것이다. 반세기에 걸친 북한의 경제개발 총과정에 대한 오늘날의 관점에서의 총괄이기도 하다. 물론 '결과론'은 아니다. 이는 이 책의 제2의 연구과제이기도 한 북한 사회주의 경제의 보편성 및 특수성 규명과도 밀접한 관련이 있다.

둘째, 북한경제에 관한 자료제약에 대처하기 위해 세 가지 방법을 썼다. 자료가 없으니까 자료를 만들었다고도 할 수 있다. 북한경제연구의 최대의 제약요인은 공식적인 통계 · 자료의 절대적인 부족이다. 이에 대처하기 위해 필자는 북한경제에 관한 세계 각국의 연구자 · 기관의 추정치 가운데 이 책의 주제와 관련이 있는 데이터를 최대한 수집하고자 했다. 그리고 이들을 적극 활용하고자 했다. 아울러 탈북자 20명을 대상으로 1998년 3월에 서울 및 경기도에서 인터뷰했다. 이들은 대부분 기업운영관계의 일에 종사한 사람들이다. 이들을 대상으로 기업운영과 관련해 그들이 경험한 것을 중심으로, 또 생활인으로서 경험한 것을 부수적으로

'비정치적' 인 인터뷰를 진행했다. 그 면담결과를 자료로서 적극 활용했다.

여기에다 탈북자 증언을 크로스 체크하기 위해, 또한 자료의 공백을 메우기 위해 故 김일성 주석의 연설 · 저작을 정리한 『김일성저작집』, 『사회주의경제관리문제에 대하여』 시리즈를 자료로서 적극 활용했다. 이들 문헌에는 거시 · 미시경제 운영상의 문제점에 대한 故 김 주석의 지적 · 불만이 여기저기에 나와 있고, 이를 통해 단편적이지만 북한의 현실의 모습을 엿볼 수 있다. 이런 것들은 북한과 같이 경제정보의 공개를 엄격히 통제하고 있는 나라에서는 최고지도자가 아니면 아무도 결코 입 밖에 낼 수 없는 것인 만큼 학문적으로 귀중한 자료가 될 수 있다.

셋째, 방법론적으로는 경제체제, 경제개발, 역사, 국제비교라는 4원적 접근을 시도했다. 즉 비교경제체제론과 경제발전론의 틀을 가지고 북한의 경제를 파악해 이를 주로 구소련 · 중국과 비교해 보고(이른바 '횡(橫)'), 또한 여기에 역사적 어프로치(이른바 '종(縱)')를 더하여 이 네 가지 접근법을 교차시켜 북한경제를 파악하고자 시도했다.

넷째, 이 책 전체의 프레임워크 설정을 위해 '경제개발 총과정' 이라는 개념을 도입했다. 경제개발 총과정을 구성하는 요인은 초기조건, 경제개발전략, 국면전환, 경제실적이다. 이 책에서는 초기조건, 경제개발전략과 경제실적 간의 매개변수로서 경제개발 메커니즘을 설정, 중점 고찰한다. 북한에서 경제침체 메커니즘의 형성과 전개는 경제개발 메커니즘이 서서히 경제침체 메커니즘으로 바뀌어 가면서 일종의 자기운동화해 가는 과정에 다름 아니다. 아울러 이 책에서는 경제개발 메커니즘을 거시적, 미시적, 대내적, 대외적 측면으로 나누어 고찰한다.

이 책이 이러한 특징들을 가지고 있다고 해서 북한의 경제개발과 침체의 메커니즘을 제대로 해명했다고 주장할 생각은 전혀 없다. 북한의 '자료의 장벽' 은 여전히 높다. 더욱이 이 장벽을 효과적으로 타파할 만한 사회과학적 지식이 필자에게 있는 것은 아니다. 사실 이 책은 북한의 경제개발과 침체의 메커니즘이라는 연구과제에 대해 필자가 5년 정도 달려들어 씨름한 결과물에 불과하다. 이러한 연구과제에 대해 이 책이 얼마만큼의 성과를 거두었는지 평가하는 것은 전적으로 독자들의 몫이다.

이 책에서는 다음과 같은 순서로 논의를 진행하고자 한다. 제1장은 서론으로 이 책의 분석틀과 시각, 이용된 자료에 대해 간단히 언급하고 나서 북한경제에 관한 선행연구의 특징 및 문제점을 간단히 정리하여 이 책의 논의의 출발점으로 한다. 제2장은 북한의 경제실적, 경제개발의 초기조건, 경제개발전략에 관한 개관이다. 우선 북한의 경제실적을 장기적 추세(성장률의 장기적 하락)와 1990년대의 경제난으로 나누어 정리한다. 이어 김일성 정권이 과거부터 이어받은 역사적 유산 내지 초기조건에는 어떠한 것이 있었는지, 김일성 정권의 경제개발전략, 요컨대 경제개발의 목적과 그 목적을 실현하기 위한 수단 · 정책은 어떠한 것이었는지 개관한다.

제3장부터 제5장까지는 개발 메커니즘을 다루기로 한다. 초기조건을 토대로 개발전략이 어떻게 전개되어 어떠한 정책이 취해지고, 그 결과 어떠한 개발 메커니즘이 형성되어 제2장에서 본 경제실적을 가져온 것일까 하는 것이다. 특히 북한의 개별적인 경제개발전략이 그 유효성이 저하되거나 기능부전상태에 빠져 결국 '경제개발 메커니즘'이 '경제침체 메커니즘'으로 전화하여 가는 과정을 중점적으로 고찰한다.

제3장에서는 경제개발 메커니즘을 거시적인 측면에서 파악하기로 한다. 북한 공업화의 구조와 메커니즘을 주로 경제발전론적 관점에서 검토하는 것이다. 북한 공업화의 몇 가지 구조적 특징을 정리한 후 공업성장 · 침체(내지는 경제성장 · 침체)의 문제를 노동, 자본과 같은 생산요소와의 관련하에 검토한다. 제4장에서는 경제개발 메커니즘을 미시적 측면에서 파악하기로 한다. 본격적인 경제개혁 이전 시기의 구소련 · 동구 기업과의 비교라는 관점을 도입하여 북한 기업의 행동양식을 정리한다. 주로 비교경제체제론적 관점에서의 접근이다. 제5장에서는 경제개발 메커니즘을 대외적 측면에서 파악하기로 한다. 대외무역, 무상원조 · 차관, 외채와 경제성장과의 관계, 바꾸어 말하면 북한의 대외경제관계가 경제개

발에 어떠한 영향을 미쳤는지, 대외부문이 대내부문을 어떻게 제약했는지를 검토한다.

제6장에서는 극히 제한적인 '국면교체'의 문제, 요컨대 북한의 제한적 '개혁'·개방정책의 문제를 검토한다. 우선 개혁·개방이란 무엇인가, 개혁·개방은 왜 필요한 것인가 하는 문제를 구소련·동구, 중국의 경험으로부터 정리한다. 이어 북한의 제한적인 개혁·개방에 관련된 움직임을 정리한 뒤 북한이 본격적인 개혁에 나설 수 없었던 원인을 살펴본다.

제7장은 결론이다. 경제실적과 다른 요인, 즉 초기조건, 경제개발전략, 경제개발의 메커니즘, 극히 제한적인 국면교체정책과의 관계를 논함으로써 이 책 전체의 논의를 정리하기로 한다.

이 책은 1999년 11월에 일본 도쿄대(東京大) 대학원 경제학연구과에 제출한 필자의 박사학위청구논문, 「北朝鮮の經濟開發: 經濟低迷メカニズムの形成と展開」를 수정·보완한 것이다. 그리고 이미 일본에서는 지난해 10월에 『北朝鮮經濟論: 經濟低迷のメカニズム』이라는 제목으로 출판된 바 있다. 일본어 책은 지난해 3월에 출판사 측에 최종원고를 넘겼는데, 박사학위논문을 약간 손질하는 선에서 그쳤다. 하지만 이번의 한글책은 박사학위논문을 상당 정도 수정·보완했다. 우선 최신 데이터를 보충했다. 또 학위논문을 쓸 때 미처 보지 못했던 책이나 논문들을 발견하게 되어 이들 논의를 소화하고 반영하려고 했다. 또 필자가 지난해 2월 한국에 들어온 이후 학위논문을 토대로 몇 개의 소논문을 발표했는데, 그 글들을 정리하는 과정에서 학위논문을 수정·보완해야 할 필요를 느껴 이 점 또한 반영했다.

많은 분들의 지도, 격려가 없었다면 필자의 박사학위논문 및 이 책의 완성은 불가능했을 것이다. 무엇보다도 필자의 은사이신 도쿄대의 中兼和津次 교수님께 감사의 말씀을 드리고 싶다. 중국경제를 40년 가까이 연구하시면서 사회주의 경제의 과거와 현재, 미래를 함께 호흡해 오신 中兼和津次 교수님께는 사회주의 경제연구의 ABC로부터 비교경제체제론, 경제발전론 등의 방법론에 이르기까지 세세하게 가르침을 받았다. 또한 개혁 · 개방 이전의 중국과 개혁 · 개방 이후의 중국과의 관계에 대해 계속 연구해 오신 田島俊雄 교수님께는 사회주의 경제연구에 있어서 역사적 어프로치가 왜 중요하고 또 어떻게 해야 하는 것인가를 배웠다. 아울러 러시아 경제를 전공하신 奧田央 교수님께는 사회주의 경제연구에 있어서의 '객관성'의 문제에 대해 배웠고, 타이 경제와 아시아 경제를 가르치시는 末廣昭 교수님께는 이른바 지역연구자가 가져야 할 자세에 대해 가르침을 받았다.

이 밖에 前 도쿄대 和田春樹 교수님, 青山學園大學의 木村光彦 교수님, 京都産業大學의 後藤富士男 교수님, 防衛研究所의 室岡鐵夫 교수님, アジア經濟研究所의 小牧輝夫 연구주간님, 外務省의 岩本卓也 님, 前 조선대학교 姜日天 교수님, 朝鮮問題研究所의 文浩一 님, 조선신보사의 韓東賢 기자님, 新潟産業大學의 金元重 교수님, 서울대학교의 鄭英一 교수님, 同 金世源 교수님, 同 李根 교수님, 前 서울대학교 安秉直 교수님, 동국대학교의 朴淳成 교수님, 상지대학교의 徐東晩 교수님, 한국개발연구원의 曹東昊 박사님, 同 朴貞東 박사님, KDI 국제정책대학원의 朴進 교수님, 산업연구원의 李錫基 수석연구원님, 삼성경제연구소의 金錬鐵 박사님, 한신대학교의 李日榮 교수님, 통일부의 李鳳朝 통일정책실장님, 前 통일부 尹鍾佑 사부관님 등등의 분들으로부터 많은 도움을 받았다. 이 지면을 빌어 감사의 말씀을 드린다.

마지막으로 필자의 생활과 공부의 버팀목이 되어 주신 어머니 姜秀子님과 아내 許惠淑, 두 딸 河璘, 愈廈에게 감사의 마음을 전하면서 이들에게 이 책을 바친다.

2001년 10월
양문수

차 례

제1장 서 론

제1절 북한경제를 어떻게 볼 것인가

1. 복안적(複眼的) 관점

먼저 이 책에서 북한경제를 어떻게 파악할 것인가 하는 문제부터 시작하기로 하자. 다만 이것은 이렇게 하면 북한경제를 적확하게 파악할 수 있다고 주장하는 적극적인 방법론이 아니다. 적어도 이러한 점은 놓쳐서는 안 된다든지 이런 식으로 하면 오류를 조금이라도 줄일 수 있는 것은 아닌가 하는 소극적인 방법론이다. 오히려 방법론보다 대략적인 분석틀 혹은 관점에 가까울지도 모른다.

첫째, 비교경제체제론의 틀 속에서 북한에 접근하는 방법이다. 이것은 북한이 무엇보다도 사회주의 경제라는 사실에 기인하는 바가 크다. 둘째, 경제발전론 내지 개발경제론의 틀 속에서 북한에 접근하는 방법이다. 이것은 북한이 저개발의 농업국가라는 초기조건하에 경제개발에 착수하였다는 것, 또한 경제개발과정에서는 개도국 공통의 많은 경제적 과제 · 문제점(예를 들면 외화부족, 기술적 낙후)을 안고 있었다는 사실 때문이다. 셋째, 역사적 어프로치이다. 이것은 북한경제를 제대로 이해하기 위해서는 식민지시대, 나아가서는 이조시대까지 시야에 넣을 필요가 있다고 하는 인식에 기초하고 있다. 넷째, 국제비교이다. 구소련 · 중국과 같은 여타 사회주의 국가와의 비교를 통하여 북한 사회주의 경제의 특성을 선명히 부각시킬 수 있다고 하는 생각에 따른 것이다.

이렇게 해서 이 책에서는 비교경제체제론과 경제발전론의 관점에서 북한의 경제를 파악하고, 또한 이들 두 가지 관점에서 주로 구소련 · 중국과 비교해 보며(이른바 '횡(橫)'), 여기에 역사적 또는 통사적 어프로치(이른바 '종(縱)')를 더하여 이 네 가지 접근법이 교차하는 곳에 북한경제의 정확한 영상이 맺어지도록 시도한다.[1)]

---

1) 이것은 河地重藏(1972)이 제시한 중국연구방법론과 상당히 유사하다. 河地重藏은 마르크스 · 레닌주의, 저개발국 발전론, 중국의 역사라고 하는 어프로치를 주장하였는데 마르크스 · 레닌주의의 관점 내에는 구소련과의 비교가, 저개발국 발전론의 관점에는 예를 들면 인도와의 비교가 포함되어 있다. 그리고 이 책의 접근방법은 中兼和津次(1992)이 강조하고 있는 복안적 시점과도 가깝다. 유사한 사고방식은 중국 연구자뿐만 아니라 구소련, 나아가서는 사회주의 국가 연구자에게서도 볼 수 있다. 예를 들면 소련경제의 대표적인 서방측 경제학자의 한 사람인 Nove는 소련경제의 이해와 관련, 다음과 같은 점을 강조하고 있다. 즉 소련의 여러 기지 제도가 일정한 목적에 봉사하게끔 만들어진 데다 많은 문제가 후진국에서의 급속한 공업화의 추구와 밀접한 관계를 가지고 있으며, 그 때문에 종종 코스트를 치르고 있다는 것이다(Nove, 1968: 10). 또한 Brus & Raski의 표현을 빌리면 사회주의 제국은, 정통파 마르크스주의의 용어로 하면, '미성숙된 조건' 하에서 사회주의로의 이행을 시작했고 따라서 승리한 혁명의 가장 중요한 목적은 경제적으로뿐 아니라 사회적으로도, 문화적으로도 후진성을 없애는 것이었기 때문이다(Brus & Raski, 1989: 35).

한편, 북한경제를 파악하는 관점을 제시한 연구는 얼마 되지 않지만 그 중에서 눈길을 끄는 것이 小牧輝夫(1986), 木村光彦(1999)이다. 小牧輝夫(1986)는 북한을 보는 관점으로서 발전도상국, 사회주의 경제, 남북의 대항관계를 제시하고 있으며, 木村光彦(1999)는 최근의 북한경제를 제대로 이해하기 위해서는 장기적 관점이 중요하다고 강조하고 있다.

물론 이 작업은 용이한 것도 아니고, 현재의 필자에게는 이러한 것을 완벽하게 수행할 능력도 없다. 실제로 이 책에서의 기술의 대부분은 이 네 가지 어프로치를 적당히 혼합하여 사용함으로써 논의를 진행시키고 있다. 그러한 의미에서 이 책은 정합성이 결여되어 있는 곳이 적지 않다고 할 수 있다. 다만 이러한 접근방법은 단순화된 견해를 될 수 있는 한 피하는 데 유력한 틀이며, 자료의 제약이 큰 북한경제에 대해 보다 풍부한 영상, 또한 보다 균형잡힌 영상을 얻기 위한 시도라는 것은 강조해두고 싶다.

다음으로 이 책의 약간 적극적인 방법론에 대해 간단히 언급하기로 한다. 여기서도 앞에서 밝힌 복안적 관점과 마찬가지로 다원적인 것이 필요하게 된다. 요컨대 이 책에서는 기본적으로 북한경제의 제도에 관한 분석과 현실의 퍼포먼스에 관한 통계적 분석을 병행하도록 한다. 북한의 공식통계이든 세계 각 기관의 추정치이든 북한경제에 관한 통계는 신뢰성의 면에서 많은 문제점을 안고 있기 때문에 이들을 사용한 통계분석결과에 입각해서 결론을 내는 것은 위험하다. 다만 통계분석결과를 다른 정보와 조합해서 또는 대조하면서 사용하면 그 위험성을 줄일 수 있다고 본다. 북한과 같이 자료의 제약이 큰 상황에서 그러한 방법으로 북한경제에 대한 보다 풍부한 이미지를 얻는 것도 어느 정도는 가능할 것이다.

제도를 분석할 때 표면의 제도(공식적인 제도)와 이면의 제도(현실)을 구별하여 양쪽의 움직임에 주의를 기울이는 것이 중요하다. 다른 사회주의 국가와 마찬가지로 북한에서도 제도와 현실, 원칙과 실제의 괴리는 상당히 크다. 실제로는 어떻게 되어 있는가, 어떻게 움직이고 있는가를 조사하여 공식제도와 비교하면서 제도의 기능과 문제점을 살펴보는 것이 중요하다. 또한 이와 함께 표면의 정보, 즉 공개정보와 더불어 이면의 정보, 예컨대 탈북자로부터 얻을 수 있는 정보도 적극적으로 이용해야 한다는 것이 필자의 입장이다.

2. 개발 총과정

이 책에서는 북한의 경제개발 총과정을 분석하기 위한 틀로서 그림 1.1과 같은 것을 상정하기로 한다.[2)] 특히 이 그림에서는 북한의 경우와 통상적인 경우가 대비되어 그려져 있다. 이 책에서는 초기조건, 개발전략, 개발 메커니즘, 개발실적의 관계를 상정한다. 다만 이 책에서는 인과관계에 관한 한, 크게 보아 초기조건, 개발전략, 개발실적이라고 하는 세 가지 요인의 인과관계를 상정하기로 한다.

이 책에서 초기조건이란 개도국의 정책당국에게 있어서 여건으로 되어 있는 몇 가지 조건을 가리킨다. 즉 자연환경적 요인, 문화적 요인, 과거로부터 이어받은 역사적 유산, 초기 발전수준, 정치적 · 국제적 환경 등을 가리킨다. 개발전략이란 개발목적과 그 목적을 실현하기 위한 수단 · 정책의 체계를 총칭하는 것이다. 정책은 크게 보면 제도 · 조직에 관한 정책과 자원배분과 관계가 있는 정책이 있다. 개발실적(경제실적)에는 경제성장, 분배, 안정 등이 포함된다.

그리고 이 책에서는 초기조건, 개발전략(나아가서는 국면교체)과 경제실적 사이에 개재(介在)하는 관계를 '개발 메커니즘'으로 한데 묶어 정리하기로 한다(그림 1.1 참조). 앞에서 이 책에서는 초기조건, 개발전략, 개발실적이라는 세 가지 요인의 인과관계를 상정한다고 밝혔는데 이 3자의 관계를 해명하기 위해서는 개발 메커니즘의 고찰이 불가결하다고 본다. 이것은 초기조건을 기초로 개발전략이 어떻게 전개되어 어떠한 메커니즘으로 경제실적을 가져오는가를 파악한다고 하는 일반적인 연구의 진행방법에 비추어 보면 당연한 것일 수도 있다. 보다 중요한 것은 북한

---

2) 이하에서 설명할 개발 총과정에 관한 이 책의 분석틀은 Koopmans and Montias(1971)의 경제 퍼포먼스 내지 결과(outcome)함수, 中兼和津次(1999)의 경제 퍼포먼스 함수, 石川滋(1989), 石川滋(1990)의 '개발 총과정의 참조틀(framework of reference)'을 참고로 한 것이다.

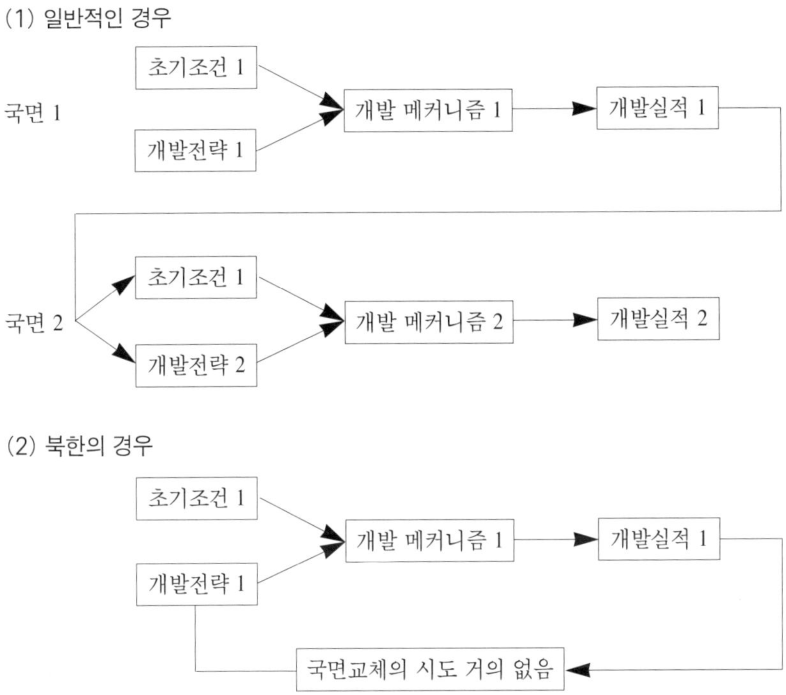

그림 1.1 개발 총과정

의 경우, 경제실적(한마디로 말하면 '경제의 장기침체')은 결코 정책당국이 의도한 것도, 기대한 것도 아니라는 사실이다. 북한에서는 개발전략이 당국이 기대한 결과를 가져온 것이 아니라 개발과정이 당국의 의도에 반하는 방향으로 진행되었기 때문에 '개발 메커니즘'은 그림 1.1에서 나타난 바와 같이 이 책의 분석틀에서 중요한 위치를 차지하고 있다.[3] 이 책에서는 북한의 경제개발 메커니즘으로서 경제개발의 거시적 측면,

3) 물론 이 책의 주된 과제가 북한경제가 경제난에 이르기까지의 메커니즘을 해명하는 것이라는 것, 또한 이 분야는 종래의 연구에서 그다지 심도 있게 다루어지지 않았다는 것에도 원인이 있다.

미시적 측면, 대외적 측면을 다루기로 한다.

국면교체는 새로운 전략의 설정과 같은, 한 국면의 변화 내지는 교체이다. 이 책에서는 주로 개혁 · 개방을 가리킨다. 경제개발 총과정은 일회성 인과관계로 완료하는 것이 아니다. 경제실적과 미해결의 경제문제로 인해 특정 전략하에서의 개발이 벽에 부딪히고, 여기서 새로운 전략이 설정됨으로써 복수의 개발국면을 만들어 내는 식으로 진행되는 것이 일반적이다. 그런데 그림 1.1에도 나타나 있듯이 북한의 경제실적은 국면교체에 거의 영향을 주지 않았다. 경제실적이 부진을 면치 못했음에도 불구하고 북한의 지도부는 국면교체에 매우 소극적이었고 종래의 전략을 고수했다. 개도국의 경우 혹은 사회주의 제국의 경우, 개발 총과정은 복수의 개발국면을 만들어 내면서 진행되는 것이 보통이지만, 북한은 반세기라는 긴 기간 동안 사실상 하나의 개발국면만으로 경제개발을 진행시켜 왔다. 따라서 반세기에 걸친 북한의 경제개발의 역사적 총과정을 앞의 그림 1.1에서의 개략적인 틀을 가지고 파악하고자 하는 이 책의 시도가 전혀 터무니없는 것이 아닌 이유는 여기에 있다.

다만 상기의 그림 1.1은 북한의 경제개발 총과정을 파악하기 위한 매우 거친 틀, 단순화된 틀임을 밝혀 둘 필요가 있다. 그림에는 나타나 있지 않지만 초기조건은 개발전략의 형성에 영향을 주고, 특히 북한의 경우 초기조건 가운데 정치적 환경은 북한에서 국면교체의 시도가 거의 이루어질 수 없었던 중요한 원인이다. 또한 개발전략은 여러 가지 정책의 체계이지만 실제의 경제개발과정에서는 전략과 별로 관계가 없는 정책이 등장, 전개되어 경제개발 메커니즘에 적지 않은 영향을 미치는 경우도 있다. 더욱이 국제비교의 시점에서 보면, 같은 전략이라 하더라도 구체적인 정책의 차원에서는 나라에 따라 다소 차이가 나는 경우도 있다.

다음에는 이 책에서의 고찰대상에 대해 간단히 언급하기로 한다. 이 책은 기본적으로 북한의 개발 총과정을 대상으로 하지만, 경제개발의 모든 측면을 대상으로 하는 것은 아니다. 경제실적의 경우 주로 경제성장의 면에 초점을 맞추기로 한다. 소득분배, 안정성의 문제는 다루지 않기로 한다. 경제개발 메커니즘의 미시적 측면 고찰은 공업기업에 초점을 맞춘다. 협동농장의 문제는 거의 취급하지 않는다. 거시적 측면을 검토할 때 농업과 공업의 관계, 축적에서의 농업부문의 공헌과 같은 문제에 대해 간단히 살펴보는 데 그친다. 그리고 이 책에서는 북한의 금융부문은 거의 다루지 않는다.4)

제2절 북한경제에 관한 자료, 정보

1. 북한의 경제통계 · 자료의 상황

북한은 개혁 · 개방 이전의 사회주의적 기준에서 보더라도 가장 폐쇄적인 국가의 하나로 지금까지도 경제통계 · 자료의 공개를 엄격히 통제하고 있다. 이것은 북한경제연구에 있어서 최대의 제약요인이다.

북한의 경제에 관한 공식통계는 1960년대 초까지는 어느 정도 발표되었다. 그러나 1960년대 중반쯤부터 갑자기 줄기 시작하여 1970년대부터는 거의 볼 수 없게 되었다. 예컨대 북한의 대표적인 공표자료인 『조선중앙년감』은 1965년판을 끝으로 경제통계의 게재를 중지하였다. 그 후는 일부 재정관련 통계가 사실상 유일한 공표자료로 되었다. 물론 때때로 김일성의 '신년사', 외국 언론과의 인터뷰, 장기경제계획의 목표 · 실적의 발표 등을 통해서 단편적인 통계가 공개되었지만, 대부분은 증가율

4) 실제로 화폐는 본격적인 개혁 · 개방 이전의 사회주의 경제에서 수동적인 역할밖에 수행하지 않는다. 사회주의 경제는 현금단위가 아닌 현물단위에 의한 경제적 계산과 계획화(planning)가 지배적으로 되어 있다. 그리고 경제운영에 필요한 자금공급이 주로 국가재정을 통해 이루어지며, 금융은 재정을 보완하는 형태로 이루어진다. 이런 것들은 사회주의 경제와 자본주의 경제의 주요한 차이의 하나이다. 따라서 이 책의 고찰대상에서 금융부문을 제외했다 해서 이 책 전체의 논리전개에 큰 문제가 생기는 것은 아니라고 본다.

만의 통계였다. 그것도 기준년도가 명확하지 않든지 또는 기준년도가 있더라도 그 기준년도의 수치는 발표되지 않은 경우가 꽤 많다. 더욱이 발표된 숫자 사이에도 앞뒤가 맞지 않는 것이 적지 않은 등 신뢰성이 결여된 것이 상당히 많다.[5)]

다만 북한측은 1990년대에 들어서 경제상황의 어려움을 스스로 인정하고 국제사회에 원조를 요청하면서 극히 일부이긴 하나 거시경제통계를 몇 차례 발표한 적이 있다. 그 대표적인 것으로 1998년 3월에 UNDP(United Nations Development Program) 주최로 뉴욕에서 열린 '농업복구 및 환경보존을 주제로 한 원탁회의'에서 북한측이 제출한 자료(이하 UNDP(1998)로 줄여 씀)가 있다. 이것은 경지면적, 지역별 쌀 생산실적, 홍수피해상황과 함께 1992~1996년의 GDP 및 산업별 생산액, 인구, 산업별 취업인구 등 몇 가지 기본적인 거시경제통계가 포함되어 있는 귀중한 자료이다. 단지 이들 통계를 얼마만큼 신뢰할 수 있는지는 판단하기 어렵다.[6)]

상대적으로 양호한 1965년 이전의 통계도 적지 않은 문제점을 안고 있으며, 특히 경제자료로서 가치가 높다고 보기는 힘들다. 첫째, 생산에 관한 통계는 어느 정도 있지만, 국민경제의 분배 · 지출에 관한 통계는 대단히 적다. 투자 가운데 '국가기본건설투자'의 총액 · 부문별 구성정도가 때때로 발표되었을 뿐이다. 둘째, 금액기준으로 발표된 것이 적다.

---

5) 북한경제통계의 전반적인 상황 및 문제점에 대해서는 한국개발연구원(1996), 『북한경제지표집』, pp. 15-20; 정상훈(1990), pp. 7-21 등이 자세하다. 또한 장기경제계획의 실적과 관련된 북한의 공식통계의 문제점, 특히 신뢰성에 관해서는 예를 들면 小牧輝夫(1986), pp. 105-111; 玉城素(1993), pp. 52-53을 참조.

6) 이와 함께 IMF의 fact finding report도 귀중한 자료이다. 이는 1997년 9월에 IMF 조사단(fact-finding mission)이 북한을 방문, 북한 당국이 제출한 정보와 여타 자료에서 얻은 정보에 기초해 작성한 보고서이다. 여기에 나와 있는 북한의 공식통계는 UNDP(1998)와 큰 차이가 없다. 이 책에서는 주로 UNDP(1998)에 나와 있는 북한의 공식통계를 이용하기로 한다.

수량기준의 발표가 많다. 셋째, 절대치보다 어떤 기준년도에 대한 상대치의 발표가 압도적으로 많다.

2. 이 책에서 사용되는 데이터와 그 사용방법

앞에서도 밝혔듯이 북한은 1990년대 들어 다소 완화되었다고는 하나, 오랜 기간 그리고 지금까지도 경제자료 · 통계의 공개를 엄격하게 통제하고 있다. 따라서 세계의 각 기관 · 연구자들은 북한경제관련 통계에 대해 자기 나름대로의 방법으로 추정하려고 시도했으며, 그 결과물을 발표해 왔다. 그런데 각 기관 · 연구자의 추정치 간에는 상당한 차이가 있다. 그러나 북한의 경제활동에 관한 신뢰성이 있는 통계가 거의 공개되어 있지 않은 만큼 어떤 추정치 · 추정방법이 올바른가는 판단하기 어렵다.

이러한 상황에서 이 책에서는 북한의 공식통계이든 세계의 각 기관 · 연구자들의 추정치이든 이 책의 주제와 관련이 있는 통계를 될 수 있는 한 많이 모아 활용하기로 한다. 이것들을 사용해 논의를 전개하기 전에 어떤 통계를 사용하는가를 밝히고, 또한 통계 자체를 신뢰성을 중심으로 검토 · 음미할 필요가 있다. 이와 함께 이러한 통계에 기초해서 논리를 펼칠 때 오류를 최소한으로 억제하기 위해 이 책에서는 데이터를 어떤 식으로 이용하는지에 대해서도 간단히 언급할 필요가 있다.

(1) 거시경제관련 데이터

북한이 발표한 통계 가운데 절대치는 신뢰성이 떨어진다. 다만 시계열의 통계는 어느 정도 사실을 반영하고 있으며[7] 장기적인 추세의 파악에는 도움이 된다. 다시 말하면 북한의 공식통계를 완전히 무시해서는 안 된다는 것이다. 예를 들면 북한의 예산수입 증가율이 1970년대 후반

---

7) 한국개발연구원(1996), 『북한경제지표집』, p. 26도 유사한 견해를 나타내고 있다.

이후 하강곡선을 그리고 있다는 것은 이 시기에 거시경제상황이 나빠지고 있음을 보여 주는 것이다. 또한 공식통계 사이의 부정합성(不整合性)으로부터도 경제난을 읽을 수 있다. 아울러 여태까지 계속해서 발표되어 왔던 특정 통계가 어느 시점부터 갑자기 발표중지된다는 사실 자체로부터도 그 분야의 실적악화를 엿볼 수 있다.[8] 예컨대 북한이 재정관련 통계 다음으로 가장 오랫동안 시계열통계를 발표했던 공업총생산이 1985년 이후 일체 발표되지 않고 있다는 것은 이 시기 공업생산의 부진을 시사한다.

이미 앞에서 밝혔듯이 이 책에서는 공식통계이든 추정치이든 이 책의 주제와 관련이 있는 통계를 될 수 있는 한 많이 모아 적극 활용할 것이다. 그리고 절대수준보다는 하나의 경향을 포착하는 데 중점을 두고자 한다. 그런데 특히 장기적인 추세를 파악하려고 할 때 한국정부의 추정치에 대한 의존도가 높아지는 것이 불가피하다. 왜냐하면 북한의 경제통계에 대해 가장 오랫동안, 또 가장 많은 추정치를 내고 있는 곳이 한국정부이기 때문이다. 물론 한국정부의 추정치에 문제가 없는 것은 아니다. 북한과의 대치 · 대결관계 등 정치적 입장에서 북한경제를 과소평가하려는 경향[9]이 있음은 부정하기 힘들다. 다만 1980년대에 들어서 경제력을 포함한 국가총력의 면에서 한국 측의 우위가 명백하게 되었다는 인식을 갖게 된 한국정부가 굳이 북한경제를 과소평가하려고 하는 유인이 이전보다는 적어졌다는 것도 부정하기 어려울 것 같다.

한국정부 추정결과[10]의 신뢰성에 대한 검토는 다른 나라 기관 혹은

---

8) 구소련의 경우에도 발표가 갑자기 중단된 해에는 생산의 하락이 있었다 한다. Nove(1968), p. 468 참조.

9) 이 점을 지적하고 있는 연구로는 예컨대 小牧輝夫(1984), p. 71을 참조.

10) 제2장에서 다시 한 번 설명하겠으나 1989년 이전은 한국 통일원이, 1990년부터는 한국은행이 북한의 경제성장에 관한 통계를 추정, 발표하고 있다. 그런데 한국은행은 1991년부터 1998년까지 북한의 경제성장에 대해 GNP(국민총생산)와 GDP(국내총생산)를 함께 추정, 발표했으나 1994년까지는 중심지표가

국제기구의 추정결과와의 비교를 통해서도 가능할 것이다. GNP의 경우, 한국정부 추정결과의 절대치와 다른 기관의 그것과는 꽤 차이가 난다. 예컨대 1984년의 북한 GNP에 대한 한국정부(통일원)의 추정치는 147억 달러이고, 미국 CIA의 그것은 230억 달러, IISS(국제전략문제연구소)의 그것은 187억 달러이다. 이러한 차이의 대부분은 적용환율의 차이, 군사비에 대한 추정치의 차이 등에 기인하는 것으로 어느 추정치 · 추정방법이 올바른가는 판단하기 어렵다. 그러나 제2장에서도 언급하겠지만 GNP의 장기적인 추세, 예컨대 1970년대 전반의 고성장과 그 이후의 부진 · 침체, 그리고 1990년대의 마이너스 성장에 관해서는 한국정부와 여타 기관이 별다른 견해차를 보이지 않는다. 사실 1990년대의 마이너스 성장에 대해서는 북한측도 인정하고 있다. 한국측의 추정치가 전혀 신뢰할 수 없다고도 할 수 없는 것이다. 따라서 GNP와 같이 장기추세를 파악할 때는 한국정부의 추정치를 기본으로 해서 북한의 공식통계와 세계 각 기관의 추정치를 함께 본다면 현실에서 크게 괴리된 관측결과는 나오지 않을 것으로 보인다.

이 책에서 사용되는 주된 거시경제통계는 다음과 같다.

1946~1960년의 북한의 주요 공식통계는 조선민주주의인민공화국 국가계획위원회 중앙통계국(1961), 『1946~1960 조선민주주의인민공화국 인민경제발전통계집』(이하 『1946~1960 조선민주주의인민공화국 인민경제발전통계집』이라고 줄여 씀)에 잘 정리되어 있다. 또 북한이 단편적으로 발표한 통계를 한국측이 모아서 정리한 것으로서는 국토통일원(1986), 『북한경제통계집(1946~1985년)』(이하 『북한경제통계집(1946~1985)』, 통일원(1996), 『북한경제통계집』(이하 『북한경제통계집』), 한국개발연구원(1996), 『북한경제지표집』(이하 『북한경제지표

GNP였고, 1995년부터는 중심지표가 GDP로 바뀌었다. 그리고 1999년부터는 GNP를 GNI(국민총소득)로 대체했다. 현재 한국은행에서는 북한의 경제성장률은 실질 GDP 기준으로, 경제규모는 명목 GNI 기준으로 발표하고 있다.

집』)이 대표적이다.『북한경제통계집(1946~1985)』과『북한경제지표집』에는 세계 각 기관 · 연구자의 추정결과도 어느 정도 정리되어 있다. 이 책에서는 이들 네 가지 통계집을 적극 활용했다.

1990년대에 들어와서는 북한의 경제통계에 대한 한국측의 추정작업도 다소 활기를 띠었다. 이러한 추정결과는 한국은행의『북한 GDP 추정결과』(각 연도)에 잘 정리되어 있다. 통계청의『남북한경제사회상 비교』(각 연도)는 북한의 거시경제뿐 아니라 사회 · 문화, 남북교류 등에 관한 포괄적인 통계집이다. 북한의 공식통계와 한국정부의 추정치를 한데 모았으며, 1990년대뿐 아니라 부분적으로는 1970 · 80년대도 대상으로 하고 있다. 이 책에서는 이들 두 가지 통계집 시리즈도 많이 이용했다.

이 책에서 GNP 및 GDP는 한국정부(통일원, 한국은행)의 추정치, 북한의 공식통계, 미국 CIA, IISS 등의 추정치를 사용하기로 한다. 1960년 이전 데이터의 경우, 연하청(1986)의 북한 GNP 추정방법을 이용한 필자의 추정결과를 쓰기도 한다.[11] 경우에 따라서는 극동문제연구소의 추정치, Niwa and Goto(1989)의 추정치를 쓰기도 할 것이다.

생산관련 지표의 경우, 농업총생산액은 북한의 공식통계를 쓰기로 한다. 어느 정도 시계열자료를 확보할 수 있는, 곡물생산량에 대한 북한의 공식통계도 함께 쓴다.[12] 또한 극동문제연구소의 추정치, 한국정부의 추정치, FAO의 추정치도 이용한다. 다만 어느 추정치를 쓴다 하더라도 1970 · 80년대는 데이터의 공백상태에 가깝다.

공업총생산은 재정부문을 제외하고는 북한의 공식통계가 가장 오랫동안 발표되어 왔던 분야이다. 이와 함께 구소련측의 추정치, 극동문제연구소의 추정치, 한국은행의 추정치 등을 이용한다. 단지 이 경우 북한

11) 연하청(1986)의 것은, 일반적으로 사회주의 국가에서는 정부예산이 국민총생산의 60%에 달한다는 P. Wiles의 주장에 따른 것이다.

12) 물론 북한의 농업관련 공식통계도 많은 문제점을 안고 있다. 예컨대 1950년대의 곡물생산량에 관한 공식통계의 문제점에 관해서는 서동만(1996)이 상세하다.

공업생산 공식통계의 많은 문제점[13)]이 여전히 남아 있고 또한 1980년대 데이터의 공백을 메울 방법이 없다.

분배 · 지출관련 지표의 경우, 투자(주로 국가기본건설투자액)는 북한의 공식통계, 극동문제연구소의 추정치 등을 이용한다. 다만 대상기간은 1970년 이전으로 한정된다. 소비(주로 민간소비액)는 북한의 공식발표자료가 전혀 없기 때문에 Niwa and Goto(1989)의 추정치를 이용할 수밖에 없다. 다만 대상기간은 1960년 이전으로 한정된다.

재정관련 지표는 북한의 공식통계를 이용한다. 거시경제의 노동은 북한의 공식통계, 한국정부의 추정치를 이용한다. 거시경제의 자본은 조동호(1993)의 추정결과를 이용한다. 무상원조 · 차관, 외채는 한국정부 및 OECD의 추정치를 이용하기로 한다. 에너지는 IEA의 추정치를 주로 이용하면서 한국정부의 추정치, 李燦雨(1995)의 추정치를 참고로 한다.

(2) 무역관련 데이터

무역통계의 경우, 북한정부는 발표하지 않고 있지만 무역상대국의 발표로부터 북한의 무역실적을 추정할 수 있다. 따라서 북한의 경제통계 가운데 가장 잘 정비되어 있고 신뢰성이 높은 부문이 무역부문이다. 그러나 그것은 어디까지나 북한의 다른 부문의 통계보다 잘 되어 있다는 의미에서이다. 다른 나라와 비교한다면 그 열악함에 놀랄 정도이다.

이 책에서 매년의 수출입총액은 기본적으로 한국정부(통일원 및 한국은행)의 추정치를 이용한다. 그것이 가장 오랜 기간을 대상으로 하고 있기 때문이다. 다만 미국 CIA, IMF, 일본무역진흥회, 한국개발연구원의 추정치도 함께 볼 필요가 있다.

지역별 수출입액(및 지역별 무역수지)은 기존의 연구결과를 이용한

13) 이것은 단지 신뢰할 수 있느냐 없느냐의 문제만은 아니다. 예를 들면 사회주의 경제 공통의 현상이지만 공업총생산액을 추계할 때 생산액이 과대평가되는 경향이 있다. 연하청(1986), pp. 138-140 참조.

다. 즉 1946～1970년은 Choi, Soo-young(1991)의 추정결과를, 1971～1994년은 『북한경제지표집』(한국개발연구원)의 추정결과를, 1995～2000년은 대한무역투자진흥공사의 『북한의 대외무역동향』(각 연도)의 추정결과를 이용한다.[14] 북한의 지역별 무역에 관한 통일원의 추정결과는 지역구분이 세분화되어 있지 않은 연도가 적지 않으며 또한 대상기간이 상대적으로 짧기 때문에 참고의 수준에 그친다.

상품별 수출입액도 기본적으로 기존의 연구결과를 이용한다. 1953～1969년(1953, 1956, 1959, 1960, 1963, 1964, 1969의 7년뿐)은 『북한경제통계집(1946～1985)』(통일원)을 이용한다. 1970～1986년은 Choi, Soo-young(1991)의 추정결과를, 1987～1989년은 최신림(1991)의 추정결과를, 1991년은 대한무역진흥공사(1992)의 추정치를, 1993～2000년은 대한무역투자진흥공사의 『북한의 대외무역동향』(각 연도)의 추정결과를 각각 이용한다.

여기서 북한의 상품별 수출입액에 대한 기존 연구에서의 추정방법, 즉 데이터의 수집·정리방법에 대해 간단히 설명할 필요가 있다.

Choi, Soo-young(1991)에서의 대상기간은 1970～1987년(18년간)이다. 소련·중국은 양국의 공식통계를 이용하였다. 그 밖의 사회주의 국가와 자본주의 국가에 대해서는 주로 UN의 무역데이터 자기테이프를 이용하였다. 최신림(1991)에서의 대상기간은 1987～1989년(3년간)이다. 그는 56개국을 대상으로 북한의 수출입액을 추정했다.[15] 소련·중국의 경우, Choi, Soo-young(1991)에서와 동일한 자료를 사용했다. 그 밖의 사회주의 국가에 대해서는 각국 정부의 공식통계를 썼다. 자본주의 국가에 대해서는 OECD, *Statistics of Foreign Trade*(자기테이프), UN, *Commodity Trade Statistics*, 각국 정부의 공식통계를 이용하였다.[16]

14) 이 책에서는 충분히 활용되지 않았지만 1990년대 북한의 지역별·상품별 무역동향을 파악하는 데 대한무역투자진흥공사(2001), 『1990～2000년 북한의 대외무역동향』도 큰 도움이 된다.

15) 그는 북한의 무역상대국을 80개국 정도로 보고 있다.

대한무역진흥공사(1992)는 1991년 한 해를 대상으로 북한의 수출입 상위 15개국의 무역통계를 이용해 북한의 상품별 수출입실적을 추정하였다. 이것은 Choi, Soo-young(1991), 최신림(1991)과 마찬가지로 품목분류방식으로서 SITC(국제표준무역분류) 분류방식을 채택하고 있다. 즉, 이들 국가들이 발표한 무역통계를 SITC 분류방식에 맞추어 재분류해 집계작업을 수행했다.

대한무역투자진흥공사의 『북한의 대외무역동향』(각 연도)는 대상국가가 대략 70여 개국이다. 대한무역투자진흥공사의 해외조직망을 이용해 북한의 무역상대국이 발표한 무역통계를 입수, 그것에 기초해서 북한의 무역통계를 추산했다. 품목분류방식으로서는 HS 코드방식을 채택하고 있다. 따라서 SITC 방식이나 여타의 분류방식을 쓰고 있는 국가의 통계를 HS 코드방식에 맞추어 재분류해 집계작업을 수행했다. 다만 여기에는 북한과 한국의 무역은 포함되어 있지 않다.

(3) 데이터와 통계분석

일정한 추세를 파악할 때와는 달리 데이터를 이용한 계산 및 통계분석을 할 때는 데이터 자체가 신뢰할 수 있느냐 없느냐가 큰 문제가 될

---

16) 다만 이들 추정결과는 다음과 같은 문제점을 안고 있다. 첫째, 몇 개 주요 무역상대국 통계의 누락이다. 동독, 루마니아, 베트남 등은 1990년대 이전의 통계가, 체코, 헝가리, 폴란드 등은 1980년대 이전의 통계가 빠져 있다. 둘째, 중국 통계의 문제로서, 1981년 이전의 통계가 빠져 있다. 왜냐하면 중국정부는 상대국과의 상품별 수출입에 대해서는 1982년도분부터 발표하고 있기 때문이다. 이 문제에 대처하기 위해 1982년 이후의 어떤 기간(예를 들면 1982~1990년)의 상품구성비의 평균을 구하여 1981년 이전은 매년 그것과 같다고 가정하는 방법을 취했다. 셋째, 구소련 통계의 문제로서, 구소련·동구의 독자적인 무역품목분류방식을 SITC로 재편성하는 과정에서 누락되는 부분이 적지 않다. 넷째, 이러한 이유들로 인해 이 책에서 추계된 상품별 수출입액의 합계는 수출입총액과 꽤 차이가 있고, 또한 1981년 이전의 상품별 수출입액은 현실과 다소 거리가 있을 수도 있다.

수 있다. 특히 북한의 공식통계도 없고, 추정치가 단 하나밖에 없는 경우가 그러하다. 그럴 때의 계산 · 통계분석결과의 해석은 신중을 요한다. 예를 들면 제3장에서 북한의 거시경제의 산출, 투입, 생산성의 추이를 구할 때 쓰인 북한 거시경제의 자본 · 노동이 여기에 해당된다. 다만 이 경우, 북한 거시경제의 자본량이 1970년대에 크게 늘어난 뒤 1980년대 후반 증가율이 둔화되었다고 하는 추정결과는 일반적인 관측과 크게 떨어져 있지 않다. 또한 이들 통계를 써서 북한 생산요소의 생산성 추이를 계산하여 본 결과, 대부분의 사회주의 제국에서 관찰되었던 생산성의 장기적 하락추세가 나타났기 때문에 통계 자체를 전혀 신뢰할 수 없다고는 할 수 없을 것 같다.

무역관련 통계는 북한의 공식통계가 일체 없고 모두가 추정치이지만, 상대적으로 신뢰성이 높은 편이다. 북한의 수출입규모에 대한 한국정부의 추정치는 완벽하지는 않지만 어느 정도 신뢰할 수 있고 통계분석에 쓰이더라도 큰 문제는 없다고 생각된다.

데이터 자체의 신뢰성 문제와는 별도로, 통계분석의 신뢰성을 높이는 방법으로서 다음과 같은 것을 생각해 볼 수 있다. 북한의 공식통계이든 추정치이든 몇 가지 데이터가 존재하는 경우에는 이들 데이터를 모아 몇 개의 그룹으로 나누어 각각에 대하여 통계분석을 해 개개의 결과를 합쳐서 종합적으로 판단하는 것이다. 제3장에시 농 · 공업성장률 관계를 회귀분석할 때 사용되는 데이터를 3개의 그룹으로 나누어 통계분석을 실시, 결과를 종합적으로 검토한 것이 그 예이다.

3. 기타 자료 · 정보

(1) 탈북자 인터뷰

북한의 실태에 관한 자료로 이용할 수 있는 것으로서 북한에서 한국으로 넘어온 '탈북자'[17]들의 증언을 들 수 있다. 지금까지 한국정부 및 관련 기관, 매스컴 등에 의해 이들에 대한 인터뷰가 이루어져 그 결과가 일부 공개된 적이 있다. 예를 들면, 신문 · 잡지의 기사로서는 1995년 1월부터 4월까지 게재되었던 『중앙일보』의 「아, 북녘동포」 시리즈, 1996년 1월호부터 1997년 12월호까지 게재되었던 『통일한국』의 「귀순자쟁점대담」 시리즈가 좋은 예이다. 단행본으로서는 일본 아사히(朝日)신문사가 1995년에 펴낸 『北朝鮮: 亡命者50人の證言』 등이 있다. 그러나 대부분의 경우 북한의 정치 · 경제 · 사회 · 문화, 일반시민생활 등에 관한 포괄적인 면담이며 이른바 '비전문가'에 의한 인터뷰였기 때문에 학문적인 자료로서의 가치가 높다고 하기는 힘들다.[18] 和田春樹(1998)도 지적했듯이 탈북자의 증언만에 기초해서 북한을 생각하는 것은 타당하지 않으며, 탈북자의 증언은 어디까지나 힌트에 지나지 않을지도 모른다. 다만 탈북자에 대하여 그들이 직접 경험한 것에 초점을 맞추어 보다 전문적인 인터뷰를 하면 학문적인 자료로서의 가치를 높이는 것도 어느 정도는 가능하다고 본다.

필자는 탈북자 20명을 대상으로 1998년 3월 4일부터 3월 21일까지 서울 및 경기도에서 인터뷰하였다(리스트는 표 1.1 참조). 물론 탈북자 면담결과를 '자료'로써 이용하는 데는 신뢰성, 대표성 등의 문제가 있을 수 있다. 이론도 적지 않을 것이다. 다만 필자의 경우 기업운영관계의 일에 종사한 사람을 중심으로 하여 면담대상자를 선정, 또한 기본적으로 기업운영과 관련해 그들이 경험한 것을 중심으로 '비정치적'인 인터뷰를 진행시키려 하였다. 물론 한계는 있다. 그러나 현 시점에서 탈북자 가운데 기업운영관계의 일에 종사한 사람은 의외로 적다는 사실을 지적할 필요가 있다. 군인, 유학생이 많고 그 다음이 외교관, 시베리아 벌목공, 해외상사 주재원 등이다.[19] 필자의 면담자 인원수가 20명에 불과한

---

17) 현재 한국정부는 그들을 공식적으로 '북한 이탈주민'이라고 부르고 있는데, 이 책에서는 '탈북자'라고 부르기로 한다.

18) 다만 『통일한국』의 「귀순자쟁점대담」 시리즈의 일부 기사는 다소 참고가 된다.

19) 통일원(1998), 『통일백서 1997』, pp. 204-205 참조.

표 1.1 인터뷰 탈북자의 인적사항

	연령[1)]	탈북시기	주요 경력	주된 거주지역
A씨	35	1994. 6	김책제철연합기업소 노동자	함경북도
B씨	53	1996. 8	용양 · 검덕 광산 노동자, 사진사	함경남도
C씨	31	1995. 12	산성협동농장 농장원, 4 · 25담배농장 농장원	함경북도
D씨	54	1994. 2	정주트랙터공장 직장장, 운흥광산기계공장 작업반장, 기술고문	평안북도, 자강도
E씨	54	1988. 5	사회안전부 외화부장, 노동당 산하 대양무역상사 사장	평양
F씨	30	1997. 3	함주군 고양건재공장 노동자, 대홍관리소 노동자	함경남도
G씨	36	1997. 3	순천시 행정경제위원회 지방공업부 지도원	평안남도
H씨	40	1995. 2	농업과학원 연구사, 김정숙군(郡) 협동농장경영위원회 지도원	양강도
I씨	63	1995. 3	압록강화학공장 창고장	평안북도
J씨	35	1995. 9	대안중기계연합기업소 노동자	평안남도
K씨	40	1996. 1	온성우산공장 지배인[2)]	함경북도
L씨	45	1994. 7	정무원 산하 조선옥류관무역회사 지도원, 정무원 산하 금강산무역회사 과장	평양, 강원도
M씨	30	1996. 7	양덕목재화학공장 자재인수원, 양덕군 지방자재공급소 지도원	평안남도
N씨	25	1997. 5	함흥시 염화비닐신발공장 노동자	함경남도
O씨	31	1996. 5	함북도수출품가공사업소 직원, 인민무력부 8 · 5 관리소 수출과장	함경북도
P씨	27	1995. 10	9 · 18수력기계공장 노동자	평안남도
Q씨	30	1996. 7	개성시 석비래벽돌공장 자재인수원	개성
R씨	57	1997. 5	신의주 광송경노동직장 지도원, 조선인민군 577부대 외화벌이사업소 지도원	평안북도
S씨	35	1994. 2	성천군 차부속품공장 노동자, 러시아 벌목공	평안남도
T씨	35	1994. 8	제2수력연합기업소 노동자, 강계전기기구공장 노동자	자강도

주: 1) 연령은 1998년 4월 1일 현재.

2) 북한에서는 공장, 기업의 최고경영자를 '지배인'이라고 부름.

것도 탈북자 가운데 기업운영관계자가 적었다는 것과 무관하지 않다.

이 글에서는 주로 필자의 탈북자 인터뷰 결과를 이용하며, 다른 기관에 의한 탈북자 인터뷰 결과를 보조적으로 이용하기로 한다.

(2) 공식문헌

여기에다 탈북자 증언을 크로스 체크하기 위해, 또한 자료의 공백을 메우기 위해 김일성의 연설 · 저작을 정리한 『김일성저작집』(이하 『저작집』이라고 줄여 씀), 『김일성저작선집』(이하 『저작선집』), 『사회주의경제관리문제에 관하여』(이하 『경제관리』) 시리즈를 자료로써 적극 활용하기로 한다. 여기에는 거시 · 미시경제 운영상의 문제점에 대한 김일성의 지적 · 불만[20]이 여기저기에 나와 있다. 여기서 단편적이지만, 북한의 현실의 모습을 엿볼 수 있다. 이런 것들은 북한과 같이 경제정보의 공개를 엄격히 통제하고 있는 나라에서는 최고지도자가 아니면 아무도 결코 입 밖에 낼 수 없는 것인 만큼 학문적으로 귀중한 자료가 될 수 있다.[21]

이와 함께 북한의 공식간행물, 특히 당 기관지인 『로동신문』도 북한연구에 있어서 빠뜨릴 수 없는 자료이다. 아울러 정무원(내각) 기관지인 『민주조선』, 당 기관지(잡지)인 『근로자』도 중요한 자료원이다.

제3절 북한경제에 관한 기존 연구의 특징, 문제점

북한의 경제에 관한 연구문헌은 양적으로는 결코 모자란다고 할 수 없다. 물론 다른 사회주의국 경제 혹은 다른 개도국 경제에 관한 연구문헌보다 적은 것은 분명하다. 그리고 일본 · 구미에서 나온 북한경제에 관

---

20) 필자가 만난 탈북자들은 이것들을 '비판교시' 라고 부르고 있었다.

21) 이 점을 강조하고 있는 연구로서는, 예를 들면 Kimura(1994), 김연철(1996)을 참조.

한 연구문헌은 아직 적다고 할 수 있다. 그러나 한국에서는 1990년대 들어 북한의 정치 · 경제 · 사회에 관한 연구가 일종의 붐을 형성하면서 수많은 서적 · 논문이 등장했다.

따라서 북한경제에 관한 모든 기존 연구를 정리하는 것은 간단하지 않다. 여기서는 북한의 경제에 관한 기존의 연구들의 특징과 문제점을 간단히 지적하는 데 그치기로 한다.[22] 이것들은 연구자의 관심과 자세에 원인이 있는 것도 있지만, 북한경제에 관한 자료의 제약에 기인하는 측면도 적지 않다.

첫째, 자료의 수집, 정리의 차원에 그친 연구가 많다. 물론 북한경제 연구의 특성상 그 자체도 상당한 연구성과임에 틀림없다.

둘째, 제도나 사실의 단순한 서술이 대부분이다. 바꿔 말하면 일정한 틀을 설정하여 자료에 입각해서 자기의 논리를 전개하는 분석적 연구가 적다. 더욱이 일정한 분석틀에 기초를 둔 연구라 해도 주장의 근거가 취약하다. 독자적인 실증분석을 포함한 연구성과도 적다. 실증적인 연구보다는 규범적인 연구가 상대적으로 많은 편이다.

셋째, 자료의 면에서 『로동신문』, 『저작집』 등을 차분히 읽어 자료를 발굴하고 이를 축적해 가는 작업은 그 나름대로 진행되고 있고, 그것들을 이용한 연구성과도 하나 둘씩 나오고 있다. 그러나 탈북자의 인터뷰 결과를 이용한 자료 만들기는 그다지 이루어지고 있지 않으며, 탈북자의 인터뷰 결과를 이용한 연구업적도 얼마 되지 않는다. 탈북자의 증언의 신뢰성 · 대표성에 의문을 가지고 있는 연구자도 적지 않고, 또한 연구자에게 탈북자 인터뷰가 자유롭게 이루어질 수 있는 상황에까지 이르고 있지 않다.

넷째, 대부분의 경우 북한경제의 현상의 설명, 나아가 미래에 대한 전

22) 북한경제에 관한 총론적 연구와 각론적 연구에 관한 간단한 서베이로서는, 예를 들면 필자의 박사학위청구논문, 「北朝鮮の經濟開發: 經濟低迷メカニズムの形成と展開」, pp. 22-24, 239-245; 木村光彦(1998), pp. 2-3을 참조.

망에 초점을 맞추고 있다. 역사적인 관점을 갖춘 연구는 적다. 특히 경제개발 초기의 고성장으로부터 성장둔화 · 침체로, 또한 침체의 지속 · 심화에 이르기까지의 프로세스, 메커니즘에 주목한 연구는 얼마 되지 않는다.

다섯째, 북한 사회주의 경제 시스템을 정면에서 취급하고 있는 연구가 적다. 특히 시스템이 실제로 어떻게 기능하고 있는가, 또한 미시적 차원에서 기업이 실제로 어떻게 움직이고 있는가에 관해 검토한 연구는 매우 적다. 아울러 북한 사회주의 경제의 보편성과 특수성에 관해 검토한 연구도 얼마 되지 않는다.

제2장 경제실적, 초기조건, 개발전략

이 장은 북한경제개발의 초기조건, 개발전략, 경제실적에 대한 개관이다. 이 장은 이 책의 제3장부터 6장까지의 서술의 도입부에 해당된다고 할 수 있다. 기존의 연구에서 북한의 경제개발전략, 경제실적은 어느 정도 논의되었다. 다만 초기조건까지 시야에 넣어서 논의를 진행시킨 연구는 매우 적다.

이 장의 제1절에서는 북한의 경제실적을 경제성장의 장기적 추세와 1990년대의 경제난으로 나누어 정리한다. 제2절에서는 김일성 정권이 과거로부터 물려받은 역사적 유산 내지 초기조건은 어떠한 것이었는지 검토한다. 제3절에서는 김일성 정권의 경제개발전략, 즉 경제개발의 목적과 그 목적을 달성하기 위한 수단 · 정책은 어떤 것이었는지 간단히 살펴본 후 이 장에서의 논의를 정리하기로 한다. 다만 이 장에서는 경제실적과 초기조건 및 개발전략의 관계를 깊게 다루지 않는다. 각각의 요인을 소개 · 설명하고 초기조건이 개발전략의 형성에 미친 영향에 대해서만 간단히 언급하는 데 그친다.

제1절 경제실적

1. 경제성장의 장기적 추세

경제성장은 일반적으로 국민소득 혹은 1인당 국민소득의 지속적인 성장으로 표현된다. 어떤 나라의 경제활동의 성과를 나타내는 것이 국민소득이고, 그 증가율은 곧 경제성장률을 의미한다. 국민소득을 측정하기 위해 여러 가지 지표가 쓰여지고 있는데 그 중에서 대표적인 것이 국민총생산(GNP), 국내총생산(GDP), 국민총소득(GNI)이다. 그런데 북한과 같은 사회주의 국가의 국민소득개념은 자본주의 국가의 그것과 꽤 다르다. 사회주의 국가들은 이러한 지표로서 GNP, GDP 대신에 사회총생산과 국민소득을 사용하고 있으며[1] 실제로 북한도 이들 두 가지 지표에 관해 몇 차례 실적을 발표한 적이 있다.

그러나 표 2.1에도 나타난 바와 같이 사회총생산, 국민소득의 체계적인 발표는 1960년대 후반부터 사실상 중단된 상태이다. 다만 제1장에서 서술했듯이 1992~1996년에 대해 GDP를 발표한 적이 있다. 공개된 통계도 몇 개의 기준년도에 대한 증가율(상대치)이 압도적으로 많다. 또한 국민소득의 절대수준이나 국민소득의 구체적인 내역에 대해서는 공개된

---

1) 북한이 국민소득의 내용, 추계방법에 관해서 발표한 것은 없지만, 북한의 국민소득개념은 그들이 간행한 『경제사전』에서의 용어해설 등에 의해 어느 정도 파악할 수 있다. 사회총생산과 GNP와의 주된 차이는 첫째, GNP에는 생산부문과 비생산부문이 집계대상에 다 포함되지만 사회총생산에서는 비생산부문이 제외되고 생산부문만 포함된다. 둘째, GNP는 다른 제품(최종재)생산에 투입된 중간재를 집계대상에서 제외하고 있지만 사회총생산은 그것을 포함시킨다. 북한의 국민소득은 사회총생산과 마찬가지로 비생산부문은 제외된다는 것과, 거래수입금이 집계대상에 포함된다는 것이 자본주의 국가의 협의의 국민소득과의 차이이다.

표 2.1 북한 국민소득의 공식통계: 1946~1964년

	1946	1948	1953	1956	1958	1960	1962	1964
사회총생산	100	260	163	355	n.a.	797	10배	12배
국민소득	100	n.a.	145	319	594	683	869	10배

자료: 『북한경제통계집(1946~1985년)』, p. 125 및 황의각(1992), pp. 125-126(원(原)자료는 연도별 『조선중앙년감』)/『1946~1960 조선민주주의인민공화국 인민경제발전통계집』, p. 27.

것이 거의 없다. 더욱이 국민소득의 추계방법 등에 관해서도 아무런 설명이 없다.

이러한 상황에서 한국정부를 비롯해 세계의 여러 기관들은 자기 나름대로의 방식에 의해 북한의 국민소득을 추정해 왔다.[2)] 그런데 표 2.2를 보면 알 수 있듯이 각 기관의 추정치간에는 큰 차이가 있다. 이러한 차

2) 1989년 이전은 한국 통일원이, 1990년부터는 한국은행이 북한의 경제성장에 관한 통계를 추정, 발표하고 있다. 그런데 한국은행은 1991년부터 1998년까지 북한의 경제성장에 대해 GNP(국민총생산)와 GDP(국내총생산)를 함께 추정, 발표했으나 1994년까지는 중심지표가 GNP였고, 1995년부터는 중심지표가 GDP로 바뀌었다. 그리고 1999년부터는 GNP를 GNI(국민총소득)로 대체했다. 현재 한국은행에서는 북한의 경제성장률은 실질 GDP 기준으로, 경제규모는 명목 GNI 기준으로 발표하고 있다. 이러한 조치들은 UN이 마련, 각국이 따르도록 한 국민소득통계의 국제적 편제기준인 1993 SNA(A System of National Accounts)에 따른 것이다.

한편 GNP는 일국이 소유한 생산요소를 국내외의 생산활동에 참여시킨 대가로 받은 소득을 합계하여 산출하는 것이며, GDP는 어느 나라가 소유하느냐에 관계없이 국내에 있는 노동, 자본 등 모든 생산요소를 결합하여 만들어 낸 최종생산물의 합계이다. 그리고 실질 GNI는 실질 GDP에 교역조건 변화에 따른 실질 무역손익과 실질 국외순수취 요소소득을 더한 것이며, 명목 GNI는 명목 GDP에 명목 국외순수취 요소소득을 더한 것이다. 따라서 실질 GNI는 실질 GNP와 상이한 반면, 명목 GNI는 명목 GNP와 동일하다. 자세한 것은 한국은행(2000), pp. 202-205 참조.

표 2.2 북한의 GDP 공식통계와 각 기관의 GNP 추정치

(단위: 억 달러)

	북한 공식 통계(A)	한국정부 추정치(B)	USCIA 추정치(C)	ACDA 추정치(D)	SIPRI 추정치(E)	IISS 추정치(F)
1960		15.2	48.0			
1961		18.1				
1962		20.2				
1963		21.5		23.0		
1964		23.0		25.0		
1965		23.4	76.0	25.0		
1966		24.1		29.0		
1967		26.0		30.0		
1968		29.8		35.0		
1969		31.2		40.0		
1970		39.8	100.0	45.0		85.10
1971		40.9		49.0		
1972		46.2		53.0		
1973		62.7				
1974		72.9		85.9		
1975		93.5	160.0	99.8		79.80
1976		96.8	155.5	104.7		
1977		106.4	155.5	107.8		
1978		115.2	166.8			
1979		124.6	173.4			
1980		135.5	195.0	180.5	143.3	133.7
1981		135.6	214.0	198.1	145.8	163.1
1982		136.2	222.0	205.0	153.1	156.1
1983		144.7	224.0	207.2	160.0	175.7
1984		147.2	230.0		195.8	187.4
1985		151.4			201.6	192.4
1986		173.5			206.1	
1987		194.0				
1988		206.0				
1989		211.0				

표 2.2 계속

(단위: 억 달러)

	북한 공식 통계(A)	한국정부 추정치(B)	USCIA 추정치(C)	ACDA 추정치(D)	SIPRI 추정치(E)	IISS 추정치(F)
1990		231				
1991		229				
1992	208.3	211				
1993	209.3	205				
1994	154.2	212				
1995	128.0	223				
1996	105.9	214				
1997		177				
1998		126				
1999		158				
2000		168				

주: 1) 북한의 공식통계와 한국정부의 1990년 이후의 추정치는 GDP. 나머지는 GNP.

2) 한국정부의 추정치는 1989년 이전은 통일원의 추정치. 1990년 이후 수치는 SNA 방식을 이용해 한국은행이 추정한 결과(SNA에 의한 1989년의 북한 GNP는 240억 달러).

자료: A) UNDP(1998).

B) 통일원(1990), p. 51; 통일원(1995), p. 62; 『북한 GDP 추정결과』(각 연도).

C)~E)는 국토통일원(1988), p. 31 및 황의각(1992), pp. 123-125(원자료는 USCIA, *Handbook of Economic Statistics*, 1984, 1985; U.S. Arms Control and Disarmament Agency(ACDA), *World Military Expenditures and Arms Transfers 1967~1976, 1984, 1985*; The Stockholm International Peace Research Institute(SIPRI), *Yearbook 1987 -World Armaments and Disarmament*. 이 자료에 실려 있는 북한의 군사비와 군사비/GNP 비율을 이용하여 GNP를 계산).

F) International Institute for Strategic Studies(IISS), *The Military Balance 1987~1988*, p. 220, *1993~1994*, p. 226. 이 자료에 실려 있는 북한의 군사비와 군사비/GNP 비율을 이용하여 GNP를 계산.

이가 생기는 원인으로서는 환율적용방식의 차이, 비생산부문이 GNP 및 GDP에서 차지하는 비중에 대한 추정치의 차이, 군사비에 대한 추정치의 차이 등을 들 수 있다.[3] 그러나 북한의 경제활동에 관한 신뢰성 있는 통계가 대부분 공개되어 있지 않은 상황에서 어떤 추정치 · 추정방법이 올바른가는 판단하기 어렵다.

그 문제는 차치하고 이들 추정치 중에서 북한의 건국(1948) 이래 지금까지의 50년간의 전 기간에 걸친 국민소득의 성장추세를 보여 주는 것은 아무것도 없다. 1960년 이후 매년의 통계를 추정 · 발표하고 있는 한국정부의 것이 가장 긴 기간을 대상으로 하고 있다. 따라서 장기추세를 보기 위해서는 기본적으로 한국정부의 것에 의존하지 않을 수가 없다. 다만 그것을 미국 CIA의 추정치 등 다른 자료와 비교하면서 검토할 필요가 있다. 이와 함께 북한의 공식통계와도 비교해 보면서 북한의 국민소득의 장기추세를 개관해 보자.

표 2.3에도 나타난 바와 같이 1950년대 중 · 후반의 초고속성장과 1960년대 이후의 성장둔화가 눈에 띈다. 북한측의 통계에도 나타나 있듯이 전후 3개년 계획(1954~1956)과 5개년 계획(1957~1960)[4]은 연평균 20% 이상의 매우 높은 성장률[5]을 보였지만, 1960년대에 들어와서는 갑자기 10%대로 내려앉는다. 대부분의 북한전문가들은 제1차 7개년 계획(1961~1970)부터 북한의 시련이 시작되었다고 보고 있다. 무엇보다도 이 계획이 당초의 계획기간(1961~1967)보다 3년 연장된 것과 이 계획

---

3) 세계의 각 기관 · 연구자에 의한 북한의 거시경제통계 추정결과 · 방법 및 그 문제점에 대해서는 국토통일원(1988), pp. 30-44; 『북한경제지표집』, pp. 21-26, 67-68을 참조.

4) 당초 계획은 1957~1961년이었으나 목표를 1년 앞당겨 달성했다.

5) 이 책에서는 장기추세를 파악하기 위해, 또 통계의 공백을 메우기 위해 연평균성장률을 구하는 경우가 종종 있다. 이 책에서의 연평균성장률은 특별한 언급이 없는 한 다음과 같은 것을 가리킨다. 예컨대 1954~1956년의 연평균성장률은 1954년의 전년대비 성장률도 포함하는 것이다.

표 2.3 북한 국민소득의 장기성장추세

(연평균증가율, %)

	1954~1956	1957~1960	1961~1964	1961~1970	1971~1976	1978~1984	1980~1986	1987~1991	1993~1996	1990~1999
북한의 국민소득의 공식통계(A)	30.0	21.0	10.0			8.8			-15.6	
북한의 1인당 국민소득의 공식통계 × 인구추정치(B)				8.2[1)]	17.2[2)]		5.0	2.2		
북한의 국민소득의 공식통계의 환산 GNP(C)					19.7[3)]		4.8	1.6		
한국정부의 GNP 추정치(D)			10.9	10.1	16.0	4.7	4.8		-3.5[4)]	-2.8[4)]
IISS의 GNP 추정치(E)						7.8[5)]			-3.0[6)]	
USCIA의 GNP 추정치(F)			9.8[7)]	7.6	10.4[8)]	5.8				

주: B는 북한의 1인당 국민소득의 공식통계에 N. Eberstadt의 북한 인구추정치를 곱한 수치.

C는 북한의 1인당 국민소득의 공식통계에 통일원의 북한 인구추정치를 곱해서 북한의 무역환율로 환산한 북한의 국민소득에, 통일원의 GNP 환산계수를 곱한 수치.

1) 1963~1970년, 2) 1971~1974년, 3) 1971~1974년, 4) GDP, 5) GDP, 1979~1984년, 6) 1991~1993년, 7) 1960~1965년, 8) 1971~1975년.

자료: A) 황의각(1992), p. 126 및 『북한경제통계집(1946~1985년)』, p. 133(원자료는 연도별 『조선중앙년감』)/『1946~1960 조선민주주의인민공화국 인민경제발전통계집』 p. 27/UNDP(1998).

B) 『북한경제지표집』 pp. 55, 64(원자료는 연도별 『조선중앙년감』; 1980년 김일성 신년사; 방완주(1988); 북한의 김정우 대외경제위원회 위원장의 일본기자와의 회견(『연합통신』, 1992. 2. 24); N. Eberstadt and J. Banister(1990)).

C) 『북한경제지표집』, p. 65.

D)~G)는 표 2.2와 같음.

이 한창 진행중이던 1960년대 중반부터 북한의 통계자료의 발표가 급격하게 줄어든 것이 그것을 말해 주고 있다고 한다. 그렇다고 하더라도 이 시기의 성장률이 꽤 높은 수준이었다는 것은 부정할 수 없을 것이다.

1970년대 전반에는 다시 성장률이 상승한다. 표 2.3에도 나타난 바와 같이 통일원과 ACDA에서는 6개년 계획기간(1971~1976)은 제1차 7개년 계획기간(1961~1970)에 비해 성장률이 높아졌다고 보고 있지만, 미국 CIA에서는 차이가 없었다고 보고 있다. 다만, 미국 CIA에서는 1970년대 전반(1971~1975)의 연평균성장률(10.4%)은 1960년대 후반(1966~1970)의 연평균성장률(5.5%)보다 훨씬 높았다고 추정하고 있다. 따라서 이들 3개 기관의 관측을 종합해 보면 6개년 계획(1971~1976) 전 기간은 아니라고 해도, 적어도 1970년대 전반의 성장률은 높아졌다고 할 수 있다.

그러나 1년간의 '완충기'(1977)를 거쳐 착수된 제2차 7개년 계획기간(1978~1984)에 들어와 성장률은 다시 낮아졌다. 이것은 북한의 공식통계로부터도 확인된다. 다만 하락의 폭에 관해서는 추정기관간에 차이가 있다. 통일원과 미국 CIA는 이 시기의 성장률이 제1차 7개년 계획기간(1961~1970)의 그것을 밑돌고, 특히 통일원은 3분의 1 수준으로 급락했다고 보고 있는 데 비해 ACDA는 1960년대와 거의 같은 수준이라고 보고 있다.

나아가 통일원(1990년도분부터는 한국은행)은 2년간의 완충기를 거쳐 착수한 제3차 7개년 계획기간(1987~1993)에는 성장률이 더욱 떨어져, 특히 1990년부터 1998년까지 9년 연속 마이너스 성장(실질성장률 기준)을 기록[6]했다고 보고 있다(표 2.4 참조). IISS(국제전략문제연구소)도

6) 북한경제는 1999년에 10년 만의 플러스 성장(실질성장률 6.2%)을 기록했다. 식량증산을 위한 북한 당국의 노력이 어느 정도 성과를 거둔 데다 한국을 비롯한 국제사회의 지원이 확대되었다는 것이 중요한 원인이다. 이어 2000년에는 1999년보다 성장률이 둔화되기는 했으나 역시 플러스 성장(실질성장률 1.3%)을 나타냈다. 자연재해 등의 영향으로 곡물생산량이 큰 폭으로 감소했

표 2.4 1990년대 북한의 국민소득관련 지표: 한국은행의 추정치

	명목 GNP (A)	1인당 GNP (B)	실질 경제성장률 (C)	예산규모 (D)
단위	10억 원(억 달러)	만 원(달러)	%	억 달러
1990	16,326(231)	80.7(1,142)	-3.7	166.0
1991	16,767(229)	81.8(1,115)	-3.5	171.7
1992	16,447(211)	79.1(1,013)	-6.0	184.5
1993	16,431(205)	77.8(969)	-4.2	187.2
1994	17,026(212)	79.7(992)	-2.1	191.9
1995	17,170(223)	79.7(1,034)	-4.1	n.a.
1996	17,256(214)	79.6(989)	-3.6	n.a.
1997	16,814(177)	77.1(811)	-6.3	91.3
1998	17,597(126)	80.2(573)	-1.1	91.0
1999	18,741(158)	84.9(714)	6.2	92.2
2000	22,175(168)	85.6(757)	1.3	95.7

주: A), B) 괄호 안은 한국 원화의 대미 달러환율로 환산한 수치.
C) GDP 기준. 1995년 기준년 가격기준.
D) 북한 최고인민회의가 발표한 북한 원화표시 예산(결산기준)을 북한 당국이 정한 상업환율로 환산.

자료: 한국은행, 『1999년 북한 GDP 추정결과』, p. 9; 한국은행, 『2000년 북한 GDP 추정결과』, p. 7.

1990년대는 마이너스 성장이라는 견해를 나타내고 있다.

1990년대의 경제난은 북한도 공식적으로 인정하고 있다. 경제실적에 관한 한 자랑만 일삼던 북한 당국은 1990년대에 들어와 1988년의 1인당 국민소득이 2,530달러, 1991년의 그것이 2,460달러라고 밝혀[7] 이례적으

으나 북한 당국의 집중투자와 경제회생노력 등에 힘입어 건설업과 광업이 높은 성장세를 보였고 제조업도 소폭 성장한 데 따른 것이다.

7) 통일원(1992), p. 167(원자료는 *New York Times*, Jul, 1989(평양발 기사) 및 『연합통신』, 1992. 2. 24.(김정우 대외경제위원회 위원장의 일본 기자와의 회견)).

로 이 기간 중의 경제침체를 인정한 바 있다. 나아가 북한 당국은 1997년에 들어와 UN 분담금을 줄여 달라면서 UN 본부에 자신들의 몇 가지 경제지표를 공개했는데, 1990년부터 1995년까지 6년 연속 마이너스 성장을 기록[8]했으며 더욱이 이 기간 동안 GNP가 3분의 1 이하 수준으로 격감했다 한다. 다만 이 자료는 신뢰성의 면에서 많은 문제가 있다는 평가를 받고 있다.[9]

상대적으로 신뢰할 만한 것이 UNDP(1998)이다. 여기서 북한 당국은 1992~1996년의 5년간의 GDP 관련 통계를 공개했는데, 이 가운데 1993년만이 플러스 성장(0.5%)이었을 뿐 1994년(-26.3%), 1995년(-17.0%), 1996년(-17.3%) 3년 연속 큰 폭의 마이너스 성장을 기록했다. 특히 북한이 공개한 이 시기의 마이너스 성장의 폭은 한국측 추정치의 그것을 훨씬 웃도는 것으로서 주목할 만하다.

어쨌든 1950년대에 고속성장을 기록했던 북한경제는 1960년대부터 성장이 둔화하기 시작하여 1970년대 전반에 일시적으로 회복하였지만 1970년대 후반이나 1980년대 전반부터 다시 주저앉아 침체상태가 지속되다가 특히 1990년대에 들어와 더욱 악화되었다고 할 수 있다. 이러한 장기추세는 표 2.3에서의 북한의 공식통계에서도 엿볼 수 있다.

이러한 북한의 국민소득의 장기성장추세를 구소련 · 중국의 그것과 비교하면 어떻게 될까. 표 2.3, 표 2.5, 그림 2.1에서 다음과 같은 것을 이야기할 수 있을 것이다.[10]

---

8) 북한 당국은 국민총생산(GNP)이 1989년의 177억 달러에서 90년에는 167억 달러, 91년에는 155억 달러, 92년에는 138억 달러, 95년에는 52억 달러로 줄었다고 밝혔다.

9) 한국정부는 1997년 들어 북한이 공개한 이들 경제지표에 대해 신뢰할 수 없다는 입장을 밝힌 바 있다. 즉 북한이 UN 분담금을 낮추기 위해 과장된 수치를 제공했을 가능성이 있다는 것이다. 『한국일보』, 1997. 6. 24.

10) 물론 이들 지표는 추계방법의 차이와 통계 자체의 신뢰성의 문제 때문에 국제비교에 적합한 지표가 아닐지도 모른다. 여기서는 단지 장기추세를 보기 위해

표 2.5 구소련과 중국의 국민소득의 장기성장추세(연평균증가율)

	1956~1960	1961~1965	1966~1970	1971~1975	1976~1980	1981~1985	1986~1990	1991~1995
구소련	9.2	6.5	7.8	5.7	4.3	3.6	1.3	-9.1[1)]
중국	9.7	0.9	6.9	5.9	6.5	10.8	7.9	11.6

주: 구소련은 생산국민소득, 중국은 국민수입(공식통계).
1) 러시아의 GDP.

자료: 구소련은 中山弘正(1993), p. 101(원자료는 *Narodhoe Khozaistvo SSSR for 60 years*, Moscow, 1977, p. 79; *Narodhoe Khozaistvo SSSR for 70 years*, Moscow, 1987, p. 58; *Narodhoe Khozaistvo SSSR 1990*, Moscow, 1991, pp. 7, 8). 러시아는 *Rossiickii Statisticheckii Ezhegodnik*, 1997, p. 304. 중국은 State Statistical Bureau of the People's Republic of China and Institute of Economic Research Hitotsubashi University(1997), p. 67.

우선 장기적인 경향을 보면 북한은 중국보다 구소련에 가깝다고 할 수 있다. 즉 중국에서는 '성장률의 장기하락경향'이 나타나지 않았으나 북한에서는 구소련과 마찬가지로 '성장률의 장기하락경향'이 나타났다. 이 점은 주목할 만하다. 북한과 구소련은 1950년대의 고성장에서 1980년대의 저성장(혹은 침체)으로 하강곡선을 그렸다. 더욱이 1990년대에는 마이너스 성장으로 떨어졌다.

물론 조금 자세히 들여다보면 몇 가지 다른 점도 발견할 수 있다. 예를 들면 북한의 1950년대 후반의 고속성장은 구소련의 같은 기간의 그것을 크게 상회하고 있다. 추세적으로 하강곡선를 그리던 도중에 일시적으로 상승세(회복세)를 보일 때(구소련은 1960년대 후반, 북한은 1970년대 전반)의 성장률도 북한이 구소련을 훨씬 상회하고 있었다. 그림 2.1에서도 나타나 있듯이 구소련보다 북한이 커브의 기울기가 급했다고도 할 수 있다.

가장 긴 시계열을 가지고 있는 지표를 이용했다.

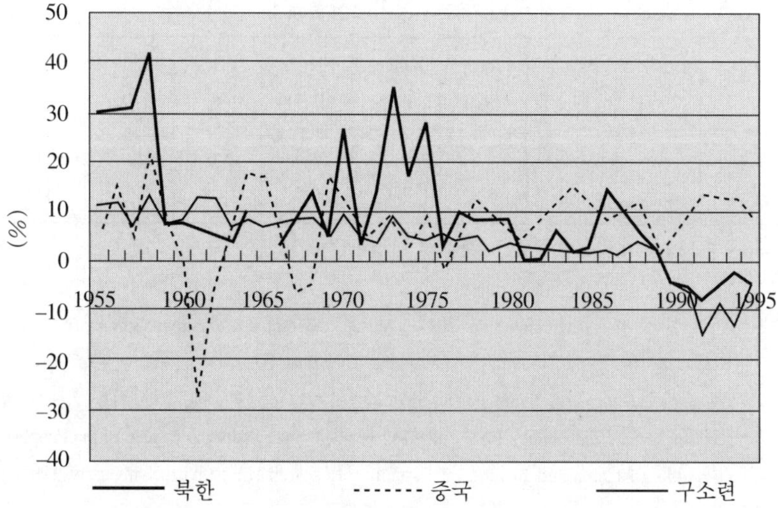

주: 북한의 경우 1955~1964년은 북한의 공식통계, 1966년 이후는 한국정부의 북한 GNP 추정치, 구소련은 생산국민소득, 러시아는 GDP, 중국은 GNP로 각각 공식통계.

자료: 표 2.1, 2.2, 2.5와 같음.

그림 2.1 북한, 구소련, 중국의 경제성장 장기추세 비교

또한 북한의 하강커브는 꽤 심한 변동을 수반하는 것이었다. 경제의 변동의 정도(진폭)라는 점에서 보면 북한은 구소련보다 중국에 가깝다. 단지 중국은 플러스, 마이너스가 교차하는 변동인 데 반해 북한은 1980년대 말까지는 기본적으로 플러스 성장의 범위 내에서의 심한 변동을 겪은 뒤 1990년대 들어 마이너스 성장을 나타냈다.

2. 1990년대의 경제난

(1) 식량난

1990년대 북한의 식량난은 잘 알려진 바이다. 특히 1990년대 중반 이후는 북한 스스로 식량관련 통계를 공개하면서 국제사회를 향해 식량부족과 식량지원을 호소하고 있다. 북한측은 식량난이 1990년대에 들어와서 발생했다고 주장하고 있으나 실제로 북한의 식량부족이, 식량생산 부

표 2.6 북한의 곡물 및 쌀 생산량 추이

(단위: 만 톤)

	곡물			쌀		
	북한의 공식통계 (A)	한국 통일부 추정치 (B)	FAO 추정치 (C)	북한의 공식통계 (D)	한국 통일부 추정치 (E)	FAO 추정치 (F)
1970		464.4		276.1		172.2
1975	770	495.3	703.5			266.4
1980		398.2	885.0		124.5	357.8
1982	950	599.6	898.5	355.7	201.7	
1984	1,000	626.7	1,018.3		221.4	401.0
1986					200.9	432.0
1988			1,187.2		209.9	457.2
1989				432	308.4	396.0
1990		481.2	1,020.5	448	276.0	396.0
1991		442.7	731.6	409	164.1	442.0
1992		426.8	673.3	445	153.1	426.0
1993		388.4	521.0	475	131.7	294.0
1994		412.5		311	150.2	
1995				200		
1996				141		

자료: D)의 1989~1996년은 UNDP(1998)/그 외는 김운근(1996), pp. 115-116(원자료는 『북한경제통계집(1946~1985)』; 국토통일원(1977), 『남북한 영농기반분석과 생산능력비교』; 국토통일원, 『남북한경제현황비교』, 각 연도; FAO, *Production Yearbook*; FAO, *Monthly Bulletin of Statistics*, various issues; 『로동신문』, 1975. 9. 23; 『조선중앙년감』, 1989~1996).

진이 언제부터 시작되었는지 확실하지 않다. 표 2.6을 보더라도 1970 · 80년대의 식량사정이 어떠했는지 판단하기가 매우 어렵다. 북한의 공식통계가 적은데다 그나마도 신뢰성에 의문이 있고 또 한국정부 추정치와 FAO 추정치 사이의 갭이 너무 크기 때문이다. 다만 탈북자들의 증언과 단편적인 정보로 미루어 보건대 식량부족은 1990년대 이전부터 존재했던 것이 아닌가 한다. 유사한 견해를 피력하는 연구자[11]도 꽤 있다.

어쨌든 1990년대의 식량부족은 심각한 것이다. 다만 식량이 어느 정도 부족한지 확실치 않다. 북한의 공식통계에 의문이 없는 것도 아니며 북한의 식량수급상황은 추정기관에 따라 꽤 다르다.

한편 표 2.7에도 나타나 있듯이 한국 통일부의 추정결과에 의하면 북한은 1992년 이후 매년 133~233만 톤의 식량이 부족하여 외부에서 곡물

표 2.7 1990년대 북한의 식량수급실태: 통일부의 추정

(단위: 만 톤)

연도	1992	1993	1994	1995	1996	1997	1998	1999[1]
총수요(A)	576	569	576	580	578	583	541	551
생산량(B)	443	427	388	413	345	369	349	389
부족량(C)	133	142	188	167	233	214	192	162
도입량(D)	83	109	49	96	105	163	104	71
수입(E)	83	109	49	64	75	79	29	14
외부지원(F)	0	0	0	32	30	84	75	57
절대부족량(G)	50	33	139	71	128	51	88	91

주: 1) 1991년 1~7월.

$G = (A-B) - (E+F) = C-D$

생산량은 전년도 수치.

자료: 통일부(1999).

11) 예를 들면 小牧輝夫는 1980년대에 들어서부터 식량생산의 부진이 계속되었다고 보고 있다. 小牧輝夫(1996), p. 9 참조.

을 들여오지 않을 수 없었다. 1994년 이전은 전량(全量)을 돈을 주고 수입했으나 1995년부터는 국제사회로부터의 지원과 상업적 수입이 병행되고 있다. 하지만 이러한 수입과 외부지원으로도 필요한 수요를 충당하지 못해 매년 33~128만 톤의 식량부족사태가 빚어졌다.

당연한 것이지만 북한의 식량부족은 배급의 지연, 배급량의 감소로 이어졌다. 필자가 만난 탈북자들의 증언에 기초해서 식량배급상황을 간

표 2.8 북한의 식량배급실태: 탈북자들의 경험

탈북자	거주지역	식량배급실태
탈북자 J씨	평안남도 남포시	1988년부터 배급의 지연현상이 발생. 1개월, 3개월 늦어지는 경우가 있었음. 밀린 배급량은 나중에 지급되었음. 한 해 전체를 통해 배급량이 줄어든 일은 1993년까지는 없었음.
탈북자 M씨	평안남도 양덕군	1994년에는 2~3개월, 1995년에는 3~4개월 배급이 지연되었음.
탈북자 N씨	함경남도 함흥시	1989년부터 배급의 지연현상이 발생. 1990년부터는 3개월에 한 번 정도 배급을 받았는데 1년에 7개월분 정도의 배급량이었음. 1994년에는 배급이 사실상 중단되었는데 1월 1일에 2일분, 김일성·김정일 생일에 각각 2일분, 추석에 1일분 받은 것이 전부임.
탈북자 O씨	청진 직할시	1988년부터 배급의 지연현상이 발생. 연간을 통해 11개월분 정도의 배급량을 받았음. 가장 심했던 것은 1992년으로 배급이 6개월이나 지연되었음.
탈북자 Q씨	개성 직할시	1989년부터 배급이 1~2개월 지연되었음. 1993년에는 5~6개월 지연되었음. 1996년에는 1월부터 7월까지 1개월분의 배급량밖에 받지 못했음.

주: 식량배급은 공식적으로는 보름 만에 한 번씩 받게 되어 있음.
자료: 필자의 탈북자 면담결과.

단히 정리한 것이 표 2.8이다. 물론 북한 당국은 1990년대에 들어서 각 지역단위별로 식량의 일부를 자체해결(자력갱생)하도록 지시 · 통제했으므로 식량배급상황은 지역별로 꽤 다르다. 그러므로 표 2.8만을 보고 북한 전체의 배급상황을 판단하기는 매우 곤란하다. 다만 국가의 식량배급 시스템이 작동하지 않는다는 것, 아니 사실은 심각한 위기상태에 빠져 있다는 것은 충분히 읽을 수 있다.[12)]

때문에 아사자가 속출했었다. 그럼 지금까지 어느 정도의 아사자가 발생했던 것일까. 물론 정확한 실상은 알려지지 않고 있다. 이와 관련하여 한국의 국가정보원은 1995~1998년의 4년간 300만 명의 아사자가 발생했다고 발표한 적이 있다. 또한 WFP의 관계자는 1999년에 "1995년에는 인구 1,000명당 6.3명이 사망했으나 1998년에는 9.3명으로 늘었다"는 북한 당국자의 발언에 기초해서 "1995~1998년에 22만 명이 사망한 것으로 추정된다"고 밝힌 바 있다.[13)] 아울러 2001년 5월에는 북한 당국자가 1995~1998년에 22만 명이 사망했다고 밝혔다.[14)]

(2) 공장가동률의 급락

1990년대의 경제난은 공장가동률의 급격한 하락으로부터도 읽을 수 있다. 물론 공장가동률의 하락은 1990년대 들어 갑자기 발생한 문제는 아니다. 늦어도 1960년대부터 문세시되기 시작했다. 이 때부디 이 문제에 대한 김일성의 지적 · 비판이 잇따랐고 1970년대 들어서는 더 빈번해졌다. 그러던 것이 1980년대 후반 혹은 1990년대에 들어 가동률이 밑바닥까지 떨어졌다고 탈북자들은 전하고 있다.

"1992년 2월에 김책제철소, 대안중기계공장과 같은 중추적인 산업시

---

12) 그러나 북한 주민에게 있어서 국가식량배급의 중단이 반드시 자신의 '아사'를 의미하는 것은 아니다. 이는 조금 뒤에 서술할 '제2경제'의 존재 때문이다.

13) 『한국일보』, 1999. 5. 10.

14) 최수헌 북한 외무성 부상(차관)이 2001년 5월 15일 중국 베이징에서 열린 UN 아동기금(유니세프)회의에서 발표한 내용. 『중앙일보』, 2001. 5. 16.

설을 시찰할 기회가 있었다. 그런데 공장가동률이 매우 낮았다. 평양화력발전소는 굴뚝 3개 가운데 2개는 연기가 나오지 않고 있었다. 강선제강소의 관계자로부터는 수출계약분의 강재만을 일부 생산한다는 이야기를 들었다"(탈북자 D씨).[15)]

"구소련의 원유를 사용하는 승리화학공장, 중국의 원유를 사용하는 청수화학공장, 남흥청년화학공장, 2 · 8 비날론공장은 1990년대 들어 한 달에 10일 정도 가동되었다"(탈북자 정진만 씨).[16)]

더욱이 1990년대 중반에는 아예 조업을 중단한 공장도 적지 않다는 것이 탈북자들의 일치된 증언이다. 다만 군수공장은 정상조업에 가까운 상태를 유지하고 있다고 그들은 전하고 있다.

한편 한국정부는 1990년대 들어 북한 주요 산업의 가동률은 30~40%로 낮아졌고, 더욱이 1990년대 중반께는 20~30%로 떨어졌다고 보고 있

표 2.9 1990년대 북한 주요 산업의 가동률

(단위: 만 톤, %)

	강 철			시 멘 트			비 료		
	생산량	생산능력	가동률	생산량	생산능력	가동률	생산량	생산능력	가동률
1992	179.3	598.0	30.0	474.7	1,202.0	39.5	104.3	351.4	29.7
1994	172.8	598.0	28.9	433.0	1,202.0	36.0	99.3	351.4	28.3
1996	120.8	598.0	20.2	379.0	1,202.0	31.5	72.1	351.4	20.5
1998	94.5	598.0	15.8	315.0	1,202.0	26.2	52.7	351.4	15.0
2000	108.6	598.0	18.2	460.0	1,202.0	38.3	53.9	351.4	15.3

주: 가동률 = 생산량/생산능력 × 100

생산능력은 1992년 이후 사실상 변하지 않았다고 가정.

자료: 통일원(1993) 및 한국은행, 『북한 GDP 추정결과』(각 연도).

15) 이하에서는 특별히 명기하지 않는 한 탈북자의 증언은 필자와의 면담결과를 가리킨다.

16) 『중앙일보』, 1995. 4. 4.

다(표 2.9 참조).

(3) '제2경제'의 확대

북한의 경제실적과 관련, 빼놓을 수 없는 것이 이른바 '제2경제'[17](second economy)의 급속한 확대이다. 북한에서는 1980년대 말 혹은 1990년대 초부터 '제2경제'가 급속히 확대되고 있다는 것이 탈북자들의 일치된 증언이다.

'제2경제'란 무엇인가. 사회주의 경제에서 '제2경제'와 관련된 복잡하고 다양한 현상은 연구자에 따라 사용되는 용어도, 정의도 다르다.[18] 이 책에서는 제2경제의 체계적인 연구의 선구자로 평가되고 있는 Grossman의 정의에 따라 제2경제를 보다 폭넓게 규정하기로 한다. Grossman (1977)은 제2경제를 다음의 두 가지 조건 가운데 적어도 하나의 조건을 만족하는 모든 생산·거래활동으로 정의하고 있다. 첫째 직접적으로 사적(私的) 이익을 위한 것, 둘째 현존하는 법률의 위반이라는 것을 명백하게 인식하고 있을 것이다.

이러한 정의에 따를 때 북한의 경우 제2경제는 다음과 같은 세 가지 영역으로 구성된다. 첫째, 계획경제영역 내에서 이루어지는 합법적인, 즉 국가가 인정한 일종의 사적 경제활동이다. 예를 들면 '텃밭'이라 불리우는 소규모 사적 보유지와 가내부업이 여기에 속한다. 실제로 북한의 공식적인 국민소득개념은 개인부업경리[19]를 포함하고 있다.[20] 둘째, 계

17) 북한에서는 군수부문을 관리하는 정부기구를 '제2경제위원회'라고 부르고 있다. 이 책에서의 '제2경제'는 북한에서 말하는 '제2경제위원회'와는 다른 것이다.

18) 용어만 하더라도 제2경제, 비공식경제, 지하경제, 비등록경제 등으로 다양하다. 제2경제와 관련된 용어·정의에 대해서는 최수영(1998), pp. 3-8; 전홍택(1997), pp. 50-53을 참조.

19) 농촌에서 사적 보유지의 경작, 도시주민의 가내부업 등.

20) 자세한 것은 『경제사전 1』(1985년판), pp. 221, 637 참조. 한편 북한 당국이 발

획경제영역 내에서 이루어지는 불법적인 경제활동이다. 공장의 자재·생산물을 빼돌리거나 훔치는 것이 여기에 속한다.[21] 셋째, 계획경제영역 밖에서 이루어지는 불법적인 경제활동이다. 불법적인 토지의 경작,[22] 밀수, 암시장에서의 거래 등이 여기에 속한다.[23]

그럼 1990년대에 북한의 제2경제의 규모는 어느 정도인지 보기로 하자. 제2경제의 대부분은 불법적인 경제활동이므로 그 규모를 측정하기가 매우 곤란하다. 사실 제2경제의 규모를 파악한다는 것은 불가능에 가깝다. 몇 가지 단편적인 모습을 모아 보자. 탈북자들은 북한에 거주했을 당시 식량을 포함한 일상생활용품의 50~90%를 제2경제부문에서의 물물교환 내지는 현금구입의 방식으로 확보했다는 조사결과가 나와 있다.[24] 또 『중앙일보』가 탈북자 35명을 대상으로 불법적인 상행위(장사)의 경험을 조사한 적이 있다.[25] 이 가운데 20명(57%)은 본인이, 3명(9%)은 가족 내의 누군가가 장사를 해본 적이 있다고 대답했으며, 본인도 가족도 장사를 해본 적이 없다고 답한 사람은 12명(34%)에 지나지

간한 『경제사전』은 1970년에 발간한 것과 1985년에 발간한 것의 두 종류가 있으며, 이들은 각각 1권과 2권으로 나뉘어져 있다. 이 책에서는 주로 1985년판을 사용하기로 한다. 즉, 특별히 명기하지 않는 한 이 책에서 『경제사전』이라 할 때는 1985년판을 가리킨다.

21) 최수영(1998)은 국가계획 수행을 위해서 이루어지는 기업간 자재의 반(半)합법적·불법적 거래도 이 범주에 집어 넣고 있으나 이 책에서는 기업의 그러한 활동은 제2경제의 범주에 넣지 않기로 한다. 이 책의 제4장에서 자세히 살펴볼, 기업의 그러한 행동을 파악할 때는 제1경제와 제2경제라는 구분보다는 공식부문과 비공식부문 혹은 계획 내 활동과 계획 외 활동이라는 개념을 쓰기로 한다.

22) 북한에서는 이러한 토지를 '뙈기밭'이라고 부른다.

23) 이에 반해 이 책에서의 제1경제란 공식부문에서 계획경제영역 내에서 이루어지는 합법적인 경제활동을 가리킨다.

24) 오승렬(1996), p. 119. 이는 민족통일연구원이 1994~1996년에 탈북한 탈북자 30명을 대상으로 1996년 5~7월에 실시한 면담조사결과에 따른 것이다.

25) 『중앙일보』, 1995. 1. 26.

않았다. 그리고 국정원은 1997년 10월, 북한의 지하경제규모가 북한 GNP의 30%에 달한다고 발표[26)]한 적이 있다.[27)]

표 2.10은 필자의 탈북자 면담결과에 따른 것으로 1990년대 북한 주민의 공식임금과 비공식수입의 비율에 관한 단편적인 모습을 제공해 준다. 여기서 5명의 직접·간접적인 경험에 따르면 공식임금은 실질생계비의 1.2~33%에 지나지 않는다. 제3장에서 보겠지만 1990년대에는 소비품의 국가유통체계의 마비와 암시장의 급속한 확대, 심각한 인플레이션 등으로 인해, 즉 화폐가치가 급격히 하락함으로써 공식임금의 의미는 사실상 없어졌다는 게 탈북자들의 일치된 증언이다. 따라서 주민들은 부족한 생계비를 메우기 위해 제2경제활동에 참가하지 않을 수 없다. 표 2.10에서의 5명의 경험에 한해 보면 제2경제에서의 수입은 제1경제에서의 수입을 훨씬 초과하며, 더욱이 사람에 따라서는 몇 십 배에도 달하는 경우가 있다.

그럼 구소련의 경우에는 제2경제의 규모가 어느 정도였을까. 1970년에 구소련에서 소비되었던 모든 알코올의 4분의 1이 제2경제에서 생산·공급되었다. 1972년에 5억 리터의 도용(盜用) 가솔린이 제2경제에서 판매되었다고 추계되고 있다. 소련의 모피판매의 약 80%, 생선판매의 25%가 제2경제에서 이루어지고 있었다(Gregory & Stuart, 1986: 216). 또 Ofer와 Vinokur가 실시한 망명자 조사결과에 의하면 주된 고용장소에서 보수를 받는 활동 이외의 활동에서 얻은 수입은 그 보수의 10%에 해당되는 금액이었다고 한다.[28)] 자료의 제약이 있기 때문에 단정적으로는

26) 『매일경제신문』, 1997. 10. 16.

27) 한편 남성욱·문성민(2000)은 1998년도 북한의 시장경제부문의 규모(비공식경제부문에서 자가소비를 제외하고 농민시장 및 암시장을 통해 유통된 규모)가 명목 GNI의 27.1%에 달할 것으로 추정한 바 있다.

28) Gregory & Stuart(1986), p. 216(원자료는 G. Ofer and A. Vinokur, *Family Budget Survey of Soviet Immigrants in the Soviet Union*, Jerusalem: Soviet and East European Research Center, Hebrew University, 1977; G. Ofer and A. Vinokur, *Private Sources of*

표 2.10 1990년대 북한 주민들의 공식임금과 비공식수입: 탈북자들의 경험

탈북자	L씨	M씨	N씨(여)	Q씨	R씨
직업	정무원 산하 무역회사 과장	군(郡) 자재 공급소 지도원	신발공장 노동자	벽돌공장 자재인수원	군(軍)의 외화벌이사업소 지도원
거주지역	평양시	평안남도	함경남도	개성시	평안북도
가족수	4	4	3	5	6
한 달 공식임금	147원(본인)+ 132원(부인)	90원	60원(본인)+ 100원(어머니)	70원(본인) +60원 (동생)	120원
생계비(그 중 공식임금의 비중)	1,000원 (27.9%)	2,000원 (4.5%)	6,000원 (2.3%)	5,000원 (2.6%)	10,000원 (1.2%)
부족생계비의 충당 방법	직위를 이용한 불법행위	부모로부터의 유산, 장사	식품제조 및 판매, 일본의 친척으로부터의 경제적 원조	가축사육, 장사	직위를 이용한 불법행위, 장사, 미국의 친척으로부터의 원조

주: 탈북자 M씨의 경우, 자신은 생계비 지출이 많았던 편이라고 밝히고 있음. 자신들의 동료들의 최저생계비는 300원 정도였다고 함. 이때 공식임금은 최저생계비의 3분의 1 수준이 됨.

자료: 필자의 탈북자 면담결과.

말하기 힘드나 1990년대에 북한의 제2경제의 규모는 구소련의 그것보다 클 가능성이 있다.[29] 특히 지적하고 싶은 것은 북한의 경우, 구소련과는

Income of the Soviet Urban Household, Rand Corporation, R-2359-NA, 1980).

29) 전홍택은, 북한에서 제2경제가 차지하는 중요성은 동구에서 제2경제가 가장 발달한 헝가리보다 작으나 구소련보다 크다고 보고 있다. 전홍택(1997), p. 60 참조.

달리 공식적인 식량배급제도 및 소비품 유통체계의 마비와 함께 제2경제가 급속히 확대되었다는 것, 달리 말하면 주민들은 '부의 축적'이라기보다 '생존' 그 자체를 위해서 필사적으로 제2경제활동에 참여하고 있다는 것이다.[30)]

제2절 초기조건

여기에서 검토하는 북한경제개발의 초기조건은 남한의 그것과 겹치는

---

30) 이러한 제2경제 확대의 경제적 효과에 대해 간단히 살펴보기로 하자. 먼저 긍정적인 측면으로서 제2경제가 무엇보다도 제1경제를 보완하는 기능을 수행한다는 것을 들 수 있다. 주민들이 공식적인 국가유통망 혹은 공식배급체계를 통해 조달하기 어렵게 된 식량, 생필품과 같은 소비재의 부족현상을 어느 정도 완화하는 역할을 수행하는 것이 대표적인 예이다. 또한 제2경제에서의 활동은 주로 수요와 공급에 의한 시장원리에 의해 이루어지기 때문에 자원배분의 효율성을 높일 수 있다.

부정적인 측면은 어떨까. 제2경제에서 거래되는 물자는 제1경제에서 부정유출된 것이 적지 않다. 농장 · 공장에서는 자재나 생산물을 빼돌린다. 유통단계에서도 부정유출은 이루어지고 무역분야에서도 그러하다. 이는 말단의 농민 · 노동자뿐 아니라 간부차원에서도 이루어진다. 이러한 자재나 생산물은 톨카치(제4장 참조) 등의 활약에 의해 제1경제부문으로 환류되는 부분도 있으나 그대로 제2경제의 영역 내에 머무르는 부분도 있다. 따라서 제1경제부문(계획경제부문)의 생산이 그만큼 위축될 수밖에 없다. 또 농장 · 공장에서의 생산활동 결과의 축소보고, 대외무역의 축소보고 등에 의해 국가재정수입이 그만큼 줄어들고 계획경제부문에서의 투자활동에도 악영향이 미치게 된다. 아울러 제2경제의 확대는 관료사회의 부패확대를 초래하고 국가계획이 사적 이해관계에 의해 좌지우지될 여지를 더욱 크게 한다.

이러한 긍정적인 면과 부정적인 면의 어느 쪽이 더 큰지는 판단하기 어렵다. 만약 제2경제의 규모가 제1경제보다 크다면 제2경제는 제1경제를 보완하기보다는 대체하는 것이 아닐까, 혹은 제1경제를 축소시키는 역할을 하는 것이 아닐까 한다.

부분이 꽤 있다. 당연한 것이겠지만 북한은 한반도가 분단되는 시점(1945년)에 탄생하였기 때문이다. 또한 일본 식민지시대에 관한 통계는 북한과 남한을 구분하지 않은 것이 대부분이기 때문에 어쩔 수 없는 측면도 있다.

1. 자연환경적 요인

한반도의 전체면적은 22만 km^{2}로 대체로 영국의 면적과 비슷하다. 이 가운데 북한지역은 12만 km^{2}이다. 인구를 보면 한반도 전역은 1910년에 1,547만 명, 1944년에 2,492만 명이며 북한지역은 1910년에 516만 명, 1944년에 918만 명이다. 1944년 당시 한반도 전체 인구의 36.8%가 현재의 북한지역에 살고 있었다.[31)] 또한 북한에서는 인구압력은 없었다고 하는 특징이 있다. 이처럼 국토의 면적으로부터 보든 인구로 보든 북한이 '소국(小國)'이라는 것은 틀림없는 사실이다.

한반도의 지정학적 조건을 보면 동남쪽에는 일본열도가 있으며, 서북쪽으로는 중국, 만주와, 동북쪽으로는 러시아와 접하고 있다. 반도라고 하는 것은 힘이 셀 때는 대륙을 침략하고 바다 건너 국가들까지 세력을 펼칠 수 있지만, 거꾸로 힘이 약할 때는 대륙이나 섬나라의 침략을 받기 쉽다. 한반도가 이민족의 침략을 받은 것은 요(遼), 원(元), 일본[32)] 등지로부터의 침략으로 크고 작은 것을 다 합쳐서 900회를 넘는다고 한다. 조선민족은 끊임없이 이민족의 침략에 시달려 왔고 한반도의 역사는 항상 성공한 것은 아니지만, 외세에 저항하고 자신의 독립을 유지하기 위한 민족적 투쟁이 전개되어 왔던 역사라고 할 수 있다.

이어서 천연자원[33)]을 살펴보자. 지하자원은 그 종류가 많고 매장량도

31) 자세한 것은 木村光彦(1998), pp. 3-4 참조.

32) 豊臣秀吉, 20세기의 식민지 등.

33) 북한의 지하자원, 수력자원에 대해서는 예컨대 극동문제연구소(1974), 『북한전서(北韓全書) 상권』, pp. 494-502 ; 이호(1996), pp. 68-72 참조.

풍부하다. 그런 면에서 보면 북한은 공업발달에 유리한 조건을 갖추고 있다. 지금까지 북한지역에 매장되어 있는 것으로 알려진 광물은 360종류를 넘으며, 그 가운데 발굴가치가 있는 유용광물은 200여 종이다. 세계적으로 중요물자로서 인정을 받고 있는 25종의 광물 가운데 마그네사이트, 흑연, 텅스텐 등의 8종은 세계 10위 안에 들어갈 정도로 매장량이 풍부하다. 그리고 철광석, 아연, 유연탄(갈탄), 무연탄의 매장량도 비교적 풍부하다. 이와 함께 북한은 세계적으로도 수력자원이 풍부한 나라 중의 하나이다. 산이 높고 골이 깊으며 수량이 많을 뿐 아니라 낙차가 크기 때문에 수력자원을 이용할 수 있는 조건이 유리하다. 1 km^2당 포장수력은 72.4kW로 세계평균(28kW)의 3배 정도이다. 전반적으로 보아서 광물자원, 수력자원의 면에서 북한 측은 남한측보다 꽤 유리하였다.

그러나 에너지원, 산업용 원료로서 매우 중요한 석유, 코우크스탄은 아직 매장이 확인되고 있지 않다.[34] 특히 석유를 보유하지 못했던 것은 북한의 경제개발에 있어서 치명적이었다.

2. 역사 · 문화적 요인

한반도에서는 유교의 영향이 다른 나라보다 강했다고 한다. 물론 그때의 유교는 종교로서의 유교, 학문으로서의 유학이 아니라 문화로서의 유교이다. 유교의 이념은 그 이념 자체보다 '예(禮)'라는 '관습화된 권위'에 의해 사회질서를 유지하게 되었다. 이러한 사회는 서구문화의 이입 및 일본의 식민지화에 의해 어느 정도 수정되었다고는 해도 예(禮)라는 관습화된 권위는 피지배계급의 혁명을 경험한 일이 없는 한반도에서 그것이 '전통'이며 '문화'로 되어 있다.[35] 이러한 유교의 전통은 북한

34) 평남 숙천군 앞바다에 석유가 매장되어 있으며 북한은 1999년부터 이 지역에서 매년 30만 톤씩 원유를 생산해 오고 있다는 보도(『조선일보』, 2001. 5. 26)도 있지만 사실여부는 아직 확인되고 있지 않다.

35) 자세한 것은 李健泳(1994), pp. 250-251 참조.

특유의 정치 시스템을 만들어 내는 중요한 요인의 하나로 작용했다. 이 문제는 이 절의 뒷부분에서 다시 다룬다.

다만 조선의 전근대사회가 金日坤(1985) 등이 주장하는 것처럼 철저한 중앙집권체제였다고는 하기 힘들다. 조선 후기, 특히 19세기의 국가는 왕권이 약화되고 있었다.[36] 외관상으로는 중앙집권적 전제체제로 보이지만 실제로 권력을 쥐고 있는 것은 귀족계급(양반)이었다. 국가의 관료기구도 양반의 요구에 적합하도록 짜여진 것이었다. 국가는, 중앙에서는 표면적으로 강했을지 몰라도 지방으로 가면 그 지배력이 약해졌다.

그렇다고는 해도 한반도의 역사를 돌이켜 보면 정권탈취를 목적으로 한 반란이 적었다는 것을 지적할 필요가 있다. 조선 후기에 권력이 부패했을 때 농민반란이 빈번히 발생하였지만 정권탈취를 목적으로 한 것은 거의 없었다. 더욱이 조선역사를 논할 때 지역의 이익을 소중히 여기는 '지역주의(regionalism)'라는 말은 나오지 않는다. 물론 좁은 나라라는 지리적 특성 및 단일민족이라는 민족적 특성이 작용했기 때문일 수도 있다. 어쨌든 조선의 역사에 지역주의의 전통이 없었다는 사실은 주목해야 한다.

한민족은 언어, 문화, 민족구성에 있어서 강한 동질성을 갖고 있는 민족이다. 외세에 대한 경계심, 강한 민족의식을 가지고 있는 민족이라고도 할 수 있다. 특히 36년간에 걸친 일본 식민지시대의 경험은 한민족의 민족의식을 한층 더 강화시키는 계기가 되었다. 주체사상에 민족주의적 요소가 강한 것도 이러한 역사적 배경과 무관하지 않다.

경제개발의 역사적 요인을 생각할 때 빠뜨릴 수 없는 것이 교육문제이다.[37] 이조시대에는 과거제도, 즉 시험에 의한 관리선발제도가 발달하여 교육에 대한 사람들의 관심을 자극하고 경제발전수준에 비하여 학

---

36) 한국역사연구회(1992), pp. 160-161; カミングス(1989), p. 44 참조.

37) 교육에 관한 이하의 서술은 安秉直 · 金洛年(1997), pp. 82-85; 木村光彦(1997b), pp. 32-38에 의존하는 부분이 많다.

교교육이 상대적으로 발달해 있었다. 그리고 이조시대의 신분제 구성원리를 보면 비록 신분사회일망정 지배층인 양반이 반드시 경제적인 지배력도 행사한다는 보장도 없었고 농민과의 경계가 명확치 않은 경우도 있었다. 그런데 당시의 교육은 지배층인 양반계층의 남자에게 독점되어 교과목도 거의 다 유교경전이었기 때문에 실용적인 요소가 결여되어 있었다. 초등교육기관인 서당의 경우, 1911년 말에 전국에 16,540개소가 존재했다. 그러나 대부분의 서당은 소규모인 데다 서당에의 취학률은 남자의 경우 9.5~12.1%에 불과했다. 요컨대 제한적이었다.

식민지시대는 어떠할까. 초등학교의 취학률은 1930년대부터 급상승하였다. 이 시기는 일본의 전시체제 돌입에 따라 식민지공업화가 진행되어 일본 제국주의가 조선인을 산업노동력이나 군인으로서 동원하기 위해 '황국신민화정책'이 시행되었다. 그 영향으로 취학률이 급상승, 1930년의 14.5%에서 1940년에는 33.8%로 뛰었다. 그러나 조선인 아동을 충실한 일본제국 신민으로 만들려고 하는 교육정책이 조선인 대중의 지지를 얻을 수 없기 때문에 한계가 있었다. 더욱이 중학교와 고등학교의 취학률은 1945년에 각각 4.6%, 3.2%에 불과했다.

3. 식민지시대의 경제적 유산과 초기 발전수준

여기서는 1945년 한반도 해방의 시점에서 김일성 정권[38]이 이어받은 식민지시대의 유산 가운데 경제적인 것을 중심으로 개관하기로 한다.

(1) 초기 발전수준과 식민지시대의 공업화 경험

우선 해방시점에서 한반도 전체의 발전수준이 어떠했는지 살펴보자. 산업구조는 기본적으로 농업중심이다. 제2차 세계대전의 종전과 함께

38) 조선민주주의인민공화국의 성립, 즉 북한의 건국과 김일성의 수상취임은 1948년 9월이지만 김일성은 사실상 1945년부터 북한의 1인자였다고 할 수 있다.

탄생한 많은 신생독립국과 마찬가지로 김일성의 북한도 저개발의 농업국가를 과거로부터 물려받았다.

표 2.11을 보면 알 수 있듯이 식민지 기간 중에 그 비율이 하락했지만 제1차 산업비율이 여전히 높다. 1930년대에 들어와 겨우 공업화의 조짐이 보이는 정도이다. 이어 고용구조를 보면 1938년 시점에서 전 취업자의 74.7%가 제1차 산업(농림 · 목축 · 어 · 제염업)에 종사하고 있다(溝口敏行 · 梅村又次 編, 1988: 260). 1942년 시점에서는, 호구조사의 결과이지만, 전국의 호구를 직업별로 보면 농업이 가장 많아 전체의 62.6%를 차지하고 있다.[39)]

그렇다고 하더라도 식민지시대의 공업화의 경험과 그 유산[40)]을 무시

표 2.11 식민지 조선의 국내총생산의 산업별 구성

(단위: %)

	제1차 산업	제2차 산업	제3차 산업
1913～1922 평균	68.05	6.50	25.45
1923～1932 평균	56.51	8.93	34.56
1928～1937 평균	50.22	13.30	36.48

자료: 溝口敏行 · 梅村又次 編(1988), p. 11.

39) 朝鮮總督府, 『昭和17年朝鮮總督府統計年報』, p. 412.

40) 이러한 점을 강조하고 있는 논의가 이른바 '식민지 근대화론'이다. 주창자라고 할 수 있는 안병직은 식민지시대를 경제발전론의 시각에서 연구할 것을 주장한다. 식민지시대는 침략과 개발의 양면을 가지고 있는 것으로 파악해야 한다는 것이다. 그에 의하면 조선사회는 정체된 사회가 아니라 왜곡된 형태이긴 하나 자본주의가 발전하고 있었던 동태적인 사회이다. 그때 특히 1930년대의 공업화를 통해 형성된 물적 · 인적 자산이 오늘날의 한국의 경제발전에 이어졌다고 보고 있다(尹健次(1998), 安秉直 · 金洛年(1997) 참조). 이 책도 이 주장에 원칙론으로서는 찬성하는 입장이다. 다만 1930년대의 공업화를 통하여 형성된 물적 · 인적 자산이 북한 초기의 고도성장, 오늘날의 한국의 경제발전에

해서는 안 될 것이다. 사회간접자본의 경우 일본에 의해 항만, 체신, 도로, 철도 등의 건설이 이루어졌다. 1945년 시점에 한반도 전역에서 철도의 길이는 6,200km,[41] 도로는 53,000km에 달하고 있었다. 조선 전역을 평균하면 면적 100km^{2}당 철도의 길이는 3km, 도로의 길이는 24km이다. 그런데 1945년 중국 전역의 철도길이는 대략 21,000km로 추정되고 있다. 그것의 약 4분의 3은 만주에 있었다. 피크에 달했던 1943년에 조선의 철도는 1억 2,847만 명의 여객을 실어 날랐지만, 중국의 경우 피크에 달했던 1949년의 바로 앞 해인 1948년에 철도의 수송인원은 2억 6,501만 명에 그쳤다. 바꿔 말하면 조선은 중국의 하나의 성(省)보다도 작은 나라이지만 철도의 길이는 중국 전 국토의 30%, 수송여객수는 50%에 이르렀다. 또한 중국 본토나 베트남은 철도가 해안에 따라 집중되어 있지만 조선은 반도의 전역에 4통5달, 주요 도시를 향해 달리고 있다. 이와 같이 조선은 사회간접자본에 관한 한 중국이나 베트남보다 발달해 있었다는 커밍스의 지적[42]은 주목할 만한 가치가 있다.

식민지시대의 조선인 경영자와 노동자의 성장[43]도 주목해야 한다. 물론 기본적으로는 일본인 자본의 주도로 공업화가 진행되었다. 단지 1910

'공헌할 수 있었다'는 표현에 상응할 정도로 '이어졌는지' 아닌지는 좀더 검토할 여지가 있다고 본다.

한편, 식민지시대에 대한 북한의 공식입장은 이른바 '식민지 반봉건사회론'이다. 김일성은 "일찍이 우리나라는 일본 제국주의 지배하의 낙후된 식민지 반봉건사회였다"고 규정한 바 있다(『저작집 19』, p. 278). 이것은 제국주의자들의 식민지 예속화정책에 의해 자본주의가 정상적으로 발전할 수 없고 봉건적 관계가 많이 남아 있는 사회이다. 식민지로 된 각국은 제국주의의 상품판매시장, 원료원천지, 싼 노동력의 공급지, 자본수출지로 전락하여 기형적인 자본주의적 관계와 봉건적 관계가 오랜 기간 얽혀 그 나라의 인민은 2중 3중으로 착취된다고 되어 있다(『경제사전 2』, pp. 127-128).

41) 다만 그 절반 이상은 한반도 남부.

42) カミングス(1989), pp. 51-52 참조.

43) 자세한 것은 安秉直 · 金洛年(1997), pp. 66, 88-89 참조.

년의 한일합방 당시 조선인 소유의 공장은 100개에도 미치지 않았지만 1940년에는, 대부분은 영세한 것이지만, 4,000개를 넘을 정도로 크게 늘었다. 또한 조선에 본점을 둔 회사수는 1921년부터 1937년까지 656개사에서 4,743개사로 급증했고, 이 가운데 조선인 회사는 124개사에서 1,854개사로 격증하였다. 그렇다고 해도 일본인은 관리기술자 및 숙련공이 중심인 데 비해 조선인은 자유노동자 · 비숙련공이 중심인 식민지적 고용구조는 변하지 않았다. 다만 공업화의 진전이 조선인 노동자층의 성장을 가져온 것은 사실이다. 조선인 공장노동자는 1914년의 2만 명에서 1943년에는 34만 명(일본인은 2만여 명)까지 증가하였다. 또한 광산 및 토목건설노동자가 1943년에 각각 약 18만 명(일본인은 모두 약 6,000명)에 달하고 있었다. 이러한 것을 통해 비록 소규모라고는 해도 공장을 관리 · 운영하여 본 경험을 쌓은 조선인 경영자나 제한된 범위라고는 해도 어느 정도의 숙련과 근대적인 공장노동의 경험을 갖게 된 노동자가 다수 배양된 것의 의미는 무시할 수 없을 것이다.

시장의 발달[44]이라는 면도 무시할 수 없다. 옛날부터 존재한 정기시(定期市)는 이조시대에 들어와 그 수가 점차로 증가, 17~18세기에는 전국을 커버하기에 이르렀지만 식민지시대에는 정기시의 수, 거래액이 함께 증가하였다. 그 정기시에서의 거래된 품목은 ① 농민끼리 거래하는 잉여생산물, ② 농민소비용의 공업제품(주로 수입품), ③ 수출 또는 국내도시용의 농산물, 공업원료였지만 식민지시대에 무역량 · 도시인구의 증가와 함께 ②, ③의 중요성이 높아졌다. 1910년대에는 근린지역 내지 시장권 내에서의 미곡과 수공업제품 등과의 상품교환, 즉 지역적 사회적 분업관계가 꽤 있었다. 다만 원격지 유통은 아직 일정 범위 내에 그치고 있었다.

한편 현재 북한의 농촌지역에 이른바 농민시장이 휴일마다 열리고 있

44) 예를 들면 木村光彦(1990), pp. 249-251, 262~264; 梶村秀樹(1990), pp. 216, 240 참조.

는데 이는 식민지시대의 '시(市)'와 연속적인 면[45)]이 있다.[46)]

(2) 전시경제의 경험

식민지시대의 유산[47)]으로서 전시경제의 경험도 들지 않으면 안 된다. 木村光彦에 따르면 일본 제국주의와 북한은 양 체제가 전체주의라는 점에서 공통점을 가지고 있다고 한다. 즉 양자는 정치 · 경제활동의 자유를 인정하지 않고 국가의 일원적 관리하에 일정한 국가목표를 달성하는 것을 최우선으로 추진했다. 그 첫째 목표는 양국 공히 군사 · 경찰력의 강화, 특히 적국에 대한 군사적 우위였다고 한다(木村光彦, 1996: 9). 이러한 면이 있는 것은 부정할 수 없을 것이다. 다만 일본 제국주의와 북한의 체제에는 주민의 반응, 정권에 대한 저항감의 정도 등의 면에서 다소 차이가 있는 만큼, 양 체제의 공통점을 지나치게 강조하는 것은 부적절할 것 같다.

그것보다는 오원철(1995)이 강조하듯이 식민지시대 말기, 제2차 세계대전 말기의 '자력갱생 · 자급자족' 경험의 유산에 보다 많은 주의를 기울일 필요가 있다고 생각된다. 당시 전세계로부터 고립되어 있었던 일본

45) 木村光彦(1990), p. 264 참조.

46) 북한의 농민시장은 오랜 부침의 역사를 가지고 있다. 해빙 당시 3일장, 5일장식의 재래식 시장이 존재하였으나 북한 당국은 1958년에 개인상업을 폐지, 국영 및 협동상업으로 단일화함과 동시에 농민시장을 폐쇄했다. 하지만 1964년에 농민시장은 공식적으로 부활되었고, 이후 농촌지역을 중심으로 월 3회 10일장 형태로 운영되어 왔다. 그러던 것이 1990년대에 들어와 국가배급체계의 동요로 인해 농민시장은 거대한 암시장으로 탈바꿈했다.

47) 커밍스는 식민지기의 유산과 관련하여 흥미 있는 지적을 하고 있다. 즉 고대시대부터 동질성을 유지하여 온 조선에 일본은 근대적 통합체로서의 국민국가 형성에 필요한 물리적 기반을 유산으로서 남겼지만, 그 중에서 특필해야 할 것은 고도로 체계화된 관료조직, 즉 조선총독부로 대표되는 지나치게 거대한 중앙집권적 지배기구라고 주장하고 있다. カミングス(1989), pp. 46-47, 112-113 참조.

은 필요한 외국산 원료를 수입할 수 없었기 때문에 절대로 필요한 것, 특히 군수품은 국산원료를 써서 대용품을 만들 수밖에 없었다. 일본정부는 과학자나 기술자를 총동원하여 『기술총동원요강』이라는 책자를 만들어 배포했다.[48] 이는 약 500페이지 정도의 두꺼운 책자로 북한의 아오지 탄광에서 나오는 갈탄을 써서 석유를 만드는 방법이나 분철식(粉鐵式)의 제철법, 게다가 아주까리씨나 소나무 뿌리에서 윤활유를 만드는 방법, 목재를 건류해서 메탄올을 만드는 방법 등 수백 가지 방법이 기록되어 있다.[49]

이렇듯 자력갱생의 방식으로 움직여진 공장들은 1945년의 해방 후 북한 당국의 손에 넘겨졌다. 자력갱생의 방식에 익숙해진 조선인 기술자, 현장 사람들도 그대로 남았다. 이렇게 해서 식민지시대 말기의 자력갱생 경험은 북한이 계승하게 되었다. 김일성의 '자력갱생' 전략의 기원은 제2차 세계대전 말기 조선총독부의 정책까지 거슬러 올라간다고 하는 오원철(1995)의 주장은 설득력이 있다고 본다.

(3) 역사적 산업구조

식민지 조선에서의 공업화의 전개는 한반도의 산업구조에도 일정한 특징을 부여해 이것이 하나의 역사적 유산으로 남았다.[50]

식민지 조선의 전기사업은 1920년대에도 소규모 화력발전에 의한 시가지 전등공급이라는 초기 단계에 머물러 있었다. 그런데 1920년대 후반부터 수력발전을 중심으로 한 대규모 전원개발이 시작되어 1930년대 후반에 급격히 확대되면서 전력사업이 크게 활기를 띠었다. 여기에 중심적

---

48) 이 책은 오원철 씨가 상공부에 근무하고 있던 1960년대에도 상공부에 비치되어 있었다고 한다.

49) 이 시기 조선에서 대용품공업이 전개된 구체적인 양상은 김인호(1998), pp. 52-58을 참조.

50) 역사적 산업구조에 관한 이하의 서술은 堀和生(1995)에 의존하는 부분이 많다.

인 역할을 한 것이 조선의 전력업에서 타의 추종을 불허하는 독점적 지위를 누렸던 일본질소비료(이하 '일질' 이라고 줄임)이다.[51]

전기화학공업을 축으로 하고 있던 일질계(日窒系)가 조선에서 처음으로 전원개발에 착수한 부전강 수력발전소(발전력 20.1만 kW, 1926년 착공, 1932년 준공)는 원래 자가용 전원으로서 개발한 것으로 그 전력은 거의 전부 조선질소비료(1927년, 일질의 전액출자로 설립, '조질' 로 줄여 씀)의 흥남공장에서 유안제조용으로 사용되었다. 더욱이 일질계의 사업확장으로 새로운 전원개발이 필요하게 되었다. 또한 조선총독부의 산업정책도 종래의 '산미증식(産米增殖)' 에서 광공업 진흥으로 전환하였는데, 그 기본은 동력문제의 해결이었다. 이에 일질계는 장진강 수력발전소(발전력 32.7만 kW, 1933년 착공, 1938년 준공), 허천강 수력발전소(발전력 34.4만 kW, 1937년 착공, 1943년 준공), 압록강 수풍수력발전소(발전력 70만 kW, 1937년 착공, 1944년 준공)와 같은 대규모 전원을 잇따라 개발하여 갔다. 일질계 이외의 자본도 전원개발에 참여하였지만 일질계만큼 순조롭게 진행되지 않았다.

이러한 전력공급능력 확대와 함께 전력수요도 급격히 늘어났다. 그 원인은 무엇보다도 저렴한 요금에 있었다. 1930년대에 일질계에 의해 주도적으로 추진되었던 북부 조선의 전원개발은 경제성의 면에서 뛰어난 것이었다. 또한 조선총독부는 조선의 전력요금을 일본보다 싸게, 특히 전력을 다량 소비하는 금속 · 화학공업의 공장에 대해서는 요금을 낮게 책정했었다. 더욱이 일질계의 발전소는 자신의 계열기업에게는 거의 원가수준인 싼 요금으로 전력을 공급하였다.

이리하여 조질 흥남공장은 1930년대 후반 일련의 대규모 전원개발에 힘입어 지속적으로 공장을 확장했다. 흥남을 중심으로 한 본궁, 용흥 등

51) 1930년대 북부 조선의 전원개발을 앞장서서 추진했던 일질은 1942년에 현존 수력발전설비의 94.5%, 발전량의 90%를 차지하고, 또한 그 61.7%를 사용하고 있었다. 1943년부터의 전력국가관리 시기에는 조선 내의 모든 발 · 송전사업을 독점적으로 장악하기에 이르렀다.

지의 광대한 지역에 조질·일질계의 공장들이 건설되어 대규모 콤비나트가 형성되었다. 일질계 이외에도 수많은 일본의 산업자본이 조선의 저렴·풍부한 전력에 이끌려 북부 조선에 속속 진출하였다.

더욱이 1940년대에 군수생산의 확대가 긴급과제로 떠올랐을 때 일본에서의 전원개발은 극히 정체되었지만 조선에서는 발전시설이 잇따라 준공되었다. 그래서 일본의 기획원은 일본에서의 전력 다소비산업의 신설은 억제하고 만주·조선에서 전기화학·전기야금·경금속정련 등 전기를 원료로 하는 산업을 일으켜 일본 내 해당 산업의 기존 설비를 이주시키려고 하였다.

그림 2.2는 1930·40년대 식민지 조선에서의 산업부문별 회사불입자본금의 추이를 나타낸 것이다. 이 그림을 보면 알 수 있듯이 식민지 조선의 산업구조는 1930년대 중반을 경계로 급격한 변화를 겪었다. 아울러 전기·가스업의 움직임과 제조업의 움직임이 거의 일치하는 것이 눈에 띈다. 광공업 자본의 눈부신 성장은 다름 아니라 이 시점에서의 전원개발에 유인된 것이 분명하다. 1920년대 말 완전히 걸음마 상태에 있던 조선의 전력업은 불과 10년 만에 일본에서도 예가 없는 거대설비를 갖춘 회사가 여러 개 설립되기에 이르렀다. 또한 그 전력을 기반으로 화학·금속 등의 전력 다소비산업이 발흥하여 광산업이 발전하였다. 더욱이 1940년대에는 앞에서 말한 정책적인 요인도 얽혀 조선에 전력 다소비산업이 속속 들어섰다. 전쟁 말기의 식민지 조선은 일본 제국주의 경제권 내에서 전력 다소비산업의 최대의 중심지역으로 변모해 갔던 것이다.

한편 표 2.12를 보면 알 수 있듯이 조선에서는 1930년대 이후 공업생산액이 빠른 속도로 늘어나는 가운데 공업 내부에서는 중화학공업의 비중이 급속히 커졌다. 1930년대 이후의 식민지 조선의 공업화는 중화학공업화였다고도 할 수 있을 것이다. 이러한 것은 앞에서 서술한 전력 다소비산업구조의 형성에 조응하는 것이기도 하다.

다만 당시의 중화학공업화는 일정의 한계를 가지고 있는 것이었다. 이들은 일본과 밀접하게 연결되어 있으며, 조선사회 내부와 유기적 연관

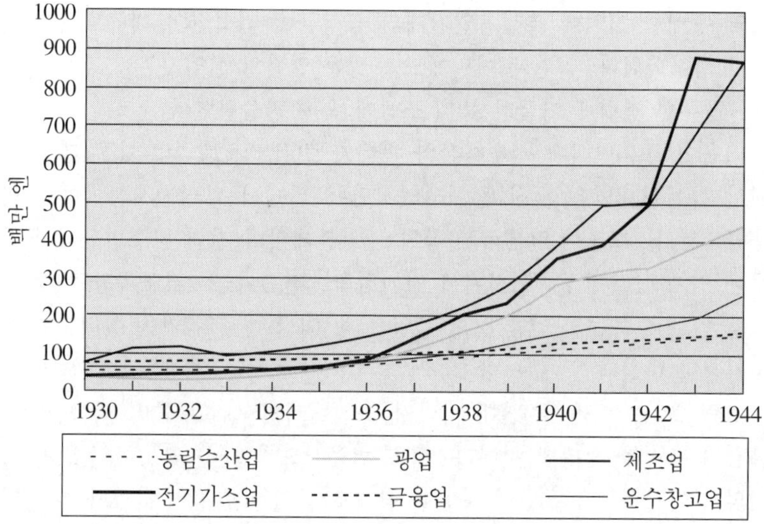

주: 1) 堀和生(1995), p. 216의 그림을 약간 수정한 것.

2) 조선에 본점을 둔 회사.

3) 금융업은 은행업, 금융 및 신탁업, 보험업.

자료: 1930~1943년은 조선은행, 『조선은행통계월보』, 각호/1944년은 조선은행 조사부, 『조선경제연보』 1948년판, pp. III-186~III-189.

그림 2.2 식민지 조선의 산업별 회사불입자본금의 추이

을 가지지 않은 식민지공업으로서 한계를 가지고 있다. 또한 당시의 중화학공업은 대부분이 원료채취공업 내지는 반제품공업으로 완성품공업은 매우 적었다. 조선의 금속가공업은 주물제조나 철의 2차, 3차 가공 같은 것이었다. 화학공업도 일질계의 전기화학공업(유안, 카바이드 등), 정어리기름 관계사업(정어리를 짜서 남은 찌꺼기를 이용해서 비료, 사료 등에 이용하는 사업)의 조선인 소규모 공장이 대표적인 것이다. 아울러 전반적인 중화학공업화의 추세 속에서도 기계공업은 크게 뒤져 있었다(표 2.12 참조)는 것은 주목할 만하다. 기계기구공업이 공업 전체에서 차지하는 비중은 조선에서는 1939년에 3.6%에 불과했으나 일본에서는

표 2.12 식민지 조선의 중화학공업화

(단위: 백만 엔, %)

	1930	1936	1939	1943
중화학공업	-(16.5)	206.6(29.7)	691.1(46.1)	1015.0(49.5)
금속	-(5.8)	33.7 (4.9)	136.1 (9.1)	300.0(14.6)
기계기구	-(1.3)	13.5 (1.9)	53.2 (3.6)	115.0 (5.6)
화학	-(9.4)	159.4(22.9)	501.7(33.5)	600.0(29.3)
경공업	-(83.5)	488.2(70.3)	807.2(53.9)	1035.0(50.5)
방적	-(12.8)	99.5(14.3)	201.4(13.4)	345.0(16.8)
요업	-(3.2)	21.9 (3.2)	43.3 (2.9)	90.0 (4.4)
목제품	-(2.7)	9.9 (1.4)	21.1 (1.4)	120.0 (5.9)
식료품	-(57.8)	199.9(28.8)	328.4(21.9)	400.0(19.5)
합계	-(100.0)	694.8(100.0)	1498.3(100.0)	2050.0(100.0)

주: 괄호 안은 구성비.

자료: 1930년은 김기원(1990), p. 182/그 이외는 조선은행 조사부, 『조선경제연보』 1948년판, pp. I-100~I-101.

1940년에 22.5%에 달했었다.[52)]

(4) 남 · 북한의 초기조건의 차이

다음에는 남 · 북한의 초기조건의 차이를 살펴보자. 여기에서 북한 공업화의 초기조건의 상대적 유리함이 도출된다. 해방 이전의 산업배치상태를 보면 북위 38도 이북의 조선 북부에는 전력, 금속, 화학공업 등의 에너지부문과 중화학공업부문이 집중되어 있는 반면 중화학공업 중에서 기계공업, 또한 방적, 식료품 등의 경공업, 곡물 등의 농업은 북위 38도 이남에 집중되어 있다(표 2.13 참조). 이는 자연조건 및 이에 기초를 둔

52) 조선은행 조사부, 『조선경제연보』 1948년판, p. I-100 참조.

일본의 식민지정책에 기인하는 부분이 많다. 조선 북부에서는 전력자원과 지하자원이 조선 남부보다 풍부하다. 특히 해방 직전의 1944년에는 조선 전체의 발전량의 96.4%가 조선 북부에서 생산될 정도였다. 이것의 의미는 꽤 크다. 이렇게 유리한 공업입지조건 때문에 일본의 공업건설도 조선 북부에 집중되어, 특히 1931년의 만주사변 이후 일본은 대륙침략과 이른바 '대동아공영권 건설'을 목표로 만주와 조선 북부에 중화학공업의 건설을 진전시켰다. 따라서 표 2.13에도 나타난 것처럼 해방 직전의 1944년에는 중공업의 80%가 조선 북부에서 생산되고 있었다.[53] 다만 공업 전체를 보면 북부에서 생산된 것은 53.0%이다. 47.0%는 남부에서 생산되고 있었다. 즉, 공업 전체로 보아서는 북한이 약간 우위에 있었을 뿐이다.

그런데 표 2.13에도 나타나 있듯이 농업에 있어서는 북한이 남한보다 불리하다.[54] 조선 북부는 남부에 비해 산악지대가 많고 평야가 적다. 1940년의 시점에 전체 농가호수 303만 7천 호 가운데 37.6%인 114만 5천 호가 북부에 있고 나머지 62.4%가 남부에 있다. 북한의 경지면적은 186만 ha이다.[55] 경지를 보면 남부는 논이 55%, 밭이 45%인 데 비해 북부는 논이 18%, 밭이 82%이다.

53) 따라서 앞에서 살펴보았던 북한의 역사적 산업구조, 즉 중공업화된 산업구조, 특히 전력 다소비산업구조는 한반도 전체라기보다 조선 북부에 해당되는 것이다.

54) 남북한의 농업의 초기조건에 대해서는 예를 들면 장상환(1990), p. 114; 김윤환(1972), p. 117 참조.

55) 구소련측은 북한의 기후조건이 그다지 좋지 않은 데다 1인당 경지면적이 동구에 비해 훨씬 작고, 따라서 북한은 명백한 수출지향형 농산물 생산발전에는 적합하지 못했다고 지적했다. 소련과학아카데미 세계사회주의경제연구소(1985), pp. 211-212 참조.

표 2.13 해방 직전의 조선 남부 · 북부의 생산활동 비교

(단위: 백만 엔, kW)

	남 부		북 부	
	생산물가치, 발전량	구성비(%)	생산물가치, 발전량	구성비(%)
1. 농업생산				
쌀		64		36
보리		99		1
콩		35		65
조		11		89
면화		70		30
2. 공업생산				
중공업	138	20	549	80
화학	91	18	411	82
금속	14	10	123	90
기계	33	69	15	31
경공업	562	70	241	30
섬유	171	85	30	15
가공식품	214	65	115	35
기타	177	65	96	35
3. 광물생산				
석탄		21		79
텅스텐		54		46
아연		25		75
금		37		63
철광석		3		97
흑연		44		56
4. 발전(發電)	61,910	3.6	1,664,530	96.4

주: 농업생산, 광물생산, 발전은 1944년, 공업생산은 1940년 기준.

자료: 농업생산, 광물생산은 *U.S. Army Area Handbook for Korea*, Washington, 1964, p. 352(원자료는 George M. MaCune, *Korean Economic Digest*, January, 1946)/공업생산은 황의각(1992), p. 27(원자료는 조선은행, 『조선경제연보』, 1948)/발전은 김윤환(1972), p. 117(원자료는 조선은행, 『조선경제연보』, 1948).

(5) 국토의 분단과 한국전쟁의 영향

그런데 식민지하의 공업화의 유산은 해방에 따른 일본의 철퇴와 국토분단, 특히 한국전쟁으로 인한 파괴 때문에 그 의미가 반감된다.

식민지시대 조선의 공업은 일본 자본주의의 일부로서 형성된 것이다. 자본재의 대부분은 직접 일본에 의존하고 있었다. 해방 전의 광공업시설, 사회간접자본은 거의가 다 일본의 자본, 경영, 기술에 의존한 것이었다. 따라서 해방에 따른 일본의 철수로 인해 일본과의 무역단절이 초래되어 조선의 재생산구조의 근본적인 재편은 불가피하였다. 다만 기술부문은 북한의 경우 어느 정도의 일본인 기술자가 잔류, 북한의 건설에 '협력'하여 점차 귀국하게 되었지만, 남한에는 극히 일부의 일본인 기술자만 남았다. 제1차 귀국(1946. 12. 16) 직전의 11월 보름 현재 북한에 잔류한 일본인 기술자는 868명이었다고 이야기된다. 1948년 7월의 귀국선을 마지막으로 일본인 기술자는 모두 귀국했다.[56)]

국토분단의 경제적 의미는 북의 에너지 · 중공업과 남의 경공업 · 농업과의 분리이기도 하다. 남북 사이에 있었던 어느 정도의 산업의 분업 · 보완성(표 2.13 참조)은 분단에 의해 파괴되었다. 철도, 도로, 항로는 끊어져 그 역할을 다하지 못하게 되었다. 정부의 규제에도 불구하고 1945년의 해방 이후 한국전쟁기까지 남북 사이에 물자교역이 소규모나마 지속되었다는 것도 분단의 피해를 말해 주고 있다. 이 시기의 교역물자는 남한의 경공업제품, 소형 기계제품, 북한의 화학공업제품, 해산물이 주류를 형성했다.

일본의 철수와 국토분단으로 인한 북한측 피해를 수치로 살펴보자. 광공업 전체에 대해서는 공식통계를 얻을 수 없고 몇 가지 개별 산업에 관한 공식통계밖에 구할 수 없다. 예를 들면 석탄생산은 1944년 574만 톤에서 1946년 127만 톤으로 줄었고(77.9% 감소), 발전량은 같은 기간

56) 자세한 것은 森田芳夫(1964), pp. 742, 779, 808 참조.

동안 81.37억 kW · h에서 39.34억 kW · h로(51.7% 감소), 화학비료는 51.2만 톤에서 15.6만 톤으로(69.5% 감소), 시멘트는 89.4만 톤에서 10.3만 톤으로 되었다(88.5% 감소).[57] 김기원(1990)은 남한의 경우, 해방 이후 공업생산 감소율은 40~75%로 추정된다고 밝히고 있다.[58]

게다가 3년간의 전쟁에 의해 북한에서는 8,700여 개소의 공장, 60만 호의 주택, 5,000개소의 학교, 1만 개소의 병원 및 진료소, 수천 개소의 문화후생시설이 파괴되었다고 한다. 공업시설, 특히 생산수단 생산시설

표 2.14 한국전쟁으로 인한 북한의 생산력 파괴실태

(단위: %)

	1949	1951	1953
1. 공업총생산액	100	47	64
생산수단 생산	100	33	42
발전공업	100	31	26
연료공업	100	9	11
야금공업	100	8	10
기계제작 · 금속가공업	100	104	124
화학공업	100	8	22
소비재 생산	100	65	99
방적공업	100	74	149
식료품 · 기호품공업	100	63	63
2. 농업총생산액	100		76
농산부문	100		77
축산부문	100		71

자료: 최중극(1992), pp. 109-111.

57) 『북한경제통계집(1946~1985)』, pp. 402, 420, 482, 494(원자료는 연도별 『조선중앙년감』).

58) 김기원(1990), p. 209 참조.

의 피해가 심각했다. 공업 전체는 1951년에 1949년의 절반수준으로, 더욱이 생산수단 생산은 1951년에 1949년의 3분의 1 수준으로 급락했다(표 2.14 참조).

4. 정치적 · 국제적 요인

(1) 정치적 요인

앞으로의 논의에서 밝혀지겠지만 북한의 경제개발에 있어서 정치적 요인의 영향력은 매우 크다. 북한의 정치체제는 단일 지도자의 존재, 단일 이데올로기, 사실상의 일당지배와 같은 측면만 보면 다른 사회주의 국가와 별다른 차이가 없다고 볼 수 있을지도 모른다. 그러나 북한정치체제는 독특한 구조로 되어 있다는 것이 일반적인 견해이다. 이 책에서는 북한의 독특한 정치체제를 '유일체제'[59]라고 부르기로 한다. 이것은 다음과 같은 특징을 가지고 있다.

우선 북한의 50년 역사는 김일성이라는 지도자의 변치 않는 통치에 그 특징이 있다. 더욱이 그 정치체제가 대단히 안정되어 있다. 게다가

---

59) 이것은 이종석(1995a)이 말하는 '유일체제'와 유사하다. '유일체제'란 '유일지도체제'가 관통하는 사회체제인데, '유일지도체계'는 권력이 한 사람에게 집중되어 그 절대권력자(최고지도자)를 중심으로 전 사회가 일원적으로 편성되어 있고, 이러한 체계를 지탱해 주는 이론적 체계까지 갖추고 있는 지도체계이다. 다만 '유일사상체계'는 북한의 공식용어이며 '유일영도체제'라는 표현도 북한측의 문헌에 등장한다는 것을 상기하면, 이 책에서 말하는 '유일체제'는 북한측의 용어와도 크게 다르지 않을 것 같다. 한편 북한의 독특한 정치체제를 鐸木昌之(1992)은 '수령제', 和田春樹(1998)는 '유격대국가'라고 부르고 있다. 수령제란 수령의 영도를 대를 이어 지속적으로 실현하는 것을 목적으로 하는 체제이다. 유격대국가란 유격대를 모델로 하여 이것을 국가 전체에 확대한 김일성을 사령관으로서 전 국민이 우러러본다고 하는 체제이다. 이종석(1995a), pp. 52-55; 鐸木昌之(1992), p. 6; 和田春樹(1998), p. 131 참조.

다른 사회주의 국가에서는 예가 없었던 김일성 · 김정일 부자의 세습체제를 구축했다. 북한정치체제의 가장 큰 특징은 최고지도자에게 권력이 집중되어 있다는 것, 혁명에서 최고지도자의 역할을 가장 중시한다는 것으로, 최고지도자에 대해서는 개인숭배는 말할 것도 없고 신격화까지 이루어지고 있다.

여기에다 북한의 정치체제는 이러한 체제를 정당화하기 위한 이데올로기까지 갖추고 있다. 이것이 유명한 '주체사상'이다. 1972년 12월 27일 제정된 사회주의 헌법 제4조는 북한사회에서의 주체사상의 위치를 단적으로 나타내고 있다. "조선민주주의인민공화국은 마르크스 · 레닌주의를 우리나라의 현실에 창조적으로 적용한 조선로동당의 주체사상을 자기활동의 지침이라고 하고 있다"는 것이다. 실제로 북한의 모든 대내 · 대외정책은 주체사상에 기초하고 있다. 정치, 경제, 문화, 군사 등 각 부문의 노선과 정책은 말할 필요도 없고, 구체적인 방침도 그 근저에는 주체사상이 놓여 있다. 다만 주체사상은 오랜 기간을 통해 형성 · 체계화되었으며, 여러 가지 하위이론으로 이루어진 이론적 구조물이기도 하다.[60)]

---

60) 이종석(1995b)은 주체사상을 크게 두 가지로 나누고 있다. 하나는 좁은 의미에서의 주체사상으로 초기단계에서의 주체사상이기도 하다. 여기에서 정치생활단위에 대한 지도원칙은 '자주적 입장의 견지', '창조적 방법의 구현', '사상을 기본으로 틀어쥔다'는 것이다. 이 '자주적 입장의 견지'로부터 이른바 '사상에서의 주체', '정치에서의 자주', '경제에서의 자립', '국방에서의 자위' 원칙이 나온다. 또 하나의 주체사상은 넓은 의미에서의 주체사상, 즉 김일성주의이다. 이것은 좁은 의미에서의 주체사상에 더하여, 김일성이 북한 사회주의 건설과정에서 제시했다고 이야기되는 여러 가지 혁명이론, 영도방법으로 이루어져 있다. 우리들이 보통 주체사상이라고 할 때는 후자를 가리킨다. 한편 和田春樹(1998)는 주체사상은 다음 세 가지 테제에 귀착된다고 보고 있다. ① 인간은 노력하면 무엇이든지 할 수 있다. ② 민족은 자주적이지 않으면 안 된다. ③ 인간이 만능무적이 되고 민족이 자주적이기 위해서는 반드시 뛰어난 지도자, 수령이 필요하다는 것이다. 이종석(1995b), pp. 30-44; 和田春樹(1998), p. 128 참조.

'유일체제' 와 가장 깊은 관계에 놓여 있는 이론이, 주체사상 중에서도 1960년대 말에 등장한 '혁명적 수령관' 과 1980년대부터 등장한 '사회정치적 생명체론' 이다. '혁명적 수령관' 은 혁명과 건설에서 차지하는 수령의 지위와 위치에 관한 것이다. 주체사상에서는 인민대중이 역사의 주인인 것이 대전제이지만, 인민이 주인이 되려고 하면 수령의 지도가 절대 필요하다.[61] 수령은 "인민대중의 이익의 최고대표자, 체현자"이며 "인민대중의 자주적 요구와 이익을 정확히 반영한 혁명의 지도사상을 창시한다"[62]고 되어 있다. 여기서 수령은 전지전능한 절대적인 존재로 설정되고 더욱이 수령 · 당 · 대중은 하나의 통일체로 간주된다.

'사회정치적 생명체론' 은 생명에는 육체적 생명과 사회정치적 생명이 있다는 것, 그리고 전자보다는 후자가 소중하다는 것이 출발점이다. 육체적 생명은 부모로부터 주어지지만 사회정치적 생명은 수령으로부터 주어진다. 이렇게 해서 수령 · 당 · 대중은 사회정치적 생명체 내에서 '혈연적 관계' 로 맺어지게 된다. 즉 수령은 혈연집단의 아버지가 되고, 당은 어머니가 된다. 더욱이 수령은 '사회정치적 생명체의 최고뇌수(腦髓)' 로 되고, 이 생명체의 생명활동을 통일적으로 지휘하는 중심이 된다. 이러한 이념체계로부터 수령에 대한 충실성 = 당에 대한 충실성 = 인민에 대한 충실성이라는 논리가 도출되고 대중에게는 '어버이 수령' 에 절대적이고 또한 무조건적인 충성을 바치는 인간, 이른바 '주체형의 공산주의자' 가 되는 것이 요구된다.

또한 북한사회는 다른 사회주의 국가에서도 예를 찾아볼 수 없을 정도로 고도로 조직화되어 있다. 북한측도 "세계에 나라는 많아도 우리나

---

61) 이와 관련하여 김정일은 "인민대중은 역사의 창조자이지만 올바른 지도에 의해서만 사회역사발전의 주체로서의 지위가 얻어져 그 역할을 다 할 수 있다"고 말한 바 있다. 이종석(1995b), p. 33(원자료는 김정일, 「주체사상에 관해서」(1982. 3), 『북한자료집 — 김정일저작선』, 경남대학교 극동문제연구소, 1991).

62) 이종석(1995b), p. 102(원자료는 김창하, 『불멸의 주체사상』, 평양: 사회과학출판사, 1985, pp. 199-200).

라와 같이 사회의 모든 성원이 빠짐없이 혁명조직에 망라되어 조직생활을 통해 고귀한 정치적 생명을 갖고 양성되는 나라는 없다"[63]고 이야기하고 있을 정도이다. 이러한 조직을 통한 학습·교육, 즉 전술한 이데올로기의 주입이 체계적이고 철저하게 그리고 반복해서 행해지고 있다.

그러면 이 체제는 어떻게 해서 형성된 것일까. 和田春樹(1998)가 지적한 대로 북한에서 체제형성사는 2단계로 나누어진다. 그 경계는 1967년이다. 1단계는 일반적인 사회주의 체제의 구축기이지만, 2단계는 다른 사회주의 국가와 공통의 토대 위에 북한의 독특한 구조가 포개지는 시기라고 볼 수 있다.[64]

다만 '유일체제'의 맹아는 1950년대 중반에도 나타났다. 1956년부터 소련에서 스탈린 비판, 개인숭배 비판이 행해져 당의 집단적 지도원칙이 강조되었는데, 이것은 절대권력을 향유하고 있던 김일성에게는 큰 충격이며 위협요인이었다. 게다가 당내의 '소련파'와 '연안파'가 소련과 중국의 권위를 배경으로 김일성에게 도전했다. 그 시기는 김일성 정권의 최대 위기라고 평가되고 있다. 여기에 북한의 정책에 대한 소련의 간섭을 불만스러워 하는 목소리도 커져 갔다. 이에 김일성은 '주체확립'을 내걸어 외국에 의존하고 있는 반대세력의 숙청에 성공하게 된다.[65] 이렇게 해서 '수체확립'과 김일성의 권력유지·강화는 연결되게 되었다. 다만 양자의 관계는 1967년 이후와 비교하면 다소 제한적이었다고 할 수 있다.

1960년대는 북한 지도부에게 위기의 시대였다. 1960년대 초부터 중소분쟁이 표면화하였다. 북한은 당초 중국을 지지하는 자세를 보였지만 그

---

63) 鐸木昌之(1992), p. 4(원자료는 『위대한 수령 김일성 동지께서 안겨 주신 정치적 생명을 소중하게 간직하고 빛내어 가는 것은 우리 인민 최대의 영예이며 의무이다』, 평양: 조선노동당출판사, 1975, p. 19).

64) 鐸木昌之도 북한의 정치체제를 프롤레타리아 독재라는 사회주의 체제의 특성을 가지면서도 소련형의 국가 시스템 위에 수령을 얹은 체제라고 보고 있다. 鐸木昌之(1992), p. 229 참조.

65) 이것이 1956년의 이른바 '8월 종파사건'과 그 후의 '종파투쟁'이다.

로 인해 대소관계가 악화되고 더욱이 소련의 경제원조가 중지되기에 이르렀다. 또한 북한은 쿠바 위기에 대한 소련의 태도를 보고 자신의 안전보장을 소련에 크게 의존하는 것이 바람직한지 의문을 가지게 되었다. 또한 베트남 전쟁의 격화와 한국군의 베트남 참전의 상황에서 중 · 소는 베트남 지원이라는 대의명분에 의해서도 의견이 일치할 수 없었다. 1965년 12월에 한일조약이 체결되어 미국과 일본과 한국이 맺어지게 되었다. 더욱이 중국에서는 문화대혁명이 시작되어 1967년 1월부터 홍위병은 김일성을 수정주의자로 지명해 비난하였다. 북한을 지원해야 한다고 생각되었던 중 · 소 양국과의 신뢰관계에 의문이 생기는 가운데 북한의 위기감은 높아지지 않을 수 없었다. 또한 대내적으로는 소련으로부터의 원조중지, 이른바 '국방 · 경제 병진' 등에 의한 경제성장 둔화, 게다가 당내의 노선대립까지 겹쳤다.

이러한 상황에서 북한 지도부는 대외적으로는 소련을 수정주의, 중국을 교조주의로 비난하고 자립적 민족경제 건설, 국방에 있어서의 자위노선을 명백히 하는 노선을 선택했다. 대내적으로는 1967년부터 상당한 인원의 당 간부의 숙청, 일인 절대권력체제의 전면화, 개인숭배의 전면화로 치달았다. 1967년 5월에 비밀리에 개최된 조선노동당 중앙위원회 제4기 제15차 전원회의에서 북한 내 권력상층부에서의 숙청은 사실상 종말을 고해,[66] 김일성의 독재적 지도가 완전히 확립되었다고 볼 수 있다. 또한 이 회의에서 '당의 유일사상체계의 확립'이 공식적으로 제기되어 김일성 이외의 권위를 일체 인정하지 않는 체제의 구축이 진행되었다. 이와 함께 이 회의 직후부터 김일성뿐만 아니라 그 가족에 대한 숭배가 공식적으로 시작되었다. 전술한 '혁명적 수령관'이 등장한 것도 이 즈음이다.

'유일체제'의 형성은 앞에서 밝힌 '복잡한 국내외 정세'만으로는 충분히 설명할 수 없다. 김일성은 지속적인 권력투쟁과정에서 승리를 거두

66) 1967년의 숙청은 그 이전의 것과 달리 김일성 계열 내에서의 숙청이다.

면서 1950년대 말에는 김일성의 단일지도체계가 성립되기에 이르렀다. 당내에서의 반대세력이 소멸한 것이다. 또한 1959년부터 시작되어 1960년대에 광범하게 전개된 김일성의 혁명역사 · 혁명사상에 관한 사상학습도 유일체제 성립의 사상적인 기반으로서 작용하였다. 더 중요한 요인은 1960년대 중반부터의 김정일의 등장에 있다. 실제로 1967년의 격변의 선두에 서 있던 것은 김정일로 알려지고 있다.[67]

역사 · 문화적인 전통도 고려할 필요가 있다. 산업화와 시민사회의 경험이 없는 봉건사회적 상태로부터 사회주의로의 이행은 절대권력자와 대중의 관계가 군신관계로 전화할 수 있는 위험성을 안고 있고, 김일성은 이 점을 충분히 활용하였다. 더욱이 그는 민족의 주체성 · 자주성을 강조함으로써 36년간의 식민지 통치에 신음했었던 인민대중에게 강렬한 민족의식을 불러일으켰고, 이것을 자신의 항일투쟁경험과 결부시킴으로써 민족주의의 중심과 자신을 동일시하는 데 성공하였다. 분단과 냉전구조도 무시할 수 없는 요인이다. 강력한 위협과 적이 계속해서 존재하였기 때문에 북한은 끊임없이 긴장상태에 내몰렸다. 이것은 권력의 집중을 정당화하는 요인으로 작용했다. 마지막으로 '유일체제' 형성의 근저에 있던 중요한 요인의 하나로서 김일성 개인의 권력욕도 지적하지 않으면 안 된다.

(2) 국제적 요인

다음으로 국제적 요인을 살펴보자. 일부는 앞에서 정치적 요인을 검토할 때 언급했기 때문에 여기서는 간단히 다음 세 가지를 지적하는 데 그치기로 한다.

우선 생각할 수 있는 것은 소련과의 관계이다. 제2차 세계대전 후 소련은 세계무대에 새로운 강대국으로 등장했다. 1940 · 50년대에 사회주의권 내에서 이념 · 정치 · 경제 · 군사 등의 면에서 압도적인 능력을 갖

---

67) 김정일은 1942년생으로 1967년 당시에는 25세.

고 있던 소련은 이것을 배경으로 자신의 영향력의 증대를 꾀하였다. 더욱이 북한의 경우 정권수립에 있어서 소련의 역할은 결정적이며, 노동당과 국가기구가 소련군의 점령을 기초로 출현하였다. 따라서 소련이 북한의 경제개발전략 형성에 큰 영향을 준 것은 당연한 것이다. 그런데 1950년대 중반 이후 상황은 변했다. 이 점은 이미 밝힌 바 있다.

두 번째로 국토의 분단 혹은 남 · 북한관계를 들 수 있다. 전후 50여 년에 걸쳐 북한과 남한은 각각 상대방을 '적'으로 간주, 그 존재를 전제로 하는 체제를 구축하여 왔다. 미소냉전과 유사한 면이 있는, 일종의 '체제간 경쟁'이었던 것이다. 당연히 많은 코스트를 치렀다. 남북대결로 인해 과다한 군비부담이 있었다. 단지 군사비뿐만 아니라 많은 인력이 군대로 돌려지고 있다. 이외에도 남북관계가 경제계획의 운영에 미묘한 영향을 주고 있다. 남북의 대화와 교류가 시작됨에 따라 서로 상대방의 경제상황에 대한 관심이 강해졌었는데, 북한으로서는 한국의 공업화의 진전, 생활수준의 향상에 대항할 필요성을 강하게 느낄 때가 있었다.[68]

세 번째로는 이른바 '냉전구조'를 들 수 있다. 특히 북한은 제국주의의 대표인 미국과 대치하고 있다.[69] 이미 밝힌 바와 같이 분단과 냉전구조는 권력의 집중화, 사회의 동원화, 군사화에 공헌했다.

제3절 경제개발전략

앞에서도 밝혔듯이 개발전략은 경제개발의 목적과, 그 목적을 달성하

---

68) 이 점을 강조하고 있는 대표적인 연구자는 小牧輝夫이다. 예를 들면 小牧輝夫 編(1986), p. 87 참조.

69) 小牧輝夫은 이와 관련하여 북한이 취해 온 자력갱생정책, 바꾸어 말하면 '내향적 경제전략'은 어쩔 수 없는 측면도 있음을 잊어서는 안 된다고 주장하고 있다. 북한은 한국 · 미국과 대치하고 있고 일본과도 국교가 없기 때문에 실제로 서방측과의 경제교류에는 한계가 있다는 것이다. 小牧輝夫(1986), p. 84 참조.

기 위한 수단 · 정책의 체계로 이루어진다. 우선 북한에서 경제개발의 목적이 무엇인지 살펴보기로 하자.

북한체제의 장기적인 목표는 '사회주의의 건설'과 '체제의 생존'으로 요약할 수 있다.[70] 때문에 경제개발의 목적은 군사력의 확보 · 강화와 경제발전이라고 할 수 있다.

김일성은 1975년의 어느 연설에서 "제국주의, 자본주의 제도를 전복했다고 해서 사회주의 · 공산주의가 저절로 건설되는 것은 아닙니다. 사회주의 · 공산주의는 오랜 기간에 걸친 경제건설과 계급투쟁을 거치지 않고는 건설할 수 없습니다"고 말한 적이 있다. 공산주의 사회는 모든 사람이 능력에 따라 일하고 필요에 따라 분배를 받는 매우 발달된 사회이지만, 그러기 위해서는 그에 상응하는 높은 수준의 경제적 토대를 쌓아 올리지 않으면 안 된다는 것이다.

공식적으로도 "사회주의 공업화[71]는 사회주의의 완전승리의 필수적 조건으로 된다. 사회주의 공업화는 사회주의의 물질 · 기술적 토대를 창설 · 강화하고 나라의 경제적 자립성을 보장한다(『경제사전 2』(1970년판), pp. 66–67)"든지 "사회주의 공업화는 특히 우리나라와 같이 이전에 오랜 기간 제국주의 식민지상태에 놓여 있다가 사회주의의 길로 들어선 발전도상국에게는 절실한 문제로 된다. 이들 나라에서는 사회주의 공업화가 나라의 정치적 독립을 강고히 하고 사회주의 건설을 성과적으로 추진하기 위한 대단히 중요한 과업으로 된다(『경제사전 1』, pp. 715–716)"고 되어 있다.

구소련도 그러했듯이 혁명 후 탄생한 사회주의 정권에게 체제 · 정권의 생존은 절실한 문제이다. 주위가 '적'(자본주의 국가)들로 둘러싸여

70) 사회주의 계획경제의 주요한 장기적 목표에 대해서는 예를 들면 Gregory & Stuart(1980), pp. 360– 361 참조.

71) 북한에서는 다른 사회주의 국가와 마찬가지로 '사회주의 건설'을 위해 공업화에 우선순위가 주어졌기 때문에 경제개발은 사회주의 공업화와 거의 같은 말이다.

있고 그들의 공격에 의해 자기 체제가 쓰러질지도 모르는 위기적 상황에 놓여 있다고 인식했기 때문이다. 북한도 예외가 아니었다. 특히 이 장의 제2절에서도 밝혔듯이 1960년대의 국제환경은 북한 지도부에게 공포감을 안겨 주기에 충분한 것이었다. 따라서 북한 지도부는 적극적으로 자국의 국방력, 군사력의 강화를 도모했다. 특히 지도부에게 국제적 환경이 '위기'로 인식될 때에 군사력 강화는 경제발전에 우선하는 것으로 되었다.

한편 Eckstein은 개도국의 경제개발목적을 사회복지지향형과 국력지향형으로 구분한 적이 있다. 전자는 국제적인 불평등을 완화하고 고도로 발달한 경제와 저소득 경제 사이의 생활수준격차를 점차 축소하고자 하는 욕구이다. 후자는 보다 공업화된 나라와 발전이 처진 나라 사이의 경제적, 군사적 그리고 정치적인 힘의 격차를 줄이지 않으면 안 되는 절실한 요구이다. 개도국은 위의 두 가지 요소를 함께 가지고 있지만 나라별로 양자의 비중은 다르다고 한다(Eckstein, 1977: 37-39). 이미 보았듯이 북한의 경우, 경제개발의 목적은 사회복지지향적 요소보다 국력지향적 요소가 강하다고 할 수 있다.

그러면 이러한 목적을 달성하기 위해 북한이 취해 온 수단·정책, 즉 제도, 조직, 자원배분정책 등에 관해 이하에서 검토하기로 한다.

1. 자력갱생론

북한의 자력갱생론은 크게 보아 두 가지 차원이 있다.[72] 하나는 국가

72) 중국의 경우에도 두 가지 차원의 자력갱생론이 있었다. 하나는 국가적인 차원에서의 것으로 북한의 그것과 거의 같다. 또 하나는 지방차원의 것으로 이는 북한의 그것과 약간 다르다. 중국에서는 지역적 혹은 지방적인 자급과 관련이 있다. 주로 ① 수송장벽과 ② 중앙계획제도에 고유한 관료적 자원배분의 애로로 인해 지역차원의 자급을 위한 노력이 행해지고 있었다(Eckstein(1977), pp. 352-354, 384-386).

적인 차원에서의 자력갱생론이며, 또 하나는 지역 또는 기업차원에서의 자력갱생론이다. 후자에 관해서는 제4장에서 검토하기로 한다.

김일성은 자력갱생에 대해 "자국의 혁명을 기본적으로 자기의 주체적 역량에 의거해 이루고자 하는 철저한 혁명적 입장이며 자국의 건설을 자국 인민의 노동과 자국의 자원에 의해서 추진하고자 하는 자주적 입장(『저작선집 4』(일본어판), p. 576)"이라고 설명하고 있다. 자력갱생론은 자립적 민족경제 건설의 원칙으로 이어진다. 자력갱생의 원칙을 기초로 자국 인민의 힘과 자국의 자원을 동원하여 자신의 기술과 자금에 의거할 때에만 자립적 민족경제 건설이 가능하다는 것이다(『경제사전 2』, p. 206).

자립적 민족경제는 어디까지나 자국과 인민의 수요를 충족시키는 것을 목적으로 한다. 자립적 민족경제의 본질적 내용을 이루는 것은 다음의 네 가지이다. 첫째, 다방면적이고 종합적인 경제구조. 나라와 인민이 다양한 물자적 수요구조에 맞추어서 중공업, 경공업, 농업 등 모든 생산부문이 갖추어질 뿐만 아니라 그 내부구조와 생산기술공정이 완비되어 민족국가단위로 재생산이 실현되는 경제구조이다. 중공업 우선정책도 이 범주에 들어간다. 둘째, 인민경제의 현대적 기술로의 장비. 기술적 자립은 경제적 자립의 중요한 내용을 이루고 있으며 자립적 민족경제는 자기의 현대적 기술에 의해 발전하는 경제이다. 셋째, 자신의 견고한 연료 · 원료기지. 이것은 연료 · 원료의 자급자족정책에 다름 아니다. 연료와 원료를 남에게 의존하는 것은 경제의 목숨을 남에게 맡기는 것과 같으며, 자신의 힘으로 발전하는 경제로서의 자립적 민족경제의 본질적 속성은 원료의 자체해결 정도에 의해 규정된다고 한다. 넷째, 자신의 유능한 민족기술간부이다(『경제사전 2』, pp. 206-207).

그렇다고 해서 '자력갱생론'이 대외무역을 부정하는 것은 아니다. 다음과 같은 김일성의 설명을 들어 보자. "우리나라가 자력으로 자립적이고 또한 종합적인 경제를 발전시킨다는 것은 국제적인 연대를 거부하며 우리들에게 필요한 물건을 모두 혼자서 만든다는 것을 의미하는 게 결코 아닙니다. 나라별로 자연적 · 경제적 조건도 다르고 주어진 단계에서 각국의 생산력 발전수준이나 과학기술발전의 수준도 다르므로 생산되는 원료나 제품의 품종이나 양도 다릅니다. 이러한 조건하에서 각국은 기본적인 것, 많이 요구되는 것은 스스로 생산하고 적게 요구되는 것이나 모자라는 것, 자국에서 생산할 수 없는 것은 유무상통의 원칙에 따라 외국과의 무역을 통해 해결하지 않으면 안 됩니다(『저작선집 4』(일본어판), p. 616)"는 것이다. 김정일도 같은 취지의 발언을 하고 있다. "자립적 민족경제는 결코 '폐쇄경제'도 아니고 대외무역을 배제하는 것도 아니다(『경제사전 1』, p. 464)"는 것이다.

그런데 "우리 당의 대외무역정책에서 가장 중요한 것은 자립적 민족경제를 건설하는 기초 위에 대외무역을 발전시키는 것"으로 되어 있다. 요컨대 대외무역이 자립적 민족경제 건설과 그 발전에 철저히 복무하고, 자립적 민족경제의 토대에 입각해서 대외무역을 발전시킨다는 것이다(『경제사전 1』, pp. 464-465). 이렇게 해서 자력갱생론의 원칙하에 대외무역은 제한된 범위 내에서 이루어지게 되었다.

그렇다면 이러한 자력갱생 · 자립적 민족경제론은 왜 등장한 것일까. 이론적 내지 표면적으로는 다음 두 가지가 지적될 수 있다. 첫째, 경제적 자립은 정치적 독립의 물질적 기초라는 것이다. 김일성은 "어떠한 민족도 자립적 민족경제를 건설하고서야 정치적 독립을 보장받고 나라의 부강발전과 민족의 번영을 이룰 수 있습니다"라든가 "경제적으로 외국세력에 의존하는 나라는 정치적으로도 타국의 추수국이 되며, 경제적으로 종속되어 있는 민족은 정치적으로도 식민지적 노예상태로부터 빠져나올 수 없습니다(『저작선집 4』(일본어판), p. 577)"고 주장하여 왔다. 둘째, 자립적 민족경제 건설은 사회주의 · 공산주의 건설의 합법칙적인 요구라는 것이다. 사회주의의 물질기술적 토대는 민족적 차이가 남아 있고 국가가 존재하는 한 민족국가단위로 구축되게 된다(『경제사전 2』, p. 208). 김일성은 "사회주의 · 공산주의를 건설하기 위해서는 계급적 차이와 동시에 민족적 불평등도 없애지 않으면 안 됩니다"고 전제한 뒤

"자립적 민족경제의 건설은 민족간 불평등의 실제적인 기초를 이루고 있는 경제적 낙후성을 없애고 민족의 번영을 가져오며 사회주의 · 공산주의 사회를 성공리에 건설할 수 있도록 하는 기본적 보장이기도 하다(『저작선집 4』(일본어판), p. 578)"고 주장하여 왔다. 이러한 것은 자본주의 선진국과 개도국과의 관계에서도 나타나듯이 사회주의권 내에서도 각종 압력과 불평등이 나타나는 데 대한 북한 지도부의 대응방식이기도 하다.

하지만 자력갱생노선이 형성 · 유지 · 강화된 현실적 배경이 더 중요할 것이다. 즉 상기의 둘째 원인과도 관계가 있지만, 이 장의 제2절에서 말한 1950년대 후반 이후의 국제정세 및 북한 · 소련의 외교적 관계이다. 즉 북한은 1950년대 후반과 1960년대에 소련의 압력에도 불구하고 코메콘과 같은 사회주의적 국제분업화 및 전문화를 거부하고, 또한 소련의 반대를 무시하고 중공업을 우선적으로 발전시키려고 밀고 나아갔다. 이 때 북한 지도부가 내세운 것이 '자력갱생론'이다. 김일성이 "우리가 반대하는 것은 '경제협조'와 '국제분업'을 구실로 다른 나라 경제의 자립적이고 종합적인 발전을 막으며 나아가서는 그 나라들의 경제를 자기에게 얽어매려는 대국주의적 경향이다(『경제관리 3』, p. 169)"고 주장하고 있는 것은 바로 그러한 상황의 반영이다.

2. 정신적 자극론, 대중노선

(1) 정신적 자극론, 대중노선

자극(incentive)이란 조직의 목표실현과 일치하는 방향으로 조직성원의 노력을 끌어 내기 위해 취하는 모든 수단을 가리킨다. 자극에 대한 북한 정책당국의 기본적인 입장은 무엇일까. 이것은 "노동에 대한 정치도덕적 자극을 앞세우면서 거기에 물질적 자극을 옳게 결합시켜 나가는 것은 사회주의 경제를 관리운영하는 데 있어서 우리 당이 견지하고 있는 일관된 방침(『저작선집 6』, p. 396)"이라는 김일성의 교시를 보더라도 잘 알 수 있다. 요컨대 정신적 자극을 우선시키는 것이다. 물론 물질적 자극을 무시한 것은 아니다. 다만 김일성은 노동의 질과 양에 따른 분배라는 사회주의적 분배원칙을 엄수하면 물질적 자극은 충분하다고 지속적으로 주장해 왔다.[73] 그런데 문제는 그 사회주의적 분배원칙조차 실제로는 제대로 지켜지지 않았다는 것이다. 이 점을 포함해서 북한에서의 물질적 자극의 실시, 그 성과 및 한계에 관해서는 제3장에서 자세히 논하기로 한다.

더욱이 김일성은 물질적 자극만을 강조하는 것은 수정주의이며 매우 위험한 것이라고 지적하며, 물질적 자극만을 강조하면 사회주의 · 공산주의가 아닌 다른 길로 빗나가게 된다고 말하곤 했다. 사회주의 · 공산주의 건설에서 가장 중요한 문제의 하나는 낡은 사회로부터 물려받은 이기주의를 반대하고 사람들의 자발적 열성을 높이는 것인데, 돈으로 사람을 움직이려고 하면 결국은 사람들의 머리를 녹슬게 만들고 자본주의로 뒷걸음질치게 된다는 것이다(『경제관리 3』, pp. 377-378).

그럼 노동에 대한 정치도덕적 자극이란 어떠한 것일까. 북한의 공식 설명은 다음과 같다(『경제사전 1』, p. 511). 이는 사회주의 사회에서 근로자의 창조적 열의를 높이기 위한 기본형태이며, 사회주의 사회에서 대중을 동원하는 기본방법의 하나이다. 이것은 근로자들 속에서 대인사업, 정치사업을 우선시켜 주체사상교양을 비롯하여 혁명교양, 계급교양 등의 사상교양사업을 강화하면서 노동의 결과에 대해 정치적 평가를 내리는 정치적 방법으로 실현된다. 정치적 평가에는 모범집단에게 '3대 혁명 붉은 깃발'을 주는 것, 모범개인에게 명예칭호와 국가표창을 주는 것 등이 있다.

이러한 정신적 자극론은 북한의 '대중노선'[74]과도 깊이 관련되어 있다. 대중노선이란 김일성의 설명에 의하면, "인민대중을 위해 충실히 봉사하며, 대중 속에 들어가 대중을 교육하며, 개조하고 단결시켜 대중으

73) 예를 들면 『경제관리 3』, pp. 377-378을 참조.

74) 북한측은 군중로선이라는 표현을 쓰고 있다.

로부터 힘과 지혜를 끌어 내며 광범한 대중을 동원하여 혁명의 임무를 수행하는 것(『저작선집 4』(일본어판), p. 323)"이다. 북한측은 사회주의 혁명과 사회주의 건설을 촉진하기 위한 결정적인 뒷받침은 인민대중의 창조력을 남김없이 끌어 내어 그 열의와 창조와 재능을 전면적으로 발휘시키는 것이라고 보고, 모든 활동에서 일관되게 혁명적 대중노선을 견지하여 왔다. 대중노선을 구현하기 위해서는 한편으로는 당의 활동체계와 활동방법을 끊임없이 개선해야 하고, 다른 한편으로는 대중의 정치 · 사상의식을 끊임없이 높여야 한다고 되어 있다.

북한에서 행해진 대표적인 대중운동으로는 유명한 천리마운동을 들 수 있다(후술). 이것은 "조선노동당의 대중노선의 가장 빛나는 구현"으로 되어 있고, 1961년 9월의 제4차 당 대회에서 사회주의 건설에 있어서 조선노동당의 총노선으로 채택되었다(『경제관리 3』, pp. 174-175, 330). 그리고 그 천리마운동을 심화 · 발전시킨 것이 공식적으로는 1957년부터 시작되었다고 하는 천리마작업반운동이다. 이 운동의 주된 특징은 작업반을 단위로 하여 노동자들을 공산주의적으로 교양 · 개조하는 사업과 생산에 있어서의 집단적 혁신운동을 결합시킨 대중적 대진군운동이라는 것이다. 또한 그 천리마작업반운동을 계승 · 발전시켰으며 1975년 김정일의 지도에 의해서 발기 · 전개되었다고 하는 것이 3대 혁명 붉은기 쟁취운동이다. 이 운동은 기업, 협동농장, 군, 국가기관 등의 모든 직장을 단위로 하여 3대 혁명, 즉 사상 · 기술 · 문화혁명의 각 분야의 혁신상태를 경쟁하여 뛰어난 성과를 올린 단위에 대해 '3대 혁명 붉은기'를 수여, 장려하는 것이다. 이 운동은 북한에서 사회주의 건설의 기본적 추진수단으로서 위치가 부여되어 지속적이고 또한 전 사회적으로 전개되어 왔다.

또한 1959년부터는 유명한 '공작기계 새끼치기운동'이 전개되었다. 김일성의 발의에 의한 이 운동은 전국의 모든 공장, 기업이 보유하고 있는 공작기계가 기본과제 이외에 1대 이상의 공작기계를 생산하여 1년 만에 공작기계 보유대수를 2배 이상으로 늘리는 것을 목표로 한 것이다.

이 운동의 결과 1년 동안 계획 외에 1만 3천 대의 공작기계가 생산되었다(『경제사전 1』, p. 161). 뿐만 아니라 지방공장의 건설도, 수리화를 위한 대자연 개조사업도 모두 대중운동에 의해 수행되었다. 대중운동을 말할 때 빠뜨릴 수 없는 것이 1974년경부터 등장한 이른바 '속도전' 방식의 대중운동이다. 이것에 관해서는 제3장에서 살펴보기로 한다.

(2) 대중운동의 목적

그러면 북한에서 지속적으로 대중운동이 전개된 이유는 무엇일까. 북한 지도부에게 이러한 대중운동은 어떠한 의미를 가지고 있는 것일까. 이러한 운동의 목적은 무엇일까. 우선 대표적 대중운동인 천리마운동부터 살펴보자. 1956년 12월의 당 전원회의는 국내외의 복잡한 환경 속에서 열렸다. "내부에서는 반당 · 반혁명 종파분자들이 일어나고 외부에서는 제국주의 압력과 수정주의 압력까지" 가해지는 등 "당 내부가 복잡하고 외부의 압력이 세고 나라의 경제형편이 매우 어려운 상황"(『저작집 17』, pp. 404-405)이었다. 사실 이 시기는 북한의 역사상 김일성 정권의 최대 위기라고 이야기된다.[75] 또한 사회주의 국가로부터의 원조가 급격히 줄기 시작했다. 이 무렵부터 김일성이 "1957년의 경제계획(및 제1차 5개년 계획)은 우리들의 모든 국내자원과 인력을 동원함으로써만 달성할 수 있다"[76]고 강조하기 시작한 것도 바로 그 때문이다. 또한 이 때쯤부터 '증산과 절약'이 대대적으로 강조되기 시작했다.

여기서 김일성은 "전 당과 전 인민의 힘을 경제건설에 집중시키는 혁명적인 대책"을 강구해 냈다. 이것이 유명한 천리마운동이다. 김일성의 호소에 강선제강소의 노동자를 비롯한 각지의 노동자가 호응하여 전개되었다고 한다. 이 시기 "보수주의 · 소극성을 타파해 혁신 · 기적을 일으킨" 모범사례로 자주 인용되는 것은, 강선제강소에서 연간 6만 톤밖에 생

---

75) 자세한 것은 이종석(1995b), pp. 275-284 참조.

76) 김일평(1987), p. 103(원자료는 『로동신문』, 1956. 12. 15).

산할 수 없었던 분괴압연기, 즉 공칭능력 6만 톤의 분괴압연기로 무려 12만 톤의 강재를 생산한 것이다. 도처까지 노동자의 혁명적 열기에 의해 혁신과 기적이 일어나 사회주의 건설에 있어서 일대 고조가 일어났다. 그 결과, 그렇게 곤란하게 보였던 5개년 계획을 생산고의 면에서는 2년 반, 현물지표[77]별로는 4년 만에 완수하였다. 그리고 "국내의 종파들이 분쇄되었고 미제와 이승만 도당의 책동이 파탄되었으며 국제분파와 수정주의자들이 머리를 숙였다. 이리하여 우리는 내부와 외부의 압력을 이겨내고 위대한 승리를 이룩할 수가 있었다"(『경제관리 2』, p. 228; 『저작집 17』, p. 405)고 한다. 북한 지도부에게 천리마운동은 대성공이었다.

천리마운동의 예를 통해 알 수 있듯이 대중운동은 북한 지도부에게 정치적 · 경제적 위기를 극복할 수 있는 중요한 돌파구를 제공했다는 인식을 심어 주었다. 특히 북한 지도부로서는 1950년대 말 천리마운동의 성공의 역사는 결코 잊혀지지 않는 것이었다. 김일성이 노동자의 혁명적 열의를 호소할 때면 언제나 전술한 강선제강소의 예를 들고 있는 것도 이 때문이다. 더욱이 대중운동은 일종의 사회적 동원과정이며, 이는 노동자 및 공장 간부, 중간 행정기관에 대한 중앙의 통제 · 권위의 강화를 수반하는 것이다. 1970년대부터 김정일 주도하에 '속도전'이 반복적으로 선개되었던 것도 김일성 · 김정일의 세습체제 구축과 깊은 관계를 가지고 있는 것은 이 때문이다. 어쩌면 이러한 정치적 의미가 경제적 의미보다 더 클지도 모른다.

(3) 북한과 중국의 대중노선 비교

공업화의 초기단계에서 대중노선을 중시하고 또한 그것에 기초해 대중운동을 전개하는 것은 사회주의 국가에서 공통적으로 볼 수 있는 현상이라고 할 수 있다. 다만 구소련에서는 1930년대 이후 대중운동은 자취

77) 북한을 비롯한 사회주의 경제에서 기업이 달성해야 할 의무를 수치로 나타낸 것을 계획지표라 하는데, 이는 현금지표와 현물지표 등으로 나뉜다. 제4장 참조.

를 감추었다. 이에 반해 중국에서는 문화혁명기까지 유지되었다. 더욱이 북한에서는 지금까지 계속되고 있다.

중국과 북한은 사회주의 건설에 있어서 대중의 주체적인 역량을 강조하여 대중노선을 경제개발의 주된 축의 하나로 삼아 왔다는 점에서 공통점을 가지고 있다. 그런데 양국의 대중노선 및 대중운동은 상이점도 적지 않다.

첫째, 중국에서는 전국적이고 또한 대규모인 대중운동은 대개의 경우 당의 헤게모니와 관련된 투쟁, 즉 권력투쟁과 밀접한 관계를 가지고 있었다. 북한에서는 천리마운동의 초기(1956~1957)에 당내 투쟁과 약간 관계가 있었으나 그 이후는 당내 투쟁과 그다지 관계가 없었다. 사실 북한에서는 1958년 이후 당내 투쟁이라든가 권력투쟁은 존재하지 않았다.

둘째, 중국의 경우 도를 넘는 운동의 진행으로 인해 기존 제도의 이완, 기존 질서의 동요 · 파괴가 초래되었다. 특히 발동자인 지도부의 예상을 넘어서 극한까지 치닫는 경향이 나타났다. 이에 반해 북한에서는 운동의 진행이 지도부가 설정한 범위 내에서, 지도부의 통제범위 내에서 진행되었으며 중국에서 나타난 사회적인 혼란은 없었다.

셋째, 중국의 대중운동에는 대중운동에 의해 "불합리한 규칙 · 제도를 개혁"[78]한다든지 '정치개혁'이나 '정치모순의 해결'을 꾀한다는 요소가 있었지만[79] 북한에서는 그렇지 않았다. 북한에서는 정치개혁적 요소가 결여되어 있다고도 할 수 있다. 북한에서는 증산운동 등의 경제건설의 측면과 함께 '공산주의적 인간형'으로의 개조를 위해 혁명전통 교양, 당 정책 교양 등을 끊임없이 강조하고 또한 '기술신비주의', '이기주의', '보수주의' 등의 낡은 사상과 싸우는, 사상부문의 혁신운동성격을 띠고 있었다.

넷째, 중국에서는 공업화의 과정에서 창출된 농촌 출신의 저변노동자

---

78) 『新中國年鑑』(1970년판), pp. 319-320(원자료는 베이징시 혁명위원회 집필그룹의 「중국 사회주의공업화의 길」, 『紅旗』, 1969년 10호).

79) 『中國年鑑』(1960년판), p. 131; 小島麗一執筆, 「大衆運動」, 『平凡社大百科事典』 第8卷, p. 1260 참조.

와 근대 공업부문의 조직노동자 사이에 임금, 사회보장 등의 면에서 현저한 격차가 있고 또한 행정적 · 지령적 경제 시스템 아래서 생산발전이 이루어지는 데 따른 관리기구의 비대화 · 복잡화 등으로 관료주의가 발생하고 이것이 꽤 심각한 문제로 대두되었다. 국가지도부는 이러한 노동자 · 농민의 불평, 불만에 기초를 두고 거기에서 최대한의 에너지를 끌어내려고 했다. 광범한 대중이 일어서서 대약진과 문화혁명에 참가한 것도 그 격차 · 불만 때문이었다.[80] 그런데 북한에서는 그러한 것이 거의 없었다. 중국의 대중운동에서 자주 볼 수 있었던 대중의 관료주의 비판과 극단적인 평균주의가 북한에서는 발견되지 않았던 이유는 여기에 있다고 할 수 있다.

앞에서 살펴보았던 대중노선에 관한 김일성의 설명을 보면, 크게 나누어 대중를 위해 봉사하는 면과 대중을 교육 · 동원하는 면이 있음을 알게 된다. 그런데 북한에서는 전자는 중요한 것이 아니다. 왜냐하면 전술하였듯이, 수령은 인민대중의 이익의 최고대표자, 체현자이기 때문이다. 따라서 대중노선에서는 후자, 즉 대중을 교육 · 동원하는 면이 핵심요소가 된다. 대중은 "수령의 충실한 혁명전사", "당과 혁명을 위해 자신의 모든 것을 바쳐 투쟁하는 공산주의적 신인간"이 되도록 요구된다. 대중은 능동적 존재라기보다는 수동적 존재로 되어 있다. 북한에서 지도부가 요구하는 대중의 힘과 지혜란 당의 명령에 절대 복종한다는 대전제하에 당의 방침을 실천하기 위한, 당에서 내놓은 과제를 수행하기 위한 힘과 지혜이다.

3. 중공업 우선발전론

사회주의 경제는 우선순위에 입각한 선택적 성장정책을 취해 왔다. 사회주의 건설에서 가장 중요하다고 생각되는 경제의 특정 부문, 바꾸어

80) 자세한 것은 上原一慶(1973), pp. 197, 199 및 上原一慶(1978), p. 98을 참조.

말하면 '성장의 엔진'으로 설정된 섹터에 중점적으로 자원을 투입, 그 섹터의 성장을 극대화하는 것이다. 경제발전론적 관점에서 본다면 불균형 성장(unbalanced growth)론에 가깝다. 여기에는 다양한 형태가 있다. 투자자원을 배분할 때 농업보다 공업이 우선시된다. 사회간접자본보다는 생산이 우선시된다. 물적 생산에 공헌하지 않는 활동, 예를 들면 서비스는 제한되게 되어 있다. 요컨대 농업, 경공업, 사회간접자본, 서비스 부문은 국가 전체의 자원배분에 있어서 상대적으로 경시된다.

사회주의 경제에서 우선순위에 입각한 선택적 성장의 대표적인 것이 중공업 우선정책이다. 북한도 예외는 아니다.

"중공업을 우선적으로 발전시키면서 경공업과 농업을 동시에 발전시킨다"는 원칙은 1953년 8월의 당 중앙위원회 제6차 전원회의에서 채택된 후 줄곧 북한의 공식방침으로 되어 왔다. 또한 공식적으로는 경공업과 농업발전을 뒤로 미루면서 중공업을 강행적으로 발전시키는 사회주의 공업화 방법은 지난날 뒤떨어진 식민지 또는 반식민지 농업국가였던 나라들과 기타 많은 나라에는 그대로 적용될 수 없다(『경제사전 1』, p. 718)고 주장, 소련을 비롯한 다른 사회주의 국가와의 차별성을 강조하고 있다. 상기의 방침이 북한의 독창적인 것이라는 주장이다.

그런데 실제로는 북한은 중공업 우선전략을 취해 왔다고 할 수 있다. 다른 사회주의 국가들과 별로 다르지 않다는 이야기다. 예를 들면 "우리 당은 경제건설의 기본노선에 따라 중공업을 우선적으로 발전시키는 원칙을 일관되게 견지했으며 중공업에 자금과 자재, 설비와 노동력을 집중했다(『경제사전 2』, p. 425)"고 밝히고 있다. 이 문제는 제3장에서 자세히 검토한다. 또한 김일성은 "사회주의적 공업화의 중심은 중공업의 우선적 발전에 있다"[81]고 못박은 바 있다.

또 하나 주목해야 할 점은 중공업 우선전략과 자력갱생론의 결합이다. 즉 "중공업 건설에서 우리 당의 노선은 새로운 기술로 장비되고 주

81) 『경제사전 2』(1970년판), p. 69(원자료는 『저작선집 1』, p. 489).

로 국내의 자연부원과 원료원천에 의거하여 발전하며 그리고 우리 인민경제에 필요한 자재, 연료, 동력 및 기계설비들을 기본적으로 국내에서 생산보장할 수 있는 자체의 중공업기지를 창설하는 데 있었다. 이것은 곧 자립적이고 현대적인 중공업을 창설하는 노선(『저작집 19』, pp. 294-295)"이라고 한다. 왜냐하면 자국의 천연자원과 원료원천에 발을 붙이지 못한 중공업은 안정성이 없고 타국 경제에 대한 의존성, 예속성을 면하기 어렵다는 것이다(『경제사전 2』, p. 425).

이와 같이 북한 지도부가 중공업 우선전략을 취한 이유는 무엇일까. 이에 대해 김일성은 "중공업은 인민경제 발전의 기초이다. 중공업을 발전시키지 않고는 경공업과 농업을 발전시킬 수 없으며 인민경제의 모든 부문을 현대적 기술로 장비할 수 없다. 특히 중공업은 나라의 정치경제적 독립의 물질적 기초로서 그것 없이는 자립적 민족경제라고 말할 수 없고 국방력도 강화할 수 없다(『저작집 19』, p. 294)"고 설명하고 있다.

또한 "다른 나라들(사회주의 제국)의 공업발전역사를 보면 대부분의 경우, 일정 기간 중공업을 발전시킨 뒤 경공업을 발전시키고 있으며 자본주의 국가는 우선 경공업을 발전시켜 돈을 모으고 나서 중공업을 건설했다"라는 김일성의 발언으로부터도 스탈린 모델의 영향이 강했음을 엿볼 수 있다.[82)]

더욱이 앞에서 말한 1960년대의 국제환경 악화에 기인한 국방력 강화 방침에 따라 중공업 우선전략은 한층 강화되었다. 1962년 12월 당 중앙위원회 제4기 제5차 전원회의에서 인민경제가 발전하는 데 다소 제약을 받더라도 국방력을 강화해야 한다는 방침이 정해져 '경제건설과 국방건설의 병진노선'이 등장, 이후 지속적으로 추진되었다.

82) 『경제사전 1』, p. 717(원자료는 『저작집 12』, p. 18).

4. 고(高)축적 · 강(强)축적

북한의 경제개발전략으로서 빠뜨릴 수 없는 것이 고축적 · 강축적 혹은 고축적에 의한 급속한 공업화이다.

김일성이 지속적으로 강조했던 것은 축적과 소비의 균형을 유지하는 것이다. 그런데 그 균형이라고 하는 것이 "축적을 우선적으로 빨리 늘리면서 이와 함께 인민들의 소비를 끊임없이 늘리는 방향에서 이 둘 사이의 균형을 바로잡는 것(『경제관리 3』, p. 357)"으로 되어 있다. 즉 축적에 우선적 의의를 두면서 축적을 보다 빨리 늘리는 방향에서 국민소득을 분배해야 한다는 것이다. 그리고 이는 재생산과정에서 생산이 소비에 대해 규정적 역할을 수행하며 축적이 생산확대의 원천이 된다는 것과 관계가 있다. 바꾸어 말하면 축적을 끊임없이 빨리 늘리지 않고서는 생산을 빨리 확대할 수 없으며, 생산을 늘리지 않고서는 근로대중의 물질생활수준을 높일 수 없다는 것이다.[83)]

이와 관련하여 김일성은 "우리 제도하에서는 축적이나 소비나 다 같이 전체 인민의 이익에 복무하는 것입니다. 축적은 앞날의 소비를 위한 것이라고 말할 수 있습니다. 우리가 오늘 공장, 기업소[84)] 그 밖에 다른 여러 가지 건설에 자재와 노동력과 자금을 들이는 것은 앞으로 인민생활을 더욱 높이려는 데 목적이 있습니다. 그러므로 오랜 기간을 두고 볼 때 축적과 소비는 서로 합치되는 것입니다(『저작집 12』, p. 332)"고 말한

83) 자세한 것은 『경제사전 2』, p. 504; 『경제사전 1』, p. 742 참조.

84) 북한에서 '기업소'는 "경영활동을 직접 조직 · 진행하는 경제단위"로 정의된다. 공업생산부문의 기업소는 공장, 광산, 탄광 등과 함께 인민경제의 기층단위라는 점에서는 공통점을 가지면서도 차이도 있다. 즉 기업소가 경영단위의 성격을 반영한다면 공장, 광산, 탄광 등은 생산의 조직기술적 특성을 반영한다. 따라서 하나의 기업소가 하나의 공장일 수도 있고 몇 개의 공장이 합쳐 하나의 기업소로 될 수도 있다. 『경제사전 1』, p. 302 참조.

적이 있다.

축적이냐 소비냐의 문제는 매년의 국민소득을 어떻게 분배하여 이용하는가 하는 문제이기 때문에 "우선 필요한 축적을 공제하고 나서 인민의 소비량을 정하도록 하는 것(『경제관리 3』, p. 361)"을 원칙으로 하고 있다. 고축적을 실현하기 위해서 북한 지도부가 취해 온 여러 가지 수단, 또한 실제의 축적 메커니즘 등의 문제는 제3장에서 자세히 검토하기로 한다. 여기서는 북한의 축적 우선정책을 간단한 수치예를 통하여 확인하는 정도에 그치기로 한다.

표 2.15 북한 국민총생산의 지출구성 추이

(단위: %)

	GNP	소비	투자	재고증가	해외순이전
1960	100.0	79.7	21.1	0.1	–0.9
1970	100.0	67.3	29.7	4.6	–1.7
1977	100.0	63.0	30.0	5.0	–2.0
1984	100.0	58.0	35.0	5.0	–2.0

자료: 이호(1996), p. 84(원자료는 국토통일원, 『평화통일기반조성을 위한 북한상황변화예측』, 1986, p. 117).

표 2.16 북한의 축적과 소비의 추이

(단위: %)

	1961 (7개년 계획 개시년도)	1967 (7개년 계획 종료예정년도)
국민소득총액	100	270
그 중 축적	100	280
소비	100	240

자료: 이성봉(1990), p. 45(원자료는 『우리 당에 의한 속도와 균형문제의 창조적 해결』, 평양: 조선로동당출판사, 1964, p. 137).

우선 장기적인 추세를 살펴보자. 표 2.15는 한국측의 추정치인데, 국민총생산에서 소비가 차지하는 비중은 지속적으로 하락한 데 비해 투자의 비중은 지속적으로 증가했다. 북한측의 통계로부터도 축적 우선경향을 엿볼 수 있다. 표 2.16을 보면 알 수 있듯이 7개년 계획(당초 예정은 1961~1967년)기간 동안 소비는 1961년에 비해 2.4배로 증가하고, 축적은 그것을 웃도는 2.8배로 증가한다는 계획을 세우고 있었다.

5. 중앙집권적 계획제도

(1) 기본틀

이상과 같은 자력갱생, 정신적 자극 우선, 고(高)축적 · 강(强)축적, 중공업 우선발전전략을 추진하기 위해서는 일정한 제도적 기반이 필요하다. 북한 당국이 도입한 것은 중앙집권적 계획제도이다.[85)]

북한의 국가적인 경제운영기구, 즉 계획관리기구를 간략하게 나타내면 그림 2.3과 같다. 좀더 단순화해서 보면 중앙의 계획당국 — 정부의

85) 좀더 넓게 보면 사회주의 경제체제이다. 북한과 같은 사회주의 경제, 특히 본격적인 개혁 · 개방 이전의 이른바 고전적인 사회주의 경제체제의 특징은 한국과 같은 자본주의 경제체제와 대비시켜 보면 크게 보아 다음의 세 가지로 압축할 수 있다. ① 소유제의 면에서 사유제가 아니라 국유제이다. ② 자원배분의 메커니즘이 시장이 아니라 계획이다. ③ 의사결정제도의 면에서 경제행위에 관한 의사결정권한이 기업, 가계 등과 같은 개별 경제주체에 분산되어 있는 것이 아니라 중앙의 행정당국에게 집중되어 있다. 여기에서 ② 자원배분과 ③ 의사결정의 면에 국한시켜 본다면 중앙집권적 계획제도가 도출된다.

한편 북한에서 사회주의적 소유의 핵심은 생산수단에 대한 소유이다. 이 생산수단은 주로 국가가 소유하고, 일부는 사회협동단체가 소유한다. 북한에서 공장, 광산, 철도, 은행 등 주요 산업에 대한 국유화와 농업에 대한 집단화 등 생산수단에 대한 사회주의적 개조는 1946년부터 시작되어 1958년에 완료되었다고 북한 당국은 밝히고 있다.

산업관련 각 부처(省, ministry) — 기업이라는 위계제(hierarchy) 구조로 되어 있다. 즉 위계제의 정점에는 경제 전체를 컨트롤하는 중앙의 계획당국(국가계획위원회)이 있고, 위계제의 최말단에는 생산단위인 기업이 있다.

그리고 중앙과 기업, 소비자 사이는 중간적 행정기관 등을 매개로 해서 '보고와 명령'이라는 수직적 의사결정기구로 연결된다. 개별 기업은 자신의 활동과 관련된 제반 정보를 계획당국에 제공(즉, 보고)하고 계획당국은 이를 여타의 정보와 한데 모아 이에 입각해 국가의 목표를 달성하기 위한 계획안을 작성, 이를 모든 기업에 대해 '계획과제'(계획지표)[86]로 내려보내면서 이의 실행 · 달성을 명령하고 기업의 계획과제 수행상황을 관리 · 감독한다. 계획당국은 이와 함께 기업에게 생산활동에 필요한 원자재, 설비도 제공하고 자금도 제공한다. 그리고 계획당국은 기업이 생산한 제품을 어디에 공급할 것인지도 지정한다. 기업은 단순한 생산현장에 지나지 않는다.

아울러 그림 2.3에도 나타나 있듯이 계획관리기구의 각 단계에 있어서 당과 행정이 융합되어 있다. 행정계열의 관리기구와 당계열의 관리기구는 각 단계에 있어서 거의 일대일 대응관계에 놓여 있다. 예컨대 내각의 농업성은 당 중앙위원회의 농업부에 대응한다. 기업은 당기관에 의한 당적 지도와 행정기관에 의한 행정적 지도라는 이중지도를 받고 있다. 이 가운데 당적 지도가 행정적 지도에 우선한다는 원칙에 따라 실제로는 당에 의한 일원적 지도가 이루어지고 있다.

국가경제 전체를 통제하는 국가계획위원회도 당 중앙위원회의 지도를

---

86) 기업계획부터 각 부처 계획을 거쳐 위로 '집계'해 가면 중앙의 계획, 즉 국민경제계획이 된다. 이번에는 역으로 중앙의 계획을 아래로 '분해'해 내려가면 각 부처의 계획 — 기업별 계획으로 된다. 이때 중앙의 입장에서는 '계획'이지만 이것이 각 부처, 기업으로 내려올 때는 '계획지표'가 된다. 즉 계획지표란 각 부처와 지방정부, 기업 등 생산단위가 수행해야 할 계획과제를 수량으로 표시한 것이다.

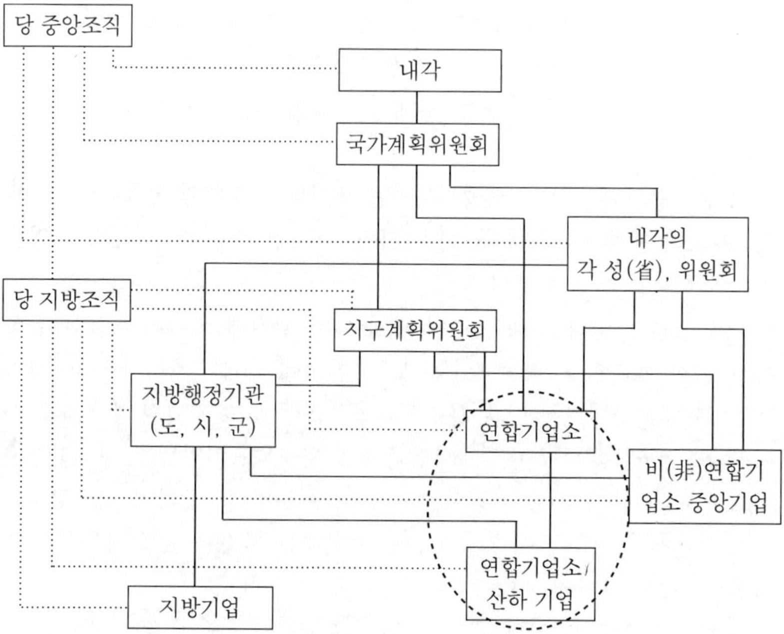

주: 북한의 계획관리기구를 극히 간략하게 나타낸 것. 1985년 연합기업소제도가 전면적으로 도입된 이후 오늘날까지 이러한 틀이 유지되고 있음. 실선은 행정의 지도관계, 점선은 당의 지도관계.

자료: 통일부(2000), 『북한개요』 및 필사의 달북자 면담결과.

그림 2.3 북한의 계획관리기구

받는다. 사실 국가계획위원회는 경제의 모든 분야에 걸쳐 당의 정책을 실천하기 위해 계획을 작성하고 그 집행을 감독하는 것이 기본임무이다.

당 우위방침은 기업 내부조직에서도 관철된다. 기업 내에서는 1961년부터 도입된 유명한 '대안의 사업체계'가 지금까지도 기업관리의 가장 중요한 축을 이루고 있다. 그것은 한마디로 말해 종전의 지배인 유일관리제 대신에 공장당위원회에 의한 집단지도체제를 기업관리운영의 중심에 둔다는 것이다. 공장의 관리운영체계를 보면 공장당위원회가 최상부에 있고 그 밑에 지배인과 공장당비서[87]가 있는 것으로 되어 있다 (『경제관리 2』, p. 124). 이렇듯 집단적 지도체제를 표방하고 있으나 실제로는 당비서가 가장 높은 지위에 있다.

1965년부터 도입된 '계획의 일원화 · 세부화'는 지금까지도 북한에서 계획화(planning)의 기본축을 이루고 있다. 이러한 계획의 일원화 · 세부화는 "경제분야에서 중앙집권적 규율을 강화하는 가장 올바른 길(『경제관리 3』, p. 552)"이라고 한다. 계획의 일원화란, 북한측의 설명으로서는, 전국에 뻗어 있는 국가계획기관과 계획세포가 하나의 계획화 체계를 형성하여 국가계획위원회의 통일적인 지도하에 계획화의 유일성을 철저히 보장하도록 하는 것(『경제관리 3』, p. 202)을 의미한다(그림 2.3 참조). 북한은 일원화 계획체계를 새롭게 도입하면서 지구계획위원회를 신설했다. 이와 함께 각급 기관들과 기업의 계획부서를 국가계획위원회의 팔다리로 규정, 이들 계획세포들에 대한 국가계획위원회의 지도를 강화했다.[88] 이것이 일원화 계획체계의 본질이라는 것이다.[89]

계획의 일원화와 함께 진행된 것이 계획의 세부화이다. 이는 말 그대로 될 수 있는 한 세부적으로 계획화한다는 것이다. 계획의 세부화는 국가계획기관이 직접 전반적 경제발전과 기업의 경영활동을 밀접히 연결시키는, 즉 중앙으로부터 지방과 기업에 이르기까지 국민경제의 부문간, 기업간 및 지역간 그리고 그것들 내부 상호간의 모든 경제활동을 세부에 이르기까지 계획에 구체적으로 맞물리게 하는 방법이다.[90] 이는 계획지

87) 1960년대는 공장당위원장.

88) 계획의 일원화가 계획관리기구의 단순화를 의미하는 것은 아니다. 특히 북한은 계획의 일원화가 계획의 세부화와 함께 추진되었다는 점을 고려해야 한다. 그래서 북한은 1965년에 계획관련 기구가 늘어나고 전체 계통이 다소 복잡하게 되는 것은 피할 수 없었다. 다만 그런 속에서도 국가계획위원회의 지도를 강화할 수 있는 방향으로 재편하였다.

89) 『경제사전 1』, pp. 335-336 참조.

90) 김일성은 종전의 계획화 방식의 중요한 결함은 세부화 계획이 없는 것이라고

표의 대폭적인 증가, 계획대상품목의 대폭적인 증가에 다름 아니다.

이러한 중앙집권적 계획편성 · 집행과정을 물리적으로 보장하는 것이 대안의 사업체계의 구성요소의 하나인 '중앙집중적 자재공급체계'[91)]이다. 즉 모든 자재를 상부(성, 관리국 등)가 책임을 지고 하부(기업소, 공장 등)에 '현물'로 공급하는 체계가 구축되었다.

이와 함께 기관 및 기업의 운영에 필요한 자금을 국가가 책임을 지고 유일적으로 공급하는 '유일적 자금공급체계'가 구축되었다. 즉 국가계획 수행에 필요한 모든 자금을 국가가 재정계획에 의거하여 유일적으로 보장하는 것이다. 사실 북한에서는 경제운영에 필요한 자금공급이 주로 국가재정을 통해 이루어지며, 금융은 재정을 보완하는 형태로 이루어지고 있다.[92)]

이상과 같은 중앙집권적 계획제도의 기본틀은 대체로 1960년대에 완성되었다. 그 후 약간의 변화는 있었으나 오늘날까지 그 골격은 유지되고 있다.

(2) 집권화의 정도와 국제비교

앞에서 보았듯이 북한의 계획관리제도는 ① 경제의 자원배분에 관한 주된 결정이 중앙에 집중되어 있고, ② 계획관리기구가 위계제적인 성격을 가지며, ③ 의사결정은 상부에서 하부로 명령 · 지령적인 형태로 전달

보았다. 즉 광석 몇 톤, 강철 몇 톤, 시멘트 몇 톤과 같은 큰 계획만 있고 볼트가 몇 개, 기어가 몇 개 하는 세부적인 계획은 없었다는 것이다. 이른바 폰드물자에 대해서는 계획화가 이루어지나 비폰드물자에 대해서는 계획화가 이루어지지 않는다는 것이다. 또 채취공업에서는 세부탐사가 계획화되지 않으며 설계에서도 세부설계를 하지 않는다고 지적했다. 이런 세부계획이 없다 보니 설비이용률이 낮으며 생산도 잘 안 되고 건설도 잘 되지 않았다는 게 김일성의 인식이다. 자세한 것은『경제관리 3』, pp. 205-207 참조.

91) 자세한 것은 谷浦孝雄(1975), p. 52 참조.

92) 자세한 것은 전철환(2000), p. 59 참조.

된다는 것 등에 비추어 볼 때 Brus가 말한 집권제의 요소[93]를 다 갖추고 있다. 즉 북한은 기본적으로 구소련 · 중국과 마찬가지로 집권적 계획 시스템이라고 할 수 있다.

다만 '집권화의 정도(degree of centralization)'의 면에서는 구소련 · 중국과 다소 차이가 있는 게 아닌가 한다. 집권화의 정도는 중앙의 계획당국이 국가계획의 작성, 집행에 관한 의사결정권한을 공식적, 비공식적으로 소유하고 행사할 수 있는 정도를 가리킨다. 사회주의 국가에서 국민경제를 운영하는 기본원리 혹은 자원배분의 주된 메커니즘은 계획이다.

집권화의 정도는 여러 가지 측면에서 파악할 수 있다. 계획화(planning) 과정에서 지방정부 및 기업에게 부여된 자율성의 정도, 계획에 포함되는 국민경제의 범위, 계획에 포함되는 물자의 종류와 수, 계획지표의 가짓수와 구체성의 정도, 계획달성을 위한 압력 혹은 인센티브의 정도 등이 그것이다.

여기서는 계획지표의 가짓수와 구체성의 정도 및 계획달성을 위한 압력의 정도, 물자배분계획 및 계획에 포함되는 국민경제의 범위를 중심으로 간단하게 살펴보기로 한다.[94]

앞에서도 설명했듯이 계획지표란 부문 · 지방정부 · 기업 등 생산단위가 수행해야 할 계획과제를 수량으로 표시한 것이다. 그리고 이는 주로 재화의 생산과 관련된 것이다. 중국의 경우 세 가지 종류의 계획지표가 있다.

첫째, 지령적 지표(혹은 의무적 지표). 법률적인 강제력을 가진다. 생산단위는 이를 달성할 의무를 진다. 예컨대 전국적 규모로 종합 밸런스를 도모하는 주요 생산물의 생산, 대 · 중형 건설 프로젝트, 주요 농산물

---

93) ブルス(1971), pp. 108-117 참조.

94) 북한 사회주의 경제체제의 '집권화의 정도'에 대한 좀더 자세한 논의는 양문수(2001a)를 참고.

의 의무공출, 신규채용 종업원수와 임금총액 등은 국가계획에서 중요한 위치를 차지하는데, 이들 지표가 분할 · 세분화되어 각 생산단위에 지령적 지표로서 내려온다. 둘째, 지도적 지표. 지령적 지표와는 달리 법적인 강제력은 없다. 지도적 지표의 실현은 주로 국가의 경제정책, 경제적 수단을 통해 이루어진다. 예컨대 중요 공업품의 경우, 중앙에서 지령적 지표로서 내려오는 분을 제외하고 각 부문, 각 지구, 각 단위가 독자적으로 설정하는 생산임무가 여기에 해당한다. 셋째, 참고적 지표. 구속력을 가지지 않는다. 생산단위에게 하나의 가이드라인이 되는 데 불과하다. 예컨대 제3류 물자(후술) 및 잡다한 일용공업제품의 생산이 여기에 속한다.

중국에서는 시기에 따라 지령적 지표의 수와 내용이 조금씩 달라졌다. 역사적으로 지령적 지표의 가짓수가 가장 많았던 1차 5개년 계획기간(1953~1957)에는 총생산액, 주요 제품 생산량, 신제품의 시작(試作), 기술진보 목표치, 생산비 삭감률, 생산비 삭감액, 종업원 총수, 연말 공장노동력 총수, 임금총액, 평균임금, 노동생산성, 이윤의 12개였다. 그러던 것이 1957년부터 주요 제품 생산량, 직원 · 노동자 총수, 임금총액, 이윤의 4개로 대폭 줄었다. 나머지 8개는 비지령적 지표로 전환되었다. 지령적 지표는 1960년대 들어서는 7개로 늘어났고 그 이후에도 대체로 이 수준을 유지했다. 개혁 · 개방 직전에는 8개였다. 즉 1960 · 70년대는 1950년대보다 지령적 지표가 조금 줄어든 상태가 지속되었다.

북한에서도 중국과 마찬가지로 계획지표가 세 가지로 구분되어 있는지 명확하지 않다.[95] 다만 주목해야 할 것은 1965년부터의 '계획의 일원화, 세부화' 정책으로 계획지표체계가 크게 달라졌다는 사실이다. 북한의 『경제사전』에는 다음과 같은 설명이 있다.

"계획의 일원화 체계에서 모든 계획지표는 단일한 국가유일지표로 된다. 단일한 유일 국가계획지표체계가 종래의 계획지표체계와 구별되는

95) 『경제사전』에서 '계획지표'를 설명하는 대목에는 이것에 대한 언급이 없다.

본질적 특징은 모든 지표들이 국가계획지표로서 중앙집권화된 계획지표체계를 이루며 모든 계획을 세부에 이르기까지 구체적으로 맞물릴 수 있는 구체화된 계획지표체계로 된다는 데 있다"(『경제사전 1』, p. 331).

"큰 것과 기본적인 것만 계획화하고 작고 소소한 것은 도의적 계획에 밀어 버린다면 작고 소소한 것의 부족으로 큰 것과 기본적인 것이 완성되지 못하고 경제가 계획적으로, 균형적으로 발전할 수 없게 된다. 계획의 세부화는 계획지표들을 세분하여 소소한 것들까지 모두 계획화하고 모든 지표들의 수행에 법적 의무성을 부여함으로써 생산활동이 국가계획 밑에서 진행되게 한다"(『경제사전 1』, p. 334).

그리고 김일성은 1965년의 어느 연설에서 다음과 같이 말한 적이 있다.

"어떤 동무들은 세부계획화를 하려면 계획지표가 1만여 종이나 된다고 하면서 좀 주저하는 것 같은데 … 우리들은 계획지표가 1만 종이 아니라 몇 만 종이 된다고 하더라도 세부계획화를 하여야 하겠습니다"(『경제관리 3』, p. 209).

"국가계획위원회 일부 일꾼들은 비(非)폰드물자[96]는 어느 나라에서도 계획화하는 데가 없다고 하는데 다른 나라에서 하지 않는다고 하여 우리

---

96) 생산물은 폰드물자와 비폰드물자로 분류된다. 예를 들어 철판, 강재는 폰드물자에 속하고 나사, 볼트, 너트, 밸브, 베어링 등은 비폰드물자에 속한다. 한편 '폰드'라는 말은 북한경제에서 자주 쓰이는 말이다. 이 말은 러시아어 **ФОНД**를 조선어 발음대로 표기한 것으로 보인다. 필자가 접할 수 있었던 공식문헌에서는 국민소득이 축적폰드와 소비폰드로 구성된다는 등등의 설명은 보였으나 '폰드' 그 자체에 대한 설명은 발견할 수 없었다. 한편 중국의 경우, '폰드'는 "일정한 목적을 위해 사용되도록 예정된 사회적 총생산물의 일부"로 정의된다. 북한도 이 정의에서 크게 벗어나지 않을 것 같다. 『경제사전 2』, pp. 84, 504; 小島麗逸 編(1989), p. 146 참조.

한편 러시아어 **ФОНД**를 조선어 발음대로 표기한 '폰드'는 영어의 fund를 연상시킨다. 화폐가 경제에서 큰 역할을 하는 자본주의 경제에서의 fund가 가치의 화폐적 표현이라고 한다면, 화폐가 경제에서 큰 역할을 하지 못하는 사회주의 경제에서의 폰드는 가치의 현물적 표현이 아닐까 한다.

도 하지 말아야 할 까닭이 없다고 생각합니다"(『경제관리 3』, p. 208).

또 1960년대에 공업부문에서는 지구계획기관에 위탁된 계획지표가 약 340개인 데 비해 중앙계획기관에 의해 결정되는 계획지표는 11,000개에 달했다고 한다(姜日天, 1987a: 68). 광산기계공장에서 일한 적이 있는 탈북자 D씨는 "우리 기업의 계획지표는 몇 백 가지나 되었다. 물론 상당 수는 생산물의 품종별 규격별 수량이다. 하지만 생산계획 이외의 지표도 꽤 많다. 예컨대 노동관련 지표가 있다. 여기에는 노동안전사업, 유동노력, 노력정리에 관한 지표들이 포함된다. 기업 전체 노동력의 평균기능 등급도 계획지표에 들어간다"고 밝혔다.

이러한 것들로부터 끌어 낼 수 있는 함의는 다음의 두 가지로 요약된다. 첫째, 북한은 중국보다 계획지표의 법률적 강제성이 더 강한 것으로 보인다. 중국의 개념을 빌려 살펴본다면 북한의 경우, 1965년부터의 '계획의 일원화, 세부화' 정책을 계기로 법률적 강제력이 없는 지도적 지표 및 참고적 지표의 비중이 줄고 법률적 강제력이 있는 지령성 지표의 비중이 늘어나는 방향으로 나아갔다고 볼 수 있다. 방향으로 보면 중국과는 정반대였다. 그리고 북한은 법률적인 강제력을 가지는 계획지표, 즉 중국에서는 지령적 지표라고 이름 불리운 것이 전체 계획지표에서 차지하는 비중이 중국보다 더 큰 것으로 보인다. 둘째, 북한에서는 중국보다 계획지표의 수가 많고 또 계획지표가 보다 구체적인 것으로 보인다. 전술한 공식설명에서도, 김일성의 연설에서도, 또 탈북자들의 증언[97]으로부터도 그러한 사실을 엿볼 수 있다.

계획지표의 법률적 강제성과 관련해 지적해야 할 것은 계획과제, 즉 계획지표의 달성에 대한 압력의 정도이다. 중국의 경우 중앙의 계획당국이 기업에 대해 계획과제를 달성 내지는 초과달성하도록 압력을 행사하

97) 필자가 1998년 3월 탈북자들을 인터뷰할 당시, 공장생활의 경험이 있는 사람들에게 그 공장의 계획지표들에는 어떤 것들이 있었는지 이야기해 달라고 부탁했더니 대부분의 사람들의 대답이 "그 많은 것을 어떻게 다 이야기하느냐"는 것이었다.

기는 했으나 그 압력의 정도는 다른 사회주의 국가에 비해 작았다. 따라서 계획과제 달성에 실패하더라도 기업이 상부로부터 강한 제재나 처벌을 받는 일은 그렇게 많지 않았다. 이에 비해 계획과제를 달성 내지는 초과달성하더라도 기업 내지는 기업의 관리자에게 보너스가 지급된다든지 하는 것도 없었다. 자세한 것은 제4장에서 살펴보겠지만 북한의 경우 계획과제를 달성하지 못한 공장의 최고경영자(지배인)에 대해서는 처벌이 자주 행해진다고 탈북자들은 전하고 있다. 그리고 공장 지배인에 대한 감독이 그만큼 철저하다고 한다. 즉 북한에서는 계획과제의 달성에 대한 압력이 중국보다 컸을 것으로 보인다.

다음에는 물자배분계획 및 계획에 포함되는 국민경제의 범위에 초점을 맞추어 살펴본다. '물자'란 국영기업간에 유통되는 중간재, 자본재를 가리킨다. 북한에서는 물자를 인민경제계획의 실행에 필요한 원료, 연료, 자재, 설비 등의 생산수단으로 정의하고 있다.

중국에서 '물자'는 국민경제에서 차지하는 중요도 혹은 관리권한의 소재지에 따라 다음의 세 가지로 분류된다. 첫째, 일류 물자(혹은 통일배분물자). 국가계획위원회의 지도하에 국가물자총국이 배분계획을 작성 · 관리한다. 해당되는 물자는 석탄, 강재, 시멘트, 자동차, 중유, 고무, 금속공사기계 등. 둘째, 이류 물자(혹은 중앙의 각 공업부(工業部) 배분물자). 국무원의 공업관계의 부, 청이 배분한다. 어떤 한 부문이 주로 사용하는 전용물자(예컨대 광석, 코우크스, 방적기계 · 방적전용설비), 중요도가 비교적 높고 각 부문이 공통적으로 사용하는 물자(예컨대 화차, 화학공업연료)가 여기에 속한다. 셋째, 삼류 물자(혹은 지방관리물자). 성 · 직할시 · 자치구, 지구 · 시 직할시, 현의 각 차원의 물자국계통이 관리한다.

이러한 점에서는 구소련의 물자배분제도도 중국의 그것과 크게 다르지 않다. 즉 구소련에서 가장 중요도가 높은 '국민경제 계획품목'은 중국의 일류 물자에, 다음으로 중요도가 높은 '집권적 계획품목'은 중국의 이류 물자에, 지방의 차원에서 이루어지는 '분권적 계획품목'은 중국의

삼류 물자에 각각 대응한다.[98)]

중국에서 이러한 세 가지 물자의 수는 시기에 따라 변화했지만 1978년까지 일류 물자는 400종을 넘지 않았다. 일류 물자와 이류 물자를 합쳐도 700종을 넘지 않았다. 이에 비해 삼류 물자는 5,000종 이상이었다고 한다. 중앙의 계획당국이 배분하는 물자의 수는 구소련이 중국보다 훨씬 많았던 것으로 알려져 있다. 예컨대 1972년 현재, 소련의 계획대상 품목 수는 약 8,600종이며 그 중에서 중앙의 계획당국[99)]이 관여한 것, 즉 중국의 일류 물자에 해당하는 품목은 약 1,900종(1950년대에는 1,500종)이었다.[100)]

북한의 경우, '물자'가 국민경제에서 차지하는 중요도 혹은 관리권한의 소재지에 따라 상기의 세 가지로 분류되는지 어떤지 명확하지 않다.[101)] 다만 여기에서도 1965년부터 도입된 '계획의 세부화' 정책에 주목할 필요가 있다. 이는 말 그대로 될 수 있는 한 세부적으로 계획화한다는 것인데, 이는 계획대상품목의 대폭적인 증가를 의미하기도 한다. 즉 그 때까지 내각의 성(省)의 차원에서 행해졌던 비폰드물자에 대한 계획화는 그 이후 국가계획위원회의 임무로 되었다. 여기서도 중국의 개념을 빌려 살펴본다면 북한의 경우, 1965년부터의 '계획의 일원화, 세부화' 정책 이후 내각(정무원)의 공업관계의 부, 위원회가 배분하는 이류

98) 中兼和津次(1979), p. 276; 石原享一(1990), pp. 158-159; 小島麗逸 編(1989), pp. 315-322 참조.

99) 연방 고스플란(Gosplan).

100) 佐藤經明(1975), pp. 65-66; Eckstein(1977), pp. 134-135 참조. 이같은 차이는 양국의 경제발전수준의 차이에도 원인이 있겠으나 기본적으로는 양국의 경제 시스템상의 차이에 기인한 것으로 해석되고 있다.

101) 예컨대 『경제사전』에서는 물자관련 항목에서 물자의 분류에 대해 언급이 없다. 물자배정계획은 인민경제 모든 부문, 모든 단위에서 작성한 물자소요계획을 종합하여 그것을 물자의 공급원천과 정확히 맞물려 세운다. 물자배정계획은 국가계획위원회가 세운다는 정도의 설명에 그치고 있다. 『경제사전 1』, p. 578 참조.

물자가 줄어들고 국가계획위원회가 배분하는 일류 물자가 늘어났다고 할 수 있다.

김일성은 1969년의 어느 연설에서, 국가계획위원회가 작성한 통제숫자안에 대해 당의 중앙위원회 정치위원회에서 중요한 몇 백 종의 품목을 검토해 내각은 적어도 3~5천 종의 제품의 통제숫자에 대한 결정을 채택해야 하며, 국가계획위원회에서는 내각이 비준한 통제숫자에 따라 3만 종도 좋고 5만 종도 좋고 10만 종도 좋으니 구체화할 수 있는 데까지 구체화해 통제숫자의 전개된 부표를 작성해야 한다고 지시한 바 있다(『경제관리 3』, pp. 597-599).

따라서 북한에서는 중앙이 배분하는 물자의 수가 지방이 배분하는 것보다 훨씬 많을 가능성이 있다. 구체적으로 어느 정도인지는 알 수 없지만 적어도 5천 종은 넘을 것으로 추측된다. 필자가 만난 탈북자들은, 계획의 세부화 방침은 지금도 계속되고 있으며 중앙이 배분하는 중간재, 자본재의 수는 "헤아릴 수 없을 정도"라고 밝히고 있다.

중국의 경제학자 薛暮橋는 "중국에서는 현재[102] 국가계획위원회가 직접 관리하고 있는 생산물은 수백 종밖에 되지 않는다(생산액으로 계산하면 전 생산액의 5할 이상을 점한다). 이 가운데 정말로 정확하게 계산되는 것은 겨우 수십 종에 불과하고 나머지는 대충 어림잡은 것으로 실제 상황과의 괴리가 비교적 크다"고 지적하고 있다(薛暮橋, 1980: 242-243). 또 Naughton은 중국의 계획당국이 계획에 편입되는 물자가 25%나 모자라는 채로 계획을 작성하는 일이 자주 있었다고 지적하고, 이에 반해 구소련에서는 계획이 종종 부정확하기는 했으나 계획당국이 의도적으로 큰 구멍이 뚫린 공급계획을 작성한 증거가 없다고 주장하고 있다(Naughton, 1995: 42). 북한도 이런 점에서는 구소련과 비슷하다고 할 수 있다. 국민경제 내에 사소한 물자까지 빠트림 없이 계획에 집어 넣고 사소한 물자의 생산에까지 법률적 의무의 성격을 부여했던 '물자계획의

102) 1970년대 말을 가리킨다.

세부화'가 바로 이것이다.[103)]

또 하나 지적해야 할 것은, 북한의 지도부는 사회주의 국가에서 예를 찾아보기 힘든 농업생산계획의 세부화까지 시도하였다는 것이다. 김일성은 1979년의 어느 연설에서 "올해 농업생산계획 초안에는 작물별 파종면적과 시비량, 평당 포기수 같은 큰 지표들만 있고 노동력계획과 농업생산공정에 따르는 구체적인 기술지표들이 똑똑히 밝혀져 있지 않습니다"고 질책했다. 그는 이어 "계획 초안에는 관개농사를 얼마 하고 우물을 얼마 판다는 것은 있으나 논과 밭에 도랑을 얼마 친다는 것과 같은 것은 반영되어 있지 않습니다"고 지적 · 비판했다(『저작집 34』, pp. 45-46). 같은 연설에는 "농업생산계획은 지난 기간에 세부화하지 않다가 올해에 처음으로 세부화하기 시작했다"는 문장이 등장하는 것으로 보아 농업세부화는 1979년에 처음으로 시도된 것으로 보아야 할 것 같다. 그리고 김일성은 "농업생산계획을 세부화하는 것은 우리가 처음으로 하는 일입니다. 누구도 한 해 동안에 걸쳐 복잡하게 진행되는 농업생산과정을 세부적으로 계획화하는 사업을 해 본 적이 없습니다(『저작집 34』, p. 47)"고 말하여, 농업부문에서의 계획의 세부화[104)]는 다른 사회주의 국가에서는 행해진 일이 없고 북한에서 처음으로 행해지는 것임을 강조한다. 다만 관련 자료의 부족으로 인해 이러한 농업생산계획의 세부화가 언제까지 지속되었는지는 불명확하다.

결국 북한 지도부가 중국보다 집권도가 높은 집권제를 추진하였던 것으로 보인다. 그리고 관련 자료의 부족으로 단정적으로 이야기하기는 힘

---

103) '계획의 세부화' 정책으로 인해 '물자계획의 세부화'라는 개념도 새롭게 등장했다. "물자계획을 정확히 세우는 데서 근본문제로 나서는 것은 물자계획을 세부화하는 것"으로 되었다. 물자계획 세부화는 또 모든 물자 세부지표들이 어느 계획단계에서 세워지든지 어김없이 수행하지 않으면 안 되는 법적 과제의 성격을 띠게 한다는 내용도 담고 있다.

104) 농업계획의 세부화에 대해 좀더 자세한 것은 김일남 · 김세국 · 김융언(1991), pp. 164-166 참조.

드나, 구소련 정도이거나 구소련보다 집권도가 높은 집권제를 추진하였을 가능성도 없지는 않다.

제4절 맺음말

이상의 고찰에 기초하여 북한의 경제실적, 경제개발의 초기조건, 경제개발전략에 대해서 간단히 정리하기로 한다. 다만 이미 밝혔듯이 여기서는 경제실적과 초기조건 및 개발전략의 관계는 언급하지 않기로 한다. 각각의 요인을 소개 · 설명하고 나서 초기조건이 개발전략의 형성에 미친 영향을 포함해 북한의 개발전략의 형성 · 유지 · 강화의 배경을 정리하기로 한다.

북한의 경제개발은 어떤 결과를 가져온 것일까. 북한의 경제개발실적은 장기적 관점에서 보면 성장률의 장기하락경향이다. 1950년대에 고속성장을 기록한 북한경제는 1960년대부터 성장이 둔화되기 시작했고 1970년대 전반에 일시적으로 회복하였지만 1970년대 후반이나 1980년대 전반부터 다시 나빠져서 지금까지 어려움을 겪고 있다.

북한경제는 특히 1990년대에 들어 상황이 보다 악화되었다. 1990년부터 1998년까지 9년 연속 마이너스 성장을 기록했으며 심각한 식량난 및 그로 인한 아사자의 속출, 공장가동률의 저조, 극단적인 물자부족이 나타나고 있다. 공식경제는 기능마비상태에 빠져 있으며 이른바 '제2경제' (혹은 비공식 경제)가 급속히 확대되고 있다. 이 책에서는 이러한 북한경제의 장기적 · 단기적(1990년대) 퍼포먼스를 '경제침체' 로 부르기로 했다.

경제개발에 착수할 때만 해도 북한 당국이 상상조차 하지 못했던 오늘의 상황을 이해하기 위해서는 역사를 거슬러 올라갈 필요가 있다. 북한경제개발의 초기조건을 간단히 정리하기로 한다. 초기조건은 플러스, 마이너스의 양면이 있다.

우선 플러스의 면부터 보자. 국제적으로 어떠하다는 것은 차치하고, 한국에 비해서는 경제개발의 초기조건이 유리했다고 볼 수 있다. 실제로 김일성이 언제나 강조했던 것은 풍부한 지하자원, 전력자원이었다. 이와 함께 공업화의 경험도 무시할 수 없을 것이다. 즉 식민지 공업화라는 한계는 있지만 공업화를 통하여 형성된 물적 · 인적 자산, 또한 어느 정도 정비된 인프라도 플러스의 유산이 되었다고 여겨진다.

동시에 마이너스의 면도 있다. 북한은 국토면적으로 보나 인구로 보나 부정할 수 없는 '소국'이다. 또한 경제개발의 출발시점에서는 저개발의 농업국가였다. 더욱이 해방에 따른 일본과의 관계 단절, 국토분단에 의한 남 · 북한 분업관계의 단절, 특히 한국전쟁에 의한 파괴의 영향이 상당히 컸다. 그리고 낮은 교육수준, 국제적으로는 미국과의 대치상태도 경제적으로는 부(負)의 유산이었다. 아울러 비교적 풍부한 지하자원을 가지고 있었음에도 불구하고 가장 중요한 에너지원인 석유를 갖고 있지 않았다는 것은 점점 치명적으로 되었다. 식민지시대 말기, 제2차 세계대전 말기의 '자력갱생 · 자급자족' 경험, 식민지기의 공업화에 의해 형성된 전력 과소비산업구조는 경제개발 초기에는 마이너스 요인이라는 인식이 없었다. 그런데 이들은 시간이 갈수록 경제개발의 발목을 잡는 마이너스 요인으로 작용하는 '구시대의 유산'이 되어 버렸다.

이러한 초기조건하에서 북한은 어떠한 목적과 수단을 가지고 경제개발에 착수했던 것일까. 북한은 군사력의 확보 · 강화와 경제발전 혹은 국력지향적 요소가 강한 경제발전이라는 목적을 실현하기 위해서 중앙집권적 계획제도라는 제도적 기반 위에 자력갱생, 정신적 자극 우선 · 대중노선, 고축적 · 강축적, 중공업 우선발전 등의 선택적 성장과 같은 수단을 가지고 경제개발전략을 전개했다.

특히 중앙집권적 계획제도는 고축적 · 강축적, 중공업 우선발전 등의 선택적 성장과 같은 자원배분정책을 전개하는 데 딱 들어맞는 제도였다. 실제로 구소련, 중국 등의 사회주의 제국은 이들 세 가지 전략이 하나의 세트로 되어 진행되었고 북한도 예외가 아니었다. 이런 면에서 보면 북한의 경제개발전략은 전부는 아니라 하더라도 대부분은 구소련의 개발전략 혹은 스탈린 전략에 꽤 가깝다고 할 수 있다.

물론 북한의 전략이 스탈린 전략의 단순 모방에 지나지 않는다고는 잘라 말할 수 없다. 오히려 북한 지도부는 1950년대 말 이후 자기네 전략의 독자성을 강조하여 왔다. 이는 주체사상의 대두, 구소련과의 관계 악화와도 관계가 있다. 어쨌든 북한 지도부가 주장하는 정도의 독자성은 아니지만, 어느 정도 자기 나름대로의 독자성이 있는 것은 부정하기 어려울 것 같다. 이 문제는 뒤에서 자세히 논하기로 하고 여기서는 ① 다른 사회주의 국가와 마찬가지로 중앙집권적 계획제도를 도입하였지만 보다 집권도가 강한 집권제를 추진한 것, ② 소련과 달리 '자력갱생'을 강조하여 온 것, 물질적 자극보다 정신적 자극을 우선시킨 것만을 지적하는 데 그치기로 한다. 물론 북한의 독자성을 인정한다고 해도 북한 전략의 대부분이 스탈린의 그것에 꽤 가깝다는 것을 뒤집을 정도는 아니다.

실제로 1940 · 50년대에 사회주의권 내에서 이념 · 정치 · 경제 · 군사 등의 면에서 압도적인 능력을 갖고 있었던 소련의 영향력은 대단한 것이었다. 소련은 경제성장을 위한 사회주의적인 길을 개척하여 성공을 거두었다. 최초의 두 개의 5개년 계획에서 소련은 급속한 공업화, 빠른 경제성장, 경제구조의 뚜렷한 전환을 실현했다. 더욱이 소련은 나치스의 맹공에 훌륭히 견디어 냈을 뿐 아니라 오히려 그 침공을 되받아쳐 결국 제2차 세계대전에서 연합국이 승리하는 데 일정 정도 역할을 수행했다.

사회주의 제국의 일반적인 경험에서 보면 급속한 공업화, 군사력 강화의 필요성은 ① 신생 사회주의 국가의 대부분이 경제적으로 낙후된 상태에서 출발, 경제적 후진성을 없애는 것이 중요한 과제였다는 것, ② 주위가 '적'(자본주의국)으로 둘러싸여 있었다는 것으로부터 나왔다. 북한도 제2차 세계대전의 종전 직후에 등장한 저개발 신생독립국이고, 정권수립 후 미국 · 한국과의 대치상태가 지속되었기 때문에 급속한 공업화, 군사력 강화의 필요성은 꽤 컸다. 북한의 입장에서 보면 구소련의 경험은 하나의 '모델'이 되기에 충분한 것이었다.

더욱이 북한의 경우, 김일성 정권의 수립에 있어서 소련의 역할은 결정적이며 노동당과 국가기구가 소련군의 점령을 기초로 출현하였다. 북한 지도부가 소련 전략의 많은 요소들을 받아들인 것은 당연한 일일 것이다.

게다가 풍부한 지하자원, 전력자원, 식민지기의 공업화가 남긴 약간의 물적 · 인적 자산, 인프라와 같은 플러스의 유산, 특히 국제적으로야 어떻든 한국에 비하여 경제개발, 공업화의 초기조건이 유리했던 것은 김일성에게 있어서 중요한 조건이었다고 생각된다. 북한의 경제발전전략은 기본적으로 구소련의 그것의 모방 · 이식이라는 측면이 강하지만, 앞에서 밝힌 플러스의 유산이 북한 지도부에게 구소련 전략을 받아들이더라도 그대로 수행할 수 있다고 하는 일종의 자신감을 갖게 한 것은 아닌가 하는 생각이 든다.

이와 함께 중공업 우선전략, 자력갱생론의 예로부터 알 수 있듯이 북한의 경제개발전략의 형성 · 유지 · 강화에는 국제적 환경, 특히 1950년대의 소련에서의 스탈린 비판, 1960년대의 국제적 긴장과 국내정치적 요인, 특히 '유일체제'의 구축이 크게 작용했다고 볼 수 있다.

개발전략의 형성에는 초기조건도 적지 않은 영향을 미쳤다. 그 일부는 이미 말했다. 여기서는 자력갱생만 보기로 한다. 자력갱생전략은 국제 · 국내정치적 요인에 의한 부분도 많지만, 식민지시대의 '자력갱생 · 자급자족'의 경험, 그리고 풍부한 수력자원, 광물자원도 무시할 수 없는 기반으로 작용했다고 생각된다. 특히 제5장에서도 언급할 예정이지만, 북한의 경제개발 초기인 1940 · 50년대는 '석유의 시대'가 아니라 '석탄의 시대'였다. 북한 지도부는 국내에 풍부히 매장되어 있는 석탄을 이용하여 에너지를 자급자족하는 것이 불가능하지 않다고 생각하고 있었다. 즉 자력갱생전략이 북한의 경제개발 초기의 상황에서는 전적으로 불합리한 전략만은 아니었음을 지적할 필요가 있다. 물론 전적으로 합리적인 선택이었다는 이야기도 아니다.

제3장

공업화의 구조: 경제개발의 거시적 측면

북한의 경제개발역사는 공업화의 역사라고 해도 과언이 아니다. 북한은 구소련, 중국과 마찬가지로 공업화를 필사적으로 추진하여 왔다고도 할 수 있다. 그런데 북한의 공업화는 결국 제대로 되지 않았다. 왜 그럴까. 이 물음에 답하기 위해서는 무엇보다도 북한의 공업화가 어떤 구조를 가지고 있었으며 어떤 메커니즘에 의해 움직여 왔는지 설명할 필요가 있다. 그럼에도 불구하고 이 문제에 관한 기존의 연구성과는 적으며 이 문제에 대해 해명 · 실증된 것은 거의 없다고 해도 과언이 아니다. 물론 연구가 제대로 이루어지지 않았던 최대의 원인은 자료의 제약에 있다.

이 장에서는 이러한 자료의 제약에 대처하기 위해 다른 사회주의 국가의 공업화에 관한 기존의 연구성과를 이용해 북한의 공업화를 고찰해 보고자 한다. 데이터는 세계 각 기관 · 연구자의 추정치를 수집 · 정리해 북한의 공식통계와 함께 사용하기로 한다. 아울러 필자의 탈북자 면담결과도 자료로 이용한다. 입수할 수 있는 데이터가 없을 때에는 북한 · 구소련측의 문헌에서의 기술에 입각해, 때로는 추론도 곁들여서 논리를 전개하기로 한다. 이렇게 해서 북한의 공업화의 구조를 주로 개발경제학의 관점에서 검토하는 것이 이 장의 과제이다. 달리 보면 북한경제개발의 거시적 측면을 고찰하는 것이다. 그리고 공업화에서의 대외부문의 역할은 제5장에서 검토하기로 하고 여기서는 주로 대내부문을 중점적으로 살펴보기로 한다.

제1절에서는 북한의 공업화의 전개과정을 개관하고 몇 가지 측면에서 북한 공업화의 구조적 특징을 간단히 정리한다. 제2절과 3절에서는 자본·노동과 같은 생산요소와의 관련하에 공업화를 검토한다. 제2절에서는 공업화와 노동력의 관계를 고찰하는데 노동력투입 증대노력과 그 제약요인을 대중운동, 인센티브와의 관련하에 정리한다. 제3절에서는 경제개발과 자본의 관계를 고찰하는데 자본투입 증대노력, 즉 자본축적 메커니즘을 살펴본 뒤 축적의 내용, 축적의 이용이라는 측면도 함께 살펴본다. 제4절에서는 이 장에서의 논의를 정리한다.

제1절 공업화의 전개와 그 특징

1. 공업화 전략

먼저 북한의 공식설명에 입각해서 북한의 사회주의 공업화 전략을 간단히 정리하기로 한다. 사회주의 공업화는 "나라의 경제에서 공업생산의 압도적 우세를 보장하고 인민경제의 전면적 기술개건(改建)을 실현할 수 있는 자립적 체계가 선 현대적 공업의 창설행정"(『경제사전 1』, p. 715)으로 정의된다. 그리고 사회주의 공업화의 목적은 사회주의의 물질기술적 토대를 창설·강화하고 나라의 경제적 자립성을 보장하며 나라의 정치적 독립을 강고히 함과 동시에 사회주의 건설을 성과적으로 추진하는 것으로 되어 있다. 이와 함께 사회주의 공업화의 기본과업은 인민경제의 전면적 기술재건을 실현할 수 있는 다방면으로 발전되고 자체의 튼튼한 원료기지를 가진 그리고 현대적 기술로 장비된 자립적 공업체계를 세우며 나아가서 나라를 사회주의 공업국가로 만드는 것이라고 한다.

사회주의 공업화는 자본주의적 공업화와 그 성격이 다르다고 한다. 자본주의적 공업화는 생산수단에 대한 사적 소유의 기초 위에 보다 많은 잉여가치를 획득하기 위한 자본주의적 경쟁에 의해 자연발생적으로 또 역사적으로 오랜 기간을 통해 진행된다. 이에 반해 사회주의 공업화는 사회주의 제도를 수립하고 생산수단에 대한 사회주의적 소유에 기초하여 진행되며 또 자연발생적으로가 아니라 노동계급의 당과 국가의 지도하에 계획적으로 수행되는 것으로 되어 있다. 따라서 역사적으로 짧은 기간에 매우 빠른 속도로 진행되는 것이다(『경제사전 1』, p. 716).

사회주의 공업화의 중심은 중공업의 우선적 발전에 있다고 되어 있다. 또 "중공업을 우선적으로 발전시키면서 경공업과 농업을 동시에 발전시킨다"는 방침은 사회주의 공업화를 매우 짧은 기간 내에 높은 수준에서 실현할 수 있게 하는 가장 정확한 방법으로 되어 있다. 게다가 공업을 농업보다 빨리 발전시켜 농업에 대한 공업의 지도적 역할을 끊임없이 높이는 것이 중요하다(『경제사전 1』, pp. 173, 716, 718)고 한다. 사회주의 공업화를 실현하기 위해서는 두 가지의 중요한 임무를 수행해야 한다. 하나는 사상혁명, 기술혁명을 수행해 노동자들을 공산주의 사상으로 무장시킴과 동시에 그들의 문화기술수준을 높이는 것이며, 또 하나는 기술혁명을 강력하게 추진하는 것이다.

2. 공업화의 전개와 산업구조의 변화

다음에는 북한의 공업화의 전개과정을 통계적으로 개관하기로 한다. 먼저 공업[1]의 장기성장추세부터 살펴보기로 하자.

표 3.1을 보면 알 수 있듯이 공업성장률은 장기하락추세를 보이고 있

1) 북한에서는 공업이라 하면 전력, 광업, 임업, 수산업 등도 포함된다. 북한 당국은 공업을 전력공업, 연료공업, 광업, 금속공업, 기계제작공업, 화학공업, 건재공업, 일용품공업, 임업, 수산업 등 22개의 개별적인 전문생산부문으로 대분류하고 있다. 『경제사전 1』, p. 178.

표 3.1 북한 공업의 장기성장추세

(단위: %)

	1954~1956	1956~1959	1957~1960	1960~1963	1961~1970	1971~1976	1978~1984	1988~1990	1991~2000
북한의 공식통계(A)	41.7	45.2	36.6	15.1	12.8	16.3	12.2		−12.8[1)]
이봉석의 추정치(B)		36.0		7.8					
後藤의 추정치(C)	75.5		29.2	9.9	11.4	10.2[2)]			
극동문제 연구소의 추정치(D)					12.3				
한국은행의 추정치(E)									−9.1
소련과학원의 추정치(F)								−2.5	

주: 명목성장률이며 해당 기간의 연평균성장률임. 북한의 공식통계는 1980년대까지는 공업총생산액에 대한 통계이나 1990년대는 공업 및 건설부문의 국내총생산(GDP) 통계임. 한국은행의 1991~2000년의 추정치는 제조업의 실질성장률이며, 전년대비 증감률의 단순평균임.

1) 1993~1996년,

2) 1971~1975년.

자료: A) 『북한경제통계집(1946~1985년)』, pp. 368, 373(원자료는 연도별 『조선중앙년감』); UNDP(1998).

B) 이봉석(1993), p. 200.

C) 後藤富士男(1981), p. 152.

D) 북한연구소(1979), p. 294(원자료는 극동문제연구소).

E) 『북한 GDP 추정결과』, 각 연도.

F) 소련과학원 국제경제정치연구소(1991), p. 1.

다. 북한의 공식통계에 의하면 1950년대 중 · 후반에는 초고속성장세를 나타냈다. 이 시기의 고성장에 대해서는 외부의 관찰자들도 인정하고 있다. 그러나 이러한 고성장세는 1960년대에 들어와 둔화되기 시작한다. 그것이 1970년대 전반 일시적으로 상승하였지만 1970년대 후반이나 1980년대 전반부터 다시 하락한다. 그리고 1990년대에는 마이너스 성장을 나타내고 있다. 한정적인 북한의 공식통계로부터도 이러한 추세를 엿볼 수 있다.[2)] 이러한 장기적 추세는 제2장에서 보았던 국민소득의 장기추세와 상당히 유사하다.

다만 북한의 공식통계는 한국측 및 소련측의 추정치와 상승 · 하락의 정도 면에서, 예컨대 1970 · 80년대가 성장둔화인지 침체인지, 꽤 차이가 난다. 즉 북한의 발표통계를 액면 그대로 받아들이면 1980년대 전반까지는 설령 성장률이 다소 하락하였다고 해도 여전히 10% 이상의 높은 성장률을 유지했던 것으로 된다. 그러나 많은 연구자들은 북한의 발표통계, 특히 1970 · 80년대의 그것의 신뢰성에 의문을 제기하고 있다. 즉 정말로 10%를 넘는 고성장이었는지 의심스럽다는 것이다.

또한 북한정부는 1992~1996년도분의 거시경제통계를 발표했을 때 공업 및 건설부문의 국내총생산(GDP)이 1994년부터 마이너스 성장을 기록하고 있다고 했으나 한국은행은 1990년도분부터 북한의 거시경제통계를 발표하면서 광공업 국민총생산(GNP)이 1990년부터 지속적으로 마이너스 성장을 나타내고 있다고 보고 있다. 1988~1990년의 3년간에 대해 거시경제통계를 추정 · 발표했던 소련과학원 국제경제정치연구소는 북한의 공업총생산이 1989년에는 마이너스 10.6%, 1990년에는 플러스 0.5% 성장했다고 보고 있다. 이렇듯 마이너스 성장이 언제부터 시작했는가와 같은 부분에 대해서도 북한의 공식통계와 외부 관찰자의 추정치

2) 또한 북한이 재정관련 통계를 제외하고, 가장 오랜 기간 시계열자료를 발표했던(물론, 중간에 발표하지 않았던 연도도 있으나) 공업총생산에 관한 통계를 1985년부터 사실상 중단한 것 자체도 1980년대 및 그 이후의 북한의 공업생산이 어떠한지를 적잖이 암시해 주는 것이다.

표 3.2 북한의 농 · 공업생산관련 지표

	농 업			공 업		
	농업총생산액 (A)	곡물생산량 (B)	농업 GNP (C)	공업총생산액 (D)	공업 GNP (E)	소비재생산액 (F)
1953	115	2,327		216		285
1954	126.5(10.0)	2,230(-4.2)		326(50.9)		366(28.4)
1955	131.1(3.6)	2,340(4.9)		485(48.8)		497(35.8)
1956	157(19.8)	2,873(22.8)		615(26.8)		598(20.3)
1957	198(26.1)	3,201(11.4)		890(44.7)		878(46.8)
1958	n.a.	3,700(15.6)		[12.2배](37.1)		n.a.
1959	n.a.	3,400(-8.1)		19배(55.7)		17배
1960	224	3,803(11.9)	940	21배(10.5)	1,342	20배(17.6)
1961	n.a.	4,830(26.3)	957(1.8)	24배(14.3)	1,586(18.2)	n.a.
1962	n.a.	5,000(4.1)	971(1.5)	29배(20.8)	1,773(11.8)	n.a.
1963	268	5,000(0.0)	1,139(17.3)	32배(10.3)	1,909(7.7)	31배
1964	n.a.	5,000(0.0)	1,179(3.5)	37배(15.6)	2,293(20.1)	37배(19.4)
1965	n.a.	n.a.	1,244(5.5)	[42.2배](14.1)	2,625(14.5)	n.a.
1966	n.a.	4,405	1,304(4.9)	41배(-2.8)	2,787(6.2)	n.a.
1967	n.a.	5,110(16.0)	1,378(5.6)	48배(17.0)	3,290(18.0)	n.a.
1968	n.a.	5,672(11.0)	1,458(5.8)	[55.2배](15.0)	3,815(16.0)	n.a.
1969	n.a.	n.a.	1,545(6.0)	[54.5배](-1.3)	3,763(-1.4)	n.a.
1970	n.a.	n.a.	1,619(4.8)	[71.3배](31.4)	4,267(13.4)	n.a.

주: 괄호 안은 전년대비 증감률.
A), D), F) 북한의 공식통계. 1946년을 100으로 했을 때의 수치.
B) 북한의 공식통계. 단위는 천 톤.
C), E) 극동문제연구소의 추정치. 단위는 백만 북한 원.
D) [ ] 안은 전년대비 성장률에 근거해서 산출.

자료: A) 『북한경제통계집(1946~1985년)』, p. 271(원자료는 연도별 『조선중앙년감』).
B) 1958~1959년은 서동만(1996), p. 81(원자료는 『로동신문』, 1959. 1. 17. 및 1960. 1. 17)/나머지는 『북한경제통계집(1946~1985년)』, pp. 276, 278(원자료는 김일성의 연도별 신년사 및 연도별 『조선중앙년감』).
C), E) 북한연구소(1979), p. 294(원자료는 극동문제연구소).
D), F) 『북한경제통계집(1946~1985년)』, pp. 368-369(원자료는 연도별 『조선중앙년감』).

간에, 또 외부 관찰자의 추정치들 사이에도 다소 차이가 있다.

다음으로 경제성장에 대한 공업의 기여도를 살펴보자. 표 3.3을 보면 알 수 있듯이 자료의 제약 때문에 장기적인 추세를 파악하는 것은 곤란하다. 1950 · 60년대와 1990년대로 한정하지 않을 수 없다. 그리고 추정기관, 추계방법의 차이로 인해 1950 · 60년대와 1990년대를 직접 비교하기도 매우 어렵다.

한국측의 추정에 따르면 1960년대에는 경제성장에 대한 공업의 공헌도가 일부 기간을 제외하고는 대체로 70%를 넘어서고 있다. 또한 북한의 공식통계를 보면 전후 3개년 계획기간(1954～1956)과 5개년 계획기간(1957～1960) 동안 경제성장에 대한 공업의 공헌도는 2배 가까이 상승했다. 더욱이 1957～1960년, 1961～1964년에는 공업의 기여도가 80%를 넘어서고 있다. 물론 통계의 양적 · 질적 문제 때문에 이러한 수치들이 정확하다고는 할 수 없다. 다만 표 3.3에 나타난 북한의 공식통계로부터 1950년대 중 · 후반을 통해 경제성장에 대한 공업의 기여도가 급상승, 1950년대 후반과 1960년대 전반에는 공업이 거시경제성장에 결정적인 역할을 수행했다는 것은 읽을 수 있을 것 같다. 그리고 한국측의 추정이 어느 정도 현실을 반영하고 있다면 1960년대 전반뿐 아니라 1960년대 후반에도 공업이 거시경제성장을 견인하고 있다고 보아도 좋을 것이다.

1990년대는 상황이 다소 바뀐 듯하다. 물론 이 시기는 기본적으로 마이너스 성장기이므로 경제성장에 대한 공업의 공헌도가 아니라 마이너스 성장 내지는 경제난에 대한 공업의 공헌도이다. 한국측의 추정치를 보면 거시경제의 마이너스 성장에 공업부문이 결정적인 역할을 했는지 어떤지 판단하기 힘들다. 어떤 해는 공업부문의 기여도가 70%를 넘지만, 또 다른 해는 30% 전후에 그치고 있다. 더욱이 북한의 공식통계에 의하면 이 시기 경제난에 공업부문이 결정적인 역할을 했다고 보기 힘들다. 특히 1994, 1996년에는 공업 및 건설부문의 기여도가 40%를 밑돌고 있다. 이 때는 경제난에 서비스 및 기타 부문, 공업 및 건설부문이 거의 비슷한 기여도를 나타내고 있으며 농업부문의 기여도도 그렇게 떨어지

표 3.3 북한의 경제성장에 대한 공업의 공헌도

(단위: %)

	GDP 증가율	공업부문 성장률	공업부문 비중	공업부문 공헌도
1. 한국측의 추정치에 기초해 계산할 경우				
1961	8.5	18.2	45.0	88.4
1963	8.8	7.7	46.0	40.6
1965	9.1	14.5	51.5	78.2
1967	12.6	18.0	55.0	75.0
1969	2.5	-1.4	55.3	-32.1
1970	10.2	13.4	57.3	72.6
1991	-5.1	-11.9	38.0	n.a.
1992	-7.7	-15.0	33.8	74.0
1993	-4.2	-3.2	32.9	25.8
1994	-1.8	-4.2	31.4	76.8
1995	-4.6	-4.6	30.5	31.4
1996	-3.7	-9.6	28.0	79.1
2. 북한의 공식통계에 기초해 계산할 경우				
1954~1956	30.0	41.7	30.7	42.7
1957~1960	21.0	45.2	40.1	86.3
1961~1964	10.0	15.2	57.1	86.8
1993	0.5	4.0	45.3	350.4
1994	-26.3	-22.6	47.6	38.9
1995	-17.0	-17.7	47.2	49.6
1996	-17.3	-12.6	49.9	34.4

주: 1) 한국측의 추정치는 1960년대의 것이 극동문제연구소의 GNP 추정치이고 1990년대의 것은 한국은행의 GDP 추정치이므로 1960년대와 1990년대는 통계가 비연속적으로 됨. 1960년대의 GNP 및 공업성장률은 명목성장률, 1990년대의 GDP 및 공업성장률은 실질성장률로서 1990년 기준년 가격기준. 1990년대의 공업부문 비중은 경상 GDP에서 광공업이 차지하는 비중.

2) 북한의 공식통계의 경우, 1950 · 60년대는 해당 기간의 연평균 국민소득 증가율, 연평균 공업총생산액 증가율, 해당 기간의 첫해의 사회총생산액에서 공업이 차지하는 비중(다만 1954, 1957, 1961년에 대해서는 공식발표가 없었으므로 각각 1953, 1956, 1960년의 수치로 대체했음), 공업부문의 공헌도를 가리킴. 1990년대는 GDP 성장률, 공업 및 건설부문의 국내총생산의 성장률, 공업 및 건설부문이 GDP에서 차지하는 비중, 공업 및 건설부문의 공헌도를 각각 가리킴.

3) 공업부문의 공헌도는(해당 연도의 공업부문 성장률 × 전년도의 공업부문 비중)/해당 연도의 GDP 성장률로 산출했음.

4) 북한의 공식통계에 기초한 계산결과 가운데 1993년의 공업부문의 공헌도는 여타 부문의 공헌도가 마이너스이기 때문에 100%를 넘게 되었음.

자료: 북한연구소(1979), p. 294(원자료는 극동문제연구소); 『북한 GDP 추정결과』(각 연도); 『북한경제통계집(1946~1985년)』(원자료는 연도별 『조선중앙년감』); UNDP(1998)로부터 필자 계산.

지 않기 때문이다.

한편 공업화의 진행과 함께 산업구조에도 큰 변화가 일어났다. 표 3.4와 표 3.5가 보여 주는 바와 같이 공업부문의 비중은 급속히 상승하고 농업부문의 비중은 급속히 하락했다. 북한의 공식통계에 따라 한국전쟁이 끝난 1953년과 그로부터 10년 후인 1963년을 비교해 보면 농업총생산액은 2.3배 늘어났다(연평균증가율 6.5%). 같은 기간의 공업총생산은 14.8배(연평균 28.1%) 증가라는, 농업과 비교도 되지 않을 정도로 높은 성장률을 기록했다. 북한의 초기 공업화가 얼마나 빠른 속도로 진행되었던가 쉽게 알 수 있다. 북한의 공식통계에 의하면 총생산액에 관한 한, 농업과 공업의 비중은 이미 1950년대 중반에 역전되었다. 그 후 1950년대 후반, 1960년대에도 공업화는 더욱 진전돼 1970년 시점에 공업은 사회총생산의 60% 이상을, 농업은 20% 이하를 차지하기에 이르렀다.[3)]

3) 물론 중간생산물의 중복 계산, 거래수입금의 존재 등으로 인해 사회총생산에서 공업이 차지하는 비중은 과대평가되기 쉽고, 역으로 농업은 과소평가되기 쉽다는 점에는 주의할 필요가 있다.

표 3.4 북한 사회총생산액의 부문별 구성비 추이

(단위: %)

	사회총생산액	공업	농업	운수통신	기본건설	상품유통	기타
1946	100.0	23.2	59.1	1.6	–	12.0	4.1
1949	100.0	35.6	40.6	2.9	7.2	9.4	4.3
1953	100.0	30.7	41.6	3.7	14.9	6.0	3.1
1956	100.0	40.1	26.6	4.0	12.3	10.8	6.2
1960	100.0	57.1	23.6	2.2	8.7	6.0	2.4
1962	100.0	61.0	21.3	2.8	9.1	3.6	2.2
1964	100.0	62.3	19.3	2.8	9.8	3.8	2.0
1970	100.0	64.2	18.3	n.a.	n.a.	7.5	n.a.

자료: 『북한경제통계집』, p. 129; 황의각(1992), p. 129(원자료는 연도별 『조선중앙년감』; 『로동신문』, 1984. 1. 27).

표 3.5 북한 국민총생산의 산업별 구성비 추이: 1960~1970년

(단위: %)

	GNP	공업	농업	기타
1960	100.0	41.3	28.9	29.8
1962	100.0	46.4	25.4	28.2
1964	100.0	49.1	25.2	25.7
1966	100.0	52.5	24.6	22.9
1968	100.0	57.4	22.0	22.6
1970	100.0	57.3	21.5	21.2

자료: 북한연구소(1979), p. 294(원자료는 극동문제연구소).

또 국민소득으로 보면 농업과 공업에서 형성된 국민소득 가운데 공업의 비중은 1956년의 25%에서 1969년에는 65%로 상승했다(『경제사전 1』, p. 716). 극동문제연구소의 추정에서는 산업별 GNP로 보았을 때 농업과 공업의 비중은 1960년대 중반경에 역전되는 것으로 되어 있다.

1970년대와 1980년대의 산업구조에 대해서는 알려져 있지 않다. 1990년대의 산업구조는 UNDP(1998)에 나타나 있는 공식통계를 통해 어느 정도 파악할 수 있다. 표 3.6을 보면 알 수 있듯이 공업 · 건설부문의 비중이 가장 높고 그 다음이 서비스 · 기타이며, 그 다음이 농업의 순서로 되어 있다. 그리고 농업의 비중이 약간 하락하고 있는 반면 공업 · 건설의 비중은 약간 상승하고 있는 경향이 관찰된다. UNDP(1998)에서의 통계작성방법은 사회주의의 전통적인 통계작성방법과 다르기 때문에 북한의 1960년대 산업구조와 1990년대 산업구조를 비교하는 것은 무리가 있으나 ① 1969년 시점에 공업부문 국민소득과 농업부문 국민소득의 비율이 65 : 35였다는 것, ② 1990년대 초의 공업 · 건설부문 국내총생산(GDP)과 농업부문 국내총생산의 비율이 대체로 2 : 1이었다는 것을 고려한다면 다음과 같은 가능성도 생각해 볼 수 있다. 즉 산업구조를 농업과 공업의 상대적 비중에 국한시켜 본다면 1990년대 초는 1960년대 말에

표 3.6 1990년대 북한의 산업 · 고용구조

(단위: %)

	농업	공업 · 건설	서비스 및 기타
1. 산업구조			
1992	21.8	43.8	34.3
1993	22.4	45.3	32.3
1994	20.9	47.6	31.5
1995	17.4	47.2	35.4
1996	14.7	49.9	35.4
2. 고용구조			
1993	30.7(23.5)	41.6	27.6

주: 산업구조는 부문별 국내총생산. 괄호 안은 전체 취업인구에서 협동농장 농장원이 차지하는 비중.

자료: UNDP(1998).

비해 크게 달라지지 않았을 수도 있다는 것이다.

3. 외연적 성장패턴과 경제의 효율성

(1) 외연적 성장패턴

여기서는 북한 공업화의 특징을 생산요소와의 관련하에, 즉 생산요소의 생산성 추이와 성장에 대한 공헌도의 측면에서 검토한다. 그렇게 하기 위해서는 공업부문의 생산액, 노동, 자본을 파악해야 하나 북한 공업부문의 노동 · 자본에 관한 통계는 구할 수 없기 때문에 그 대신 GNP와 국민경제의 노동 · 자본의 통계를 이용하기로 한다. 물론 이들 세 가지 변수도 추정치에 지나지 않기 때문에 분석에 한계가 있는 것은 말할 필요도 없다.

표 3.7로부터 다음과 같은 사실을 끌어 낼 수 있을 것이다. 첫째, 자본생산성의 증가율은 극히 낮으며, 특히 1970년대부터는 마이너스를 기록하고 있다. 자본효율의 급격한 하락현상이 나타나고 있다고도 할 수 있다. 둘째, 노동생산성의 증가율은 1970년대 후반의 제2차 7개년 계획기간 이후 크게 둔화되고 있다. 셋째, 자본과 노동 이외의 제반 요인에 의한 공헌의 정도를 종합적으로 나타내는 총요소생산성(total factor productivity)의 증가율이 대단히 낮으며, 제2차 7개년 계획기긴부디는 마이너스를 기록하고 있다. 따라서 흔히 이야기되듯이 북한은 지금까지 생산요소를 대량으로 투입함으로써 성장을 도모하는 '외연적' 성장패턴을 취해 왔다는 사실을 확인할 수 있다. 그리고 자본 · 노동 · 총요소생산성의 증가율이 1970년대 후반부터 크게 둔화되고 있는 것은 북한경제가 1970년대 후반이나 1980년대 전반부터 침체상태를 보이고 있다는, 제2장에서의 서술과도 대체로 일치한다.

그런데 앞에서 언급했던 총요소생산성의 변화는 기술진보와 요소효율(제도효율)의 변화로 분해할 수 있다. 즉 기술진보가 이루어져 생산요소를 보다 효율적으로 사용함으로써 생산가능성 곡선 자체가 상향이동한다는 것과, 기술수준이 일정할 때 제도적인 원인에 의해 요소투입효율이 개선 내지 악화된다고 하는 두 가지 측면에서 총요소생산성의 움직임을 파악할 수 있다.[4)]

북한의 경우 이들 두 가지 요인이 얼마만큼의 비율로 총요소생산성의 하락에 기여했는지, 입수가능한 관련 데이터가 거의 없기 때문에 파악하

표 3.7 북한경제의 산출, 투입, 생산성의 추이(연평균증가율)

	1966~1970	1971~1977	1978~1986	1987~1990	1966~1990
GNP(A)	10.2	12.1	7.1	5.2	8.8
자본(B)	10.1	14.3	13.4	9.9	12.4
노동(C)	3.0	3.6	3.4	2.7	3.3
자본생산성(D)	0.1	−2.2	−6.3	−4.7	−3.6
노동생산성(E)	7.2	8.5	3.7	2.5	5.5
총요소생산성(F)	3.2	2.5	−1.9	−1.6	0.4

주: 1) GNP, 자본은 1985년 불변가격.
2) 자본은 조동호(1993)의 추정치, 노동은 통일부가 추정한 북한의 경제활동인구수.
3) $D = A - B$, $E = A - C$, $F = A - (0.563 \times B + 0.437 \times C)$
총요소생산성을 구할 때 자본 및 노동에 곱해진 계수(0.563와 0.437)는 컵다글라스형 생산함수의 적용에 의해 얻어진, 생산량의 생산요소에 대한 탄력성으로서 조동호(1993)의 추정치.

자료: 필자 계산.

4) 국민경제에 있어서 효율성의 향상은 크게 보아 기술적 효율성(technical efficiency)의 향상과 배분적 효율성(allocational efficiency)의 향상으로 나뉜다. 여기서 배분적 효율성이란 재화·서비스의 수급불균형, 과잉재고 등과 같은 사회적 낭비를 없애는 것으로 주로 기업경영방식의 개선, 국민경제 운영방식의 개선 등에 의해 달성된다. 사회주의 경제에서는 기업의 경영방식도 정부정책에 의해 결정되는 바가 크므로 결국 배분적 효율성의 향상에는 제도·정책적 요인이 결정적으로 중요하게 된다.

기 힘들다. 제도효율의 문제는 제4장에서 자세히 살펴보기로 하고 여기에서는 기술문제만 간단히 다루기로 한다.

(2) 기술낙후

북한은 경제개발 초기부터 과학기술 발전에 노력을 기울였다. 과학기술연구기관을 확충하고 과학기술인력 양성에 힘을 쏟았던 것이다. 북한 당국은 1950년대와 1960년대에는 기계화를 중심으로 한 기술혁명을 강조했으며 6개년 계획(1971~1976)부터는 3대 기술혁명을 강조했다.

특히 북한은 경제성장 둔화세가 뚜렷해지는 1970년대 말부터 과학기술이 경제개발의 최대 관건임을 강조하면서 제2차 7개년 계획(1978~1984)의 기본과제를 인민경제의 주체화, 현대화, 과학화로 설정했다. 이를 위한 실천방침으로 ① 과학연구기관의 확충과 강화, 과학자·기술자들의 연구능력 제고, ② 생산자들의 창의에 의한 혁신·합리화안의 개발 및 생산에의 반영, ③ 외국의 선진기술 습득 및 그 성과의 도입, 정부 주도하의 과제설정 등을 내세웠다.

아울러 1978년부터 '과학자돌격대'를 조직해 과학자들이 생산현장에 직접 나가 기술적 문제들을 해결해 주도록 독려했다. 1982년에는 북한의 과학연구의 중심기관인 과학원이 정무원의 행정부서로 승격되었다. 나아가 1980년대 후반부터는 기계 및 전자, 화학공업 등의 분야에서 북한의 과학기술을 선진국 수준으로 끌어올린다는 목표를 세우고 1988~1994년에 2차례에 걸쳐 '과학기술발전 3개년 계획'을 추진했다. 그리고 김정일의 공식적인 권력승계 완료 이후 '과학기술 중시' 정책을 적극 추진하고 있다.

물론 이러한 노력들이 전혀 성과가 없었다고는 할 수 없다. 특히 군수공업과 일부 중공업에서는 과학기술이 상당히 높은 수준에 도달해 있는 것으로 평가되고 있다. 하지만 북한의 전반적인 기술이 낙후되었다는 것은 잘 알려진 사실이다. 북한의 기술수준이 정확하게 어느 정도인지에 관한 공식발표자료는 거의 없다. 단지 김일성은 그가 남긴 연설·저작에서 불만을 토로한 적은 있다. 예컨대 1965년의 어느 연설에서 "사실 우리나라의 사회주의 제도는 훌륭하지만 기술의 면에서는 아직도 낙후되어 있다. 현재 우리나라 기술자는 내화벽돌 하나 만족하게 만들지 못한다. 외국제의 내화벽돌은 로의 수명을 500~600회도 보장하나 우리나라 것은 겨우 170회밖에 보장하지 못한다"(『경제관리 3』, p. 54)고 말한 적이 있다. 탈북자들의 이야기도 별로 다르지 않다. 광산에서 오랫동안 일했던 탈북자 B씨는 "광산에서 채굴한 광석을 자본주의 국가에서는 30% 정도밖에 버리지 않지만 북한에서는 기술이 낙후되어 있기 때문에 70%나 버리고 있다는 이야기를 들었다"고 전한다.

한국측의 추정결과는 있다. 한국산업은행(2000)은 북한의 주요 산업별 기술수준이 한국에 비해 최소 5년에서 최대 30년까지 뒤져 있다고 평가했다. 비철금속분야는 한국과의 격차가 가장 작아 한국의 1990년대 초반 수준이며 자동차, 전력, 조선, 화학섬유, 방직, 제지산업은 한국과의 격차가 가장 커 한국의 1960년대 후반 수준이라고 보았다. 그리고 석유화학, 타이어, 판유리, 신발, 음식료품 산업은 1970년대 초반 수준, 화학비료, 시멘트 산업은 1970년대 중반 수준, 정밀기계, 가전제품은 1970년대 후반 수준이라고 평가했다. 아울러 철강, 공작기계, 반도체, 통신기기, 자동화기술, 전기기기, 의류산업은 1980년대 초반 수준, 컴퓨터는 1980년대 중반 수준이라고 보았다(한국산업은행, 2000: 5).

그렇다면 북한의 기술은 왜 낙후되어 있는가. 기술발전을 위한 북한 당국의 노력이 기대했던 만큼의 성과를 거두지 못한 이유는 무엇일까. 여기에는 크게 보아 거시적 요인과 미시적 요인이 있는데, 미시적 요인은 제4장에서 고찰하기로 하고 여기서는 거시적 요인을 간단히 살펴보기로 하자.

무엇보다도 선진국으로부터의 기술도입과 기술지원이 없는 상태에서 이루어지는 개발도상국의 과학기술진흥정책은 명백한 한계가 있다는 사실을 지적할 수 있다. 북한은 1950년대의 이른바 전후 복구기에 구소련 · 중국 · 동구로부터 주로 유 · 무상원조와 결합된 형태로 선진기술을 도입했다. 1960년대에는 중소분쟁 등 대외여건의 악화로 선진기술을 받아들일 기회가 줄어들었다. 1970년대 전반에는 서방국가들로부터 자본재를 대량 도입하면서 선진기술을 받아들였는데 그 이후에는 외채누적 및 심각한 외화난으로 이런 기회가 극히 제한되었다.[5)] 그러다가 1980년대 중반부터 구소련과의 관계가 복원되면서 기술도입이 재개되었지만 1991년 구소련의 붕괴로 다시 끊어졌다.

개도국의 입장에서 보면 자본재의 수입은 외국에서 선진기술을 도입하는 루트로서의 역할을 수행한다. 북한은 구소련의 기술을 가장 많이 받아들였는데, 구소련으로부터의 기계 · 설비 수입은 구소련 기술전문가의 북한으로의 파견 등 기술지원, 기술협력과 결합되어 구소련의 기술이 북한에 이전되는 역할을 수행했다. 전후 복구기인 1950년대 전반에는 북한의 대소련 수입의 35~40%가 기계 · 설비였다. 이 비율은 1960년대에는 30% 정도로 약간 떨어졌지만 1970년대 전반에는 40%까지 상승한 후 1980년대에는 다시 하락, 20~30%를 나타냈다. 구소련측에 따르면 1980년대 중반까지 소련의 경제 · 과학기술 지원으로 북한에 1,970개의 공장이 건설되어 이들 공장에서는 북한 공업총생산의 25% 이상이 생산되었다고 한다. 이들 공장은 북한 전력생산의 63%, 석탄과 석유제품의 50%, 철강의 33%, 화학비료의 13%, 섬유의 20%를 차지하고 있었다고 한다.[6)]

하지만 소련으로부터의 자본재 도입은 북한에게 만족스러울 정도는 아니었다. 외화부족으로 인해 한계가 있었다. 특히 외채문제가 표면화된 1970년대 후반 이후는 더욱 그러했다. 또 1960년대와 1970년대는 북한과 소련의 관계악화로 양국간 교역이 위축되었다. 북한은 몇 십 년 전의 낡은 기계 · 설비를 그대로 가지고 있을 수밖에 없었다. 이는 그만큼 기술

---

5) 제2차 7개년 계획(1978~1984)에서 인민경제의 현대화, 과학화가 주체화, 자력갱생의 원칙하에서 추진된 것은 이러한 사정에 기인한다.

6) 자세한 것은 ミヘーエフ(1989), p. 132 ; Bazhanova(1992), p. 72 참조.

진보를 저해하는 요인으로 작용했다고 할 수 있다.

북한 최대의 제철소인 김책제철연합기업소 노동자 출신인 탈북자 A씨는 "당시(1990년대 초), 그 공장에 있던 대부분의 설비는 소련에서 1960 · 70년대에 사용되었던 것이라는 이야기를 들었다"고 말하고 있다. 그는 이어 "지금은 소련에서도 그런 기계는 쓰지 않는다고 한다. 그래도 할 수 없다. 돈이 없으니까 새 기계를 살 수 없다. 그러니 낡은 기계를 계속 쓸 수밖에 없다"고 밝히고 있다. 실제로 김책제철소, 성진제강소, 청진제철소, 황해제철소, 강선제강소 등 북한 제철소 설비의 압도적인 부분은 1960 · 70년대에 설치된 것이다.[7] 북한에서 공업의 핵심인 철강업의 사정이 이러하니 다른 산업의 사정은 말할 필요도 없다. 온성 우산 공장의 지배인 출신인 탈북자 K씨는 "30년 전, 40년 전에 썼던 설비를 지금도 그대로 쓰고 있는 데가 많다. 심지어는 일제시대에 쓰고 있었던 설비를 지금도 계속해서 쓰고 있는 경우도 있다"고 밝히고 있다.

4. 중공업 우선발전전략과 그 성과

북한이 건국 이래 중공업[8] 우선정책을 취해 온 것은 주지의 사실이다. 이것은 투자의 면에서도 생산의 면에서도 확인할 수 있다. 표 3.8을 보면 알 수 있듯이, 적어도 통계로 확인할 수 있는 1950년대 중반부터 1960년대 말까지는 공업부문에 대한 국가기본건설 투자자금의 80% 이

7) 자세한 것은 『東アジア鐵鋼企業の設備 · 技術動向』(新日鐵 내부자료, 1994년), pp. 92-98 참조.

8) 북한에서 중공업은 주로 생산수단을 생산하는 공업부문의 총체로 정의된다. 또한 생산수단 생산부문은 일반적으로 기계제작공업을 핵심으로 하는 중공업을 가리킨다. 따라서 엄밀히 말하면 양자는 일치하는 것이 아니다. 하지만 북한에서 양자는 거의 같은 개념으로 쓰이고 있다고 할 수 있다. 중공업에는 전력공업, 석탄공업, 광업, 금속공업, 기계제작공업, 화학공업, 건재공업 등 기간공업부문과 임업이 포함된다. 『경제사전 2』, pp. 168, 424 참조.

표 3.8 북한의 공업부문의 국가기본건설 투자

(단위: 백만 북한 원, %)

	공업부문 투자		중공업 투자		경공업 투자	
	금액	구성비	금액	구성비	금액	구성비
1954	143	100.0	116	81.0	27	19.0
1954~1956	177	100.0	144	81.1	33	18.9
1956	188	100.0	157	83.3	31	16.7
1957		100.0		84.0		16.0
1958		100.0		85.0		15.0
1959	310	100.0	253	81.6	57	18.4
1957~1960	257	100.0	212	82.6	45	17.4
1960	260	100.0	209	80.6	51	19.4
1961	345	100.0	240	69.6	105	30.4
1962	363	100.0	231	63.7	132	36.3
1963		100.0		68.2		31.8
1964		100.0		73.8		26.2
1965	480	100.0	419	87.3	61	12.7
1966		100.0		84.7		15.3
1967	660	100.0	554	84.0	106	16.0
1969	1,062	100.0	892	84.0	170	16.0
1970	1,113	100.0	988	88.8	125	11.2

주: 1967년과 1969년은 북한연구소의 추정치.

자료: 1954~1964년은 『북한경제통계집(1946~1985년)』, p. 194(원자료는 연도별 『조선중앙년감』)/1965, 1966, 1970년은 북한연구소(1979), p. 319(원자료는 연도별 『조선중앙년감』)/1967, 1969년은 북한연구소(1979), p. 319.

상이 중공업부문에 투하되었다. 다만 1961~1964년의 4년간은 60~70% 정도였다. 북한 지도부는 당초 제1차 7개년 계획기간(1961~1970) 중에는 경공업부문에 보다 많은 힘을 쏟으려 했다. 실제로 최초의 2년간은, 표 3.8에도 나타나 있듯이, 이전보다 많은 자금이 경공업부문에 돌려졌다. 그런데 국제정세의 악화를 배경으로 1962년 12월에 '국방 · 경제 병진노선'이 나오고 나서는 다시 중공업부문에의 투자비율이 상승하기 시작, 1965년부터 80%를 넘게 되었다. 생산의 면에서는 한국전쟁의 전 시기와 종전 직후를 제외하고는 항상 생산수단 생산의 비중이 소비재 생산의 그것을 상회하여 왔다. 특히 1970년대 이후는 생산수단의 비중이 60%를 넘게 되었다(표 3.9 참조).

이러한 중공업 우선전략이 일관되게 추진[9]되어 온 배경에 대해서는 제2장에서 밝혔다. 사실 중공업 우선발전전략은 구소련에서도 그러했듯

표 3.9 북한의 공업총생산액에서 생산수단 및 소비재 생산이 차지하는 비중

(단위: %)

	1946	1949	1953	1954	1956	1960	1964	1970	1975	1984
생산수단 생산	52	59	38	47.1	54	55	52	63.9	66.5	65.4
소비재 생산	48	41	62	52.9	46	45	48	36.1	33.5	34.6

주: 1964년 이후의 생산수단 생산과 소비재 생산의 비중에 대해서는 북한 당국의 공식발표통계가 없음. 구할 수 있는 통계는 1964년 이후의 몇 개 연도의 생산수단 및 소비재 생산의 1946년 대비 증가율과, 1946년의 생산수단 및 소비재 생산의 비중(52 대 48)뿐임. 따라서 이것들을 이용해 1964년 이후의 생산수단 생산과 소비재 생산의 비중을 계산했음.

자료: 1946~1960년은 『북한경제통계집(1946~1985년)』, p. 380(원자료는 연도별 『조선중앙년감』)/1964년 이후는 『북한경제통계집(1946~1985년)』, pp. 368-369(원자료는 연도별 『조선중앙년감』, 『로동신문』, 1985. 8. 7)으로부터 필자 계산.

---

9) 물론, 북한의 지도부 내에서 중공업 우선발전전략을 둘러싸고 논쟁이 없었던 것은 아니다. 1953~1956년의 논쟁이 좋은 예이다. 김일성 자신도 이 시기에 "반당 반혁명 종파분자들은 … 인민생활이 어려운데 중공업 건설에 치우치면 되는가, 기계에서 밥이 나오는가 하면서 당의 노선을 반대하였습니다"고 밝히고 있다. 『경제관리 7』, p. 267 참조. 또한 이 시기의 논쟁 및 정책적 갈등은 이종석(1995b), pp. 261-266에 잘 정리되어 있다.

이 북한에서도 무엇보다도 군사적인 목적이 우선이었다. 물론 경제적인 측면이 전혀 없었던 것은 아니다. 중공업을 우선적으로 발전시키면 장기적으로 경제의 성장률이 높아진다고 하는, 이른바 펠트만 모델이라는 이론적인 뒷받침이 있었다고도 할 수 있다.

간단한 모델을 만들어 이 문제를 통계적으로 검토해 보자. 지금 중공업부문에의 투자비율을 h, 공업 전체의 성장률을 x라 하자. 펠트만 모델이 타당하다면 다른 조건이 일정할 때 h가 커지면 x는 높게 되는 것이다. 또한 경제 전체의 투자율을 v로 하면, 이 비율이 커질수록 공업성장률 x는 높아지는 것이다. 요컨대 h와 v는 x의 증대에 기여해 왔을 것으로 기대된다. 이들 세 가지 변수를 사용하여 최소자승법에 의한 선형회귀분석을 한 결과가 표 3.10이다. 다만 자료의 제약 때문에 분석대상기간은 1954~1970년으로 한정된다.[10)]

표 3.10으로부터 다음과 같은 것을 말할 수 있을 것이다. 첫째, h가 커지면 x가 상승한다고 하는 관계는 검증할 수 없었다. 오히려 투자배분율 h의 회귀계수는 통계적 유의성은 낮지만 마이너스였다. h가 커지면 공업성장률 x가 낮아지는 것으로 되었다. 따라서 펠트만 모델은 적어도 원형 그대로로는 북한의 현실을 설명할 수 없을 가능성을 이 분석결과는 시사하고 있다. 그 이유는 무엇일까. 여러 가지 요인을 생각할 수 있는데[11)] 이 모델이 현실에 적용되어 이론대로의 효과를 나타내는 것을 가로막는 일종의 장벽, 특히 제도적 · 정책적인 제약을 지적할 수 있다. 대표적인 것이 이 모델에서 일정 불변이라고 가정되었던 자본의 한계효율 내지 자본생산성이 북한의 현실 속에서는 하락경향을 나타냈고, 이는 제4장에서 자세히 다룰 북한 사회주의 경제의 제도적 비효율과 깊은 관계를 가

10) 펠트만 모델은 기본적으로 경제의 장기적인 성장률을 대상으로 한 것이기 때문에 보다 긴 시계열자료가 필요하나 구할 수가 없었다.

11) 이 모델은 국민경제의 생산구조를 투자재부문과 소비재부문으로 나눈 2부문 모델이며, 폐쇄경제, 양 부문의 한계자본계수의 일정, 애로의 완전부재 등과 같은 과감한 가정에 입각하고 있다는 사실을 상기할 필요가 있다.

표 3.10 북한의 투자율, 투자배분율과 공업성장률의 관계: 회귀분석의 결과

	투자배분율	투자율	결정계수	더빈 · 와트슨 비
데이터 1 (공업성장률)	−0.1725 (−0.2695)	2.7431* (2.1965)	0.2978	1.8885
데이터 2 (공업성장률)	−0.3656 (−0.5740)	3.0828* (2.3680)	0.2986	2.0089

주: 1) 데이터 1은 차기(次期)의 공업성장률을, 데이터 2는 금기(今期)의 공업성장률을 피설명변수로 하는 회귀계수. 괄호 안의 수치는 *t*값, *는 5% 유의수준을 각각 나타냄.

2) 공업성장률은 북한의 공식통계. 투자배분율은 국가기본건설 투자액에서 중공업이 차지하는 비율을, 투자율은 국가기본건설 투자액과 추정 GNP와의 비를 나타냄. 다만 북한의 1950년대 GNP에 대한 기존의 추정치가 없기 때문에, 또한 1950년대와 1960년대 통계 추정방법의 일관성 확보를 위해 필자가 연하청(1986)의 방법을 이용해 추정했음. 연하청의 것은 일반적으로 사회주의 국가에서는 정부예산이 국민총생산의 60%에 달한다는 P. Wiles의 주장에 따른 것임.

지고 있다는 것이다.[12)]

둘째, 투자율 *v*의 회귀계수는 통계적으로 유의했고 더욱이 플러스였다. 따라서 투자율이 높아지면 공업성장률은 상승한다고 하는 관계가 확인됐다.

이들 두 가지 분석결과를 함께 보면, 상기의 분석틀 내에서 생각하는 한 1950 · 60년대의 북한의 공업성장률의 추이(예컨대 1950년대의 고속성장과 1960년대의 성장둔화)는 중공업과 경공업 사이의 투자배분율보다

---

12) 石川滋는 펠트만 모델이 중국의 현실을 설명할 수 없었던 가장 큰 원인으로서, 이 모델에서 일정 불변이라고 가정되었던 산출 한 단위당 자본필요량이 실제로는 착실하게 상승했다, 즉 한계자본계수가 하락했다는 점을 지적하고 있다. 石川滋(1960), pp. 3-4; 石川滋(1989), p. 51 참조.

투자율 그 자체에 의해 설명되는 부분이 많다고 할 수 있을 것이다.[13)]

1970년대 이후를 포함해서 장기적으로 보아 중공업 우선전략은 기대한 만큼의 성과를 거두었을까. 군사적인 목적이 달성됐는지 어떤지 하는 문제는 별개로 하고 여기서는 경제적인 측면만을 살펴보자. 무엇보다도 1970년대 후반 혹은 1980년대 전반부터의 장기간에 걸친 공업생산 부진, 농업생산의 침체, 또한 1990년대의 마이너스 성장, 더욱이 극단적인 물자 부족, 심각한 식량난 등을 지적할 수 있다. 특히 1994년부터 정책적으로 '무역 우선주의'와 함께 '경공업 우선주의' 방침을 내세웠다는 사실[14)]은 중공업 우선정책이 별다른 성과를 거두지 못했다는 것의 반증에 다름 아니다. 김일성의 주장과는 달리 중공업을 우선적으로 발전시켰음에도 불구하고 경제의 급속한 확대재생산도, 경공업과 농업의 발전도 이루지 못했다는 것이다.[15)]

---

13) 하지만 1970년대 이후의 공업성장률의 추이가 투자율에 의해 설명될 수 있을지는 불투명하다. 1970년대부터의 투자효율의 하락 때문이다.

14) 다만 1997년 10월, 김정일이 당 총비서에 취임한 이후 종전의 중공업 우선정책으로 회귀한 것으로 전해지고 있다.

15) 중국의 경우 '중공업부문의 자기순환 메커니즘'이라고도 할 수 있는 것이 형성되었다고 볼 수 있다. 즉 어떤 중공업부문의 제품의 판로는 다른 중공업부문이고, 복수의 중공업부문 간에 그 제품이 자기순환한다고 하는 메커니즘이다. 丸山伸郎에 의하면 1980년을 전후한 시점의 중국에 있어서 강재는 72.8%가 중공업에 돌려졌고, 경공업과 농업부문에서 쓰여진 것은 각각 11.7%, 15.5%에 지나지 않았다. 기계는 80~85%가, 에너지는 77.9%가 중공업부문에서 사용되었다(嶋倉民生 · 丸山伸郎, 『中國經濟のディレマ』, 有斐閣, 1983年, 第2章). 중공업부문이 만들어 낸 생산물의 압도적인 부분은 중공업부문 내에서 쓰여졌다. 중공업부문의 확대가 경공업부문의 확대를 가져오는 것이 아니라 중공업부문의 확대 그 자체가 자기목적화되었다고 하는, 전도된 메커니즘이 형성되었다는 것이다. 관련 자료가 없기 때문에 단정적으로 이야기할 수 없지만 북한의 경우도 크게 다를 것 같지 않다. 渡邊利夫 · 白砂堤津耶(1993), p. 11 참조.

5. 공업화와 농업성장의 관계

여기서는 공업과 농업부문의 성장률이 어떤 관련성을 가지고 있는가 하는 문제를 간단한 통계분석에 의해 검토해 북한의 공업화와 농업성장의 관계의 한 측면을 보기로 한다. 동시에 중국 · 구소련과의 간단한 비교도 시도한다. 직접적으로는, 중국에서는 전기(前期)와 금기(今期)의 농업성장이 금기의 공업성장을 결정한다고 하는 이른바 A. Tang의 가설[16)]을 둘러싸고 논의가 이루어졌는데 북한의 경우는 어떠했는지 살펴보는 것이다.

우선 간단한 모델을 만들어 보자. t기의 공업성장률을 $I(t)$, 농업성장률을 $A(t)$, 경공업 성장률을 $L(t)$, 1인당 국민소득을 $Y(t)$로 하자.

모델 1 : 금기의 공업성장이 금기의 농업성장과 전기의 농업성장에 의해서 결정되는 경우이다. 이것은 Tang의 가설을 직접적으로 검증하는 것이다.

$$I(t) = a + b_1 A(t) + b_2 A(t-1)$$

모델 2 : 금기의 공업성장이 전기의 농업성장뿐 아니라 1인당 GNP 수준에 의해 결정되는 경우이다. 여기서 농업성장은 주로 공급 측 요인을, 1인당 GNP는 수요 측 요인을 나타낸다.

$$I(t) = a + c_1 A(t-1) + c_2 lnY(t) + c_3 (lnY(t))^2$$

모델 3 : 금기의 경공업(여기서는 소비재 생산공업으로 대신한다)성장

16) 이러한 논의의 의미에 대해 A. Tang(1968)은 다음과 같은 흥미 있는 견해를 표명하고 있다. 즉, 스탈린주의적 경제발전의 길에서 농업정책이 성공했는지 실패했는지는 농업의 성장 또는 쇠퇴가 아니라 그 정책이 궁극적으로 공업화에 미친 효과에 의해 판정되어야 한다는 것이다. 농업의 성과에 대한 이러한 기준은 자본주의측의 관점에서는 인정되지 않을지도 모르나, 중국 · 구소련의 정책당국의 가치와는 완전히 일치하는 것이라고 한다.

이 금기의 농업성장과 전기의 농업성장에 의해 결정되는 경우이다. 이것도 Tang의 가설을 직접적으로 검증하는 것이다.

$$L(t) = a + d_1 A(t) + d_2 A(t-1)$$

다만, 자료의 제약 때문에 몇 가지 다른 데이터 군(群)을 써 보기로 한다. 모델 1과 모델 2에 대해서는 각각 데이터 1, 데이터 2, 데이터 3으로 나누어 검토한다. 모델 3에 대해서는 데이터 1과 데이터 2를 분석한다. 데이터 1은 농·공업총생산액 및 소비재생산액에 대한 북한의 공식통계로 대상기간은 1954~1964년인데, 이 장 제1절의 표 3.2의 A, D, F가 여기에 해당한다. 데이터 2는 곡물생산량과 공업총생산액, 소비재생산액에 대한 북한의 공식통계로 대상기간은 1954~1964년인데 같은 표에서의 B, D, F이다. 데이터 3은 농·공업부문의 GNP에 대한 극동문제연구소의 추정치로 대상기간은 1960~1970년인데 같은 표에서의 C, E이다.

이들 모델에 대해 최소자승법에 의한 선형회귀분석을 한 결과가 표 3.11이다. 이 표로부터 다음과 같은 것을 이야기할 수 있을 것이다. 첫째, 모델 1의 경우 데이터 1이든 데이터 2이든 데이터 3이든, 전기·금기의 농업성장률의 회귀계수는 통계적으로 유의하지 않았다. 요컨대 전기·금기의 농업성장이 금기의 공업성장을 유의하게 설명할 수 없었다. 둘째, 모델 2에서 1인당 GNP 내지 경제발전단계는 공업성장을 유의하게 설명할 수 없었다. 즉 흔히 이야기되듯이 지금까지 북한의 공업생산은 소비자의 수요를 토대로 이루어진 것이 아니었다는 것이 확인되었다. 또한 이 모델에서도 모델 1과 같이 전기의 농업성장은 금기의 공업성장을 유의하게 설명할 수 없었다. 셋째, 모델 3에서는 데이터 1의 경우만 1954~1964년의 기간 동안 전기의 농업성장률의 회귀계수가 통계적으로 유의했고 더욱이 플러스였다. 즉 전기의 농업성장이 금기의 경공업성장을 설명하는 요인이 된 것이다.[17] 그러나 금기의 농업성장과 금기의 경

17) 사실, 데이터 1에서의 농업·경공업성장률도 raw data에 몇 년간의 공백이 있

공업성장 사이에는 유의한 관계를 끌어 낼 수가 없었다. 데이터 2의 경우는 전기 · 금기의 농업성장과 금기의 경공업성장 사이에는 통계적으로 유의한 어떤 관계도 볼 수 없었다.

아울러 표 3.11과 동일한 데이터를 가지고 농업성장률과 공업 전체의 성장률, 농업성장률과 경공업성장률의 관계에 대해 Sims Test에 의한 인과관계분석[18]을 해본 결과가 표 3.12에 나타나 있다.[19] 여기서 인과관계가 관찰되는 것은 데이터 1을 사용한 경우, 1954~1963년의 기간에 농업성장률→경공업성장률뿐이다. 데이터 2를 썼을 때는 같은 기간에 대해 농업성장률→경공업성장률의 관계는 발견되지 않았다. 더욱이 농업성장률→공업성장률, 공업성장률→농업성장률의 관계는 어느 데이터

는 만큼 이러한 회귀분석결과의 해석에는 주의를 요한다.

18) Sims(1972)는 2변수 모델에서 인과관계를 테스트하는 방법을 개발했다. 그에 따르면 Y를 X의 과거치와 미래치에 대해 회귀할 수 있고 또한 인과성이 X로부터 Y로 움직이고 있으면, 회귀에서의 X의 미래치는 집합으로서 제로와 비유의적으로 다른 계수를 가져야 한다. 따라서 다음과 같은 분포래그 선형방정식을 설정할 수가 있다.

$Y = F(X,$ X의 과거 n년 래그, X의 미래 n년 래그$)$ ……………… (1)

$Y = f(X,$ X의 과거 n년 래그$)$ ……………… (2)

독립변수 미래치의 회귀계수의 집합이 제로라는 가설의 검정을 위해 쓰이는 F 통계량은 다음과 같이 계산할 수 있다.

$$F = \frac{(RSS_2 - RSS_1)/(df_2 - df_1)}{RSS_1/df_1}$$

다만 RSS_1, RSS_2는 (1)식과 (2)식의 잔차제곱합이고, df_1, df_2는 (1)식과 (2)식에서의 자유도이다. 또한 시계열자료의 회귀분석은 잔차간 자기상관의 가능성이 높기 때문에 모든 변수에 대하여 사전적인 필터링을 해야 한다. Sims는 $(1-0.75L)^2$을 제시했다. 이 식에서의 L, L^2은 래그 오퍼레이터이다.

19) 다만 Sims Test에 의한 인과관계분석을 하기에는 시계열이 너무 짧으므로 (10~15년), 분석결과의 해석에는 주의할 필요가 있다.

표 3.11 북한의 농 · 공업성장률의 관계: 회귀분석의 결과

	$A(t)$	$A(t\text{–}1)$	$lnY(t)$	$(lnY(t))^2$	결정계수	D.W
모델 1						
데이터 1 ($I(t)$)	0.251	0.768			0.147	1.823
	(0.350)	(0.977)				
데이터 2 ($I(t)$)	–0.427	0.433			0.160	0.578
	(–0.784)	(0.828)				
데이터 3 ($I(t)$)	–0.242	0.512			0.192	2.644
	(–0.410)	(0.909)				
모델 2						
데이터 1 ($I(t)$)		0.403	383.60	–36.22	0.520	2.822
		(0.608)	(0.817)	(–0.873)		
데이터 2 ($I(t)$)		0.427	370.76	–35.29	0.568	2.055
		(1.038)	(0.844)	(–0.910)		
데이터 3 ($I(t)$)		0.610	17.67	–1.86	0.183	2.810
		(0.979)	(0.011)	(–0.014)		
모델 3						
데이터 1 ($L(t)$)	0.276	1.023*			0.479	1.864
	(0.684)	(2.308)				
데이터 2 ($L(t)$)	–0.191	3.303			0.108	0.750
	(–0.472)	(0.780)				

주: 1) D.W는 더빈 · 왓슨 비를, 괄호 안의 수치는 t값을, *은 5% 유의수준을 각각 나타냄.

2) 데이터 1에서 농업성장률의 경우, 1958년과 1959년의 생산액이 발표되지 않았기 때문에 1958, 1959, 1960년의 성장률은 1958~1960년의 3년간의 연평균성장률로 대신했음. 또한 1961년의 생산액도 발표되지 않았기 때문에 1961, 1962년의 성장률은 1960~1962년의 연평균성장률로 대신했음. 데이터 2 및 3에서의 경공업의 경우도 같은 방법으로 통계의 공백을 메웠음. 1인당 GNP는 총인구(서울대학교 인구 · 발전문제연구소의 추정치)와 GNP(표 3.10과 같은 방법으로 필자가 추정)와의 비를 나타냄. 데이터 3에서의 1인당 GNP는 총인구(서울대학교 인구 · 발전문제연구소의 추정치)와 GNP(극동문제연구소의 추정치)와의 비를 나타냄.

를 사용하더라도 보이지 않았다. 따라서 표 3.11과 표 3.12를 종합해 보면 Tang의 가설은 1950 · 60년대의 북한에서는 거의 적용되지 않을 것이라는 시사점을 얻을 수 있다.

다음에는 북한의 농 · 공업성장률의 관계를 구소련 · 중국과의 비교라는 시점에서 검토해 보자. 다만 본격적인 비교는 향후의 과제로 하고 여기서는 Tang(1968)의 연구성과와 방법론을 빌려 비교 · 검토하는 선에 그치기로 한다. 이들 3개국에서의 농 · 공업성장률 관계에 대해 상관분석(Spearman의 순위상관계수)을 한 결과가 표 3.13이다. 중국은 금기의 농업성장률과 금기의 전체 공업성장률 사이에, 또한 래그(lag)를 도입한 농업성장률과 금기의 전체 공업 · 소비재공업 사이에 통계적으로 유의한 상관관계를 발견할 수 있었다. 그에 반해 구소련은 래그를 도입한 농업성장률과 금기의 소비재공업 사이에서만 통계적으로 유의한 상관관계를 볼 수 있었다. 북한은 어느 경우에도 통계적으로 유의한 상관관계를 볼 수 없었다.

Tang(1968)에 의하면 중국과 구소련 모두 스탈린주의적인 강제적 공업화를 추진하였지만, 구소련이 농업산출변동의 제약을 받지 않는 방법

표 3.12 북한의 농 · 공업성장률의 인과관계: 심스 테스트의 결과

	농업→공업		공업→농업		농업→경공업		경공업→농업	
	F 통계량	인과관계의 유무	F 통계량	인과관계의 유무	F 통계량	인과관계의 유무	F 통계량	인과관계의 유무
데이터 1	2.67 (2, 4)	×	3.69 (2, 4)	×	7.00* (2, 4)	○	0.16 (2, 4)	×
데이터 2	2.93 (7, 9)	×	1.07 (2, 4)	×	0.41 (2, 4)	×	0.59 (2, 4)	×
데이터 3	1.20 (2, 4)	×	0.34 (2, 4)	×				

주: 래그는 1년. *는 5% 유의수준, 괄호 안은 t값.

표 3.13 구소련, 중국, 북한의 농 · 공업성장률 관계비교: 순위상관관계

	구소련		중국		북한	
	농업성장률		농업성장률		농업성장률	
	래그 없을 때	래그 있을 때	래그 없을 때	래그 있을 때	래그 없을 때	래그 있을 때
공업 전체 성장률	0.10	0.28	0.67*	0.91**	-0.05	-0.02
소비재공업 성장률	0.15	0.71*	0.57	0.88**	0.20	0.37

주: 1) 숫자는 Spearman의 순위상관계수, *는 5% 유의수준을, **은 1% 유의수준을 각각 나타냄.
2) 대상기간: 구소련은 1928~1937년, 중국은 1949~1958년, 북한은 1954~1964년.
3) 구소련의 공업 전체는 D.R. Hodgman의 대규모 공업.
4) 농업성장률에 대한 분포 래그는 전기와 금기의 농업성장률에 같은 웨이트를 부여한 것.

자료: 구소련, 중국은 Tang(1968), pp. 415-416.
북한은 표 3.11에서의 데이터 1의 수치에 기초해서 필자 계산.

으로 공업화를 수행할 수 있었던 데 반하여 중국은 그것이 불가능했다. 1954~1964년의 북한은 공업화가 농업부문의 변동의 영향을 그다지 받지 않았고, 그 점에서 중국보다 구소련 쪽에 가깝다고 할 수 있다. 다만 중 · 소 양국 모두 농업부문의 변동에 대응하기 위해 우선순위가 낮은 소비재부문의 계획을 매년 조정하였다. 구소련의 경우 농업으로부터의 공출의 변동이 소비재산업에 의해 용이하게 흡수되었기 때문에 중공업부문은 농업의 변동의 영향을 받지 않았다. 그러나 북한의 경우 상관분석 결과에 의하면 소비재공업도 농업부문의 변동의 영향을 받았다고 말하기 어렵다. 이 점을 고려하면 북한이 구소련과 유사하다고 잘라 말하기도 어렵게 된다.

종합적으로 보면 1954~1964년의 북한은 1949~1958년의 중국과 1928~1937년의 구소련의 한가운데에 위치한다기보다 구소련 쪽에 조금 가깝다고 할 수 있다. Tang(1968)에 의하면 중국은 공출을 강제하면서도 농업을 개발하기 위한 계획을 진행시킬 필요가 있었다. 그에 반해 구소련은 1930년대의 농업생산의 '위기'에 의해서도 제한되지 않은 속도로 공업화가 진행되었다. 이 시기의 북한의 농업정책은, Tang의 표현을 빌려 굳이 말한다면, 개발적(중국의 경우)이었다기보다 착취적(구소련의 경우)이었다고 볼 수 있다(Tang, 1968: 413).

한편 농업성장률이 공업성장률에 체계적인 영향을 주지 않았다는 것은 농업부문이 공업화에 대한 저해요인이 되지 않았다는 것을 의미한다. 이 경우 Tang(1968)의 분석틀 내에서 생각하면 공업화의 속도는 공업과 무역부문에 내재하는 애로 · 한계에 의해 지배되는 것으로 된다. 따라서 북한의 공업부문의 1950년대의 초고속성장과 1960년대의 성장률의 둔화(다만 10%를 넘는 고성장)현상은 농업부문의 움직임보다도 공업부문과 무역부문의 움직임에 의해 설명되는 부분이 많다는 함의를 얻을 수 있다. 그 이유에 대해서는 보다 면밀한 검토가 필요하다. 다만 두 가지 정도는 생각해 볼 수 있다. 그리고 이는 북한 사회주의적 공업화의 초기단계의 몇 가지 특수한 조건과 밀접한 관계가 있다. 첫째가 1950년대에 사회주의 제국으로부터 무역과 결합되어 대규모의 원조를 제공받았다는 것이고, 둘째는 1950년대 중반은 한국전쟁 종전(1953) 직후의 '전후 복구기'였다는 사실이다.

이번에는 보다 장기적인 관점에서 농업과 공업의 관계를 살펴보자. 즉 북한의 공업화의 진행과 함께 농업이 점차 공업성장에 의존하게 되었는지, 달리 보면 공업은 점점 더 비농업부문 혹은 공업부문의 힘에 의해 성장하게 되었는지 어떤지 하는 것이다. 물론 관련된 공개자료가 거의 없기 때문에 단편적인 고찰만 가능하다.

한국측의 추정치인데 시계열자료가 입수가능한 1960년대와 1990년대의 농 · 공업 성장관계를 보자. 1960년대의 농 · 공업 GNP 성장률(표 3.2에서의 C, E) 사이에는 아무런 상관관계도 보이지 않는다. 1990년대(1990~1996)의 농 · 광공업 GNP 성장률(사실은 거의 다 마이너스 성장) 사이에도 아무런 상관관계가 도출되지 않는다.

북한의 공식통계로부터 1993~1996년의 농업 GDP 성장률과 공업 · 건설 GDP 성장률 사이에는 어느 정도 상관관계가 나타나나 강한 상관관계는 확인할 수 없었다(금기의 농업 GDP 성장률과 금기의 공업 · 건설 GDP 성장률 사이의 상관계수는 0.944). 여기에서 공업화의 진행과 함께 농업이 점차 어느 정도 공업성장에 의존하게 되었지만 강한 의존성은 아니라는 함의가 얻어진다. 이러한 것은 실제로 1990년대에 북한의 식량난의 원인으로서는 사회주의권 붕괴에 따른 1990년대의 공업생산의 급격한 악화의 영향, 즉 비료 · 농약을 비롯한 각종 원자재 부족의 심화도 중요한 요인이지만, 그 이외에도 농업집단화에 따른 능률의 저하와 비효율성, 대규모 자연재해 등 여러 가지 요인이 얽혀 있음을 시사하고 있다고 할 수 있을 것이다. 또한 1990년대 공업의 마이너스 성장은 농업의 마이너스 성장, 특히 심각한 식량난에 기인한 부분도 있지만, 그것이 결정적인 요인이 아니라는 함의도 얻을 수 있다.

제2절 공업화와 노동력

1. 고용구조와 고용정책

급속한 공업화는 고용의 면에서도 큰 변화를 가져왔을 것 같다. 다만 북한의 산업별 고용에 관한 공식발표자료는 1993년도분(이 장 제1절의 표 3.6 참조) 이외에는 일체 없다. 표 3.14의 도시 · 농촌 인구구성과 표 3.15의 직업별 인구구성에 관한 공식통계를 가지고 농 · 공업의 고용구조변화를 유추하여 볼 수밖에 없다. 1953년에는 인구의 82% 정도가 농촌에 살고 있었지만 1960년에는 60%로, 더욱이 1987년에는 40%로 줄었다. 표 3.14에도 나타나 있듯이 1960년대 후반쯤에는 농촌 · 도시인구가 역전되었던 것 같다.

표 3.14 북한의 농촌 및 도시인구의 추이

(단위: 천 명, %)

	1953	1956	1960	1965	1970	1975	1980	1985	1987
도시	1,503	2,714	4,380	5,894	7,924	9,064	9,843	11,087	11,530
	(17.7)	(29.0)	(40.6)	(47.5)	(54.2)	(56.7)	(56.9)	(59.0)	(59.6)
농촌	6,988	6,645	6,409	6,514	6,695	6,922	7,455	7,705	7,816
	(82.3)	(71.0)	(59.4)	(52.5)	(45.8)	(43.3)	(43.1)	(41.0)	(40.4)

주: 북한의 공식통계. 괄호 안은 구성비. 1960년대 중반 이후 다른 경제통계와 마찬가지로 인구관련 통계의 발표를 중지했던 북한 당국은 1989년에 들어와서 1992년 1월을 기해 처음으로 인구조사를 실시한다는 계획을 수립, 이에 필요한 기술을 유엔인구기금(UNFPA)으로부터 제공받는다는 조건하에 자신들의 과거의 인구관련 통계를 유엔인구기금에 제출했음. 한편 북한 당국에 따르면 '도시', '농촌'은 사람들의 생활, 식량공급, 직업의 성격에 관계없이 단지 행정단위로서 구분되어 있다고 함.

자료: Eberstadt(1991), p. 233.

직업별로 보면 어떻게 될까. 해방 직후의 1946년에는 전체 취업인구의 4분의 3 정도가 농업인구(당시는 개인농)였지만 농업의 협동조합화를 포함한 모든 생산관계의 사회주의적 개조가 완료(1958년 8월)된 2년 후인 1960년 말에는 농업인구(주로 협동농장[20]의 농민)가 전체 취업인구의 44.4%로 줄었다. 더욱이 그로부터 27년 후인 1987년에는 25% 정도로 줄었다. 이와 같이 농업인구비중의 감소경향은 분명하다. 이에 비해 공업인구의 비중은 어떠할까. 표 3.15에서의 '노동자' 가운데 공업부문의 고용자가 어느 정도인지는 파악할 수 없다. 단지 북한의 사회총생산액에 관한 공식통계를 보는 한, 1960년대의 경우 농·공 이외의 부문의 비중이 공업의 3분의 1 정도였기 때문에 표 3.15에서의 노동자의 적어도 절반은 공업부문의 고용이라고 보더라도 무방할 것 같다.

20) 농업집단화의 결과 탄생한 농업조직.

또한 1993년의 경우, 전체 취업자 가운데 가장 많은 노동력(41.6%)이 고용되어 있는 부문은 공업 · 건설부문이다. 그 다음이 농업(30.7%), 서비스 · 기타(27.6%)로 되어 있다. 같은 해의 산업별 생산구조는 공업 · 건설부문의 비중(45.3%)이 가장 많고 그 다음이 서비스 · 기타(32.3%), 농업(22.4%)으로 되어 있다. 아울러 1993년에 협동농장의 농장원이 전체 취업인구의 23.5%를 차지하고 있는 것, 1986 · 87년에 그것이 25.9%, 25.3%였다는 것으로부터 두 기간 동안에 고용구조의 큰 변화는 없었을 가능성을 생각해 볼 수 있다.[21)]

따라서 표 3.6, 표 3.14, 표 3.15를 종합해서 장기적인 시야에서 보면,

표 3.15 북한의 직업별 인구구성 추이

(단위: %)

	1946	1949	1953	1956	1960	1963	1986	1987
노동자	12.5	19.0	21.2	27.3	38.3	40.1	56.3[1)]	57.0[1)]
사무원	6.2	7.0	8.5	13.6	13.7	15.1	17.0[2)]	16.8[2)]
농업협동조합원	–	–	–	40.0	44.4	42.8	25.9[3)]	25.3[3)]
개인농민	74.1	69.3	66.4	16.6	–	–	–	–
협동단체가입 수공업자	–	0.3	0.5	1.1	3.3	1.9	0.9[4)]	0.9[4)]
기타	7.2	4.3	3.4	1.4	0.3	–	–	–

주: (1) 북한의 공식통계. 1986~1987년은 군인은 포함되어 있지 않지만, 16세 이상의 민간인은 위의 표에 나타나 있는 네 가지 범주 중 어느 한 가지에는 반드시 속함.
(2) 1) 국유기업의 노동자, 2) 원문에는 official, 3) 원문에는 farmer, 4) 협동단체의 노동자.

자료: 1946~1960년은 『1946~1960 조선민주주의인민공화국 인민경제발전통계집』, p. 19/1963년은 『북한경제통계집(1946~1985년)』, p. 109(원자료는 『조선중앙년감』, 1964)/1986~1987년은 Eberstadt(1991), p. 238.

---

21) 물론 1993년과 1986 · 87년의 통계작성방법이 다소 상이하기 때문에 두 기간을 비교할 때는 해석상의 주의가 필요하다.

북한의 공업화는 농업부문에서 공업부문으로의 대대적인 노동력이동을 수반하는 것이었다고 볼 수 있을 것이다. 그런 면에서 북한은 생산구조의 변화와 고용구조의 변화가 그다지 대응하지 않았던, 달리 말하면 산업구조와 고용구조가 극히 불균형을 이루었던 중국과 꽤 다르다고 할 수 있을 것 같다.[22)]

중국의 경우, 개혁 이전의 27년간(1952~1978) 전 산업생산에서 농업생산이 차지하는 비중은 57.7%에서 32.8%로 약 24.9% 포인트 하락하였지만, 농업노동력이 전체 취업인구에서 차지하는 비중은 83.5%에서 73.3%로 10.2% 포인트 하락하는 데 그쳤다. 1978년의 시점에서 농업은 전체 취업인구의 73.3%가 국민수입의 32.8%를 생산한 것으로 되고, 이에 비해 공업은 전체 취업인구의 12.5%가 국민수입의 49.4%를 생산한 것으로 된다(林毅夫ほか, 1997: 58-61). 여기에서 농업 · 공업부문의 상대적인 노동생산성 격차가 컸다는 것, 즉 농업부문의 노동생산성이 공업의 그것에 비해 매우 낮다는 것을 이끌어 낼 수 있다. 표 3.6에 의하면 1993년의 북한에는 개혁 직전의 중국과 달리 농 · 공업의 노동생산성의 큰 격차는 없었다고 할 수 있을지도 모른다.

그런데 표 3.6, 표 3.15에는 농업의 취업인구가 과소평가되어 있는 것에 주의할 필요가 있다. 그것은 북한에서는 오랫동안 계속해서 '농촌에 대한 노력지원'이 광범위하게 이루어졌기 때문이다. 농촌에 대한 노력지원이 언제부터 있었는지 명확치는 않다. 늦어도 1950년대 중반부터 존

22) 북한은 고용구조의 움직임이 생산구조의 변화에 대응하지 않았던 중국보다 고용구조의 변화가 생산구조의 변화에 대응했던 구소련, 동구에 가깝다고 할 수 있다. 중국에서는 노동시장이라는 것이 존재하지 않았고 노동력이동은 정부에 의해 엄격하게 통제되었다. 북한도 마찬가지이다. 그런데 이는 같은 사회주의 국가인 구소련 및 동구와 꽤 다른 점이다. 왜 그럴까. 구소련 및 동구는 대체로 노동력이 부족한 사회였다. 그에 반해 중국은 언제나 노동력이 과잉이었다. 국가가 엄격히 이동을 통제하지 않는 한 도시에 인구가 지나치게 집중될 우려가 있었다. 中兼和津次(1989), pp. 197-198 참조.

재했을 가능성이 있다. 김일성은 1962년의 어느 연설에서 “지금 우리나라에서는 농민들만이 농사를 짓는 것이 아니라 온 나라가 다 달라붙어 농사를 짓습니다. 이것은 정상적인 현상이라고 말할 수 없습니다. … 우리나라에서는 … 계속해서 농촌에 노력지원을 하지 않으면 안 될 형편에 있습니다”(『경제관리 2』, p. 456)고 말한 바 있다. 그리고 탈북자들은 농촌에 대한 노력지원은 지금도 계속되고 있다고 증언하고 있다.

지원이 어느 정도 규모로 이루어졌는지도 명확하지 않다. 그 규모는 아마 그때 그때의 사정에 따라 달랐던 것 같다. 1969년의 어느 연설에서 김일성은 농촌에 대한 노력지원을 강화해야 한다고 강조하고 그 해의 농번기에 노동자, 사무원, 대학생, 중·고등학생을 40일간 동원할 것을 지시했다(『경제관리 3』, p. 490). 1976년은 농촌에 대한 노력지원이 대규모로 행해진 해였다. 김일성은 그 해에 공업부문의 노동자를 농촌지원에 대대적으로 동원할 것을 지시했다. 탄광, 광산이나 전력·제철부문을 제외하고 나머지 부문의 공장, 기업소는 1교대분의 노동력만 남기고 나머지는 모두 농촌지원에 동원하라는 것이었다. 그렇게 하면 공업부문에서 75~100만 명의 노동자를 동원할 수 있는데, 당시 북한의 농가가 약 100만 호였으니까 100만 명의 노동자를 동원하면 한 가구당 1명의 젊은이를 보충하게 된다는 것이었다. 뿐만 아니다. 사무원은 약 10만 명, 대학과 고등전문학교의 학생은 15만 명, 중·고등학생은 150~160만 명, 그리고 군대도 동원해야 한다고 지시했다. 그리고 노동자·사무원의 농촌지원 기간은 3개월 20일간, 인민군 군인은 2개월, 대학생은 1개월 반, 중·고등학생은 1개월로 정해졌다(『저작집 31』, pp. 26-28). 1980년의 경우 김일성은 인원에 관해서는 언급하지 않고 다만 그 해에 노력지원을 80일간 수행할 것을 지시했다(『저작집 35』, p. 33).

이러한 점을 고려하면 북한도 중국만큼은 아니지만, 어느 정도 산업구조와 고용구조 간에 불균형이 존재하고 있었고, 농·공업 간에 상대적인 노동생산성에 있어서 상당한 격차가 존재하고 있었다고 할 수 있을 것이다.

실제로 북한에서 농업부문에서 공업부문으로 대대적인 노동력이동이 이루어진 것은 농업부문의 생산성 증대에 기인하는 것이 아니었다. 즉 농업부문에서의 생산성 증대가 잉여노동력을 발생시켜 그 노동력이 공업부문으로 이동하는 패턴을 나타낸 것이 아니었다. 김일성은 1962년의 어느 연설에서 “다른 사회주의 나라들에서는 농촌경리를 기계화하여 농촌에서 많은 노력을 뽑아서 그것을 공업건설에 돌리고 있습니다”고 말하고, 그러나 북한에서는 사정이 그렇지 못하다고 밝힌 바 있다(『경제관리 2』, p. 456). 또 김일성은 1976년의 어느 연설에서 최근 농촌에서 많은 노동력을 뽑아 공업부문에 돌렸기 때문에 지금 농촌에는 농업에 종사하는 청 · 장년 노력이 조금밖에 없다고 밝혔다(『저작집 31』, p. 26). 상기의 두 연설은 시사하는 바가 적지 않다.

여기서 북한에서는 개인에게 직업선택의 자유가 없고, 정부는 국가의 모든 노동력을 행정적으로 배분 · 배치할 수 있었다고 하는 조건을 고려해야 한다. 1950 · 60년대의 급속한 공업화는 필연적으로 공업노동력 수요의 급격한 증대를 가져왔기 때문에 정부는 농촌의 노동력사정은 고려하지 않고서 무리하게 농촌에서 많은 노동력을 뽑아 공업부문에 돌렸다. 그러다 보니 이번에는 농촌에 노동력이 모자라게 되었고, 이것이 마음에 걸려 농촌에 대한 노동력지원을 전개하기에 이르렀다.[23] 북한의 경제개발역사를 돌이켜 보면 농업부문에서의 노동력의 유출과 농업부문에의 노동력지원이 병존하고 있었다. 물론 어느 쪽이 강하던 것일까. 이는 연도에 따라, 경제상황에 따라, 최고지도자의 의지에 따라 상이했던 것 같다.

김일성이 1974년의 어떤 연설에서 다음과 같이 지적한 것은 시사하는 바가 적지 않다.

---

23) 물론 농촌에 대한 노력지원의 주된 원인은 농촌의 노동력 부족이지만 농사일의 특성, 즉 ‘시기’를 놓쳐서는 안 된다는 것에도 원인이 있을 것 같다. 사실 북한에서 농촌에 대한 노력지원은 대체로 농번기를 전후한 시기에 집중되었다.

"전망계획을 세우는 데서만 노동력에 대한 타산을 잘하지 못한 것이 아니라 현행계획을 세우는 데서도 노동력에 대한 타산을 잘 하지 못하고 있으며, 해마다 주먹구구식으로 여기가 바쁘다고 하면 여기에 노력을 들이밀고 저기가 바쁘다고 하면 저기에 노력을 들이밀고 있습니다. 이것은 마치 제방뚝을 체계 있게 쌓는 것이 아니라 동뚝이 한 군데 터지면 가마니에 모래를 넣어 그 곳을 틀어막고 다른 곳이 터지면 또 거기를 틀어막는 격입니다. 이와 같은 주먹구구식 방법으로는 사회주의 경제를 제대로 관리 · 운영해 나갈 수 없습니다"(『저작집 29』, p. 310).

2. 노동력 부족문제

위에서 김일성이 '주먹구구식'이라고 표현했던 고용 및 노동력 배치 정책은 사회주의 경제의 문제점, 북한 최고지도자 및 경제관료의 경제운영능력의 부족에 기인한 측면도 있지만 노동력 부족이라는 조건도 무시할 수 없을 것이다.

북한은 적어도 한국전쟁(1950. 6~1953. 7) 직후부터 노동력 부족에 시달려 왔다. 예를 들면, 김일성은 1961년의 어느 연설에서 북한의 노동력 부족이 심각하다(『경제관리 2』, p. 160)고 말한 데 이어 1968년에도 "오늘 우리나라에서 노력의 긴장성은 매우 엄중한 단계에 이르고 있습니다"(『경제관리 3』, pp. 379-380)고 밝혔다. 대체 어느 정도 부족했던 것일까. 김일성은 같은 연설에서 "함남도의 실례만 들어도 명년에 추가적으로 요구되는 노력이 1만 7,000명인데 보충할 수 있는 원천은 8,000명밖에 되지 않는다고 합니다"고 했다. "노력이 없어서 우리는 온천농장과 증산농장에도 노력을 채워 주지 못하고 있으며 탄광, 광산들에 요구되는 노력도 대주지 못하고 새로 건설되는 공장, 기업소들에도 노력을 보내 주지 못하고 있습니다"(『경제관리 3』, p. 484)고 한 김일성의 1969년의 어느 연설로부터도 1960년대 말의 심각한 노동력 부족을 엿볼 수 있다. 더욱이 탈북자 D씨는 "내가 정주 트랙터 공장에서 일할 때

표 3.16 북한 인구의 추이: 공식통계

(단위: 만 명, %)

	1946 말	1949 말	1953. 12. 1	1956. 9. 1	1960 말	1993
총인구	925.7	962.2	849.1	935.9	1,078.9	2,121.4
남성 인구	462.9	478.2	398.2	447.4	522.2	1,033.0
	(50.0)	(49.7)	(46.9)	(47.8)	(48.4)	(48.7)
여성 인구	462.9	484.0	450.9	488.5	556.7	1,088.4
	(50.0)	(50.3)	(53.1)	(52.2)	(51.6)	(51.3)

주: 괄호 안은 남녀 인구의 구성비. 1946~1960년의 남녀 인구수는 총인구수와 남녀 인구의 구성비를 가지고 필자가 계산.

자료: 1946~1960년은 『1946~1960 조선민주주의인민공화국 인민경제발전통계집』, p. 18/1993년은 UNDP(1998).

(1974~1978) 노동력 부족을 절감했다. 인력이 모자랐기 때문에 인력공급을 둘러싸고 직장끼리 서로 싸웠다"고 한다. 탈북자 E씨도 "노동력 부족을 피부로 느낀 것은 1970년대 초반부터"라고 말하고 있다.

그럼 왜 노동력이 부족했던 것일까. 첫째, 한국전쟁의 영향이다. 표 3.16은 전쟁에 의한 인적 피해의 정도를 간접적으로 나타내고 있다. 전쟁이 끝난 해인 1953년 12월의 총인구는 전쟁 직전의 1949년 말에 비해 113만 명(11.8%)이 감소했다. 당연한 것이지만, 남자 인구의 감소가 두드러진다. 남자 인구는 80만 명(16.7%)이 줄어들어 여자 인구의 감소(33만 명, 6.8%)폭을 크게 웃돌았다. 따라서 김일성이 말한 대로, 전쟁의 후유증에 의해 노동력의 후속원천이 매우 제한적이 된 상황(『경제관리 3』, p. 489)이 초래되었다.

둘째, 많은 청년 남성 노동력이 군대에 동원되었기 때문이다. 북한은 자국의 병력규모에 관해 공식통계를 발표하고 있지 않다. 따라서 세계 각 기관 · 연구자는 자기 나름대로의 방법으로 북한의 병력규모를 추정하고 있다(표 3.17 참조). 이 가운데 Eberstadt & Banister는 자신들의 추정결과에 기초해 국제비교를 시도, 북한의 병력/총인구비율이 국제적으로

표 3.17 북한의 병력규모에 대한 추정

(단위: 만 명)

	1975	1980	1982	1985	1987	1989	1990	1991	1994
Eberstadt & Banister(A)	71.4	90.9	104.0	113.0	124.9				
ACDA(B)	47.0	70.0	78.2	78.4	83.8	104			
IISS(C)					83.8	84.2	104.0	111.1	112.8
한국정부(D)					87	99	99.5		103

자료: (A) Eberstadt and Banister(1992), p. 95.
(B) 함택영(1993), p. 160(원자료는 U.S. Arms Control and Disarmament Agency (ACDA), *World Military Expenditures and Arms Transfers*, various issues).
(C) The Stockholm International Peace Research Institute(SIPRI), *World Armaments and Disarmament*, various issues.
(D) 함택영(1993), p. 160(원자료는 『국방백서』, 각 연도); 통계청(1995), p. 33.

보아 얼마나 높은 수준인가를 보이고 있다. IISS의 추정에 의하면 추정 대상국가 중 가장 높은 것이 이라크(5.5%)이고, 그 다음이 시리아(3.5%), 이스라엘(3.4%)의 순으로 되어 있다. ACDA의 추정에 의하면 이라크(4.9%), 이스라엘(4.3%), 시리아(3.7%)의 순이었다. 그런데 북한의 1986년의 병력/총인구비율(6.0%)은 이라크보다 높다는 것이다(Eberstadt & Banister, 1992: 93-94). 그리고 이는 1986년의 구소련(1.8%), 중국(0.3%), 베트남(2.0%)보다도 훨씬 높은 수준이다.

북한의 1987년의 병력규모에 관한 ACDA와 IISS, 한국정부의 추정결과를 이용하더라도 병력/총인구의 비율은 각각 4.1%, 4.2%이 된다. 세계 제일은 아니라고 해도, 세계의 톱 클래스에 들어가기에 충분할 정도가 된다. 이 정도의 병력을 유지한다는 것은 노동력 부족현상을 가져오는 원인의 하나로 작용하기에 충분하다. 이는 김일성도 인정하고 있는 부분이다.[24] 단지 북한의 공식문헌에서도 나와 있지만, 군인이 농촌에

24) 예를 들면 『경제관리 3』, pp. 469, 489 참조.

대한 노력지원 및 대규모 건설사업에 종종 동원된다는 것, 즉 경제활동에 참가하는 것이 때때로 있다는 사실은 지적될 필요가 있다. 물론 어느 정도의 규모와 빈도인지, 즉 1년에 몇 명이 며칠간 경제활동에 동원되는지는 알려져 있지 않다.

셋째, 비생산부문의 노동력과 관리부문을 지나치게 늘렸다는 것을 들 수 있다. 김일성은 1963년의 어느 연설에서 "지난 몇 해 동안 쓸데없는 기구를 잔뜩 늘려 생산에 참가하지 않는 사무원 비중을 많이 높여 놓았습니다"(『경제관리 2』, p. 468)고 지적 · 비판하였다.[25)]

넷째, 기업이 노동력을 사장(死藏)시키고 있기 때문이다. 김일성이 "한쪽에서는 노력이 모자라는데 다른 쪽에서는 숱한 노력이 낭비되어 있습니다"(『경제관리 3』, p. 484)고 지적 · 비판하고 있는 것은 이러한 상황의 반영이기도 하다.

다섯째, 앞에서도 기술하였듯이 1950년대와 1960년대의 급속한 공업화에 의해 노동력의 수요가 크게 늘어났다는 것을 지적하지 않으면 안 된다. 김일성이 지적했듯이 "큰 공장, 기업소들이 새로 많이 건설되어 노력에 대한 수요는 계속 늘어나고 있는"(『경제관리 3』, p. 469) 상황이다. 그리고 이는 "우리가 기술혁명을 잘 하지 못하기 때문에 공업이 발선하여노 발전하는 것만큼 노력이 절약되어 나오는 것이 아닌"(『경제관리 3』, p. 488) 사정과도 관계가 있다.

이상과 같은 원인에 의해 노동력의 수급에 불균형이 생겨, 지도부도 생산현장에서도 노동력 부족을 느끼게 되었다. 특히 농촌 노동력의 부족이 보다 심각해 거의 매년 농촌에 대한 노력지원을 하지 않을 수 없었다. 다만 농촌이든 도시든 어느 정도 노동력이 부족했던가 하는 것은 명확하지 않다. 그리고 "전쟁에 의한 노동력 부족은 1974년이 되면 조금 완화될 것이다"는 김일성의 예상대로 되었다고 한다면, 1970년대 중반

---

25) 그런데 이러한 기구의 확장은 사실, 김일성 자신의 지시에 의한 것이 대부분이다.

부터는 적어도 노동력 부족에 있어서 전쟁의 영향은 없어졌을 것이다. 이와는 전혀 다른 차원에서 늦어도 1990년대에는 노동력 부족이 상당 정도 완화되었다. "극단적인 물자부족의 상태에서 해야 할 일이 없어졌기 때문에 노동력이 필요하지 않게 되었다. 지금은 노동력이 넘치고 있다"(탈북자 D씨)고 하는 것이다. 1990년대는 노동력이 남아돈다는 것이 탈북자들의 일치된 증언이다.

그렇다면 북한 지도부는 노동력 부족에 대해 어떻게 대처한 것일까. 김일성은 ① 근로자들 속에서 정치사업을 강화하여 그들의 의식을 개조해야 하며, ② 엄격한 사업질서를 세우고 노동규율을 강화하며 통제사업을 잘해야 한다고 강조했다.[26)]

김일성은 이와 함께 ① 여성의 고용을 대폭 늘리고, ② 비생산노력과 관리기구노력을 줄이며, ③ 생산공정을 기계화·자동화하는 등 기술혁명을 적극 추진해야 한다고 지시했다. 이들 세 가지 방안 가운데 실효성이 가장 큰 것이 비생산부문과 경노동부문의 남성 노동력을 여성 노동력으로 전환하는 등 여성고용을 확대하는 것이었다.[27)] 그 지시는 충실히 이행되어 표 3.18을 보면 알 수 있듯이 북한에서 여성 취업인구비율은 지속적으로 상승하여 왔다. 늦어도 1993년에는 전체 취업인구의 절반 가까이를 여성이 차지하기에 이르렀다.

---

26) 북한 당국은 자신들의 노동정책이 1978년에 제정된 사회주의노동법에 집대성되어 있다고 밝히고 있다. 이 법은 ① 노동의 사회성·공공성에 대한 강조, ② 노동에 대한 의무, 특히 엄격한 노동규율 준수의무의 강조, ③ 계획과제의 초과달성 의무화 등을 바탕으로 노동력 동원의 극대화, 노동력 관리의 효율화에 역점을 두고 있다.

27) 1968년 11월 15일의 당 중앙위원회의 분과회의 결과, 18만 명에 가까운 노동력 예비를 끌어 낼 수 있다고 했다. 이 가운데 전체의 절반에 가까운 9만 1천 명은 여성 노동력으로의 전환을 통해 끌어 낼 수 있다고 했다. 나머지 3만 명은 기술혁신에 의해, 또 3만 1천 명은 비생산적 노동력 감축 및 관리기구통합에 의해 찾아낼 수 있다는 것이다. 물론 이러한 수치는 대략적으로 계산해 본 결과에 불과하다. 『경제관리 3』, pp. 396–397 참조.

표 3.18 북한의 여성 취업인구 추이

(단위: 만 명, %)

	1946 중	1953 말	1956 말	1960 말	1964 말	1993 말
전체 취업인구(A)	26.0	62.8	85.0	150.6	209.2	841.6
그 가운데 여성(B)		16.5	16.9	49.3	78.0	410.5
B/A		26.2	19.9	32.7	37.3	48.8

주: 협동농장의 농장원을 제외함. 1946~1964년의 경우, 원문에는 취업인구수가 '종업원수'로 표기되어 있음.

자료: 1946~1960년은 『1946~1960 조선민주주의인민공화국 인민경제발전통계집』, pp. 125, 127/1964년은 『북한경제통계집』, p. 104(원자료는 연도별 『조선중앙년감』)/1993년은 UNDP(1998).

3. 대중운동의 전개

제2장에서 기술한 바와 같이 북한에서는 대중운동이 광범하게 또 지속적으로 전개되었다. 이것은 정치적인 필요에 의한 측면도 강하지만 노동시간 연장 등 노동투입량 증대를 통해 노동력 부족에 대처하고 생산량을 늘리고자 하는 의도도 있었다고 볼 수 있다.

여기서는 1974년경부터 등장한 이른바 '속도전' 방식을 중심으로 대중운동을 검토하기로 한다. 이 운동을 주창했다고 하는 김정일에 의하면, 속도전은 모든 사업을 전격적으로 밀고 나아가는 사회주의 건설의 기본전투형식이다. 속도전은 혁명과 건설의 전진운동을 저해하는 소극과 보수, 침체와 답보를 배격하고 혁명과업을 가장 빠른 기간 내에 완수하게 하는 사회주의 건설의 기본전투형식이다. 속도전의 전개에 있어서 가장 중요한 것은 사상혁명이다(『경제사전 2』, p. 89). 북한에서 전개된 주요한 속도전으로는 다음과 같은 것들이 있다.

• 충성의 속도(1974)

6개년 계획(1971~1976)의 목표달성을 2년 앞당긴다고 하는 목표하에

1974년 1월 20일 김책제철소 건설사업소에서 발기, 이틀 뒤인 1월 22일 북창화력발전소를 비롯한 북한 전역으로 확대되었다.

• 70일 전투(1974)

1974년 10월 "올해 전투를 승리적으로 정리하는 총돌격전을 전개하자"고 하는 김일성의 교시에 의해, 또한 김정일의 지도하에 1974년의 목표를 초과수행하고 1975년의 생산준비를 위해 70일간(1974. 10. 18~12. 26) 진행된 시한부 노력경쟁운동. 북한 당국은 김정일이 후계자로 추대되고 나서 처음으로 직접 지도한 전투라는 것, 김정일이 제시한 '속도전 방침'을 처음으로 구현한 것 등의 이유로 이 전투가 김정일의 혁명활동 역사에 있어서 특별한 지위를 차지하고 있다고 주장하고 있다.

• 100일 전투(3회: 1971, 1978, 1980)

첫번째는 6개년 계획(1971~1976) 수행의 돌파구를 열기 위해 1971년 1월 초부터 4월 중순까지 전개되었다. 김일성이 천리마 희천공작기계공장을 현지 지도한 것을 계기로 이루어졌다. 두 번째는 제2차 7개년 계획(1978~1984)의 스타트를 끊는 1978년 5월부터 9월까지 전개되었다. 그 해의 목표를 앞당겨 달성해 건국 30주년(그 해 9월 9일)을 축하하자는 것이었다. 세 번째는 제6차 당 대회를 앞두고 당 대회를 '승리자의 대축전'으로 한다는 목표 아래 1980년도의 계획달성을 1개월 앞당기기 위해 다시 100일 전투(1980. 7. 1~10. 8)를 전개하였다.

• 1980년대 속도창조운동(1982년부터)

권력후계자로서 공식 등장한 김정일의 지도역량을 경제성과로 나타내기 위해 1982년 7월 9일 김책제철소의 궐기대회를 필두로 1980년대의 주된 속도전으로 추진되었다.

• 200일 전투(1988, 1989)

제13회 세계청년학생축전의 주요 시설공사의 기한 내 완공 등을 위해 진행된 시한부 노력경쟁운동. 1988년 2월 20일에 김일성이 주최한 당 정치국회의에서 제시되어 같은 해 9월 9일의 건국 40주년까지 추진되었다. 이어서 같은 해 9월에 전국영웅대회를 통하여 제2차 200일 전투를 전개하도록 결정, 다음 해 4월까지 연장되었다.

• 우리식 사회주의 총진군운동(1993년부터)

1993년 5월 11일 조국해방전쟁승리(휴전협정체결) 40주년을 맞이하여 노동당 중앙위원회의 이름으로 발표된 슬로건으로서 처음으로 제기되었다. 특히 주민의 노동력을 보다 많이 끌어 내기 위해 속도전 방식의 '우리식 사회주의 총진군 속도창조운동'이라는 새로운 노력경쟁운동을 제시, 추진하고 있다.

이러한 속도전은 북한에서의 계획경제운영에 부정적인 영향을 많이 미쳤는데 그 문제는 제4장에서 검토하기로 하자. 여기서는 이 운동의 성과만을 보기로 하자. 물론 이것은 바로 뒤에 서술할 인센티브의 문제와도 밀접한 관계를 가지고 있다.

속도전이 단기적으로 성과를 올리는 것은 부정할 수 없다. 질은 어쨌든 양적으로는 성과를 올릴 수 있다. 예를 들면 1974년의 '70일 전투' 기간 동안은 전투 이전에 비해 생산이 평균 1.7배 증대했다. 또한 1974년 11월의 한 달간의 공업생산액은 지난해 11월에 비해 148% 늘어났고 1974년 12월의 한 달간의 공업생산액은 지난해 12월에 비해 152% 증가했다(『저작집 30』, pp. 121-122)고 한다. 그런데 문제는 속도전이 되풀이하여 전개되면 단기적으로도 별로 성과가 나타나지 않는다는 것이다. 탈북자들이 전하고 있는 상황은 바로 그러한 상황이다.

"전투를 한다고 하면 갱 내에서 일하고 갱 내에서 잠자고 하는 것이다. 사람의 육체에는 한계가 있다고 하지만 그 한계도 초월해서 일하자는 취지이다. 그러나 인간이 초인적인 힘을 내는 것은 단기적이다. 속도전의 지시가 떨어지면, '예, 알았습니다'고 대답하고 나서 광산의 갱 속에 들어가 몸을 숨겨 시간을 때운다. 이것이 내가 생존하기 위한 길이다"(탈북자 B씨).

"속도전에 들어가면 우선 근무시간이 연장된다. 예컨대 평소 8시간 일하던 것이 12시간으로 늘어난다. 끝나면 사람들이 피곤해 한다. 기계도 고장이 자주 난다. 평소에 8시간 돌리던 것이 갑자기 12시간씩 계속

돌리니까. 속도전에 돌입한다고 하는 이야기를 들으면, '아이고 또 죽었구나'는 반응들이다. 그러나 그런 말을 입 밖에 내놓을 수는 없다. 말 잘못했다가는 정치범으로 잡혀가니까"(탈북자 F씨).

"되풀이해서 전개되는 속도전에 질려 버린 노동자들은 속도전에 그다지 반응을 보이지 않는다. 당은 속도전을 호소하지만, 실제로는 '완행전'이 되어 버리는 경향이 있다"(탈북자 김영성 씨).[28)]

4. 인센티브

제2장에서 기술한 바와 같이 북한은 정신적 자극을 물질적 자극보다 우선시키는 전략을 취해 왔다. "1960년대에는 노동자, 농민은 일할 의욕이 높았다. 김일성에 의해 나라가 해방되었다. 빼앗겼던 나라를 김일성의 덕택에 되찾았다. 그리고 북한은 남조선(한국)과 미국 제국주의자와 대치하고 있으며 적들은 우리들을 때려부수려고 하고 있다. 힘을 합쳐서 나라를 지켜야 한다. 북한의 주민들은 이렇게 교육받았고 또 그것을 있는 그대로 받아들였다"(탈북자 I씨)는 증언은 시사하는 바가 적지 않다. 특히 동서냉전의 상황에서 '남조선 괴뢰정권'과 '미 제국주의'와의 대결상태는 북한에 대한 커다란 위협요인으로서 상정 · 선전되었다. 이것들은 공업화를 위한 주민동원에 있어서 중요한 역할을 하였다. 북한 주민들에게 애국심 · 책임감 등을 불러일으켰으며, 나라를 위해 희생을 감수하는 자세까지 갖추게 했다. 대략 1960년대까지는 정신적 자극이 일정한 성과를 거두었다고 하는 것이 일반적인 관측이다.

그러나 그것이 언제까지 계속된다고 하는 보장은 없다. "그런데 좋아진다, 좋아진다 하던 생활은 거꾸로 점차 나빠졌다. 의욕이 떨어지는 것은 당연한 일이다"(탈북자 I씨)는 증언으로부터도 정신적 자극의 효과가 시간이 흐를수록 약화된 것을 엿볼 수 있다. 이러한 것은 전술하였던

28) 『중앙일보』, 1995. 4. 6.

속도전에 대한 노동자들의 반응 · 행동으로부터도 알 수 있다.

다만 "불량품[29]이 발생하면 생산담당자가 변상하는 것이 원칙이다. 그러나 실제로 변상해서 월급이 깎이는 일은 거의 없다. 그 대신에 비판을 받는다. 왜 불량품을 만들었냐, 사상에 문제가 있는 것이 아니냐, 나쁜 사상을 가지고 있는 것이 아니냐 라고. 그런데 북한에서는 월급이 깎이는 것보다 많은 사람들 앞에서 비판받는 것이 훨씬 더 무섭다"(탈북자 F씨)라는 증언으로부터도 다음의 것을 엿볼 수 있다. 즉 노동자에 대하여 마이너스의 정신적 인센티브, 즉 잘못했을 때 정신적으로 고통을 주는 것이 어느 정도 효과를 거두고 있다는 것이다.

물론 북한 당국이 물질적 자극을 무시한 것은 아니다. '노동의 질과 양에 따른 분배'라는 사회주의적 분배원칙을 엄수해야 한다는 김일성의 지시에 따라 물질적 자극을 위한 정책이 실시되었다. 국영기업에 대해서는 독립채산제가 1946년부터 도입된 이후 1952년, 1973년, 1984년에 관련 규정이 개정되면서 제도상으로는 확대 · 강화되어 왔다. 또 국영기업에 대해 도급임금제 · 상금제(1947), 지배인 기금제(1952), 도급임금제 개정(1954) 등의 조치가 취해졌다. 협동농장에 대해서는 작업반 우대제(1960), 분조관리제(1965) 등의 제도가 도입되었다. 다만 1980년대 중반 이전까지는 이러한 제도들은 대체로 '형식'에 지나지 않았거나 실시범위가 극히 제한적이었다고 탈북자들은 전하고 있다.

그런데 탈북자들의 증언을 종합해 보면, 대략 1980년대 후반부터 정책당국은 이전보다 물질적 자극의 도입에 적극적이게 되었다고 할 수 있다. 그렇다고 새로운 제도를 도입한 것은 아니다. 기존에 있던 제도들을 '실천'하기 시작했다는 것이다. 그 때부터 생산실적 또는 계획의 달성정도가 임금과 연동하여 움직였다는 것은 탈북자들의 일치된 증언이다. 그러나 그러한 것이 노동자들에게 별다른 자극이 되지 않았다고 하는 것도 탈북자들의 일치된 증언이다. 왜 그랬을까. 이하에서는 물질적 자극

29) 탈북자들은 불량품을 '오작(誤作)'이라고 부르고 있었다.

실시, 특히 1980년대 후반 이후의 그것이 뚜렷한 성과를 거두지 못한 원인을 살펴보기로 하자.

첫째, 물질적 자극이 제한된 범위 내에서 실시되었다는 것이다. "연간으로 보면 임금액의 제한이 있다. 예를 들면 어느 노동자가 월 50원을 받는다고 하자. 계획을 200% 수행하더라도 70원 정도밖에 받을 수 없다"(탈북자 J씨)든가 "우리 공장의 경우 대부분은 작업반 도급제였다. 그러나 임금에는 상한이 있다. 기본적으로 130%였다. 때로는 150%까지 올랐지만"(탈북자 I씨)이라는 것이다. 작업반 도급제의 경우, 작업반 내부에서 누가 잘했는지 누가 못했는지를 평가한다. "예를 들면 하루 10점이라고 하자. 이 가운데 6점은 기본, 즉 출근만 하면 얻을 수 있는 점수이다. 나머지 4점을 작업반장 및 평가위원이 평가한다. 그런데 원칙은 제대로 하지 않은 사람의 점수를 떼어 잘 하는 사람에게 준다는 것이다. 극단적으로 되면 어떤 사람은 14점, 다른 사람은 6점이 된다. 결국 포상을 주더라도 국가는 손해를 보지 않는다. '동료들끼리 싸워라'는 것이 국가방침이다"(탈북자 D씨).

탈북자 K씨에 의하면 실질적으로 독립채산제가 실시되었을 때(제4장, 6장 참조)조차 노동자 임금에는 상한이 있었다고 한다. 그리고 임금에는 개별관리와 총액관리의 원칙이 지켜졌다고 한다. 이와 함께 계획을 초과달성하면 개인은 상금을 받을 수 있지만, 이것은 자기가 속해 있는 기업이 계획을 달성하는 것을 전제로 하고 있다(탈북자 G씨)고 한다. 즉 개인이 계획을 초과달성하더라도 기업이 계획을 달성하지 않았다고 한다면, 그는 상금을 받을 수 없게 되어 있다.

둘째, 이른바 '평가'의 문제이다. 그리고 이것은 노동자의 평등주의적 경향과 밀접한 관계를 갖고 있다. 실제로 '평가' 작업을 담당했던 두 사람의 증언을 소개한다.

"원칙적으로는 점수로 평가하게 되어 있다. 그러나 나(작업반장)는 그렇게 하지 않았다. 물론 상부에는 그렇게 했다고 보고하였지만. 점수로 하면 시끄럽게 된다. 점수로 평가하면 인간성이 없어진다. 북한에서는 위의 사람이 밑의 사람을 움직일 수 있는 수단은 인간성 이외에는 없다. 상사는 부하에게 더 많은 돈을 줄 권리가 없다. 인정으로 살 수밖에 없다"(탈북자 D씨).

"내가 농장의 작업반장을 하고 있었을 때 점수를 매겨 보았다. 규정대로 하였다. 일의 난이도, 실제의 작업량에 의해 점수를 매겼다. 그러나 낮은 점수를 받은 사람으로부터 미움을 받았다. 언제나 불만이었다. 나도 밑의 사람으로부터 미움을 받아 목이 잘리는 것이 더 무섭다. 사실 일의 양, 난이도를 객관적으로 평가하는 것은 어렵다. 특히 작업자들 사이에 누구도 납득할 수 있도록 차이를 두는 것은 정말 어렵다. 그리고 평가라고 하는 것은 상당의 시간을 할애하지 않으면 안 된다. 그런데 작업반장도 보통의 작업원과 마찬가지로 논밭에서 일한다. 시간이 없다. 따라서 차이가 없도록 점수를 매기는 것이 가장 좋은 방법이다"(탈북자 H씨).

셋째, 상품공급의 문제이다. 세 사람의 증언을 소개한다.

"이전에는 식량 등 일부의 품목을 제외하고, 대부분의 물건은 국영상점에서 자유롭게 살 수 있었다. 그러나 1970년대 말 혹은 1980년대 초에 공급카드[30]가 등장하면서 사실상 배급제가 되었다. 이전에는 어느 정도 물선이 있었다. 돈만 있으면 물건을 살 수 있었다. 군(郡)에 없는 것은 도(道)에 가면 있었다. 도에 없으면 평양에 가면 있었다. 그러나 1970년대 말 혹은 1980년대 초부터는 돈이 있어도 물건을 살 수 없게 되었다"(탈북자 I씨).

30) 일종의 배급표이다. 국영상점에서 물건을 살 수 있는 권리라고 보아도 된다. 식료품 카드와 공업품 카드의 두 가지가 있다. 일반 주민들은 1년에 한 번 12장으로 되어 있는 공급카드를 받는다. 그리고 1개월에 한 번씩 국영상점에 가서 공급카드를 제시하고 그 카드에 적혀 있는 양만큼, 즉 국가가 정한 배급량만큼 물건을 사도록 되어 있다. 즉 1인당 간장은 몇 리터, 된장은 몇 그램, 식용유는 몇 그램, 신발은 몇 켤레, 양말 · 속옷 · 비누 · 칫솔 · 치약은 몇 개 하는 식이다.

"1970년대 말부터 공급카드가 등장하였지만, 그것을 별로 사용하지 않았다. 국영상점에는 물건이 거의 없었기 때문이다. 이전에는 어느 정도 물건이 있었다"(탈북자 R씨).

"1990년대에 들어서면 평양이라도 일반 서민이 국영상점에서 얻는 것은 된장, 간장 정도였다"(탈북자 L씨).

화폐수입의 배분과 소비재의 유통이 조응하지 않으면 화폐수입의 증대는 명목적인 의미밖에 가지지 않는다. 또한 이것은 "노동의 질과 양에 따른다"는 분배원칙을 사실상 무의미하게 만든다. 소비재의 부족은 배급에 의한 배분을 불러일으키는데, 배급제하에서는 '노동의 질과 양'에 따른 배분이 곤란하게 되고 '생활의 필요'에 따른 배분이 불가피하게 된다. 더욱이 그것은 노동의욕의 저하로 직결된다. 주목해야 할 것은 북한의 지도부도 이같은 것을 알고 있었다는 것이다. "김정일도 그러한 내용의 이야기를 한 적이 있다. 상점에서 물건을 충분히 공급하지 않으면 안된다. 그렇게 하지 않으면 돈의 가치가 없어져 근로자의 의욕이 떨어진다는 것이다. 그러한 내용을 담은 김정일의 짧은 발언의 의미를 해설과 함께 대학 강의시간에 배웠다"(탈북자 G씨)는 것이다.

넷째, 셋째의 문제와 관련이 있기도 하지만, 물가상승의 문제를 지적할 수 있다. 다만 여기서의 물가란 국영상점에서의 국정가격이 아니라 암시장에서의 가격이다(표 3.19 참조). 최근 북한에서는 국가의 소비품 공급체계의 마비와 함께 암시장이 급격하게 확대되어 주민들은 생활물자의 대부분을 암시장을 통해서 구입하고 있는데, 이 암시장에서는 극심한 인플레이션이 진행되어 왔다.

"1960 · 70년대에는 1개월의 급료로 옷 1벌은 힘들다 해도 속옷 정도는 살 수 있었다. 그리고 연료비, 전기 · 수도요금, 된장, 간장 정도는 충당할 수 있었다. 그러나 1990년대에는 1개월 급료로 담배 1갑, 계란 4개밖에 살 수 없게 되었다"(탈북자 B씨)라는 증언으로부터 알 수 있듯이 노동자에게 있어서 임금의 의미는 없어졌다고 해도 과언이 아니다. 더욱이 상금, 보너스에 의해 노동자를 자극하려도 해도 소용이 없었다. "생

표 3.19 암시장에서의 주요 생필품 가격의 상승

(단위: 북한 원)

	1991	1992	1993	1994	1995	1996
1. 쌀 (1kg)						
평양시	20	20	25~30	25~30		
평안남도 양덕군			30	35	40	
함경남도 함흥시	60	80	95	120	120	130
개성시			20	34	60	120
2. 옥수수(1kg)						
평안남도 양덕군				20	25	
함경남도 함흥시	30	40	45	60	60	80
개성시			9	13	40	70
3. 돼지고기(1kg)						
평안남도 양덕군				70	80	
함경남도 함흥시	60	80	95	120	120	130
개성시			35	50	90	160
4. 자전거(북한산)						
함경북도 청신시	1,200	2,000	3,000			
5. 흑백시 TV(중국산, 14인치)						
함경북도 청진시			4,000	6,000	10,000	

자료: 필자의 탈북자 면담결과.

산실적이 아무리 올라가도 나의 급료(기본급 60원)가 올라가는 것이 기껏해야 10원 혹은 20원 정도이다. 자극이 될 리가 없다"(탈북자 F씨)는 것이다. "임금이 월 60원인데 상금으로 20원을 받는다고 하자. 한국에서는 그 정도로 충분히 자극이 되지만 북한에서는 전혀 그렇지 못하다. 20원이면 담배 1갑밖에 사지 못한다"(탈북자 G씨)는 것이 현실이다.[31]

제3절 공업화와 자본축적

공업화는 일반적으로 거액의 투자재원을 필요로 한다. 이 재원이 어떻게 조달되어 또한 어떠한 메커니즘에 의해 축적되는가 하는 것은 한 나라의 공업화 과정을 해명하는 데 중요한 문제이다. 북한의 경우 국내 축적액을 비롯하여 투자자금의 재원구성 등에 관한 공식통계는 구할 수 없기 때문에 한계는 있지만 관련된 몇 가지 제한적인 자료를 이용하여 북한의 자본축적의 몇 가지 측면을 살펴보기로 하자.

1. 자본축적에서의 농 · 공업부문의 역할

여기서는 논의의 단순화를 위해 농 · 공업 2부문 경제로서의 북한경제를 상정하고 자본축적에 있어서의 농 · 공업의 역할을 논하기로 한다.

(1) 공업부문의 역할

먼저 자본축적에 대한 공업부문의 공헌이라는 문제부터 검토해 보자. 사회주의 제국에서는 국영공업부문의 잉여 → 재정수입(이윤 및 세금의 상납) → 축적 → 투자라는 자본축적 메커니즘이 존재했다고 한다. 북한

31) 북한에서는 외국기업과의 합영 · 합작기업, 위탁가공기업에 일하는 사람들은 대개 노동의욕이 높다. 즉 열심히 일한다고 탈북자들은 전하고 있다. 그 이유는 다음과 같다. 첫째, 1년에 몇 차례씩 보너스를 준다. 그것도 상금이 아니라 상품(라디오, 옷감, 자전거 등)이다. 둘째, 임금이 밀리는 적이 없다. 월급이 정상적으로 나온다. 셋째, 그 기업이 의류관계 공장일 경우 때때로 자사제품을 종업원에게 제공한다. 예컨대 체육복이라 하더라도 크다. 북한 국영기업에서는 1년을 일해도 체육복 하나 살 돈을 마련하지 못한다. 넷째, 자재보장 등 작업조건이 상대적으로 양호하다. 다섯째, 이러한 호조건 때문에 합영 · 합작기업, 위탁가공기업에서 일하고 싶어하는 사람이 많고 또 이 곳에서는 북한 국영기업보다 해고(전출)의 가능성이 더 높다(탈북자 G씨, O씨, S씨).

에서는 어떠했을까.

우선 표 3.20을 보면 알 수 있듯이 국가예산수입(세입)의 가장 중요한 원천은 거래수입금[32)]이라는 것을 짐작할 수 있다. 북한 당국도 거래수입금은 국가예산수입에서 가장 큰 비중을 차지하고 있다고 밝히고 있다(『경제사전 1』, p. 68). 통계로 확인가능한 기간만 보면 1950년대 후반과 1960년대에는 예산수입의 절반 이상을 차지하고 있었고 1990년대 들어서는 약간 낮아졌지만 40% 전후를 나타내고 있다.

북한의 공식설명에 의하면 거래수입금은 상품의 소매가격에서 상업부가금[33)]과 도매가격을 뺀 금액으로 된다. 거래수입금은 원칙적으로 소비

표 3.20 북한의 예산수입구조

(단위: %)

	1958	1961	1965	1991	1996
1. 사회주의 경리수입	93.5	97.9	98.0	100.0	100.0
그 중 거래수입금	60.0	53.8	55.6	46.5	39.8
국가기업이익금 및 협동단체소득세[1)]	12.8	22.1	21.2	39.1	31.0
기타	20.7	22.0	21.2	6.8	39.2
2. 원조	4.2	-	-	-	-
3. 주민세금	2.3	2.1	2.0	-	-
4. 합계	100.0	100.0	100.0	100.0	100.0

주 : 1) 1991, 1996년은 국영기업이익금.

자료: 1958년은 극동문제연구소(1974), 『북한전서 - 상권』, p. 454/1961, 1965년은 김영규(1980), p. 170/1991, 1996년은 최수영(1999), p. 43(원자료는 북한연구소, 『북한총람』; IMF, *Democratic People's Republic of Korea Fact Finding Report*, Nov., 12, 1997; 『조선중앙통신』, 1999. 4. 7).

32) 다른 사회주의 국가의 '거래세'에 해당한다.

33) 상업기업소의 유통비를 보장하고 이익금을 보장하는 원천이 되는 소매가격의 구성부분. 『경제사전 2』, p. 55.

재의 가격에만 부과된다. 그리고 거래수입금의 납부자는 그 생산물을 생산 · 판매하는 국영기업이다(『경제사전 2』, pp. 68-69). 따라서 거래수입금은 재정의 입장에서 보면 자본주의 사회의 간접세와 유사하다. 거래수입금 다음으로 중요한 예산수입의 원천이 국가기업이익금이다. 이는 자본주의 사회의 법인세와 유사하다. 따라서 예산수입의 상당 부분은 공업부문이 제공했다고 보아도 무방할 것 같다. 즉 국영공업부문의 잉여 → 재정수입이라는 회로가 존재했을 가능성이다.

좀더 구체적으로는 공업부문 잉여(순생산액에서 임금총액을 뺀 것으로 정의)와 공업부문으로부터의 예산수입의 관련을 보면 더 잘 알 수 있겠지만, 입수자료가 없기 때문에 검토는 불가능하다. 그림 3.1의 예산수입 증가율과 공업생산 증가율을 비교해 봄으로써 일보 전진시키는 것이

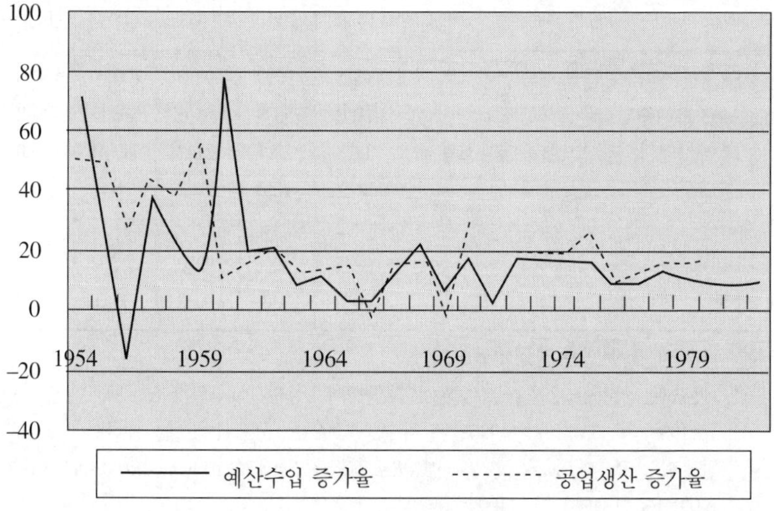

주: 1971년의 공업생산에 대해서는 북한의 공식통계도, 한국측의 추정치도 없음.
자료: 『북한경제통계집(1946~1985년)』, pp. 146, 372(원자료는 연도별 『조선중앙년감』, 연도별 「예산결산보고서」).

그림 3.1 북한의 예산수입 증가율과 공업생산 증가율의 추이

고작이다.

1960년대와 1970년대에 양자의 움직임이 경향적으로는 유사하다는 것은 주목할 만하다.[34] 적어도 이 시기에 있어서는 국영공업부문의 잉여 → 재정수입이라는 회로가 존재했을 가능성이 적지 않다. 동시에 북한에서의 투자자금의 원천은 주로 정부재정이기 때문에 재정수입 → 투자라는 회로도 존재했을 가능성이 있다. 따라서 다른 사회주의 국가와 마찬가지로 북한에서도 국영공업부문의 잉여 → 재정수입 → 축적 → 투자라는 자본축적 메커니즘이 존재했을 가능성이 적지 않은 것으로 보인다.

이번에는 이러한 축적 메커니즘의 내부구조를 살펴보자. 국가예산수입을 공업부문에서 얼마만큼, 또 중공업부문과 경공업부문에서 얼마만큼 조달했는가에 관한 데이터는 1953~1956년의 4년간으로 한정되어 있다(표 3.21 참조). 이들 수치를 공업총생산액에서 경공업이 차지하는 비중, 나아가 공업부문에 대한 국가기본건설투자액에서 경공업부문이 차지하는 비중과 비교해 보면, 국가 전체의 자본축적에서 경공업의 역할이 중공업부문에 비해 얼마나 컸었는지 짐작할 수 있다.

공업부문 전체에서 거두어들인 예산수입 가운데 경공업부문으로부터의 그것이 차지하는 비율은 1953년과 1954년에는 80%를 넘었고, 1956년에는 다소 떨어졌지만 65%를 웃돌고 있다. 그에 반해 공업총생산액에서 경공업부문이 차지하는 비중은 같은 기간 62%, 52.9% 그리고 46%였다. 즉 경공업부문은 중공업부문과 똑같은 금액을 생산하더라도 중공업부문보다 더 많은 돈을 국가(예산)에 바쳐야 했다고 볼 수 있다. 더욱이 공업부문에 대한 국가기본건설투자액에서 경공업부문이 차지하는 비중은 같은 기간 동안 20%를 밑돌고 있다. 즉 경공업은 自部門이 만들어 내어 국가에 바친 잉여보다도 훨씬 적은 액수를 돌려 받았으며(自部門

34) 小牧輝夫는 북한의 경우, 장기적으로 보아 공업생산액의 증가율과 국가세입의 증가율 사이에는 높은 상관관계가 존재한다고 지적하고 있다. 小牧輝夫(1977b), pp. 1-2 ; 小牧輝夫 編(1986), p. 106 참조.

표 3.21 북한의 자본축적에 대한 경공업부문의 공헌

(단위: %)

	1953	1954	1955	1956	1960	1964	1970
예산수입비율1)	81.6	82.3	75.6	65.7	n.a.	n.a.	n.a.
생산액비율2)	62	52.9	n.a.	46	45	48	36.1
투자비율3)	n.a.	19.0	n.a.	16.7	19.4	26.2	11.2

주: 1) 공업부문으로부터의 국가예산수입 가운데 경공업부문으로부터의 예산수입이 차지하는 비중.
2) 공업총생산액 가운데 소비재 생산이 차지하는 비중.
3) 공업부문에 대한 국가기본건설투자액 가운데 경공업부문에 대한 투자액이 차지하는 비중.

자료: 1) 姜日天(1986), p. 60(원자료는 김종일, 「공업내부축적의 증대는 7개년 계획기간에 있어서 자금문제해결의 기본방도」, 『경제연구』, 1960년 4월호, p. 29).
2) 표 3.9와 같음.
3) 표 3.8과 같음.

에 대한 투자의 형태로), 중공업은 自部門이 만들어 내어 국가에 바친 잉여보다도 훨씬 많은 액수를 돌려 받았다고 할 수 있다. 바로 이것이 제2장에서 살펴보았던 중공업 우선정책의 또 다른 표현이다.

한편 공업 전체의 잉여는 무엇에 의해 만들어지는가. 공업제품가격이 주어진 상태에서는 원재료비와 임금이 된다. 북한의 원재료비에 관한 입수가능 자료는 없으므로 뭐라고 말하기 힘드나 임금은 저임금이 유지되었다(후술). 즉 저임금은 공업부문에서 잉여를 만들어 내는 요인의 하나였다. 따라서 국영공업부문의 저임금 → 국영공업부문의 잉여 → 재정수입 → 축적 → 투자라는 자본축적 메커니즘이 존재했을 가능성이 적지 않은 것으로 보인다.

(2) 농업부문의 역할: '사회주의 원시축적론'과 북한

그렇다면 자본축적에 대한 농업부문의 공헌은 어떠할까. 플레오브라

젠스키의 유명한 '사회주의 원시축적론', 즉 사회주의 공업화를 위해서는 초기에 거액의 자금이 필요한데 이는 주로 농업부문에서 끌어내어야 한다는 논리가 북한에서도 적용되었는지 어떤지 하는 문제이다. 관련된 공표 데이터가 거의 없기 때문에 정량적인 검토는 매우 힘들다. 몇 가지 단편적인 기록, 탈북자의 증언과 주변상황에 입각해서 그 존재의 가능성을 검토해 볼 수밖에 없다.

1957년 7월 과학원 경제법학연구소의 주최로 열린 '우리나라에서의 가치법칙과 가치형성에 관한 토론회'에서 발표자의 한 사람인 정태식은 다음과 같이 말했다.

"현단계에서 수매가격은 가치 이하로 제정되어 농민이 생산한 순소득의 일부가 공업발전을 위해 끌어들여져야만 한다."[35)]

또 다른 발표자인 남춘화는 다음과 같이 말했다.

"농업에서 조성된 순소득의 압도적 부분은 주로 현물세를 통해서 국가에 인입될 수 있다. 다만 현물세 수입만으로는 사회주의 현단계에서 경제발전의 요구에 응한 순소득의 분배는 만족하게 이루어질 수 없다. 여기서 금후 수매가격을 통해 그 순소득의 재분배를 보충적으로 진행할 대책이 요구된다."

"국가는 수매가격을 제성할 때, 농업에서 조성된 순소득의 일부를 전 인민적인 수요를 위해 동원할 목적으로 수매가격을 가치보다 낮게 설정할 수 있다."

"1957년 6월경 곡물의 수매가격을 내렸음에도 불구하고 농민들이 국가수매에 열성적으로 응했던 것은 당과 정부의 인하정책이 옳았던 증거이다. … 금년도의 농산물 수매가격이 작년도보다 낮게 정해질 것은 의심할 수 없다. … 앞으로 농산물의 수매가격은 계속 내릴 수 있다."[36)]

이들 두 사람의 주장은 다음의 두 가지 면에서 주목할 만하다. 첫째,

---

35) 서동만(1996), p. 85(원자료는 『경제건설』, 1957년 10월).

36) 서동만(1996), pp. 85-86(원자료는 『경제건설』, 1957년 11월).

1957년 이전은 농업잉여가 주로 현물세라는 형태로 국가에 의해 흡수되었을 가능성이다.[37] 실제로 현물세는 1946년에 도입돼 농민들은 평균적으로 수확고의 25%를 국가에 바쳤다. 현물세는 1955 · 59년에 세율이 약간 인하되고, 나아가 1966년에 폐지될 때까지 중요한 역할을 수행했다. 둘째, 당시 곡물수매가격의 인하조치가 취해졌던 사실과, 더욱이 그 이후 계속해서 인하되었을 가능성을 엿볼 수 있다.

이 토론회가 열린 배경과도 밀접한 관계가 있겠지만, 당시(1957년)의 상황을 간단하게 살펴볼 필요가 있다. 먼저 농업부문의 사회주의적 개조(농업의 집단화)가 꽤 진전되어 1956년 말에는 전체 농가의 80.9%가, 1957년 말에는 95.6%가 협동농장에 가입했다(『1946~1960 조선민주주의인민공화국 인민경제발전통계집』, p. 63). 또한 1954년 말에 실시하려 했으나 농민의 반발로 인해 중단되었던 곡물의 국가수매가 1957년부터 다시 시도되었다. 아울러 구소련 내에서의 스탈린 비판, 구소련 · 동구로부터의 원조의 급격한 감소 등 국제정세가 급변하던 속에서 북한의 정책방침이 '소련 의존'에서 '자립'으로 변하기 시작했던 시점이었다. 이 무렵부터 김일성은 "1957년의 경제계획(및 제1차 5개년 계획)은 우리의 모든 국내 자원과 인력을 동원함으로써만 달성될 수 있다"[38]고 주장하기 시작했다. 따라서 북한 지도부의 입장에서는 농업부문에서 이전보다 더 많은 잉여를 추출해야 할 필요가 생겼고, 이에 따라 1957년경부터는 기존의 현물세에 더해 곡물의 수매가격을 낮추는 방식을 새롭게 도입했다고 보아도 무방할 것 같다. 이러한 추론은 1964년 2월 25일, 당 중앙위 제4기 제8차 전원회의에서 김일성의 이름으로 발표된 유명한 '우리나라 사회주의 농촌문제에 관한 테제'(이하 '테제'로 줄임)에 나오는 다음과 같은 문장에 의해서도 뒷받침된다.

---

37) 「朝鮮民主主義人民共和國の農業」에서 村上保男도 현물세는 경제재건을 위한 재원을 당시 최대의 산업이었던 농업으로부터 구하는 수단이었다고 지적하고 있다. 金己大ほか(1983), p. 43 참조.

38) 김일평(1987), p. 103(원자료는 『로동신문』, 1956. 12. 15).

"물론 우리나라와 같이 지난날 뒤떨어진 농업국가였던 나라에서는 혁명이 승리한 후 사회주의 공업화를 위하여 얼마 동안은 농촌에서 일정한 자금을 얻지 않을 수가 없다. 이러한 사회주의 국가에서 현대적 공업을 창설하기 위한 농민의 자금지출은 전 사회의 이익을 위한 것이며 농촌경리의 장래발전과 농민의 생활향상을 위해서도 필수적인 것이다"(『경제관리 2』, pp. 622-623).

그러면 1960년대 중반 이후는 어떠할까. 우선 두 가지 점을 고려해야 한다. 첫째, 1964년의 '테제'에서 김일성은 "도시와 농촌에서 사회주의가 승리한 후에는 농촌문제가 이전 시기와는 근본적으로 달라야 한다"고 전제하고, 농업문제의 해결을 위해 농업의 기술혁명(농업의 수리화, 기계화, 전력화, 화학화)과 농업에 대한 공업의 지원을 포함해서 몇 개의 원칙 · 방침을 제시했다. 그리고 1966년에 현물세를 폐지할 것을 약속했다. '테제'는 그 후의 북한 농업정책의 기본방침으로 되었다. 즉 '테제' 발표 이후 북한의 농업정책이 적어도 표면적으로는 농업육성의 방향으로 바뀌어 온 것이다.

둘째, 국가가 농민으로부터 곡물을 사들일 때의 가격은 높게 책정하고 그 곡물을 주민에게 팔 때의 가격은 낮게 설정하는, 곡물의 '이중가격제'의 존재이다. 언제부터 이러한 가격체계가 구축되었는지 명확하지 않지만, 1960년대 후반에는 일반 근로자들에 대한 쌀의 공급가격은 정부가 농장에서 사들이는 가격의 8%에 지나지 않았던 것으로 전해진다(櫻井浩, 1993: 82). 또한 1970년대 전반 북한을 방문했던 일본인의 보고에 의하면, 소비자가격(kg당 8전)은 생산자가격(kg당 65전)의 12.3%에 불과했다. 또한 1980년대에는 "국가가 농민으로부터 쌀을 kg당 60전에 사들여 노동자 · 사무원에게 8전에 공급하고 있다"는 문장이 북한의 공식문헌에 나온다.[39] 이러한 식량관리에 수반되는 재정부담은 상당한 규모[40]였

39) 『朝鮮槪觀』, 平壤外國文出版社, 1982, p. 201; 『朝鮮槪觀』, 平壤外國文出版社, 1987, p. 121 참조.

을 것이라는 것은 말할 필요도 없다.[41)]

이상의 두 가지 점만을 고려하면 적어도 1960년대 후반에는 농업이 국가의 자본축적에 공헌하였다고는 말하기 어렵게 된다. 그렇다면 실제로는 어떻게 되어 있던 것일까.

우선 '테제'의 방향이 농업육성 쪽이었을까에 관해서는 의문의 여지가 있다.[42)] 우선 1964년 전후의 상황을 보자. 1962년부터의 '국방 · 경제 병진' 노선이 계속해서 관철되고 있었고, 더욱이 외국으로부터의 원조는 1950년대에 비해 대폭 감소된 상태였다. 바꾸어 말하면, 오히려 축적을 강화해야 할 상황이었다.

'곡물의 이중가격제'의 존재는 탈북자들의 증언으로부터도 확인되고 있으며, 이러한 식량관리에 따르는 재정부담도 그 자체로서는 상당한 규모에 달한다고 볼 수 있다. 그런데 탈북자들의 증언에 의하면 국가의 입장에서는 그 정도의 재정부담은 대단한 것이 아니라고 한다. 공업이든 농업이든, 곡물수매 이외의 곳에서 다른 방법으로 얻는 잉여가 훨씬 많기 때문이다. 대표적인 것으로 다음의 두 가지를 검토하기로 한다.

첫째, 거래수입금이다. 물론 이것은 축적재원을 공업부문에서 획득하

40) 櫻井浩는 1980년대에 미곡생산량의 3분의 2를 정부가 구입하였다고 한다면, 이러한 가격체계에 의한 정부의 재정부담은 약 10억 원으로 1987년의 정부예산의 3.3%에 달할 것이라고 보고 있다. 櫻井浩(1993), p. 83 참조.

41) 이러한 극단적인 곡물의 이중가격제는 다른 사회주의 국가에서도 예를 찾아보기 힘든 것이다.

42) '테제'에 대한 일반적인 해석(당시 존재했던 '도시 - 농촌 간 격차'의 시정을 목표로 한 것으로 농업정책으로서는 긍정적인 평가가 내려져 있는 것)에 대한 최초의 체계적인 의문은 後藤富士男(1996)에 의해 제기되었다고 할 수 있다. 그는 1964년 전후의 상황을 정리하고 나서 '테제'에서의 주택건설에 관한 국가의 약속이 지켜지지 않은 것, 또한 1964년에 농장원에 대한 곡식분배량이 줄어든 것 등을 근거로 '테제'에 관한 자신의 해석을 제시하였다. 즉 '테제'의 목적은 협동농장의 분배몫의 일부를 국가가 흡수하는 데 있었던 것은 아닌가라는 것이다. 後藤富士男(1996), pp. 452-454 참조.

는 것이다. "예를 들면 자전거의 경우, 제조원가가 50~80원이면 판매가격(국정가격)은 140원 정도가 된다. 판매가격은 제조원가의 2~3배이다. 라디오(만경대 라디오)는 제조원가 30~35원에 판매가격이 450원 정도 된다. 이 경우 판매가격은 제조원가의 10배 이상이다. 이와 같은 거대한 차액의 압도적인 부분은 거래수입금으로서 국고에 들어간다. 이런 것들이 곡물의 이중가격을 유지할 수 있는 재원이 된다"(탈북자 E씨)는 것이다. 거래수입금은 뒤에서 자세히 검토하기로 한다.

둘째, 농장에서의 사실상 배급제의 실시와 국가에 의한 강제적인 곡물수매이다. 북한 협동농장에서의 현물분배가 사실상 배급제로 되어 있다는 것은 탈북자들의 일치된 증언이다. 그리고 이는 다른 사회주의 국가에서도 예를 찾아보기 힘든 것이다. 단지 언제부터 협동농장에서 사실상의 배급제를 실시하게 되었는지는 명확하지 않다. 탈북자 E씨는 현물세 폐지(1966년)의 시점과 대체로 일치한다고 말하고 있지만, 탈북자 H씨는 1960년대 말 혹은 1970년대 초부터라고 말하고 있다.

"북한 당국의 공식발표로는 협동농장의 총수확고와 현금수입에서 농기계 사용료, 비료대, 연료비, 농장전망기금 등을 공제하고 그 나머지를 현물과 현금으로 농장원에게 분배하는 것으로 되어 있다. 그러나 현실은 다르다. 현물분배의 경우, 분배는 장부상에서만 이루어질 뿐 실제로는 이루어지지 않는다. 현물분배는 사실상의 배급제이다. 예를 들면, 장부상으로는 어떤 농장원에게 미곡 30톤을 분배하는 것으로 되어 있지만, 실제로 그 농장원이 받는 미곡은 30톤이 아니다. 노동자와 같은 배급량[43]만을 받는다. 그 나머지는 전량을 국가가 매입하는 것이다"(탈북자 E씨).

"농장원에 대한 식량분배는 사실상 배급제이다. 즉 해당 연도의 농장의 수확고가 많아도, 적어도 같은 양의 식량이 분배된다. 매년 변화하는 것은 현금분배[44]이다.[45] 현물분배는 노동점수[46]와 출근일수[47]라는 두

---

43) 일반 노동자는 1일 700g, 중(重)노동자나 군인 등은 1일 800g.

가지를 고려한다. 즉 어떤 기준을 넘으면, 예를 들면 1년 동안 노동점수 300점과 출근일수 310일을 달성하였다고 한다면, 식량분배(배급)를 받을 수 있는 자격이 주어진다"(탈북자 C씨).

이러한 틀이 짜여져 있었기 때문에 현물세 폐지가 가능하게 되었다고 한다.

"군이 현물세 같은 것을 징수하지 않아도 되게 되었다. 협동농장의 생산 · 유통 · 분배의 모든 과정을 국가가 장악[48]하고 있었기 때문에 다른 형태로도 충분히 농업잉여를 확보할 수 있게 되었다. 농민에게 주는 얼마 되지 않는 양의 배급을 제외하고, 나머지 전량(全量)을 국가가 가지

---

44) 따라서 협동농장의 농장원들이 자신들의 농장의 수확고가 늘어나면 현금수입이 늘어날 수 있다. 하지만 여기서 하나 고려해야 할 사실은 북한에서 주민들에 대한 상품공급사정은 농촌이 도시보다 열악했다는 것이다. 즉 북한은 1970년대 후반 이후 화폐수입의 배분과 소비재의 유통이 조응하지 않게 되었는데, 이는 도시보다 농촌이 더 심했고 따라서 농촌에서는 화폐수입의 증대가 명목적인 의미밖에 가지지 않게 되었다.

45) 1980년대 들어 농민에 대한 현금분배액은 크게 줄었다고 탈북자 C씨는 밝히고 있다. 즉 "1978년인가 1979년인가 북한에서 최고 수확년도라고 했을 무렵이다. 그 때는 현금분배가 노력공수당 2원 50전 혹은 3원까지 갔다. 그 이후는 대개 1원 5~10전 정도였다. 생산이 잘 안 되었다는 이야기다. 1978 · 79년에는 10,000 노력공수를 가지고 3천 톤을 지었다면, 1980년대는 똑같은 10,000 공수를 가지고 1천 톤밖에 못 지으니까 현금분배가 줄어들 수밖에 없다"는 것이다.

46) 북한의 용어로는 '노력공수.'

47) 북한의 용어로는 '의무가동일수.'

48) 이러한 체계는 1962년부터 도입되어 지금까지 유지되고 있는 '군(郡) 협동농장 경영위원회를 중심으로 하는 농업지도체계'에 기초를 두고 있다. 군 협동농장 경영위원회를 중심으로 하는 농업지도체계는 먼저 소유의 면에서 변화를 가져왔다. 즉 농업부문에서 집단적 소유와 전 인민적 소유(즉, 국유)를 결합하는 방향으로 나아갔다. 사실상 국유에 근접시켰다고 할 수 있다. 협동농장들에 있는 트랙터, 모내는 기계를 비롯한 중요 생산수단들은 협동농장의 소유가 아니라 국가의 소유로 되었다.

고 가면 그것으로 충분했다"(탈북자 H씨).

"국가가 협동농장의 생산, 판매, 경영지출 등을 통합적으로 관리하게 되어 있는 체제하에서는 굳이 세금을 징수할 필요가 없다. 현물세를 폐지하였을 때 협동농장의 생산자가 자신의 생산물에 대한 자유로운 처분권을 가질 수 있으면 이야기는 전혀 다르다. 그런데 농장원에게 공급(배급)할 몫을 제외하고 나머지 모두를 국가가 매입하게 되어 있다. 현금과는 달리 곡물만은 농민이 자유롭게 할 수 있는 여지를 모조리 없애 버렸다. 이것이 현물세 폐지의 전제조건이다. 그 이전에는 현물세를 납부하고 나서 나머지는 자기가 처분할 수 있었다. 그리고 그 때는 국가의 수매가 그다지 강제적이지 않았다"(탈북자 E씨).

또한 다음과 같은 탈북자 H씨의 설명은 단순화된 느낌이 없는 것은 아니지만, 북한에서 곡물의 이중가격제가 유지되는, 또한 국가입장에서 큰 부담이 되지 않는 사정을 짐작하게 해 준다.

"일반적인 경우 농장원 한 사람이 맡는 면적이 1.5~2정보가 된다. 단순화를 위해 1정보(= 3,000평)로 하자. 옥수수의 경우, 1년에 적어도 8톤(= 8,000kg)은 생산할 수 있다. 그런데 농장원 한 사람당 연간 분배량은 300kg 정도이다. 단순히 양자의 차이를 계산하여 보자. 농민이 생산한 양의 96%를 국가가 가지고 간다는 것이다. 대단한 수치이다. 물론 옥수수의 생산을 위해 국가가 지불한 직접 · 간접의 비용을 고려하여야 한다. 또한 현금분배도 고려하여야 한다.[49] 그렇다고 해도 국가가 가지고 가는 몫이 대단히 크다는 사실은 변하지 않는다. 그러므로 농민으로부터 60전에 사들여 노동자에게 6전에 판다는 것은 대단한 것이 아니다.

---

49) 1988년부터 함북 온성군 산성협동농장에서 일했던 탈북자 C씨의 경우를 보자. 현금분배는 노력공수당 1원 5~10전으로 노력공수 350~400점을 곱해 연간 400~450원 정도를 받았다. 그런데 농장원들은 분배받은 현물(식량)에 대해 대금을 치러야 한다. 그것도 노동자들은 kg당 8전이지만, 농장원들은 kg당 60원이다. C씨의 경우 1년 식량으로 280kg 혹은 310kg 정도를 받았는데, 식량대금으로 180원 혹은 200원 정도를 지불했다 한다.

문제가 되지 않는다. 국가입장에서는 전혀 부담이 되지 않는다."

이상과 같이 ① 농장에서의 사실상 배급제의 실시와 ② 배급량을 제외한 곡식생산 전량의 국가에 의한 강제적인 수매를 고려하면, 1960년대 중반 이후에도 종전과 마찬가지로 국가는 농업잉여를 흡수했다, 즉 농업부문은 국가의 자본축적에 상당히 공헌했다고 이야기할 수 있는 게 아닌가 한다. 물론 그 문제를 제대로 밝히기 위해서는 농산품 · 공업제품의 가격차('협상(鋏狀)가격'), 농업부문과 비농업부문의 재화의 이출입(移出入)관계까지 살펴볼 필요가 있지만, 이에 대해서는 입수가능한 자료가 없기 때문에 검토가 곤란하다.

2. 강제저축의 메커니즘

사회주의 공업화에 있어서 투자재원의 조달방법 가운데 대표적인 것은 주민 소비의 억제라고 한다. 실제로 북한의 공업화에 관해서도 자주 이야기되는 것이다. 여기서는 소비희생의 강제적인 축적 메커니즘, 바꾸어 말하면 강제저축의 메커니즘을 살펴보기로 한다.

우선 임금부터 검토해 보기로 하자. 표 3.22에도 나타난 바와 같이, 북한의 공식통계가 발표된 1949~1964년 동안에는, 적어도 공업부문에서는 노동생산성이 실질임금을 밑돌고 있다. 더욱이 김일성은 "원래 7개년 계획(1961~1967년 예정)에는 인구 한 사람당 생산액을 220% 올릴 것이 예견되어 있습니다. 이에 따라 우리는 노동자, 사무원들의 로임을 대체로 30~35% 올리기로 타산하였습니다"(『경제관리 3』, pp. 111-112)고 말한 적이 있다. 즉 그 기간 동안 계획상으로는 임금상승률이 생산성 증가율의 6분의 1 내지 7분의 1 수준으로 잡혀 있다는 것이다. 누가 보아도 명백한 저임금정책이다.

이와 관련하여 저렴한 농산물 → (비농업부문에서의)저임금 → 고잉여(高剩餘) → 고축적(高蓄積) → 중공업에의 높은 배분이라는 자본축적 메커니즘이 구소련 · 중국에는 존재하였는데 북한에서는 어떻게 되어 있었

표 3.22 북한의 노동생산성과 실질임금의 추이

(단위: %)

	1949	1953	1956	1958	1960	1962	1964
공업부문의 노동생산능률	100	78 (100)	153 (196)	n.a.	214 (273)	241 (307)	282 (360)
철도운수부문의 노동생산능률	100	44 (100)	110 (247)	137 (308)	196 (442)	201 (454)	n.a.
기본건설부문의 노동생산능률	n.a.	100	126	136	137	n.a.	n.a.
노동자 · 사무원의 실질임금	100	n.a.	98	159	203	211	218

주: 공업 · 철도운수부문에서의 괄호 안의 수치는 1953년을 100으로 했을 때의 수치.
자료: 『북한경제통계집(1946~1985년)』, pp. 393-394, 674(원자료는 연도별 『조선중앙년감』).

을까 하는 문제를 검토하여 보자. 전술한 저임금제를 지탱시켜 준 것은 저가격의 임금재, 즉 싼 농산물이었다. 조금 전에 검토한 곡물의 이중가격제가 바로 그것이다. 잉여에 관해서는 공표자료가 일체 없기 때문에 검토는 매우 곤란하다. 자금의 중공업에 대한 높은 배분에 대해서는 이 장의 제1절에서 살펴본 바 있다. 따라서 북한에서도 구소련, 중국과 같이 상기의 자본축적 메커니즘이 구축되어 있었다고 보더라도 무방할 것 같다.

그런데 국가의 입장에서 저임금만으로는 기대하는 축적률을 얻을 수 없다. 사회주의 경제에 있어서 바람직한 축적률의 강제는 한쪽에 있는 통합된 생산자 · 고용자 · 판매자와, 다른 쪽에 있는 가계 사이의 '교역조건'에 대한 엄격한 통제를 통하여 진행된다. 국가와 가계 간의 경제적 상호작용은 원칙적으로는 시장이나 유사시장을 통하여 유도된다. 즉 가계는 국가 섹터에서의 노동으로부터 화폐소득을 수취해 국가 섹터에 의해 판매되는 재화 · 서비스에 그 화폐소득을 지출한다. 강제저축의 메커니즘은 가격과 임금의 결정을 통한, 재화와 서비스의 시장이나 유사시장에 대한 행정적 규제로 이루어져 있다(Brus & Raski, 1989: 62-63). 그리고 북한의 경우 임금에 대한 행정적 규제가 전술한 저임금정책이며, 가격에 대한 행정적 규제의 대표적인 것이 거래수입금이다.

북한 당국은 "대중소비품에 대해서는 일반적으로 가격을 낮게 정하며 … 기호품, 사치품, 공급량이 제한되어 있는 물건들은 수요를 조절하기 위해 가격을 높이 정하는 … 원칙에서 거래수입금의 부과율을 제정하고 있다"(『경제사전 1』, p. 69)고 밝히고 있다. 이것은 거래수입금이 재정수입 증대, 소비억제라고 하는 정책적 목적달성을 위한 적절한 수단이 될 수 있음을 시사하고 있다. 1969년 3월 1일에 행한 김일성의 연설로부터도 그러한 흐름을 읽어 낼 수 있다.

"우리 일꾼들 속에 천을 비롯하여 대중소비품의 값을 부당하게 높임으로써 국가재정 예산수입을 늘리려는 경향이 있습니다. … 일꾼들의 그릇된 행동으로 말미암아 지난 몇 해 동안에 천값이 부당하게 계속 올라갔습니다"(『경제관리 3』, pp. 514-515)는 것이다. 따라서 예를 들면 "인구 한 사람당 20m씩 돌아가는 많은 천을 생산하지만 값이 비싸서 근로자들이 제대로 사지 못하여 아이들도 잘 입히지 못하는" 상황이 초래되었다. 또한 "천뿐만 아니라 설탕, 달걀을 비롯한 대중식료품의 값도 비싸서 인민들이 잘 사지 않는다고 합니다. 현재[50] 달걀은 한 알에 20전씩 하는데 다섯 식구를 가진 집에서 매일 달걀을 다섯 개씩 사 먹자면 한 달 동안 33원을 들여야 합니다. … 우리가 앞으로 평균임금을 35% 올리고 최저임금을 60원 정도 되게 하고 부부가 다 나가 일하게 하여 세대당 평균수입을 100원 수준에 올려놓는다고 하더라도 월수입의 33%를 달걀을 사 먹는 데 쓰게 됩니다"(『경제관리 3』, pp. 363, 365-366)고 하는 사태가 벌어지게 되었다. 또한 1980년대 전반, 흰 와이셔츠 1착이 20원, TV가 400원, 신사복이 140~160원이었는데 당시 노동자의 평균월급이

50) 1968년 10월.

100원이었다고 한다면, 흰 와이셔츠 1착은 월급의 20%, TV는 4개월치의 월급, 신사복은 1.5개월치 월급에 해당된다(金己大ほか, 1983: 51).

이와 같이 "상품가격을 정할 때 국가세입의 증대를 도모하기 위해 원가에 인위적으로 고율의 거래수입금을 부과하고자 하는 경향"은 김일성의 표현을 빌면 "인민의 실질수입을 떨어뜨리는, 인민성이 없는 행위"(『경제관리 3』, p. 363)인 것이다. 이렇듯 거래수입금은 소비희생의 축적 메커니즘을 뒷받침하는 중요한 제도적 축의 하나로 기능했다.[51)]

강제저축 메커니즘의 구성요소는 가격과 임금에 대한 엄격한 규제만은 아니다. 소비재에 대한 배급 및 물량적 통제도 있다. 식량의 배급제는 잘 알려져 있는 바이다. 소비재의 물량적 통제와 관련된 것으로 주목할 만한 것이 전술한 '공급카드'이다. 보다 직접적이고 또한 강제적인 강제저축수단도 있다. 대표적인 것이 이른바 '애국미(혹은 절약미)'와 문자 그대로의 강제저축(강제저금)이다.

애국미는 이중으로 행해졌다. 첫째, 1970년대 초부터 시작된 것으로 식량배급 15일분으로부터 2일분을 기계적으로 사전에 공제하는 것이다. 즉 15일분의 배급을 받을 때 사전에 2일분의 배급량이 애국미라는 이름으로 공제되어, 노동자들이 손에 쥐게 되는 것은 13일분의 배급량이다. 이러한 형태의 애국미는 1970년대 이후에도 지속되었다.

---

51) Nove의 다음과 같은 지적은 거래세의 성격과 관련하여 주목할 만하다.

"자원배분에 관한 정부의 결정이 주어졌다고 할 때 국가예산은 비소비(예컨대 투자나 국방비 등) 혹은 사회적 소비(교육, 보건 등)를 위한 국가지출을 충당하기 위한 수입을 찾아내어야만 한다. … 재화의 원가와 최종판매가격 사이의 갭으로부터 발생하는 수입은 여러 가지 형태로 국가예산의 최대수입원으로 되어 있다. … 소련의 경우, 이 차액은 주로 거래세 플러스 이윤으로 이루어져 있다. 그 차액의 크기는 총자원 중에서 개인적 소비 이외의 부문으로 흘러가는 부분의 크기를 반영하고 있다"(Nove, 1968: 141-142).

이러한 지적은 북한에 대해서도 대체로 타당할 것 같다. 왜냐하면 북한도 소련과 마찬가지로 거래세 플러스 이윤이 국가예산의 최대수입원으로 되어 있기 때문이다.

둘째, 여기에 덧붙여서 1980년대 중반 혹은 후반부터 시작된 애국미이다. 이것은 몇 가지 형태로 이루어졌다. 탈북자 D씨의 경우, 가구원 1인당 얼마씩 낸다고 하는 형태였다. 그의 집은 1년에 20kg 이상 바쳤다. 배급으로 받은 미곡으로는 모자랐기 때문에 때로는 암시장에 가서 돈을 주고 쌀을 사서 국가에 바쳤다. 광산기계공장의 작업반장이었던 그가 애국미를 바치지 않으면 자신의 작업반의 노동자들에게 "너희들도 내놓아라"고 말할 수 없었기 때문이다.

제2의 애국미의 경우, "당초는 강제가 아니라 문자 그대로 국민의 '애국심'에 호소하였다. 그런데 국민들은 그다지 응하지 않았다. 그래서 때때로 강제적인 성격을 띠었다. 애국미를 내지 않으면 당생활총화할 때 계속해서 비판되었다. 다른 사람들은 냈는데 어째서 당신은 내지 않았느냐는 것이다. 할 수 없었다. 다만 내려고 해도 낼 것이 없었기 때문에 배급에서 공제할 수밖에 없었다. 배급량의 10% 정도였다"(탈북자 H씨)고 한다. 그리고 노동자뿐만 아니라 농민(협동농장의 농장원)도 애국미를 바치게 되어 있었다고 한다(탈북자 C씨, H씨).

노동자의 배급으로부터 애국미가 이중으로 공제되는 방식이면 실제로 노동자가 손에 쥐게 되는 것은 어느 정도의 양일까. 15세 이상의 일반 노동자의 경우, 국가가 정한 1일 배급량은 700g이다. 그런데 제1의 애국미가 공제되는 단계에서 배급랑은 607g으로 줄어든다. 거기에다 제2의 애국미까지 공제되면 배급량은 547g으로 감소한다. 즉 서류상으로는 700g으로 되어 있지만, 실제로 받는 것은 그것보다 21.8% 줄어든 547g이다. 1980년대 중반 이후에 애국미를 자신의 배급에서 강제적으로 바쳤던 탈북자 B씨, F씨는 "원래 700g이지만 150g이 공제된 550g 정도를 받았다"고 전하고 있다.

탈북자 E씨가 전하는 애국미는 상기의 것과는 다소 상이한 것이다. "협동농장이 가지고 있는(실제로는 숨기고 있는) 여유곡식을 국가가 수매형식으로 동원하는 것이다. 협동농장 간의 경쟁심을 자극하고 그들을 부추기는 것이다. 형식으로는 무상으로 빼앗는 것이 아니라 국가가 돈을 주고 협동농장으로부터 사들이는 것이다. 돈 그 자체는 얼마 되지 않는 액수이다. 이러한 형태로 동원하는 애국미는 1986년 당의 고위간부로부터 들은 바로는, 북한의 곡물생산량의 1.5~2%가 된다고 했다"는 것이다.

이렇게 애국미를 징수하게 된 배경으로는, 탈북자 D씨도 지적하고 있듯이,[52] 무엇보다도 북한의 식량부족이라는 면이 클 것 같다. 그리고 "1980년대에 들어서 곡물생산량이 둔화(혹은 감소)하여 식량사정이 좋지 않게 되었다. 반면 개인의 뙈기밭[53]이 성행했다. 개인에 따라서는 식량에 여유가 생기는 경우도 있었다. 국가는 이것을 끌어내려고 했다"(탈북자 H씨)는 면도 있을 법하다. 어쨌든 애국미는 노동자 · 농민에게 있어서 일종의 '강제저축'이었다고 할 수 있다.

다음으로 문자 그대로의 '강제저축(강제저금)'을 살펴보자. 먼저 협동농장 농민의 경우, 연말에 현금분배를 받을 때 그 일부를 저금하게 되어 있다. 강제적인 성격이 강하다(탈북자 H씨, J씨). 어떤 곳에서는 현금분배할 때 분배액의 일정비율을 사전에 저금 명목으로 공제하고 그 나머지를 농민에게 주었다. 탈북자 H씨는 이러한 강제저금이 1980년대 후반부터 시작된 것이라고 전하고 있다. 그리고 무역회사에 근무한 적이 있는 탈북자 L씨의 경우, 매월 20원을 의무적 · 강제적으로 저금하였다고 한다. 다만 "강제적인 성격이 강한 것은 사실이지만 저금을 하지 않았다고 하여 제재를 받은 적은 없었다"(탈북자 M씨)라고 하는 면도 있다.

결과적인 '강제저금'도 있다. 북한에서는 1980년대 말부터 자신이 은행에 맡겨 두고 있는 바로 그 돈도 인출해서 쓰기가 매우 어렵게 되었다는 것은 탈북자들의 일치된 증언이다.

---

52) 탈북자 D씨는 "한국정부는 제1의 애국미를 '전쟁비축미'라고 부르고 있지만,. 실은 쌀이 모자라니까 시작된 것이다"고 밝히고 있다.

53) 개인이 불법적으로 경작하고 있는 토지. 제2장 제1절 참조.

"1989년의 일로 기억된다. 어머니 심부름으로 돈을 찾기 위해 은행에 갔다. 그런데 돈을 찾지 못했다. 은행에 돈이 없기 때문이었다.[54] 그 후 두세 차례 더 은행에 갔지만 역시 돈을 찾을 수 없었다. 그래서 포기했다"(탈북자 J씨).

"돈을 자기가 필요할 때, 자기가 필요한 금액만큼 찾을 수 없었던 것은 1990년부터의 일이다. 100원 저금하였다고 하면 자기가 찾을 수 있는 금액은 20~30원 정도 되었을까"(평양거주의 탈북자 L씨).

"때로는 은행지점에서 돈이 방출된다. A 저금소에는 10만 원, B 저금소에는 12만 원과 같은 식이다. 그러면 돈을 인출하기 위해 새벽부터 줄을 서야 한다. 그렇게 하지 않으면 돈을 찾을 수 없다. 순식간에 돈이 없어지기 때문이다. 그렇다고 해도 자기가 필요한 금액을 인출할 수 있는 것이 아니다. 기껏해야 50원이나 100원 정도이다. 뇌물을 쓰든지 자기가 저금한 금액의 일정비율을 국가에 바친다고 하면 인출이 가능한 경우도 있다"(탈북자 I씨).

이렇게 해서 이미 은행에 예금한 돈은 대부분이 자동적으로 나랏돈이 되어 버렸다. 그래서 사람들은 서서히 "은행에 예금하면 안 된다"고 생각하게 되었다(탈북자 H씨).

1992년의 화폐개혁은 보다 노골적인 경우이다. 공식적으로는 1992년 7월 중앙인민위원회정령으로 '신화폐의 발행에 대하여'가 발표되었다. 이러한 화폐개혁, 화폐교환은 이전에도 행해진 적이 있지만 1992년의 것은 신·구화폐의 교환에 한도를 설정, 그 한도를 초과하는 금액은 은행에 입금시킨 것, 또한 국가기관, 기업, 단체를 강제적으로 은행에 입금

54) 왜 은행에는 현금이 없는 것일까. 이는 국가경제의 극도의 부진 그리고 이른바 '제2경제'와 밀접한 관계가 있다. "급료는 은행에서 공장으로, 또한 노동자에게 흘러간다. 그렇다면 노동자들이 돈을 써서 그 돈이 상점 등의 국가유통망을 통하여 다시 국가에 흘러가야 되지만 돈은 개인이 있는 곳에 멈추어 있다. 돈은 개인 사이에서 빙빙 돈다. 은행에는 들어가지 않는다"(탈북자 H씨, L씨)고 한다.

시킨 것에 특징이 있다. "399원까지는 그 자리에서 구화폐를 신화폐와 교환할 수 있었다. 400원부터 5,000원까지는 은행에 입금시켜 예금통장을 만들어 주었다. 그 이상의 금액, 2만 원인가 2만 5,000원까지는 3년이나 5년 뒤에, 또한 3만 원까지는 10년 뒤에 통장을 만들어 준다고 했다. 약속이 지켜질지 어떨지 알 수 없지만 그 때까지는 증서만을 가지고 있게 된다. 은행에 저축하지 않은 채 현금을 가지고 있던 사람들에 대해서는 3만 원 초과분에 대해서는 '무효'가 되었다"(탈북자 I씨)고 한다. 극단적인 형태의 '강제저축'이라 하지 않을 수 없다.

3. 고축적과 지방공업

북한에서 고축적(高蓄積)정책을 또 다른 측면에서 뒷받침한 것이 지방공업 및 지방예산제이다. 북한에서 지방공업은 전국적 의의를 가지는 대규모 중앙공업에 대비되는 범주로서, 지방적 의의를 가지는 중소규모 공장을 가리킨다. 식료품, 의류, 생필품 등 경공업제품을 주로 생산한다. 1958년부터 본격적으로 건설되기 시작한 북한의 지방공업은 그 이후 단속적(斷續的)으로 성장하다 1970년대 이후 양적 성장을 멈춘 것으로 보인다(이석기, 1998: 5-8). 지방공업공장은 1980년 현재 전국의 각 군(郡)에 평균 18개 정도가 존재하고 있었다고 한다(『경제관리 5』, pp. 445-446).

북한의 지방공업의 가장 큰 특징은 공장을 건설하고 제품을 생산하는데 국가가 별로 돈을 들이지 않는다는 것이다. 지방공업기업이 사용하는 원료 · 자재는 지방에서 생산되고 지방에서 소비되는 '지방원료'가 기본으로 되어 있다. 여기에는 재배원료(피마주, 깨, 박하 등), 자연원료(칡껍질, 노박덩굴, 산나물 등), 지방중소공장에서 생산되는 원료, 대규모 중앙공장에서 나오는 폐설물, 부산물, 고자재(헌 종이, 헌 천) 등이 속한다(『경제사전 2』, pp. 444-445). 따라서 지방공업기업은 별다른 투자 없이도 운영가능하다는 것이다.

북한 당국이 1958년부터 지방공업공장을 대대적으로 건설하기로 방침을 세운 것도 바로 이같은 사실에서 출발한다. 김일성은 다음과 같이 밝힌 바 있다.

"우리는 자금도 부족하였고 기술도 미약했기 때문에 현대적인 경공업에만 의거해 가지고서는 소비품에 대한 인민들의 수요를 도저히 보장할 수 없었습니다. … 출로는 일정한 자금으로 현대적인 경공업을 발전시키면서 동시에 자금이 덜 들고 생산을 빨리 낼 수 있는 수공업을 복구하는데 있었습니다. … 우리는 있는 예비를 동원하여 수공업을 복구 · 발전시킴으로써 자금을 덜 들이고도 소비품을 대대적으로 생산하여 인민생활을 보장할 수 있었고 많은 자금을 중공업의 발전에 돌릴 수 있었습니다. 그리하여 비록 상품의 질은 높지 못하지만 어쨌든 인민의 입고 먹고 쓰고 사는 모든 것을 다 우리의 것으로 충족시킬 수 있게 되었습니다. … 많은 자금을 축적에 돌릴 수 있었습니다"(『저작집 17』, pp. 379-380).

"큰 공장을 건설하려면 자금이 많이 들고 탁아소, 유치원을 비롯한 부대건물까지 크게 지어야 하며 노력도 다른 지방에서 모집해 와야 합니다. 그러나 지방산업공장을 꾸리는 데는 그런 것이 필요 없습니다. 지방에 있는 예비와 유휴노력을 동원 · 이용하면 지방산업공장들을 쉽게 꾸릴 수 있고 제품을 곧 생산할 수 있습니다. 그렇기 때문에 지방공업을 발전시키면 투자를 석게 하고도 상품의 가짓수와 양을 빨리 늘릴 수 있습니다"(『저작집 30』, p. 231).

즉 지방공업도 북한의 강제저축 메커니즘의 주요한 요소로서 작용했다고 볼 수 있다. 국가 입장에서는 주민들의 소비생활을 위한 물자 생산에 소요되는 자금은 최소한으로 억제하고 보다 많은 자금을 축적에 돌렸던 것이라고 할 수 있다.

1973년부터 실시한 지방예산제도 유사한 기능을 수행한 것으로 보인다. 지방예산제는 자체로 벌어서 자기 지방의 살림살이를 꾸려 나가는 '자력갱생'의 원칙을 구현하고 있다. 게다가 국가에 대해 일정한 이익을 제공할 '의무'를 진다. 이는 수입초과분을 중앙예산에 들여놓는 형태로 실현된다.

북한이 이러한 제도를 도입한 목적에 대해 김일성은 다음과 같이 밝히고 있다.

“그 전에는 중앙에서 큰 공장들이 벌어들인 이익금을 가지고 도(道)들에 국가보조금을 나누어 주어 (지방에 있는)교원, 의사, 정무원들의 노임을 주도록 하였습니다. 그러다 보니 국가에서 많은 재정적 부담을 지었으며 나라의 경제건설에 더 많은 자금을 돌리지 못하였습니다. … 지방예산제를 실시한 다음부터는 국가에서 큰 공장들과 대학, 병원 같은 것을 건설하는 데 더 많은 자금을 돌릴 수 있게 되었습니다”(『저작집 30』, p. 225).

“우리나라에서는 지방예산제를 실시하기 전에는 지방들의 살림살이에 필요한 자금을 다 중앙예산에서 보장하였습니다. 그러나 지방예산제를 실시하기 시작하여 몇 해 지나서부터는 모든 지방들에서 자체의 수입으로 지출을 보장하고 있으며 많은 돈을 더 벌어서 국가에 들여놓고 있습니다”(『경제관리 5』, pp. 338-339).

그렇다면 지방정부는 어떻게 해서 종전보다 예산수입을 늘려야 할까. 김일성은 지방예산제를 발전시키기 위해서는 무엇보다도 지방공업을, 그 외에 농업, 수산업, 인민봉사사업, 수매사업 등을 발전시켜야 한다고 했다. 즉 이것들이 지방예산수입 원천인 셈이다. 그리고 이들 사업을 발전시키는 데에 중앙정부의 재정적인 추가부담은 거의 없다. 앞에서의 김일성의 연설로부터도 이같은 사실을 짐작할 수 있다. 그러나 역사적인 경험이 보여 주듯이 ‘지방에 있는 예비와 유휴노력’만으로 지방공장을 발전시키는 데는 한계가 있다.[55] 농업, 수산업, 인민봉사사업, 수매사업

55) 1970 · 80년대에 김일성은 지방공업공장에 대해 중앙의 공장이 지원을 해야 한다고 지시를 내리거나, 지방공장들이 스스로 원료문제를 해결할 생각은 않고 중앙공장의 지원만 바라고 있다고 질타한 적이 꽤 있다. 예컨대『저작집 30』, pp. 234-237;『저작집 35』, p. 72;『경제관리 5』, p. 448 참조.

등에서 종전보다 더 많은 돈을 거두어들이는 데도 한계가 있다. 지방정부의 살림살이는 겨우겨우 종전 수준을 유지하거나 아니면 종전보다 빠듯해졌을 가능성이 있다.

"지방예산제는 우리나라에서 처음으로 실시하는 독창적인 사회주의 예산제도"(『경제관리 5』, p. 338)라는 김일성의 말처럼 지방예산제는 다른 사회주의 국가에서는 예를 찾을 수 없는 북한 특유의 제도이다. 그리고 지방예산제의 실시는 "국가로 하여금 지방경제에 대한 부담을 덜고 축적에 더 큰 힘을 돌릴 수 있게 해준다"고 북한 당국은 밝히고 있다(『경제사전 2』, pp. 443-444). 즉 지방예산제도 강제저축 메커니즘의 하나의 요소로서 작용했다고 볼 수 있다.

4. 축적의 내용, 축적의 이용

지금까지는 북한에서 어떠한 메커니즘에 의해 자본축적이 이루어졌는지 살펴보았다. 이하에서는 자본축적의 구체적인 내용에 대해 간단히 살펴본 뒤 축적된 자금이 구체적으로 어떻게 이용되는지 고찰하기로 한다. 축적의 내용, 축적의 이용문제는 고축적의 효과, 달리 보면 자본효율의 문제와 직결된다.

(1) 축적률과 재고투자

축적(혹은 투자)의 구성항목의 하나인 재고투자의 비율이 매우 크다는 것은 사회주의 계획경제의 특징이기도 하다. 중국의 경우, 일부 기간을 제외하고 매년 새롭게 만들어진 순생산의 10% 가까운 부분이 새로운 재고의 증가로 되어 누적되고 있었다(田島俊雄, 1991: 57-58). 구소련의 경우, 1950년대 말부터 국영소매상점에서 소비재의 체화(滯貨)가 급증하고 있었다. 예를 들면 1964년 7월 1일 현재 전국 소매상점망의 재고총액은 표준재고액을 약 20억 루블(당시의 약 3개월분의 소매판매고에 상당) 초과하기에 이르렀다(宮鍋織, 1975: 276). 한편 재고총액은 투입재 재고와 산출재 재고로 나뉘는데, 산출재 재고 못지않게 투입재 재고가 차지하는 비율이 높은 것이 사회주의 경제의 특징이다. 재고총액에서 투입재 재고가 차지하는 비율이 자본주의 국가에서는 30~40%인 데 대해 헝가리에서는 70%였다.[56)]

미완성 건설과 이월공사가 많은 것도 사회주의 경제의 특징이자 큰 고민거리였다. 1958년부터 1978년까지 21년 동안 중국의 기본건설투자는 누계로 5천억여 위안에 달했으나, 새롭게 증설된 고정자산액은 3천억여 위안으로 투자총액의 60% 전후에 불과했다(薛暮橋, 1980: 295).

북한의 경우는 어떻게 되어 있을까. 북한의 재고에 관한 공식통계는 구할 수 없다. 다만 탈북자들은 기업이 총생산액 목표를 달성하기 위해서 수요를 무시, 생산품목을 자의적으로 선택·변경하는 사례가 비일비재하다고 전하고 있다. 이로 인해 적지 않은 재고가 쌓여 가리라는 것은 쉽게 짐작할 수 있다.

또 김일성은 누차에 걸쳐 공장의 지배인들이 필요 이상으로 많은 자재를 가지고 있으며, 공장에는 미성품과 반제품이 쌓여 있고 지배인들은 그에 대하여 아무런 책임을 느끼지 않고 있다고 지적했다. 예컨대 김일성은 1962년 어느 회의석상에서 "지금 대안전기공장 창고에는 완성되지 못한 변압기와 전동기가 잔뜩 쌓여 있습니다. … 그리하여 몇 백만 원의 국가자금이 활용되지 못하고 있습니다. 아마 자본가들이 이런 식으로 일한다면 벌써 망한 지 오래됐을 것입니다"(『경제관리 2』, p. 291) 고 질타했다.

아울러 북한도 미완성 건설과 이월공사문제로 고민해 왔다. 김일성은 시작한 공사를 끝내지 않고 그대로 두는 것을 큰 잘못으로 여기지 않으며 자꾸 새로운 건설을 벌이는 태도를 지적, 비판하곤 했다. 상기의 회의석상에서 김일성은 "은행에서는 건설계획을 수행하였는가 수행하지

56) J. Kornai 著, 盛田常夫 編譯, 『'不足' の政治經濟學』, 東京: 岩波書店, 1984, p. 14.

못하였는가 하는 것은 전혀 따져 보지도 않고 건설기관, 기업소들이 요구하는 대로 자금을 내주고 있습니다. 은행에서 이와 같이 아무런 통제도 없이 건설자금을 되는 대로 내주기 때문에 미완성 건설은 자꾸 늘어나고 있으며 해마다 이월공사는 줄어드는 것이 아니라 더욱더 많아지고 있습니다. 지난해에 황해남도에서 끝내지 못한 관개공사만 하여도 128개나 되는데 올해에 새로운 공사를 또 하겠다고 합니다"(『경제관리 2』, pp. 291-292)고 질타했다. 미성품과 반제품이 쌓이고 미완성 건설과 이월공사가 많으면 국가자금이 활용되지 못한 채 동결되고, 따라서 국가 전체의 생산도 늘어나지 못한다는 것이다(『경제관리 3』, p. 218).

(2) 축적과 군사지출

전술한 강제저축 메커니즘에 의해 축적된 자금이 전부 공업화(투자)에 돌려지는 것은 아니다. 즉 축적률의 크기가 곧 투자율의 크기를 결정하는 것은 아니다. 투자율 혹은 투자의 수준은 여타의 정부지출의 크기에 의해서도 영향을 받는다. 북한의 공식설명에 의하면 사회주의 축적은 생산적 축적(생산확대를 위한 것. 공장을 비롯한 생산용 건물과 시설의 건설, 기계설비의 증대, 원료 · 자재 · 노동력의 증대에 이용되는 축적부분)과 비생산적 축적(주택 · 학교 · 병원 등 비생산적 시설의 건설에 사용되는 축적부분), 사회적 예비(자연재해와 전쟁 등의 비정상적 사태에 대처하기 위한 것)의 조성에 이용된다. 이 중에서 가장 중요한 것은 확대재생산을 위한 생산적 축적, 특히 기본건설투자라고 한다(『경제사전 1』, p. 742).

북한의 경우, 축적의 이용이라는 면에서 투자에 큰 영향을 주었던, 바꾸어 말하면 투자의 제약요인으로서 기능했던 것 가운데 군사지출[57]이

57) 군사지출은 투자의 성격을 지닌 것도 있고 소비의 성격을 가진 것도 있다. 따라서 군사지출과 투자는 원래 구별되는 것이 아니다. 다만 여기서는 논의의 편의상 양자는 구별가능한 것으로 가정한다.

가장 중요할 것 같다.

북한의 군사비에 관해서는 연속적인 공식통계가 존재한다. 북한 당국은 거의 매년 예산수입·예산지출 총액과 부문별 예산지출의 구성비에 관해 발표해 왔다. 그런데 예산지출 총액에서 군사비[58)]가 차지하는 비중은 1954년부터 1966년까지 지속적으로 10% 이하의 수준에 머물러 있었으나 1967년에 갑자기 30.4%로 급상승, 1971년까지 5년 연속 30%을 웃돌게 되었다. 그러던 것이 1972년에 들어서는 17%로 급락, 그 이후 서서히 감소해 1994년에는 11.4%까지 하락했다. 외부의 기관·연구자들이 군사비에 관한 북한 공식통계의 신뢰성에 의문을 제기하는 것도 무리는 아니다.

의문은 또 다른 곳에서도 제기될 수 있다. 1970년 제5차 당대회에서 제1부수상인 김일의 보고에 "1960년에 국방부문에 국가예산지출 총액의 19%가 사용되어 … 지난 9년간 80억 원에 가까운 막대한 자금이 국방건설에 지출되었습니다"[59)]라는 문장이 나온다. 그런데 북한은 1961년 당시, 1960년의 군사비는 세출의 3.1%였다고 발표한 바 있다. 즉 9년 후의 보고에서는 3.1%가 19%로 바뀐 것이다. 그리고 상기의 김일 보고로부터 역산하면, 1961~1966년 사이에는 연평균 19.8%의 예산지출이 군사비로 사용된 것으로 된다.[60)] 그렇다고 한다면 적어도 1960년부터 1966년까지는 1967~1971년의 개념에 의한 '군사비'가 예산지출의 여타 항목, 즉 인민경제비나 사회문화비 같은 곳에도 들어가 있었다는 것이 된다. 이러한 1960년대의 '전례'도 있는 만큼 1972년 이후도 1967~1971년의 개념에 의한 '군사비'는, 예산지출에서 '국방비' 이외의 항목에 '분

---

58) 북한측은 1967년 이후 '군사비'를 '국방비'라고 부르고 있다.

59) 함택영(1993), p. 139(원자료는 『로동신문』, 1970. 11. 10).

60) 1961~1969년의 국방비는 "80억 원 가까이"라는 발언으로부터 1961~1966년간의 국방비는 36.74억 원으로 재계산되고, 여기에서 같은 기간의 연평균 국방비/예산수입비율이 19.8%라는 계산이 나온다. 함택영(1993), pp. 139-140, 151 참조.

산'(혹은 '은폐')되어 있을 가능성이 높다는 것이 대부분의 기관 · 연구자의 견해이다. 즉 북한의 실제 군사비는 북한의 공식발표보다 많을 가능성이 크다는 것이다.

따라서 한국정부를 비롯하여 세계의 각 기관 · 연구자들은 자기 나름대로의 방법으로 북한의 군사비 규모, 예산지출과의 비율, GNP와의 비율 등을 추정하여 왔다. 다만 표 3.23을 보면 알 수 있듯이 북한의 공식발표치와 각 기관의 추정치 사이에, 또한 각 기관의 추정치들간에 큰 차이가 있다. 그 원인으로서는 환율적용방법의 차이, 또한 북한의 공식발표를 그대로 받아들일지 어떨지를 포함해서 군사비에 대한 추정방법의 차이, 북한의 GNP에 대한 추정방법의 차이 등을 들 수 있다.[61] 따라서 북한의 군사비 규모가 어느 정도인지 파악하기가 어렵다. 다만 각 기관의 추정치를 종합해 보면 1960년대 이후 군사비는 GNP의 10~25%에 달하고 있다고는 말할 수 있다. 그리고 표 3.23에는 나타나 있지 않지만 미국 CIA가 1965~1976년의 북한 군사비를 GNP의 15~20%로 추정하고, 그 이후 미국 관료의 의회증언에도 같은 수치가 나와 있다는 사실은 첨언할 필요가 있다.[62]

북한의 군사비 규모가 국제적으로 보아서 어느 정도인지를 파악하기도 쉽지 않다. 단지 표 3.24에도 나타나 있듯이 IISS의 추정에 의하면, 북한의 GNP에서 군사비가 차지하는 비중은 한국은 물론 구소련, 베트남보다 크고 이라크에 필적할 정도이다. 실제로 군사비의 부담이 지나치게 많다는 것은 북한 당국이 인정할 뿐 아니라 오히려 강조하고 있는 바이다.

군사지출이 거시경제에 주는 영향 가운데 플러스의 면이 많은지 마이너스의 면이 많은지에 대해서 논란의 여지가 없는 것은 아니다. 다만 군사비가, 특히 북한과 같이 큰 규모의 군사비 부담을 안고 있는 나라에서

---

61) 자세한 것은 예컨대 이달희(1990), pp. 174-207 참조.

62) 함택영(1993), p. 151(원자료는 U.S. CIA, *Korea: The Economic Race between the North and the South*, 1978, p. 6).

표 3.23 북한의 군사비관련 공식통계 및 각 기관의 추정치

(단위: 억 원, 억 달러, %)

	1960	1965	1970	1975	1980	1985	1990	1992	1994
북한 공식통계 (A)	① 0.6 ② 3.1	① 2.8 ② 8.0	① 18.8 ② 31.3	① 18.6 ② 16.4	① 27.5 ② 14.6	① 39.4 ② 14.4	① 42.6 ② 12.0	① 44.8 ② 11.4	① 47.2 ② 11.4
한국정부 추정치(B)		① 2.6 ② 18.6 ③ 13.7	① 9.9 ② 43.0 ③ 30.9	① 16.3 ② 30.8 ③ 25.1	① 32.4 ② 29.2 ③ 24.0	① 35.0 ② 31.3 ③ 23.0	① 49.6 ② 29.9 ③ 21.5	① 55.4 ② 30.0 ③ 26.3	① 56.6 ② 30.0 ③ 26.7
ACDA 추정치(C)				① 20.0 ② 37.6 ③ 22.2	① 35.0 ② 31.8 ③ 22.6	① 52.0 ② n.a. ③ 22.6			
SIPRI 추정치(D)				① 18.6 ② - ③ 9.8	① 27.5 ② - ③ 10.7				
IISS 추정치(E)			① 19.2 ② - ③ 11.0	① 18.0 ② - ③ 11.0	① 27.4 ② - ③ 10.0	① 41.6 ② - ③ 23.0		① 50.9 ② - ③ 25.7	

주: ①은 군사비 지출, ②는 예산지출에서 군사비가 차지하는 비중, ③은 군사비와 GNP의 비율. ①의 군사비 지출에서 (A)와 (D)의 단위는 원, 그 이외는 달러. (C)는 경상가격, (E)는 실질가격으로 1970, 1975, 1980년은 1980년 가격(달러) 기준, 1985, 1992년은 1985년 가격(달러)기준.

자료: (A) 『북한경제통계집』, pp. 139-142(원자료는 북한 당국의 연도별 「예산 · 결산 보고서」).

(B) 통계청(1995), pp. 178-179(원자료는 통일원, 한국은행).

(C) 이달희(1990), p. 182(원자료는 U.S. Arms Control and Disarmament Agency, *World Military Expenditures and Arms Transfers 1986*).

(D) 이달희(1990), p. 180(원자료는 The Stockllolm International Peace Reserch Institute, *World Armaments and Disarmament 1986*).

(E) Internatlonal Institute for Strategic Studles(IISS), *The Military Balance 1987-1988*, p. 220; *1993-1994*, p. 226.

표 3.24 북한 군사비의 국제비교: IISS의 추정

(GDP나 GNP에서 차지하는 비중, %)

	북한	구소련	중국	베트남	이라크	이스라엘	미국	한국
1985	23.0	16.1	5.1	19.4	25.9	21.2	6.5	5.1
1990	25.2	14.2	5.1 2)	16.0	21.1	12.0	5.3	4.4
1992	25.7	9.9 1)	5.0	11.0	n.a.	11.1	5.3	3.8

주: 1) 러시아, 2) 1991년.

자료: IISS, *The Military Balance 1992–1993*, pp. 218–212; *1993–1994*, pp. 224–228.

는 적어도 단기적으로 투자의 제약요인이 된다고 보아도 무방할 것 같다.[63] 투자 · 군사지출 이외의 정부지출이 일정하다고 가정하면 주어진 축적자금 가운데 군사지출에 사용되는 비율이 클수록 투자에 사용되는 비율이 작아지기 때문이다.

그림 3.2는 투자와 소비와 군사비의 관계를 나타낸 것이다. 투자와 소비의 움직임이 반드시 대항적 관계[64]에 있다고 말하기는 어렵다. 그것은 군사비의 존재 때문이다. 그림 3.2에도 나타난 것같이 투자와 소비의 명확한 대항적 관계가 관찰되는 것은 1965년, 1968～1970년뿐이다. 더욱이 1958년, 1962년, 1963년은 양자가 병진적 관계를 보이고 있다. 이들 기간 동안은 투자가 아니라 군사지출이 소비와 대항적 관계를 보이고 있다.

여타의 정부지출이 주어졌다고 하면 정부는 어떤 방식으로 소비를 희생시켜 자금을 확보하고, 그 자금을 어떻게 투자부문과 군사지출부문에

---

63) Todaro(1985)에 따르면 군사지출이 경제의 성장과 발전에 긍정적인 영향을 미친다는 주장과 경험적 증거도 제시되고 있으나, 최근의 대부분의 연구들은 군사지출은 부정적 효과를 더 많이 가지고 있다는 것을 보여 주고 있다. 무엇보다도 군사지출의 증대가 정부나 민간의 투자감소나 공공지출의 감소를 초래한다는 것이다. 군사지출의 증대는 경제발전에 필요한 희소한 자원들을 고갈시킨다고도 할 수 있다. Todaro(1985), pp. 651–657 참조.

64) 투자와 소비의 대항적 · 병진적 관계라는 개념은 平泉公雄(1979)에서 빌었다.

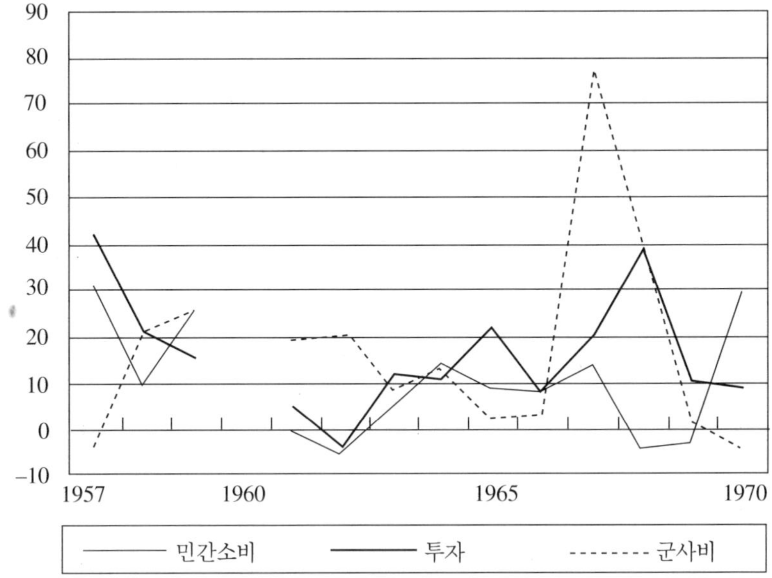

주: 1959년과 1960년은 추정기관, 추정방법이 다르기 때문에 1960년의 전년비 증가율은 구하지 않았음.

자료: 1956~1959년은 Niwa and Goto(1989), p. 163/1960~1970년은 북한연구소(1979), pp. 312, 322(원자료는 극동문제연구소).

그림 3.2 북한의 민간소비, 군사비, 투자의 전년비 증감률

배분할 것인가 하는 것에 정책의 중점을 두었다고 볼 수 있다. 따라서 투자는 소비뿐만 아니라 군사지출에 의해서도 규정 · 제약되었다. 그림 3.2로부터도 그러한 경향을 엿볼 수 있다. 물론 이것은 북한의 공식통계가 아니라 연구자 · 기관에 의한 추정치에 기초한 것이므로 한계는 있다.

군사지출이 경제건설에 부정적 영향을 준 것은 북한 지도부도 인정하고 있다. 전술했던 1970년 당대회에서의 김일 보고에서, 1960년대 후반 김일성의 '경제 · 국방 병진노선'에 의해 북한은 "인민경제 발전속도를 일부 조절하면서"[65] 국방건설을 한층 더 강화하였다고 하는 문장이 나와 있다. 유사한 문장은 1965년의 김일성의 연설에서도 볼 수 있다. 미

제국주의자들의 위협 때문에 국방력을 한층 강화하기 위한 조치를 취하지 않을 수가 없었다. 이것은 7개년 계획의 수행에 일정한 영향을 주지 않을 수 없었다(『경제관리 3』, p. 226)는 것이다. 다만 통계적으로 뒷받침하기는 어렵지만, 북한의 군사지출부담은 1960년대부터 커졌다는, 다시 말하면 1950년대는 부담이 작았을 수도 있다는 것은 지적할 필요가 있다.

(3) 축적과 비생산적 건설

북한의 경우, 축적의 이용 면에서 투자에 큰 영향을 준 요인으로서 군사지출의 뒤를 잇는 것이 1980년대에 집중적으로 이루어졌던 정치선전목적의 기념비적 건조물의 건설 러시, 즉 대규모의 비생산적 건설이다.

예를 들면 김정일은 1982년 4월 김일성의 70세 생일을 앞두고 '충성의 선물'이라고 칭하여 수도 평양에 대대적으로 기념비적 건조물의 건조를 전개하였다. 어느 것이나 세계 제일 규모를 자랑하는 '주체사상탑', '개선문' 외에 '인민대학습당', '김일성경기장' 등의 여러 시설이 건설되었다.

더욱이 1988년의 서울 올림픽에 맞서기 위해 1989년에 평양에서 열린 제13회 세계청년학생제전의 개최를 앞두고 약 3년간에 걸쳐 260여 개의 관련 시설이 건설되었다(이른바 '수도대건실'). 북한 당국의 발표에 따르면 이들 건설에는 47억 달러라는 거액이 투입되었다고 한다(玉城素, 1993: 62). 이것은 1992년의 북한의 GDP(공식통계)의 22.6%에 달하는 막대한 금액이다. 조현식의 추산에 의하면, 북한이 1980~1996년 동안에 건설한 60건의 대형 공사 중 순수한 정치선전목적의 기념비적 건조물은 18건으로 그 공사비는 100억 달러 정도였다고 한다[66](조현식, 1996: 91-94).

---

65) 함택영(1993), p. 139(원자료는『로동신문』, 1970. 11. 10).

66) 한국의 상황을 기준으로 한 금액. 북한의 경우 이 금액의 30~50% 선에서 공사가 가능할 것으로 그는 보고 있다.

대량의 노동, 자본, 설비, 자재를 필요로 하는 이러한 대규모의 비생산적 건설이 경제의 다른 부문, 나아가 경제 전반에 어떠한 악영향을 주었을까는 상상하기 어렵지 않다. 특히 이러한 건설들이 북한의 경제상황이 종전보다 나빠진 1980년대에 집중적으로 이루어졌다는 점에 주목할 필요가 있다.

제4절 맺음말

여기서는 이 장에서의 분석결과에 기초해 북한의 공업화가 특히 1970년대 이후 제대로 진전되지 않았던 이유는 무엇인가, 또는 공업화의 제약요인은 어디에 있었던가 하는 문제의식에 입각해서 북한 공업화의 역사적 구조를 대내부문에 초점을 맞추어, 경제개발론적 시점에서 간단히 정리하기로 한다.

북한경제도 대부분의 사회주의 경제와 마찬가지로 '성장률의 장기하락'과 '생산성의 장기하락' 현상이 나타나고 있었다. 북한경제는 1970년대 후반 혹은 1980년대 전반부터 침체의 상태가 지속되고 있으며, 거시경제의 자본 · 노동 · 총요소생산성의 증가율은 1970년대 전반 혹은 후반부터 크게 둔화되고 있다. 따라서 북한 공업화의 역사를 돌이켜 보면 생산성의 하락은 공업화의 큰 제약요인으로 되어 왔다고 추론할 수 있다. 생산성의 하락에는 여러 가지 원인이 있지만 가장 큰 것은 현실의 사회주의 경제가 공통적으로 가지고 있던 여러 가지 제도적 비효율에 있다. 이 문제는 제4장에서 자세히 살펴보기로 한다. 또한 북한 지도부의 정책에 의한 요인, 즉 여러 가지 정책적 비효율도 중요한 원인이다. 이 문제는 제4, 5, 6장에서 자세히 살펴보기로 하고, 여기서는 1980년대에 집중적으로 이루어졌던 정치선전목적의 기념비적 건조물의 건설 러시, 즉 대규모의 비생산적 건설과 자본재 수입부진 등에 의한 기술적 낙후를 지적하는 데 그치기로 한다.

물론 생산성 혹은 효율만으로 북한의 공업화를 다 파악할 수는 없다. 생산요소의 투입량 그 자체를 살펴볼 필요가 있다. 실제로 북한의 공업화는 생산요소의 생산성보다 생산요소의 대량 투입에 의존하여 성장을 도모하는 '외연적 성장패턴'을 취해 왔기 때문이다.

물론 외연적 성장과 내포적 성장은 추상적 분석의 틀로서, 현실세계에서는 양자가 동시적으로 나타난다. 다만 둘 중에 어느 하나가 우세해지고 나머지 하나가 보완적으로 된다. Kornai에 의하면, 전자는 사회주의의 초기국면에 나타나는 것으로 고용의 지속적이고 또한 급속한 확대, 높은 투자율, 노동(작업)시간의 연장, 경지의 확대, 광물자원의 광범한 채취 등이 이 범주에 속한다. 이에 비해 노동(강도)의 강화, 기술진보, 숙련의 발전, 작업조직의 개선 등은 후자에 해당된다(Kornai, 1992: 180-184).

북한에서도 양자는 동시적으로 나타났다. 예를 들면 북한이 1950년대부터 1990년대까지 지속적으로 추진했던 '천리마운동'이나 '속도전'과 같은 대중운동은 외연적 성장적 요소(노동시간의 연장)와 내포적 성장적 요소(노동강도의 강화)를 동시에 가지고 있었다. 그리고 앞에서도 살펴보았지만 북한은 기술발전을 위해 나름대로 노력해 왔으며, 경제관리제도의 개선[67] 등을 통해 생산성을 높이고자 하는 노력을 기울였다. 특

67) 북한 당국은 경제성장 둔화세가 뚜렷해지는 1980년대에 들어 계획제도 개선에 종전보다는 적극적으로 나섰다. 대표적인 것이 1981년에 도(道)경제지도위원회를 신설, '부문별' 경제관리체계에서 '지역별' 경제관리체계로의 전환을 모색한 것과 1985년에 연합기업소제도를 전면적으로 도입, 연합기업소 중심의 경제관리체계로 재편한 것이다. 전자는 중앙집권적 계획제도의 문제점에 대처하기 위해 지방분권화라는 방식을 취해 본 것이고, 후자는 중앙집권적 계획제도의 가장 큰 골칫거리인 자재공급상의 애로에 대처해 보고자 한 것이다. 하지만 이러한 조치들은 기존의 시스템을 '개혁'하려는 것이라기보다는 '개선'하려는 것, 즉 집권적 계획경제라는 큰 틀은 온존시킨 상태에서 경제관리의 효율을 높이고자 하는 시도들이다. 따라서 어느 정도 성과를 거둔 것은 사실이나 이 성과가 제한적이었다고 하겠다. 자세한 것은 이 책의 제6장 참조.

히 이러한 노력들은 경제성장 둔화가 뚜렷해진 1970년대 후반 이후에 배가되었다. 하지만 이러한 노력들은 고용의 지속적이고 급속한 확대, 높은 투자율의 유지만큼 적극적으로 전개되었다고 보기 힘들다. 그리고 이러한 노력을 통한 생산성 증대노력이 기대했던 만큼의 성과를 거두었다고도 할 수 없다.

다시 말하면 1970년대 후반 이후 내연적 성장방식으로의 전환노력이 전개되었다고 할 수 있으나 기존의 외연적 성장방식보다는 덜 적극적이었고 또한 뚜렷한 성과를 냈다고는 볼 수 없다. 결국 북한 당국이 내연적 성장방식으로의 전환에 별다른 노력을 기울이지 않았던 1970년대 후반 이전은 말할 것도 없고, 내연적 성장방식으로 전환하기 위해 나름대로 노력을 기울였던 1970년대 후반 이후에도 실제로는 외연적 성장방식이 우세한 상태가 지속되었다.

외연적 성장의 정책수단은 여러 가지가 있으나 고용 및 노동투입량의 급격하고 지속적인 확대, 높은 투자율의 유지가 대표적이다. 우선 노동력의 경우 북한 정책당국은 고용의 확대, 특히 여성 노동력의 고용확대에 힘을 쏟았다. 그 결과 고용은 지속적으로 확대되었다. 다만 이것은 어느 정도인지는 명확하지 않지만, 사회 전체의 노동력 부족으로 인해 제약을 받았다. 한편에서는 농업부문에서 노동력을 빼내면서도 또 한편에서는 농업부문에 노동력을 지원해야 하는 어처구니없는, 그러나 엄연한 현실의 모습에서 북한 당국의 고민을 읽을 수 있다. 노동력 투입의 증가는 특히 북한 같은 인구소국에서는 애초부터 한계가 있었는지도 모른다.

또한 북한은 반복적으로 대중운동을 전개함으로써 노동력 투입의 증가를 도모했다. 북한의 경제개발 초기에는 대중운동이 성과를 올린 것은 분명한 사실이다. 하지만 시간이 흐름에 따라 그 효과는 크게 줄었다. 이는 인센티브의 문제와 관계가 있다. 북한에서는 사회주의 국가 일반에서 볼 수 있는 사회주의 혁명 직후의 대중의 에너지도 있었지만, 36년간의 식민지생활에 종지부를 찍은 민족해방 직후의 대중의 에너지도 컸다. 특히 후자는 미국 · 한국과의 대결상태의 지속에 의해서 촉진된 면이 있다. 하지만 이러한 대중의 자생적 에너지는 시간이 지남에 따라 약화 · 소멸되는 것이 일반적이다. 주민이 언제까지 희생을 감수하면서 애국심만으로 버틴다고 하는 보장은 없다. 결국 노동투입량 확대가 경제성장에 미치는 긍정적 효과는 노동 인센티브의 하락 등에 따른 생산성 하락이 경제성장에 미치는 부정적 효과에 의해 점차 상쇄되었다.

자본의 경우는 어떠할까. 공업화의 초기단계에는 공업화의 재원을 주로 해외부문과 농업부문에서 조달했고, 공업화의 진전과 함께 공업 내부에서도 조달할 수 있도록 되었다. 또한 1958년에 주요 산업의 국유화, 농업집단화라고 하는 '생산관계의 사회주의적 개조'의 완료로, 소비희생의 강제축적 메커니즘이 본격적으로 작동할 수 있는 제도적 기반이 마련되었다. 국가는 생산자로서의 농민에 대해서는 사실상의 배급제와 강제수매를 통한 저분배(低分配), 생산자로서의 노동자에 대해서는 저임금을 통한 저분배를 강제로 실현시켰다. 이와 함께 소비자로서의 농민, 노동자에 대해서는 고율의 거래수입금, 소비재에 대한 광범위한 배급제, '애국미', 문자 그대로의 강제저축 등을 통해 소비를 억제했다. 가격과 물량 양쪽에 걸친 광범위한 행정적 통제를 통해 노동자 · 농민의 희생 위에 높은 축적률을 유지할 수 있었던 것이다.

그러나 고축적을 달성하였다고 해도 투자가 얼마만큼 유효하게 생산으로 전화(轉化)하느냐가 문제가 된다. 경제개발 초기에는 고축적(高蓄積)이 고생산(高生産)을 부르고 이것이 다시 고축적을 낳는 선순환이 이루어졌으나 이 메커니즘은 점차 작동하지 않게 되었다. 즉 고축적을 이루더라도 생산에서는 그에 상응하는 성과가 나오지 않게 된 것이다. 경제개발이 진행됨에 따라 현실의 사회주의 경제가 공통적으로 가지고 있던 제도적 비효율이 현저하게 나타났고,[68] 기술이 정체해 있었던 것

68) 집권적 계획경제는 경제개발 초기에는 제도적 비효율성이 상대적으로 작다는 사실을 강조할 필요가 있다. 더욱이 집권적 계획경제는 경제의 규모가 작고

이 주된 요인의 하나이다. 중공업에 우선적으로 자금을 투하하였지만 이것이 거시경제의 생산증대로 이어지지 않은 것도 큰 요인의 하나이다.[69] 여기에 과다한 재고 및 미성품, 미완성 건설, 1960년대 이후의 과도한 군사지출부담, 1980년대의 대규모 비생산적 지출 등도 투자효율 하락의 중요한 요인으로 작용했다.

투자의 효율이 하락하면서 1970년대 후반 혹은 1980년대 전반부터 농·공업 생산이 둔화되기 시작했다. 이에 대해 국가는 강제저축을 한층 더 강화하는 방향으로 대응했다. 이미 앞에서 보았듯이 1970년대 후반 혹은 1980년대 전반부터 종래의 강제저축수단에 더하여 '공급카드'에 의한 배급제의 강화, 제2차 애국미 징수, 문자대로의 '강제저금' 등의 수단이 새롭게 등장했다. 북한 주민들은 소비의 면에서 여타의 사회주의 국가들보다 더 많은 희생을 강요받았을 가능성이 있다.[70]

노동자·농민에게 여전히 주된 축적원으로서 일방적으로 희생을 강요함으로써 간신히 어느 정도 높은 수준의 축적률을 유지할 수가 있었을 것이다. 하지만 그러한 방식에도 한계가 있다. 예를 들면 인구는 계속 증가했고 개인의 소비의 억제에도 한도가 있다. 게다가 생산이 부진하게

경제관련이 비교적 단순한 단계에서, 대량의 인적·물적 자원을 일정한 전략부문에 집중투입하여 단기간에 공업화를 달성하는 데 적합하다. 하지만 경제의 규모가 커지고 경제의 연관성이 복잡해지는 단계에 들어가면 그 유효성이 크게 하락한다. 자세한 것은 이 책의 제4장, 7장을 참조.

69) 그리고 중공업 우선정책이 그다지 성과를 거두지 않은 주된 원인은 북한의 여러 가지 제도적·정책적 비효율, 특히 현실의 사회주의 경제가 공통적으로 가지고 있었던 비효율이다.

70) Eberstadt는, 북한은 GDP에서 임금이 차지하는 비중이 아마도 전세계에서 가장 낮은 나라의 하나이며, 국민소득에서 개인소비가 차지하는 비중도 사회주의권 내에서조차 비정상적으로 낮다고 주장하고 있다. Eberstadt(1991), p. 225 참조. 한편, Goto의 추정에 의하면 북한의 GDP에서 소비가 차지하는 비중(요소가격 기준)은 1956년에 39.8%, 1959년에 34.5%였다. 이에 대해 구소련은 1955년에 58.9%이었다. Goto(1990), p. 48 참조.

되면 아무리 소비를 억제한다 해도 축적을 위한 잉여를 만들어 내는 것 자체에 한계가 드러나게 된다. 그리고 제5장에서 검토하겠지만, 해외부문은 국내의 자본축적상의 애로 타개에 아무런 도움이 되지 않았다. 종래와 같은 고축적이 불가능하게 되었다.[71] 1990년대 들어서는 사회주의권의 붕괴에 의한 에너지난의 심화, 극단적인 자재난 등에 의해 농·공업 생산이 급격히 감소하고 마이너스 성장이 지속됨으로써 투자자금 부족사태까지 빚어지게 되었다.[72]

이렇듯 북한에서 고축적의 효과는 투자효율(자본생산성)의 하락효과에 의해 점차 상쇄되었다.[73] 그리고 생산요소의 대량투입효과가 생산성 하락효과에 의해 상쇄되는 경향이 갈수록 뚜렷해지면서 생산 자체가 부진해졌고, 이는 이번에는 생산요소(자본)의 대량투입 그 자체를 점차 어렵게 만들었다. 외연적 성장의 원천이 축소되어갔던 것이다. 사실 내포적 성장의 새로운 원천, 즉 생산성의 향상이 외연적 성장의 원천 축소를 보전하는 데 충분치 않으면 성장의 감속은 불가피하다.

북한에서 생산요소(노동·자본)의 대량투입은 공업화 초기의 고성장을 가능하게 해주었던 주된 원인의 하나였다. 하지만 생산요소의 대량투입은 점차 어렵게 되었는데, 그 경향은 1970년대 후반 혹은 1980년대 전반부터 현저하게 되었다. 따라서 북한의 공업화는 벽에 부딪혔다. 외연적 성장은 기본적으로 생산요소투입량의 함수이기 때문이다.

---

71) 이것은 투자자금의 주된 원천인 재정수입(예산수입)의 증가세가 현저히 둔화되었다는 사실에서도 엿볼 수 있다. 예산수입의 연평균증가율은 1971~1975년에 13.2%이지만, 1976~1980년에는 10.4%로, 더욱이 1981~1985년에는 7.7%로, 1986~1990년에는 5.4%로 떨어졌다. 북한의 연도별 예산수입에 대해서는 예컨대 『북한경제지표집』, p. 71 참조.

72) 예를 들면 1998년의 예산수입은 1990년대 초의 수준에도 미치지 못하게 되었다. 『조선신보』, 1999년 4월 12일자 참조.

73) 축적률의 상승(내지는 높은 축적률의 유지)과 축적효과(혹은 투자효율)의 하락, 이 두 가지 힘 가운데 어느 것이 더 크느냐에 따라 성장률의 움직임이 결정된다고 할 수 있다.

이러한 외연적 성장방식이 언젠가 벽에 부딪힌다는 것은 무엇보다도 북한과 마찬가지로 외연적 성장패턴을 취해 온 구소련 · 동구 · 중국 등 사회주의 제국의 경험이 말해 주고 있다. 이들 나라보다 천연자원이 적거나 대외무역의존도가 낮은, 즉 외연적 성장의 원천이 상대적으로 적은 북한경제의 성장이 벽에 부딪힐 가능성은 더 높다고 할 수 있다.

제4장

기업의 행동양식: 경제개발의 미시적 측면[1)]

이 장은 북한 기업의 행동양식을 정리하고자 하는 시도이다. 이 장에서 말하는 '기업행동'이란 제도[2)]상으로가 아니라 현실에서 기업이 나타내는 행위를 가리킨다. 이것은 제도만을 또는 제도와 현실 모두를 포함하는 '기업운영'과는 다른 것이다. 굳이 말하자면 '기업운영실태'에 가까운 것이다. '기업행동'은 국가가 제도 · 정책을 통해 기업을 움직이게 하려고 할 때 이에 대해 기업이 어떻게 반응을 보이는가 하는 것이기도 하다. 따라서 이 장은 경제주체로서의 정부와 기업의 관계가 어떠한가

1) 이 장은 梁文秀(1999), 양문수(2000a)를 수정 · 보완한 것이다.

2) '제도'를 어떻게 개념규정할 것인가에 대해서는 다양한 견해가 있을 수 있다. 이 책에서 말하는 제도는 공식적 규칙뿐 아니라 비공식적 규칙, 순응절차, 표준화된 운영관행, 행위자들간의 관계적 성격까지 포함하는 이른바 '신제도론적 개념'과는 거리가 있다. 오히려 공식적인 규칙, 조직, 기구 등을 지칭하는 '구제도론적 개념'에 가깝다. 달리 말하면 이 책에서 제도는 현실과 대비되는 개념이다. 북한을 설명하는 이론적 틀로서의 신제도론의 유용성 여부는 이 책의 고찰범위를 넘어선다. 이 장은 현실의 세계에서 북한의 기업은 공식적인 규칙과는 거리가 먼, 때로는 공식적인 규칙을 위반하는 행동들을 하고 있음을 보이고 이 행동들을 어떠한 개념적 틀로 정리할 것인가에 주안점을 두고 있다.

하는 문제와도 관련되어 있다.

이 장에서는 북한의 경제체제, 달리 말하면 사회주의 경제 시스템으로서의 북한경제를 고찰의 대상으로 한다. 즉 경제개발전략의 주요한 구성요소인 중앙집권적 계획제도가 제대로 기능했는지 아닌지, 또 어째서 제대로 기능했는지(혹은 제대로 기능하지 않았는지) 하는 문제를 주로 미시적 측면에서 고찰하는 것이다. 그리고 이 책의 제3장이 주로 개발경제학적 관점에 의한 접근이었던 데 반해 제4장은 주로 비교경제체제론적 관점에 의한 접근이다.

국민경제를 구성하는 기초단위의 하나인 기업이 실제로 어떻게 움직여 왔던가, 어떤 행동패턴을 나타냈던가를 논하지 않고는 한 나라의 경제를 전부 파악할 수 없다. 특히 구소련 · 동구 · 중국의 경험이 보여 주고 있듯이 사회주의 경제의 기업이 제도대로 또한 정책당국의 의도대로 움직였던 것이 아니다. 사실 사회주의 경제가 시스템으로서 제대로 기능하고 있는지 여부는 거시적 차원보다는 미시적 차원에서 극명하게 드러난다고들 한다. 그래서 기업은 사회주의 경제연구에서 빼놓을 수 없는 분야이다. 그럼에도 불구하고 북한의 기업행동에 관해서는 연구가 거의 이루어지지 않고 있는 실정이다. 비교경제체제론적 관점에 의한 연구도 뚜렷한 진전을 보이지 못하고 있다. 물론 그 이유는 자료 및 정보의 극심한 부족에 있다.

이 장에서는 자료 및 정보의 부족에 대처하기 위해 북한에서 한국으로 넘어온, 이른바 탈북자들의 증언을 이용하기로 한다. 여기서 이용되는 대부분의 탈북자 증언은 필자의 탈북자 면담결과이다(제1장 참조). 물론 그것만으로는 충분치 않기 때문에 타기관에 의한 기존의 면담결과도 보조적으로 이용한다. 아울러 탈북자들의 증언에 대한 크로스 체크를 위해 또 자료의 공백을 메우기 위해 김일성의 연설 · 담화를 수록한 『저작집』, 『경제관리』를 보조자료로 이용하기로 한다.

이 장에서는 이러한 자료들을 이용해 북한 기업의 행동양식을 정리하고자 한다. 이 장의 제2절, 제3절의 서술에서 어느 정도 명확하게 나타나겠지만 북한에서 기업의 실제 움직임은 공식제도에 의해 그려진 기업 이미지와는 상당한 괴리가 있다. 그렇다면 그러한 기업행동을 어떻게 설명·정리할 것인가. 이 장에서는 본격적인 경제개혁 이전의 구소련·동구의 기업과 비교·고찰하는 어프로치를 취하기로 한다.

그리고 단순히 개별 사례들을 나열하는 것만으로는 '비교'라고 하기 힘들다. 어떤 공통적인 관점, 분석틀 속에서 서로 대조시켜 각 사례가 갖는 특수성과 보편성을 분리하는 작업이 불가결하다. 따라서 이 장에서는 구소련·동구의 기업행동을 설명하는 모델이 북한에 어느 정도 들어맞을 것인지를 살펴보고자 한다. 구체적으로는 바게이닝 모델(bargaining model)이라는 것을 상정, 이것이 북한의 현실을 어느 정도 설명할 수 있을 것인가, 설명할 수 있다면(혹은 없다면) 그 이유는 무엇인가를 고찰하는 것이다. 여기에서 북한의 기업행동과 구소련·동구의 기업행동의 공통점과 상이점을 도출하는 것이다.

이와 함께 이 장에서는 공업기업을 중심으로 논의를 진행하기로 한다. 대상기간은 주로 1980·90년대로 한다.[3)]

---

3) 보기에 따라서는 성격이 판이할 수도 있는 1980년대와 1990년대를 한데 묶어 고찰대상으로 한다는 것은 무리가 있을지도 모른다. 그럼에도 불구하고 이 글에서 고찰시기를 1980·90년대로 한 것은 두 가지 이유가 있다. 첫째, 인터뷰 탈북자들의 수, 탈북자들의 기억력 등으로 인해 1980년대와 1990년대를 명확하게 구분해서 논의를 전개하는 데 한계가 있다. 둘째, 1980년대와 1990년대 사이에는 단절성도 존재하나 연속성도 분명히 존재한다. 예컨대 1990년대의 지속적인 마이너스 성장, 극심한 식량난, 자재난, 공장가동률의 극단적인 하락은 1990년대가 상당히 '특수상황'인 듯한 인상을 줄지도 모른다. 그러나 1980년대는 1990년대보다 정도가 덜했을 뿐 이러한 문제들은 다 가지고 있었다. 흔히 이야기되듯이 북한의 경제난은 1990년대 이전부터 존재했으며 탈북자들도 이 사실을 강조하고 있다. 식량난도 1980년대부터 시작되었다. 그리고 기업행동과 관련된 중요한 요인인 자재난은 후술하듯이 1970년대 중반 내지 후반부터 시작된 것으로 보인다. 후술할 기업환경의 중요한 요소인 '주석폰드', '기업차원의 자력갱생'도 1970·80년대에 등장해 1990년대까지 이어진

이하 제1절에서는 구소련 · 동구의 기업행동을 바게이닝 모델을 써서 정리한다. 제2절에서는 북한의 기업경영자가 처해 있는 환경과 목적함수를 간단히 정리한다. 제3절에서는 북한의 기업행동을 계획편성, 생산, 자재공급, 재무관리의 측면에서 검토한다. 제4절에서는 바게이닝 모델의 북한에의 적용가능성을 살펴본 뒤 제5절에서 이 장의 논의를 정리하기로 한다.

제1절　바게이닝 모델과 구소련 · 동구의 기업

잘 알려진 바와 같이 북한은 아직도 본격적인 경제개혁에 착수하고 있지 않기 때문에 북한과 비교하는 구소련 · 동구의 기업행동도 본격적인 경제개혁 이전의 시기로 고찰범위를 한정하지 않을 수 없다. 물론 어느 시기까지를 구소련 · 동구의 본격적인 경제개혁 이전 시기로 보아야 할 것인가에 관해서는 여러 가지 견해가 있으나, 이 책에서는 구소련의 경우는 1965년의 이른바 코쉬긴 개혁 이전의 시기로, 동구의 경우는 나라에 따라 다소 차이가 있으나 대략 1950년대 중반이나 1960년대 이전의 시기로 보기로 한다. 그리고 이 책에서의 구소련 · 동구의 기업이란 본격적인 개혁 이전 시기의 중앙집권형 국영기업을 가리킨다.

구소련 · 동구의 기업행동을 정리하기 전에 먼저 기업운영에 관한 제도에 관해 언급하기로 한다. 계획은 위계제(位階制)적인 성격을 띠고 있으며 계획관리기구의 각 부분이 수직적으로 통합되어 있다. 단순화해서 말하면 국가계획위원회(고스플란) — 각 부문별 산업성(産業省) — 주관국 — (기업합동) — 기업이라고 하는 종(縱)의 경로로 기업관리제도는 운영

것이다. 요컨대 1980년대와 1990년대를 구분해서 논의를 전개하는 것이 보다 바람직한 것은 사실이나 한데 묶어서 논한다고 해서 심각한 문제가 발생할 정도는 아니라는 게 이 책의 입장이다.

되고 있다. 기업활동에 관한 의사결정은 중앙의 손에 집중되어 있다. 즉 기업이 무엇을 얼마나 생산해야 하는가, 누구에게 생산물을 판매해야 하는가, 투입재를 누구로부터 얼마만큼 입수해야 하는가, 그리고 이러한 모든 거래가 행해지는 가격 등에 관한 의사결정이 중앙에 집중되어 있다. 이러한 의사결정은 위로부터 아래로 명령 · 지령의 형태로 전달된다. 기업의 주요한 임무는 이러한 명령을 실행에 옮기는 일이다. 즉 기업은 위로부터의 명령을 실행하는 수동적인 존재에 지나지 않게 된다.[4)]

그렇다면 실제로 기업은 어떻게 행동하는가. 구소련 · 동구의 기업에 관해서는 방대한 선행연구가 존재한다. 여기에서는 이 장의 주제와 관계가 있는 연구성과 가운데 대표적인 몇 가지를 골라 극히 간단히 정리하기로 한다.[5)]

이하에서 소개하는 Berliner(1957), Granick(1954), Nove(1968), Kornai(1992)에서 지적된, 구소련 · 동구 기업의 특징적인 행동은 다음과

4) 이러한 것은 레닌이 구상한, 계획 메커니즘에 의해 사회 전체를 '하나의 공장'과 같이 운영하는 것이다. 그러나 이것은 극히 고도의 정보처리능력을 갖춘 제어기구의 존재를 전제로 할 때에 비로소 가능한 것이다. 하지만 실제의 구소련 · 동구 경제에 있어서는 이 전제가 존재하지 않았다고 할 수 있다.

5) 사회주의 기업의 행동양식의 이론화에 관해서는 방대한 기존 연구가 존재한다. 이 책에서는 이들 연구 가운데 이른바 '최적화' 내지 '최대화' 모델은 검토대상에서 제외했다. 최대화 모델은 나름대로의 함의는 있으나 현실적합성이 다소 떨어지기 때문에 이 책의 목적과는 다소 거리가 있다. 예컨대 자본주의 기업이 이윤을 최대화하려고(물론 이것도 현실적합성의 면에서 문제점이 없는 것은 아니지만) 하는 데 비해 사회주의 기업의 경영자가 자신의 보너스를 최대화하려고 하는 정도는 그보다 훨씬 작다. 사회주의 기업은 '최대화'와는 다른 원리로 행동한다는 논의가 보다 현실적합적이다. 이 책에서 검토하는 Berliner, Nove, Kornai의 논의가 그러한 범주에 속한다. Granick의 경우 전게서에서는 최대화 논의를 펴고 있지 않기 때문에 이 책에서 검토했으나, Granick(1983)에서는 이른바 본인-대리인 모델을 구소련의 경우에 적용시켜 최대화 논의를 전개하고 있기 때문에 검토대상에서 제외했다. 한편 사회주의 기업의 '최적화', '최대화' 모델에 대한 서베이로서는 예컨대 Buck(1982)를 참조.

같이 정리할 수 있다. ① 기업은 계획관련 행정기관에 대해 자신의 생산능력을 낮추어서 신고하고 생산에 필요한 자재에 대해서는 부풀려서 요구한다. ② 생산에 필요한 양 이상으로 자재를 기업 내에 껴안고 있으면서 사장(死藏)시킨다. ③ 생산물 조합을 자의적으로 선택한다, 즉 수요기업이 어떠한 품목이 필요한가에 대해 관심이 없다. ④ 제품을 만들어도 수요기업이 필요로 하는 시기에 필요한 양만큼 공급해 주는 데에 관심이 없다. ⑤ 제품의 양만 추구하지 제품의 품질과 생산비용에 대해서는 관심이 없다. ⑥ 신기술 도입 및 개발의욕이 결여되어 있다. ⑦ 기업간에 자재를 비공식적으로 거래한다. ⑧ '톨카치(tolkach)' (기업에 의해 고용되어 기업을 위해 비공식적으로 자재를 조달하는 사람)가 크게 활약한다는 것 등이다. 이러한 기업행동은 표현의 차이는 있으나 상기의 선행연구에서 공통적으로 지적되었던 현상이다.

다만 이러한 기업행동의 유형화, 그것의 발생원인 및 조건 등에 관해서는 연구자에 따라 설명하는 방법이 다르다. Berliner는 구소련의 기업행동을 안전요인(safety factor), 가장하기(simulation), 영향력의 행사라는 세 가지 유형으로 정리했다. 그는 이러한 행동이 발생하는 원인을 다음과 같이 설명하고 있다. 즉 기업의 계획목표숫자는 너무 높은(high target) 반면 자재의 공식공급체계는 신뢰할 수 없는 조건하에서 기업경영자는 끊임없이 실패의 위협에 직면하는데 그런 환경 속에서 자신의 목적의 달성, 즉 보너스의 획득을 보장하려고 상기와 같이 행동한다는 것이다. 그는 기업에 영향을 미치는 가장 중요한 결정이 기업의 대표자와 행정기관, 공급기업 대표자 간의 직접적인 교섭에 의해 이루어진다고 지적하면서도 이 논의를 충분히 전개시키지는 않았다. 또 그는 주로 생산, 자재공급과 관련된 기업행동에 초점을 맞추었을 뿐 재무 · 노동관리에 대해서는 별로 언급하지 않고 있다.

Granick은 구소련의 기업경영자가 경영자의 지위에서 떨어지는 확률은 높은 반면 어떤 의미에서는 자주적인 실업가라고 강조하고 있다. 구소련의 계획제도는 말단의 기업에게 교섭의 여지를 상당히 남기고 있으며, 경영자가 계획목표를 달성하기 위해서는 규칙을 무시하고 위반하는 것은 어쩔 수 없다고 인정되고 있다고 지적하고, 그 원인을 거대한 조직의 과도한 집중화에 구하고 있다. 다만 Granick은 전술한 Berliner와 마찬가지로 현실의 사회주의가 공통적으로 가지고 있던 문제점인 정보량과 정보처리능력의 엄청난 불균형(후술)을 상기의 기업행동의 원인과 연결해서 논하고 있지는 않다.

Nove는 기업의 생산, 자재공급, 재무관리, 노동관리 등 기업활동 전반에 걸쳐 기업경영자는 사실상의 자율성을 가지고 있으며 행정기관과 기업 사이의 복잡한 상호작용(complex interaction)이 이루어지고 있다는 것을 구체적으로 예시한 뒤 그 원인에 대해 Granick, Berliner보다 폭넓은 관점을 제시하고 있다. 즉 상부가 내리는 계획지령의 기초가 되는 정보의 대부분은 사실 하부에서 상부로 올라오는 것이며, 더욱이 계획지령에는 애매모호하고 불완전한 부분이 적지 않다는 것이다. 따라서 기업경영자가 책략을 부릴 여지가 존재하고 이러한 상황에서 기업경영자는 직접적인 명령이나 강압에 의해 저지당하지 않는 한 자신의 금전적인 보수와 상사로부터의 신임을 최대화하고, 명성을 실추하거나 좌천당하거나 질책받을 위험을 최소화하려고 행동한다는 것이다. 다만 Nove는 소련 기업행동양식의 모델화, 정식화에까지는 이르고 있지 않다.

中村靖(1992)은 구소련 · 동구의 기업은 기업에게 부과된 제약조건, 예컨대 투입재의 할당량, 생산과제 등을 상급 관리기관과의 교섭에 의해 변화시킬 수 있다고 강조한다. 그는 행정기관과의 교섭에 있어서 기업의 목적은 계획과제를 보다 용이하게 그리고 확실하게 수행하기 위해 보다 많은 '여유'를 확보하는 데 있다고 주장한다. 그가 말하는 '여유확보' 행동은 Berliner가 말하는 '안전요인'과 유사한 개념이라고 할 수 있다. 다만 그는 계획실행단계에서의 기업행동, 특히 타기업과의 관계에 있어서의 기업행동에 대해서는 다루고 있지 않다.

기업행동에 대한 Kornai의 설명은 전술한 Berliner, Granick, Nove 등과 명확하게 구별되는 것이 있다. Kornai 논의의 출발점은 국가와 기업 사이에 존재하는 부모 · 자식 관계, 온정주의(溫情主義)적 관계이다. 그는 여기에서 연성예산제약(soft budget constraint)이라는 개념을 도출하고 이것에 입각해서 투자재 및 노동력에 대한, 기업의 지칠 줄 모르는 수요경향을 설명했다. 그는 또 개혁 이전 시기의 국가와 기업 간의 '계획교섭(plan bargaining)' 에 대해서도 언급했는데 이 원인으로 국가와 기업 간의 부모 · 자식관계, 온정주의적 관계를 지적했다. 다만 사회주의 국가에 있어서 국가와 기업 간의 관계가 부모 · 자식관계, 온정주의적 관계만으로 충분히 설명될 수 있는지는 의문이다. 예컨대 많은 연구자에 의해 지적된 바 있는, 중앙계획당국의 선호와 기업의 이해(利害)의 불일치도 국가와 기업 간의 관계의 중요한 측면을 이루고 있기 때문이다.

이러한 구소련 · 동구의 기업행동에 관한 기존 연구에 대해 中兼和津次(1999)는 '순종적인 행정적 부속물' (공식적으로 그려지는 사회주의 기업), '바게이닝' (내지는 서로 속이기), '연성예산제약' (Kornai)이라고 하는 3개의 모델로 나누어 정리했다. 실제의 사회주의 기업은 아마도 이러한 3개의 성격을 다 가지고 있어 상황에 따라 정부에 따르거나, 속이거나, 울며 매달리기도 했을 것이라고 한다. 이러한 中兼和津次의 정리 방법에 따른다면 Kornai를 제외한 Berliner, Granick, Nove 등에 의한, 구소련 · 동구의 기업행동에 관한 설명의 많은 부분은 바게이닝 모델의 범주 안으로 들어올 수 있게 된다.

中兼和津次에 따르면 '바게이닝 모델' 은 기업이 정부에 대해 순종적이지 않고 정부와 바게이닝(내지는 서로 속이기) 게임을 행하는 이른바 상호 불신, 교섭관계에 있다고 보는 모델이다. 정부는 수많은 기업의 생산능력, 재고를 모두 파악하고 있는 것이 아니기 때문에 일부러 과제를 많이 줄지도 모른다. 일반적으로는 전년도 실적보다 약간 증가한 수준에서 정부가 자의적으로 과제를 설정한다. 이것은 전년도를 절대 밑돌지 않는다고 하는 의미에서 '래칫(ratchet) 원칙' 이라고 한다. 기업은 계획과제가 낮게 주어지면 보너스를 획득할 수 있는 기회가 늘어나기 때문에 자신의 생산능력을 가능한 한 낮추어서 보고하게 된다. 그러면 정부도 더 높은 과제를 주기 쉽기 때문에 여기서 정부와 기업 사이의 바게이닝(서로 속이기) 게임이 시작된다.

이러한 바게이닝은 산출목표의 결정뿐만 아니라 생산수행을 위해 자재, 설비, 노동력을 신청하는 경우에도 나타난다. 기업은 자신의 투입재 요구량을 과대 신고한다. 반면 행정기관은 기업 측의 요구가 과장되었을 것이라고 예상하고 기업의 요구를 깎으려고 한다. 한편 바게이닝 모델에서는 기업경영자가 종업원과 일체화되어 있다는 것을 암묵적으로 상정하고 있다. 종업원의 누군가가 배반하여 기업의 본래 능력을 정부에 밀고하면 이 게임은 성립되지 않기 때문이다.

中兼和津次는 정부와 기업의 관계에 초점을 맞추고 있으나 필자는 그것에 덧붙여 기업과 다른 기업 또는 개인과의 관계, 특히 정부의 허가를 받지 않은, 즉 비공식적인 기업과 기업 또는 개인과의 관계[6]도 시야에 넣기로 한다. 실제로 구소련·동구 기업에 있어서는 국가와의 관계뿐만 아니라 다른 기업 또는 개인과의 관계도 중요했기 때문이다. 즉 中兼和津次가 말하는 바게이닝 모델을 필자 나름대로 확대시켜 또 하나의 바게이닝 모델로서 제시하고자 한다. 그렇게 함으로써 Berliner, Nove가 지적한 기업간의 자재의 비공식적인 거래, tolkach의 활약도 바게이닝 모델 안으로 끌어넣을 수 있다. 그리고 정부와 기업 사이에 행해지는 바게이닝을 '수직적(vertical) 바게이닝', 기업과 다른 기업 또는 개인과의 사이에 이루어지는 바게이닝을 '수평적(horizontal) 바게이닝'으로 부르기로 한다.

그러면 바게이닝의 발생원인, 조건, 바게이닝의 과정 등은 바게이닝 모델로 어떻게 설명할 수 있는가. 바게이닝 모델은 사회주의 기업을 자신의 욕구를 가진 '경제적 동물'로 간주하는 것으로부터 출발한다. 따라서 기업은 계획을 초과달성하면 보너스가 주어지고, 반면 달성하지 못하면 어떤 제재가 주어지기 때문에 과제를 달성하도록 동기부여가 되고 있

---

6) 그것은 주로 자재공급과 관계가 있는 것이다.

다고 한다.

이러한 것은 이른바 '자극 비양립성(incentive incompatibility)'의 문제와 연결된다. 중앙의 계획당국, 중간적 행정기관, 기업경영자, 노동자는 각각 목적함수가 다르다. 예를 들어 기업경영자의 경우 목적함수는 보너스 등 물질적 이익의 획득, 상부기관으로부터의 신망의 유지, 현재의 지위유지 내지 승진, 평온한 생활, 실패 · 처벌위험의 최소화이다. 그것은 전체 사회의 이해 또는 지도부의 이해가 반영되는 중앙의 목적함수와는 상당히 다르며, 중앙이 기업경영자에게 요구하는 애국심이라든지 중앙이 내리는 명령에의 복종 등과도 상당한 거리가 있다.

그런데 집권적 계획경제는 사회 내부에 존재하는 상이한 이해관계를 적절히 조정하기가 매우 어렵다. 오히려 중앙은 사회 내부에 상이한 이해관계가 존재하고 있다는 사실을 무시한다. 중앙은 기업과 개인의 이해가 사회 전체의 이해와 합치되는 것이 당연하다고 보고 있다. 중앙은 기업과 개인에 대하여 자기 자신의 이해를 사회의 이해에 합치시키도록 요구한다. 하지만 기업과 개인이 그 요구에 따른다는 보장은 없다.

또한 구소련 · 동구 경제가 처리되어야 할 정보량과 정보를 처리할 수 있는 능력 사이의 심한 불균형으로 고심한 것은 주지의 사실이다. 집권적 계획경제는 중앙(상부)에서 하부로는 명령정보가, 하부에서 상부로는 보고정보가 흘러감으로써 운영된다. 그런데 중앙이 개개 기업의 투입과 산출, 기업 상호간의 생산재 유통 등을 그 세목에 이르기까지 집권적으로 결정하기 위해서는 극히 제한된 시간 내에 방대한 양의 정보를 수집 · 가공 · 전달해야 하나 중앙계획기관은 그렇게 큰 정보처리능력을 가지고 있지 않다. 더욱이 국민경제가 발전하고 복잡해짐에 따라 중앙이 처리해야 할 정보량은 기하급수적으로 증가하는 데 비해 중앙의 정보처리능력에는 한계가 있어 증대하는 정보량에 쫓아가지 못한다.

정보량이 정보처리능력을 넘어서기 때문에 명령정보의 지연이나 명령정보 간의 부정합(不整合) 등에 의한 혼란이 발생한다. 기업이 수행가능하다고 사전에 판단한 명령(계획)만을 중앙의 계획당국이 내려보내는 것은 아니다. 동시에 중앙계획당국이 기업에 대해 계획당국의 명령(계획)을 실행하는 수단, 특히 자재 · 설비의 보장에 대해 완전히 책임을 지는 것도 아니다. 기업이 단순히 중앙의 명령에 따르기만 한다면 실패(계획 미달성)할 확률이 매우 높게 된다. 그러나 기업에게 있어서 계획은 실행하지 않으면 안 되는 '의무'적 성격이 강하다.

그 대신에 기업이 스스로 선택을, 의사결정을 할 수 있는 여지가 현실적으로 존재한다. 중앙계획당국이 '결정한다'고는 하지만 중앙에서 기업으로 내려오는 지령 · 명령(계획)의 기초가 되는 정보의 많은 부분은 기업에서 상부로 올라가는 것이다. 중앙은 기업에 관한 정보에 있어서 그 해당 기업에 어느 정도 의존하지 않을 수 없기 때문에 중앙이 기업에 대해 완전한 지배력을 가지고 있다고는 하기 힘들다. 또한 중앙에서 기업으로 내려오는 각종 지령 · 명령은 수미일관되지 않거나 때로는 상호 모순되기도 한다. 더욱이 기업의 산출계획은 어느 정도 집계화되어 있다. 덜 구체화되어 있다. 그런 까닭에 기업은 중앙에 어떤 정보를 제출할 것인가, 어떤 생산 믹스(생산품목조합)를 실행할 것인가, 어떠한 명령에 따를 것인가 하는 문제에 관해 실제로 선택을, 의사결정을 할 수 있는 여지가 있다.

제도상으로는, 기업의 입장에서 정부라고 하는 존재는 위세세상의 상부기관이다. 기업은 정부의 명령에 따르지 않으면 안 된다. 그러나 제도와는 달리 현실에서는 기업이 자신에게 '힘'이 있다는 것을 알게 된다. 기업은 그러한 역관계를 충분히 살려서 기업환경을 자신에게 보다 유리한 방향으로 바꾸기 위해 노력한다. 그리고 기업이 끊임없이 상부에 제출하는 정보를 왜곡해서 상부를 속여가는 과정은 자신이 정보를 무기로 해서 교섭력을 확보 · 유지해 가는 과정이기도 하다. 중앙이 기업에 관해 모르는 것이 많으면 많을수록 기업의 '힘'은 커지기 때문이다. 중앙은 기업이 사실상 어느 정도 '힘'을 가지고 있다는 것을 인정하면서도 간단하게 기업에게 양보하지는 않을 것이다. 여기에서 정부와 기업의 바게이닝이 시작된다. 그리고 이러한 '수직적 바게이닝'을 규정하는 공식적인 규칙이 없기 때문에 실제로 생산과제 등의 계획수준 결정은 정부와 해당 기업의 역관계, 교섭 당사자의 교섭기술 등에 의존하게 된다.

그리고 정부와의 바게이닝에서 해결할 수 없게 된 경우 또는 해결될 기미가 보이지 않는 경우에는 기업이 정부를 상대로 할 필요가 없어졌기 때문에 스스로 직접 상대를 찾아 나서게 된다. 기업은 다름 아니라 자기 자신의 이익을 위해 행동하기 때문이다. 기업은 직접 다른 기업 또는 개인과의 교섭에 착수한다. 자재공급이 대표적인 예이다. 기업에 필요한 자재를 국가가 보장할 수 없는 경우 기업은 직접 다른 기업 또는 개인과의 교섭을 통하여 해결할 수밖에 없다. 그러한 '수평적 바게이닝'은 정부의 허가 없이 이루어진다는 점에서 기업의 입장에서는 정부에 대한 일종의 속임수이기도 하다.

다만 '수평적 바게이닝'은 '수직적 바게이닝'과는 달리 바게이닝 당사자 간에 서로 속이고 하는 것은 수반하지 않는다고 할 수 있다. 실제로 '수평적 바게이닝'은 시장경제에서 판매자(seller)와 구매자(buyer) 사이에 이루어지는 바게이닝과 유사한 면이 있다. 그것은 정부의 허가 없이 기업 사이에 이루어지는 자재거래가 비공식적인 반합법 내지는 불법의 영역, 즉 계획경제 밖의 영역에서 행해지고 있으며 '톨카치(tolkach)'의 활약이 암시장(black market)과도 깊이 관련되어 있다는 점을 고려하면 어느 정도 설명될 수 있다. 이 경우 기업과 기업 또는 개인과의 역관계는 크게 문제되지 않는다. 중요한 것은 서로의 필요에 의해 거래하는 것이다. 거래되는 자재의 양과 가격은 수요와 공급의 원리에 의해 결정되는 경우가 많지만, 그 외에도 기업관계자 간의 친밀함의 정도 및 교섭당사자(특히 톨카치)의 교섭기술에 의존하는 부분도 적지 않다.

기업의 입장에서 보면 위계제상의 상사는 중앙만이 아니다. 중간적 행정기관 및 당조직도 존재한다. 이들 기관은 기업에 대한 '감독자'이기도 하다. 하지만 기업의 계획이 달성되었다는 보고서를 제출할 수 있느냐 없느냐에 자신의 이해가 달려 있다. 중앙이 감독자를 평가하는 기준이 감독을 받는 기업을 평가하는 기준과 같은 이상, 감독자와 기업의 이해관계는 일치한다. 중간의 감독기관들은 중앙이 알지 못하는 구체적인 정보를 가지고 있기 때문에 중앙이 알지 못하는 방법으로 기업을 도와줄 수 있는 입장에 있다. "중간적 행정기관이 기업에게 속아 넘어가는 것이 행정기관 자신에게 득이 되는 경우 기업은 행정기관을 속이는 데 성공한다"(Berliner, 1957: 262)고 하는, 구소련에서 망명한 어느 망명자의 증언은 시사하는 바가 크다.

물론 이러한 바게이닝을 제약하는 요인은 있다. 먼저 생각할 수 있는 것이 행정기관 혹은 당조직이 특정 사안에 대해 직접 명령을 내리거나 강제하는 경우이다. 이때 기업입장에서는 명령 · 강제에 따를 수밖에 없다. 행정기관과의 교섭의 여지는 적어진다. 두 번째로 생각할 수 있는 것이 이른바 산업의 우선순위이다. 예컨대 군수산업의 경우 자재공급 등의 면에서 우대를 받는다. 동시에 감독도 보다 직접적이고 철저하다. 교섭의 필요성도 교섭의 가능성도 적게 된다.

제2절 북한의 기업환경과 기업경영자

1. 기업환경: 경영자의 제약요인

북한의 기업행동에 대해 논하기 전에 북한 기업의 환경, 즉 기업관리운영제도, 정부의 경제운영방식을 고찰할 필요가 있다. 다만 기업관리운영제도에 대해서는 제2장에서 자세하게 설명했으므로 여기서는 간단히 언급하기로 한다. 기업환경은 바로 뒤에 검토하는 경영자의 '목적'과 함께 고찰할 필요가 있는 경영자의 '제약요인'이기도 하다.

북한의 기업관리제도는 기업운영에 관한 주된 결정이 중앙에 집중되어 있으며 계획 · 경제관리기구가 위계제적인 성격을 가지고 있고 의사결정이 명령 · 지령의 형태로 상부에서 하부로 전달되는 등의 점에서 기본적으로 구소련과 마찬가지로 집권적인 시스템이라고 할 수 있다. 물론 몇 가지 다른 점은 있다. 예를 들어 자극제도의 경우, 북한은 정신적 자극이 우선적이나 구소련은 물질적 자극을 우선으로 했다. 또한 기업 내 관리제도를 보아도 북한은 '공장당위원회에 의한 집단지도제'인 데 반해 구소련은 '공장장 단독책임제'였다.

또한 기업행동을 생각할 때 이들 못지않게 중요한 것은 '집권화의 정도'이다. 즉 제2장에서 서술하였듯이 북한의 지도부는 중국보다 집권도가 높은 집권제를 추진했을 가능성이 높고, 나아가 구소련과 비슷한 정도이거나 구소련보다 집권도가 높은 집권제를 추진하였을 가능성도 있다는 것이다. 이것은 후술하는 바와 같이 북한의 기업행동을 특징짓는 중요한 조건의 하나가 되었다.

이와 함께 북한 기업의 중요한 환경요인으로서 1970년대 이후의 북한 지도부의 몇 가지 특징적인 경제운영방식을 지적할 필요가 있다. 첫째, 우선도 혹은 우선순위를 전면에 내세운 경제운영방식이다. 이것은 종종 '계획의 무시'라는 성격을 띤 정책을 수반했다는 점에서 주목할 필요가 있다.

여기에는 두 가지 방식이 있다. 하나는 7개년 계획, 연간계획과 같은 현행(現行)계획의 편성 및 수행과정에서 우선도를 전면에 내세워 경제를 운영하는 것이다. 여기에서는 대개 군수산업, 중공업부문에 사전적으로 우선순위가 부여된다. 또 하나는 현행계획이 실시되고 있는 도중에 최고지도자의 의사에 의해 중점과제가 갑자기 등장해 다른 어떤 것보다도 우선적으로 수행되는 것이다.[7] 따라서 이미 편성되어 있던 국가계획에 대해서는 이러한 중점과제보다 낮은 우선도가 주어진다. 후자에 대해

7) 이미 계획이 실시되고 있는 도중에 돌출한 중점과제 때문에 국가계획 자체가 불가피하게 수정되어야 하는 경우도 있다. 계획을 수행하고 있는 도중에 계획이 수정되면 국민경제 전체에 혼란을 불러일으키리라는 것은 상상하기 어렵지 않다. 물론 돌출한 중점과제 가운데 장기적인 것은 다음 해의 계획에 반영될 수도 있다.

서는 부연설명이 필요하다.

제2차 7개년 계획(1978~1984)이 한창 진행중이던 1980년의 제6차 당대회에서는 1980년대 말까지 달성해야 할 야심적인 '10대 전망목표'(철강 1,500만 톤, 전력 1,000억 kW 등)가 새로이 설정되었다. 이 목표치는 설령 제2차 7개년 계획의 목표치를 달성한다고 해도 이어 1985년부터 1989년까지 5년 동안에 그것의 1.5배 내지 2배에 가까운 성과를 달성해야 한다는 것이다.[8] 이러한 '10대 전망목표'의 제시는 일종의 '우선추진사업'의 돌출로서 이미 진행중이던 2차 7개년 계획의 존재 자체를 애매하게 했다.[9]

이와 관련하여 1981년 10월 제6기 제4차 당 중앙위원회에서 '대자연개조사업'의 실시가 결정되었다. '10대 전망목표'에 포함되어 있던 30만 ha의 간석지 개간과 20만 ha의 토지획득에, 새롭게 남포갑문과 태천발전소의 건설이 추가되어 이들이 '4대 건설과제'로 제시되었다. 더욱이 제3장에서도 서술했듯이 김정일의 제안에 의해 1982년 4월 김일성의 70회 생일을 목표로 해서 '충성의 선물'로 이름붙여 수도 평양에 대대적으로 기념비적 건조물을 짓기로 했다. 나아가 1989년의 제13회 세계청년학생제전의 개최를 앞두고 약 3년간에 걸쳐 260여 개의 관련 시설이 건설되었다. 이러한 대규모의 비생산적인 건설 러시도 일상적인 계획을 수행하는 도중에 돌출한 중점과제로서 이들에는 '최우선순위'가 부여되었다.

이러한 우선도를 전면에 내세운 경제운영방식을 자재공급의 면에서 뒷받침할 필요가 있다. 이것이 이른바 '주석(主席)폰드' 등이다. 이는 북한의 일종의 자재공급 우선순위이다(탈북자 E씨). 주석폰드 이외에도

---

8) '10대 전망목표'에서 10개 항목의 목표치와 2차 7개년 계획의 1984년 목표치와의 비교는 後藤富士男 집필, 「10대 전망목표의 제시」, 小此木政夫 編(1997), p. 291 참조.

9) 왜 이런 일이 벌어졌을까. 1980년의 6차 당대회가 김정일을 후계자로서 공식적으로 지정한 자리였다는 사실이 많은 것을 설명해 줄 수 있다.

지시분, 1.5%,[10] 제2경제위원회 폰드, 정무원 지시분(혹은 정무원 폰드) 등이 있다. 주석폰드는 북한의 기업행동을 이해함에 있어서 매우 중요한 요소이다.

물론 우선순위의 문제는 북한 고유의 문제가 아니라 사회주의 경제의 보편적 현상이다. 국민경제계획의 실행과정에서 균형의 달성은 계획상의 잘못을 흡수할 수 있는 버퍼 내지는 비우선부문(전형적으로는 소비재)의 존재를 필요로 한다. 실제로 계획의 실행과정에서 어디에선가 애로가 발생한다면 비우선부문에 그 부담을 떠넘김[11]으로써 처리할 수 있다.[12] 다만 1970년대 이후의 북한은 우선순위에 입각한 경제운영이라는 면에서 다른 사회주의 국가보다 정도가 심한 것이 아니었나 한다. 다른 사회주의 국가에서는 주석폰드 같은 것은 없었다.

"강재의 예를 보자. 연간 생산량이 어느 정도라고 한다면 그 중 몇 % 나 몇 십 %는 김일성이 마음먹은 대로 움직일 수 있는 물량으로 된다. 그것이 주석폰드이다. 그것을 김일성이 가장 중요한 고리라고 생각하는 곳에 공급한다"(탈북자 D씨). 탈북자들의 증언을 종합해 보면 주석폰드가 공급되는 곳, 다시 말하면 북한 지도부 입장에서 우선도가 높은 부문은 군수산업, 중요한 중공업, 우상화분야,[13] 중요한 수출산업, 김일성이 현지지도한 공장 및 농장이다. 달리 보면 이들 부문은 주석폰드에 해당되는 일정량의 자재에 대해서는 국가로부터 확실하게 자재공급을 받게 된다. 다만 이들 부문의 모든 공장이 항상 주석폰드를 받는 것은 아니다. 이들 부문 중에서도 어디가 더 우선시되는지, 또 같은 부문 내에서도 어느 공장이 더 우선시되는지는 그때 그때의 사정에 따라 달라졌다.[14]

---

10) 어떤 특정 제품을 생산하는 공장들에서 그 품목의 생산량의 1.5%를 김정일 예비폰드로 따로 놓아 두었다가 상부의 지시가 있을 때 공급한다는 의미임.

11) 전형적으로는 자재공급물량의 축소.

12) 자세한 것은 Gregory & Stuart(1980), pp. 133-134; 佐藤經明(1975), p. 76 참조.

13) 정치선전목적의 각종 기념비적 건물의 건설.

주석폰드는 어떻게 생산되는가. 기업입장에서는 주석폰드 생산은 '계획적인 것'과 '비계획적인 것'의 두 가지가 있다. "시멘트 공장을 보자. 너희 공장은 매년 시멘트 몇 톤을 주석폰드로 생산하라는 지시가 그 기업의 연간계획에 포함된 형태로 내려온다. 아니면 계획에는 포함되어 있지 않았는데 갑자기 시멘트 몇 톤을 주석폰드로 생산하라고 명령이 떨어질 때도 있다"(탈북자 G씨)고 한다.

주석폰드 생산이 '계획적인 것'과 '비계획적인 것'이 있다면, 주석폰드의 분배도 '계획적인 것'과 '비계획적인 것'이 있다. 탈북자 D씨가 1982년부터 1993년까지 일했던 운흥광산기계공장의 경우 상당 정도의 자재를 '주석폰드'의 형태로 공급받았다. 이는 연간계획에 들어가 있는 것이었다. 그 반면 "어떤 자재를 어디어디에 공급하라고 계획을 편성해도 그대로 집행되지 않는다. 계획당국 쪽의 누군가가 와서 주석폰드라고 해서 자재의 일부를 빼앗아 가고 또 다른 사람이 와서 지시분이라고 해서 자재의 일부를 또 빼앗아 간다. 이런 것들은 당초 계획에는 없던 것들이다"(탈북자 E씨)는 상황도 전개된다.

한편 1973년 2월 1일 당 중앙위 정치위원회 확대회의에서 김일성은 다음과 같이 이야기한 적이 있다.

"국가계획을 세울 때에는 반드시 총자재폰드 가운데서 국가주석예비와 정무원예비를 내놓은 다음 나머지 자재를 가지고 생산계획과 자재공급계획을 맞물려야 합니다. 국가주석예비는 국가적으로 긴급하게 나서는 새로운 과업을 수행하는 데 쓰기 위한 것입니다. 국가주석예비로는 강재, 세멘트, 자동차, 뜨락또르를 비롯한 중요한 설비와 자재들만 내놓으면 됩니다. 정무원예비는 증산계획과 추가적으로 제기되는 국가과제

---

14) 이와 관련하여 탈북자 임영선 씨는 북한경제는 전체가 맞물려 돌아간다기보다 그때 그때 문제가 생기는 부문에 김정일의 지시가 떨어지고 다른 모든 것에 앞서 여기에 자재 · 인력이 투입되어 해결하는 식이라고 전하고 있다(『중앙일보』. 1995. 3. 28). 북한에서의 우선순위에 입각한 경제운영의 한 단면을 잘 보여 준다고 하겠다.

를 수행하는 데 쓰이며 여러 가지 사정으로 자재를 계획대로 공급할 수 없게 되는 경우에 쓰기 위한 것입니다"(『저작선집 6』, p. 403).

김일성의 이러한 이야기와 탈북자들의 증언을 종합해 보면 주석폰드와 관련하여 다음의 두 가지 추측이 가능해진다. 첫째, 적어도 1973년 당시에 국가계획에 의한 자재공급이 원활하게 이루어지지 않고 있었으며 따라서 최고지도부가, 어떤 경제적 사업이 되었든, 무슨 대가를 치르고서라도 반드시 실현시켜야 한다고 생각하는 사업을 위해서는 그 실현의 물적 토대, 즉 자재와 설비를 확보해 두어야 하고 이는 국가계획보다 상위에 있는 다른 장치에 의해 마련하고자 했다는 것이다. 둘째, 주석(예비)폰드는 1970년대나 1990년대에 갑작스럽게 제기된 국가적 과제를 수행하기 위한 '예비'라는 성격과 '현행생산'을 위한 일상적인 것이라는 성격을 동시에 가지고 있다. 하지만 주석폰드가 등장한 1970년대에는 전자의 성격이 우세한 것이었으나 국가 전체의 자재부족현상이 갈수록 심각해짐에 따라 후자의 성격이 우세하게 되는 쪽으로 변질되어갔다는 것이다.

북한 지도부의 경제운영방식이자 북한 기업행동의 중요한 환경요인으로서 두 번째로 지적할 수 있는 것은 다음과 같다. 즉 북한은 구소련보다도 빈번히 또 지속적으로 대중운동을 전개했는데 1970년대 이후에는 기업의 계획목표달성의 앞당기기를 도모하는 '속도전'이라는 형태의 대중운동이 종종 전개되었다. 이에 대해서는 제3장에서 기술했다.

세 번째 요인은 지도부가 1970년대 이후 경제상황이 악화되는 가운데 지방과 기업에 대해 '자력갱생'을 강하게 요구했다는 것이다. 즉 생산에 필요한 원료, 자재 나아가서는 식량, 소비재까지 중앙에 의존하지 말고 '자력갱생'의 혁명정신을 발휘해서 자체적으로 해결하도록 지방과 기업에게 요구했다.

김일성은 1979년에 행한 연설에서 "자력갱생, 각고분투라는 말을 실천행동으로 옮기지 않으면 안 됩니다"고 주장했다. 김일성은 자재가 계획대로 공급되지 않았다고 해서 불평만을 늘어놓으며 생산계획을 수행하지 않고, 계획을 수행할 수 없었던 책임을 타인에게 떠넘기려 하고 있다고 강도 높게 비난했다. 자재가 부족하면 그것으로 계획을 수행할 방도를 찾아내려고 노력하는 사람이야말로 참된 공산주의적 혁명가라는 것이다(『경제관리 5』, pp. 409, 411). 그는 또 1987년의 연설에서도 "상부에서 자재가 공급되면 좋지만 공급되지 않아도 반드시 계획을 수행한다"는 각오를 가지고 계획수행에 임해야 한다고 주장했다(『경제관리 7』, pp. 3-8).

1980년대 중반, 함남 함주군 고양건재공장에서 일한 적이 있는 탈북자 F씨는 "국가가 자재를 공급해 주지 않아도 기업이 스스로 자력갱생 혁명정신을 발휘해서 계획을 달성하도록 요구되었다"고 말하고 있다. 평남 성천군 자동차수리공장 노동자 출신의 S씨는 "우리 공장의 경우 1980년대 초반부터 독립채산제 도입과 동시에 자동차 부품에 대한 국가지원이 일체 중단되었다. 이전에는 국가가 부품을 공급해 주었으나 그 때부터 '자체해결'로 바뀌었다"고 밝히고 있다. 1990년대에 들어오면 '자력갱생'이 더욱 강조된다. 탈북자 M씨는 "내가 살고 있던 평남 양덕군에서는 1990년대 초부터 기업(지방기업)뿐만 아니라 군(郡)도 독립채산제로 되었다. 이전에는 국가가 1년에 12개월분의 식량배급을 보장해 주었지만, 그 때부터는 국가가 1년에 10개월의 배급만 보장해 주고 나머지 2개월분은 군이 외화벌이 등을 통해 '자체해결'하라고 김일성이 지시했다. 배급이 이 정도였으니 자재의 경우는 말할 것도 없다"고 밝히고 있다.

물론 북한에서 '자력갱생'은 1950년대부터 존재했다. 하지만 1970년대 이후의 그것은, 여태까지 중앙이 공급해 주던 것 일부 또는 전부를 공급중단하고 지방이나 기업이 자체적으로 해결하라고 요구했다는 점에서 종래의 것과 확연히 구별된다.

2. 기업경영자의 행동과 목적

북한의 기업행동을 고찰하기 전에 기업운영의 실질적인 담당자이며 책임자인 경영자(즉, 지배인)의 목적에 대해 간단히 살펴보기로 하자. 실제의 기업운영은 그들의 목적에 의해 영향을 받는 경우가 적지 않기 때문이다.

북한에서 기업경영자는 모두 당원이며 더욱이 일종의 특권계층이다.[15] 특권층과 일반 주민과의 큰 차이의 하나는 공급되는 소비품, 이용할 수 있는 서비스 등의 양과 질이 크게 다르다는 것이다. 또한 특권층 내부에서도 직위에 따라 차이가 있다. 따라서 경영자에게 현 지위의 유지는 큰 관심사이다.

그러나 현 지위의 유지는 결코 간단한 문제가 아니다. 탈북자 E씨에 의하면 연합기업소 지배인과 1급 기업소 지배인[16]은 당 중앙위원회 비서국의 비준대상이다. 그들에 대해서는 기업의 당위원회가 매일 보고하도록 되어 있다. 거기에 덧붙여 매월, 매 분기에 '당생활총화',[17] '조직생활총화'를 열어 개인자료에 의해 평가한다. 약점을 잡히면 큰일나기 때문에 지배인은 기업운영에 혼신의 노력을 다한다.

"자재, 에너지가 충분히 공급되고 또한 노동력, 기술이 완비된 조건에서 계획이 달성되지 않았다고 하자. 그것은 공장지배인, 당비서의 책임이다. 당연히 검열에 붙여진다. 그리고 이유를 조사하여 그 결과에 기초해 지배인, 당비서에 대한 처분수준(경고, 엄중경고, 면직, 좌천, 혁명화[18] 등)이 결정된다"(탈북자 E씨)고 한다. 어떠한 형태이든 공장지배인에 대한 처벌이 자주 행해진다는 것이 탈북자들의 일치된 증언이다. '대안의 사업체계'의 본산이기도 한 대안중기계연합기업소의 노동자 출

15) 물론 북한 주민들은 기업 간부가 되기보다 당 간부가 되기를 선호한다고 한다. 탈북자 K씨의 증언. 「귀순자 쟁점대담 5」, 『통일한국』, 1996년 6월, p. 84.

16) 탈북자 D씨와 K씨에 의하면 북한의 기업은 기업의 규모, 중요도에 따라 특급 연합기업소, 1급 연합기업소, 1, 2, 3 … 7급 기업소의 순서대로 분류된다고 한다.

17) '총화'는 '마무리'와 유사하다.

18) 일종의 강제노동.

신인 탈북자 J씨는 "내가 그 공장에서 5년간 근무했는데 그 기간 동안에 지배인, 당비서, 직장장이 계획을 달성하지 못해 교체되는 경우를 몇 번이나 본 적이 있다"고 한다. 탈북자 G씨는 1990년대 초반 평남 순천시에 있는 지방기업 지배인의 예를 들고 있다. "1, 2개월 정도는 계획목표가 달성되지 않아도 문제시되지 않았다. 4, 5개월 계속해서 목표가 달성되지 않으면 처분을 받았다"고 한다.

위험에 대한 태도는 어떠할까. 대조적인 두 가지 경우를 들어 보기로 하자.

"기계공장은 대부분의 경우 민수와 군수 양쪽이 다 있다. 군수의 자재는 이번 달 말까지 사용해도 남지만 민수 쪽 자재는 모자란다고 하자. 그렇게 되면 지배인은 대부분의 경우 군수자재를 민수 쪽으로 임시로 돌려 군수·민수 양쪽의 계획을 달성한다. 다음 달에 민수 쪽 자재가 들어오면 군수 쪽으로 돌리면 된다고 생각했다. 그러나 민수의 자재가 들어오지 않았다. 그래서 군수 쪽 생산에 문제가 발생했다. 그러면 그 지배인은 당장 모가지다. 물론 그 사람들이 그런 것을 모를 리가 없다. 어쨌든 그렇게 해서 목이 달아난 사람이 많다"(탈북자 I씨).

"나이 든 지배인은 계획대로만 한다. 자재가 없으면 일을 하지 않는다. 계획을 달성하지 못한 것은 자신의 책임이 아니다. 자재를 공급해 주지 않은 국가의 책임이다. 그들은 과오를 저지르지 않고 현상유지만 하면 노후가 보장되고 명예도 그대로 남는다고 생각하고 있다"(탈북자 K씨).[19)]

전자는 계획목표 달성을 위해서는 규칙위반, 따라서 처벌의 위험도 무릅쓰는 경우이고, 후자는 '조용한 삶'을 선호하는 경우이다. 북한에서 이 2개의 유형 중 어느 쪽이 지배적인가는 확실히 알 수 없지만 필자가 만난 20명의 탈북자가 전하는 한, 전자가 압도적으로 많았다.

지배인이 규칙이나 법률을 위반해 가면서, 더욱이 뇌물까지 동원하면

---

19) 「귀순자 쟁점대담 5」, 『통일한국』, 1996년 6월, p. 86.

서 자재를 반합법·불법적으로 확보해 공장을 가동시키려 하는 사례는 상당히 많다. 왜 그러할까. "그렇게 하지 않으면 지배인은 현재의 지위도 유지할 수 없게 되고 종업원의 급료도 지불할 수 없게 되기 때문"(탈북자 D씨)이다.[20] 또한 "국가계획목표를 달성하려고 하는 의욕만은 아니다. 뇌물 재원을 조달하는 과정에서 지배인은 그 일부를 자신이 착복하거나 유용해서 평소에 알고 지내던 당 간부와의 관계유지를 위해 사용한다"(탈북자 B씨)라는 면도 있다.

제3절 북한의 기업과 생산, 자재공급, 재무관리

1. 계획편성과 기업

북한에서 기업을 평가하는 기준은 계획수행실적이 아니고 계획수행률이다. "김일성, 김정일이 원하는 것은 실제로 어느 정도 했는가 하는 것이 아니고 몇 % 했는가 하는 것이다"(탈북자 B씨, D씨). 따라서 적은 계획을 받으면 계획을 달성하기 쉽게 된다. 적은 계획이라도 일단 계획을 달성하면 칭찬을 받기 때문이다(탈북자 G씨). 함북 온성 우산공장 지배인 출신인 탈북자 K씨는 "공장의 입장에서는 될 수 있는 한 적은 계

20) 북한에서는 공장지배인이 현재의 지위를 유지하기 위해서는 노동자들에게도 신경을 써야 한다. 무엇보다도 노동자들의 생활보장(이른바 '후방공급사업')이 지배인의 중요한 임무의 하나이다(탈북자 K씨). 북한에서는 지배인이 잘못을 저지르면 노동자들이 당기관에 문제를 제기할 수 있는 길이 열려 있다. 이른바 신소(申訴)제도가 바로 그것이다. 이는 일종의 투서제도로서 예를 들면 시당(市黨)이나 군당(郡黨)에 제기하는 것이다. 결정적인 영향력을 가진 것은 아니지만 신소에 의해 제기된 지배인이 상부로부터 좋은 평가를 얻을 리가 없다. 지배인들도 이 제도를 의식한다. 밑의 종업원들로부터 평판이 좋지 않으면 지배인도 현재의 지위를 유지하기 힘들다(탈북자 F씨, G씨).

획을 받으려고 한다. 나도 예외는 아니었다"고 한다. 따라서 기업은 예비를 확보하기 위해 자신의 생산능력을 조금이라도 축소해서 보고하려고 한다(탈북자 D씨).

기업측의 생산능력 과소신고경향을 정부가 모를 리가 없다. 따라서 공장이 제출한 생산계획을 행정기관이 심사하는 과정에서 공장의 실태를 파악하기 위해 행정기관의 관계자가 직접 공장에 온다. 그들은 공장측이 여분의 생산잠재능력이 있는 데도 적은 계획숫자를 받기 위해 생산능력을 줄여서 보고하고 있지 않은가 조사해 본다. 그러나 "실태조사를 하기 위해 온 상부 사람은 아무리 전문가라고 하더라도 우리들보다 공장의 실태를 정확히 알 수 없다. 정전될 때도 많고, 국가에서 공급되는 자재도 부족해 공장 스스로 조달하는 것도 꽤 되니까 그렇다. 구실은 얼마든지 만들 수 있다"(탈북자 K씨)고 한다.

중앙의 대응은 제1절에서 말한 이른바 '래칫 원칙'이 되지 않을 수 없다. 함남 용양광산과 검덕광산에서 24년간 일한 탈북자 B씨가 "올해의 실적이 내년 계획의 기초가 된다. 그리고 계획목표치는 매년 증가했다. 상부는 도저히 달성할 수 없는 목표치를 제시했다"고 한 것과, 김일성이 "국가계획위원회에 계획작성에 필요한 통계가 없기 때문에 … 구체적인 견적도 없이 계획숫자만을 높여 하부에 시달하고 있다"(『저작집 37』(일본어판), p. 317)고 비판한 것으로부터도 그러한 상황을 엿볼 수 있다.

자재 · 설비의 과다신청현상도 나타난다. 탈북자 D씨는 "우리 공장의 경우 실무자가 자재사용계획을 작성해 지배인에게 보고하면 지배인은 상부에 신청하는 필요자재량을 적어도 10~15% 늘리도록 지시했다. 여유를 확보하기 위해서이다"고 한다. 이것에 대해 중앙은 어떻게 대응하는가. 탈북자 E씨에 따르면 기업에서 필요한 자재량을 과다책정하는 경향이 있기 때문에 중앙에서는 이것을 조금이라도 삭감하려고 하는 경향이 있다. 그는 특히 "힘이 없는 분야일수록 계획작성이 잘 되지 않는다. 대표적인 것이 농업과 경공업이다. 계획작성단계에서 각 생산단위는 자신의 필요자재량을 신청한다. 군사부문은 대개 자신이 신청한 양이 그대로 반영 · 인가된다. 하지만 농업 · 경공업부문은 비교적 많은 양이 삭감된다"고 밝히고 있다.

"국가계획기관 일꾼들은 될수록 보장은 적게 해주면서 많은 것을 생산할 것을 요구하고, 생산자들은 될수록 많은 것을 보장받으면서 생산은 적게 하려고 합니다"라는 김일성의 비난 · 비판이 계속해서 등장한 것[21]은 이 문제가 북한체제 내에 뿌리 박혀 있음을 시사한다.

따라서 계획편성과정은 정도의 차는 있을지언정 기업과 정부의 교섭을 수반하는 것이었다고 할 수 있다. 탈북자 오명선 씨는 "내가 그 공장에서 일하고 있었을 때에는 계획목표가 월별로 정해졌다. 예를 들면 월 3만 원의 금액지표이다. 때로는 6만 원이 주어지나 공장지배인이 상부와 잘 교섭하면 3만 원까지 내릴 수 있었다"[22]고 한다. 또한 "예를 들어 어떤 제품에 대해 국가계획위원회가 결정한 전국적인 생산량이 100개이며 전국의 10개 공장에 10개씩 할당된다고 하자. 그때 공장 한 군데가 우리들은 5개밖에 생산할 수 없다고 고집하고 이것을 행정기관(우리 공장의 경우 화학공업부)이 인정하면 다른 어딘가가 15개를 생산할 수밖에 없다. 따라서 계획은 형식적이 되고 만다"(압록강 화학공장 창고장 출신의 탈북자 I씨)라는 증언으로부터도 교섭의 가능성을 짐작할 수 있다.

기업과 계획당국의 교섭은 계획목표수준의 결정뿐만 아니라 계획지표의 선택, 특히 생산품목의 선택을 둘러싸고도 행해진다. 이떠한 지표를 가지고 있는가에 따라 기업의 운명이 결정된다고 할 수 있다. 따라서 기업은 쉬운 지표, 수요가 많은 지표를 받고자 노력한다. 특히 자재의 확보가 어려운 지표를 받으면 기업은 매우 고생하기 때문에 그러한 지표는 될 수 있으면 피하려고 한다(탈북자 I씨).

중앙과 기업의 교섭을 고찰할 때 중간 행정기관, 기업 내 당조직의 입장도 고려할 필요가 있다. "시(市) 행정경제위원회의 지방공업부의 계

21) 예컨대 『경제관리 3』, pp. 196-197, 600 참조.

22) 「귀순자 쟁점대담 7」, 『통일한국』, 1996년 8월, p. 88.

획과는 연간의 계획을 총화해 내년도 계획을 받기 위해 도(道) 행정경제위원회에 간다. 그때 뇌물이 될 만한 것을 잔뜩 가지고 간다. 일종의 로비활동이다. 그러면 도는 뇌물을 많이 가져온 시 · 군에 대해서는 보다 적은 계획을 주고 그렇지 않은 시 · 군에게는 계획을 많이 준다"(탈북자 G씨). 이것은 하부 행정기관이 기업을 대신해 상부 행정기관과의 교섭에 임한 예이다. 행정기관은 기업에 대한 감독기관으로서의 임무를 가지고 있으나, 감독기관을 평가하는 기준과 기업을 평가하는 기준이 같은 이상, 즉 양쪽 다 기업의 계획달성 정도에 의해 평가를 받는 이상 이같은 현상은 불가피하다.

기업 내 당조직, 특히 당비서도 기업에 대한 감독자로서의 역할을 수행하는 데 한계가 있다. 지배인과 당비서는 마찰을 빚을 가능성이 크고, 또 실제로 마찰이 적지 않으나[23] 양자는 기업의 계획목표 달성 그 자체에 대해서는 이해관계가 일치하기 때문이다(탈북자 I씨, K씨). 예컨대 지배인과 당비서는 매월 시 · 군당(黨)에 가서 '실적총화'를 한다. 이때 계획을 달성하지 못한 기업은 지배인뿐만 아니라 당비서도 질책을 받는다.

---

23) "공식적으로 당비서는 사람들 관리만 하는 사람이다. 사람과의 사업을 위해 당으로부터 파견나온 전권대표와 같은 사람이다. 지배인이 계획경제를 밀고 나가고 기업관리할 때 사람들이 말을 잘 듣게 뒤에서 쓸어 주고 키잡이 역할을 하는 것이 당비서의 의무이다. 그 사람에게는 결재권도 결론권도 없다. 그 대신 인사권이 있다. 그래서 막강하다"(탈북자 K씨).

"배로 비유하자면 지배인은 노를 잡고 있으며 당비서는 뒤에서 키잡이 역할을 한다. 그러니 지배인 마음 같지 않다. 무얼 해보려 해도 자기 마음대로 못한다"(탈북자 I씨).

"상부에서 지시가 내려오면 지배인은 행정 쪽에서는 이런 이런 게 불가피하다고 주장하지만 당비서는 당의 지시라며 찍어누르곤 한다. 그래서 잘 안 맞는 경우가 많다"(탈북자 N씨).

2. 생산과 기업

북한에도 기업이 달성해야 할 계획지표의 종류는 많다. 생산관련 지표, 노동관련 지표, 재정관련 지표, 기술관련 지표 등 여러 가지 지표들이 있다. 그 중에서 가장 중요한 지표는 생산관련 지표이다. 이것은 북한이나 여타의 사회주의 국가나 사정은 마찬가지이다. 생산관련 지표에는 수량적인 척도인 품목별 생산량(현물계획)과 화폐적 척도인 총생산액(현금계획)이 있다.[24)]

그런데 실제로 기업생산계획의 수행상황은 총생산액에 의해 평가되었던 경우가 상대적으로 많았던 것으로 보인다.[25)] "현물계획을 달성하지 않으면 상부로부터 추궁을 받지만 현금계획이라도 달성하면 처벌은 받지 않는다. 그러니까 기업은 현금계획의 달성에 보다 큰 힘을 쏟는다" (탈북자 D씨)는 것이다.

---

24) 필자가 면담한 탈북자들은 전자를 '지표별 계획', 후자를 '액상(額上)계획'이라고 부르고 있었다.

25) 국민경제의 관점에서 보면 현금계획보다 현물계획이 더 중요하다는 것을 북한 지도부가 몰랐을 리는 없다. 사실 현물계획에 의해 기업실적을 평가해야 한다고 김일성은 누누이 강조했다. 그러나 실제로는 현금계획에 의해 기업실적을 평가하는 경우가 더 많았던 것 같다. 왜 그랬을까. 이유는 명확하지 않다. 다만 다음의 두 가지 정도는 생각해 볼 수 있다. 첫째, 계획의 세부화와의 관련성이다. 계획대상품목이 너무 많다 보니, 즉 기업이 달성해야 할 품목별 생산량이 지나치게 세분화되어 있다 보니 기업이 모든 과제를 달성하기는 불가능에 가깝고, 따라서 행정기관이나 당이 기업실적을 평가할 때 '어쩔 수 없이' 현물계획보다는 현금계획을 중시했을 가능성이다. 둘째, 1970년대부터 사회 전체의 자재부족현상이 점차 뚜렷해지면서 현물계획에 의한 기업평가의 의미가 조금씩 퇴색되기 시작한 것이 아닐까 한다. 즉 국가가 계획대로 자재를 공급해 주지 못하는 상황에서 기업에게 생산량 목표를 달성하라고 다그치는 데는 한계가 있기 때문이다.

여기에서 총생산액 목표를 달성하기 위해 제품의 사이즈, 스타일, 색, 품질 등을 자의적으로 결정할 수 있는 여지가 기업에게 제공된다. 수요는 고려하지 않고, 생산하기 어려운 품목은 보다 적게, 쉬운 품목은 보다 많이 생산하게끔 제품의 조합(組合)을 기업 마음대로 선택하는 것이다. 예컨대 김일성은 "공장에서는 수요도가 낮아도 기술공정이 간단하고 생산하기 쉬운 것은 대량으로 생산하고 복잡한 것은 수요도가 높아도 조금밖에 생산하지 않겠지요. … 철강공장에서는 계획을 수월하게 수행하기 위해 생산공정이 복잡한 박판(薄板)은 생산하지 않고 후판(厚板)을 많이 생산하며 가는 강선(鋼線) 대신에 두꺼운 강선을 생산하고 있습니다. 철강공장이 박판을 적게 생산하는 것은 그것이 후판의 생산에 비해 시간이 많이 걸리고 기술공정이 복잡한 데다 단위시간 내의 생산량이 적기 때문입니다"(『저작집 23』(일본어판), p. 451)고 비판했다. 또 김일성은 1969년 6월 30일의 어느 회의석상에서 "신발공장에서 한 문수의 신발을 만들다가 다른 문수의 신발을 만들려면 형도 바꾸어야 하며 이모저모로 생산자들에게는 시끄러운 일이 많이 생기게 됩니다. 그러므로 신발공장에서는 될수록 같은 문수의 신발만 자꾸 만들어 내려 합니다"(『경제관리 3』, p. 540)고 질책했다.

극심한 자재난을 겪게 되는 1990년대에 들어가면 명백하게 현금계획이 우선시되고 기업은 현물계획의 달성에는 거의 관심을 기울이지 않게 되었다고 탈북자들은 일치된 증언을 한다. 탈북자 K씨는 "우리 공장의 경우, 생산품목은 50종을 넘었다. 그 가운데 무엇을 생산할 것인가는 개별 품목의 가격이 좌우한다. 수요가 적어도 가격이 높은 품목을 골라 그것을 집중적으로 생산했다"고 한다. 탈북자 J씨가 전하는 대안중기계연합기업소의 상황도 별로 다르지 않다.

그리고 수요를 도외시한, 더욱이 기존의 생산품목과는 전혀 관계가 없는 신규생산(혹은 임시생산)의 극단적인 예를 두 가지 들어 보자. 순천시에 어느 장독제조공장은 어느 해 겨울 공장의 계획목표를 달성하기 위해 '모피가공'을 선택했다. 시의 주민들은 김치독이 없는 상태에서 겨울을 보내 상당히 고생했으나 그 공장은 주민들이야 어떻게 되든 자기 공장의 현금계획만 달성하면 그만이라는 식이었다(탈북자 G씨). 또 탈북자 I씨가 근무했던 압록강 화학공장(감광지제조공장)은 어느 해 모자라는 실적을 보충하기 위해 '가마솥'을 만들어서 결국 생산금액목표를 달성했다.

생산과제 수행과 관련하여 지적해야 할 또 하나의 기업행동은, 자신의 생산물을 다른 수요기업에 제때 또한 정해진 양(量)을 공급하는 데 대한 무관심이다. 북한에서는 이를 '협동생산규율의 위반'이라고 부른다. 후술하듯이 이는 오늘날 북한의 경제난, 특히 심각한 자재난을 이해하는 데 매우 중요한 현상이다. 예컨대 김일성은 1969년 6월의 어느 연설에서, 어느 제련소에서의 동(銅) 생산이 부진했기 때문에 전선, 전동기의 생산이 타격을 받은 예와, 어느 기계공장이 크랭크축을 공급해 주지 않았기 때문에 트랙터 생산이 차질을 빚은 예를 들었다. 김일성은 "일부 사람들은 협동생산규율의 준수를 경시하고 있다"며 "나라의 전반적인 경제관리는 어찌되었든, 자신의 기업의 생산계획만 달성하면 그만"이라는 태도를 강도 높게 비난했다(『경제관리 3』, pp. 544-546). '협동생산규율의 위반'에 대한 김일성의 비난은 그 이후에도 계속해서 등장,[26] 이 문제가 북한에서 좀처럼 해결되지 않았음을 보여 준다.

협동생산규율의 위반은, 이른바 '기관본위주의(機關本位主義)'[27]와도 밀접한 관계가 있다. 김일성은 1967년에 "기관본위주의는 협동생산규율을 지키지 않는 데서 나타나고 있습니다. 적지 않은 공장 일꾼 사이에 다른 공장은 계획을 달성하든 못하든 자기 공장만 계획을 실행해 상금을 타 먹으면 그만이라는 경향이 나타나고 있습니다"고 질타하면서 몇 가지 예를 들었다. 그 중 두 가지를 소개하는데, 하나는 공장차원의 본위주의이고 또 다른 하나는 성(省)차원의 본위주의이다.

---

26) 예컨대 1977년 7월 19일의 김일성의 연설. 『경제관리 5』, pp. 123-125 참조.

27) '본위주의'는 일종의 '이기주의'라 할 수 있다.

“황해제철소에서는 작년에 지표별 계획을 수행해서 칭찬을 받고 상금도 많이 받았는데 강 하나를 사이에 둔 강선제강소에서는 황해제철소가 소재를 제때 공급해 주지 않아서 인발강관의 생산계획이 달성되지 못했습니다”(『저작집 21』(일본어판), p. 71).

“대안전기공장에서는 평양전기기관차공장이 기계공업성에 속해 있을 때에는 설비와 자재를 충분히 공급해 주었지만 이 공장이 철도성으로 이관된 이후에는 잘 공급해 주지 않는다고 합니다”(『저작집 21』(일본어판), p. 72).[28)]

생산과제 수행과 관련된 또 하나의 기업행동은 이른바 ‘스토밍(storming) 현상’이다. 즉 월, 분기, 혹은 한 해의 마지막 며칠 동안 계획을 달성하기 위해 돌출 · 돌격작업을 수행하는 현상이다. 물론 이런 돌격전의 직후에는 여러 혼란과 후유증으로 인해 생산이 급격히 떨어진다.

예컨대 김일성은 1979년 12월의 어느 회의석상에서 “매달 상순부터 월 계획을 적어도 30%씩은 하여야 하겠으나 어떤 데서는 상순에 10%도 채 하지 못하며 중순에 20% 하나마나 하고 하순에 가서 돌격전을 들이대어 한 70%씩 해 제끼고 있습니다. 그렇게 하니 제품의 질이 높지 못하고 노동자들이 힘들어 할 뿐 아니라 설비가 혹사되어 다음 달에 들어가서는 설비를 보수하느라고 또 생산을 제대로 하지 못하게 됩니다”

28) 이처럼 북한의 기업이 수요자(소비자 및 기업)의 요구는 전혀 고려하지 않은 채 제품의 사이즈, 스타일, 색은 물론 생산물 품목조합까지 자의적으로 선택하고, 제품을 만들 때 품질에는 신경을 쓰지 않으며, 제품을 만들고 나서도 수요기업이 필요로 하는 시기에 필요한 양만큼 공급해 주지 않는다는 것은 북한에서도 다른 사회주의 국가들과 마찬가지로 공급자 시장(sellers’ market)이 관철되고 있다는 것을 말해 준다. 즉 공급자와 수요자는 동등한 힘을 가지고 있지 않다. 국가가 정한 가격체계하에서 수요가 공급을 상회하고 있으므로 공급자가 지배권을 가지고 있고 수요자는 거기에 따르지 않으면 안 된다. 그리고 이 관계는 일시적이 아니라 항상적이다. 이 불평등한 관계는 공급자와 수요자 쌍방의 태도에 큰 영향을 미친다. ‘공급자 시장’이라는 개념도 사회주의 경제를 이해하는 데 매우 중요한 개념의 하나이다.

(『경제관리 5』, p. 413)고 지적 · 비판했다. 이러한 스토밍 현상이 나타나는 데는 여러 가지 이유가 있으나 가장 큰 이유로는 자재공급의 불안정성을 지적할 수 있다. "그 전달 말일까지나 그 달 초까지는 자재가 들어와야 하나 해당 월의 15일이나 20일에 들어오는 경우가 많았다. 그래서 돌격전이 불가피했다"(탈북자 D씨)고 한다.

생산과제 수행과 관련하여 빼놓을 수 없는 또 다른 기업행동은 신기술 도입 · 개발의욕의 결여이다. 즉 제2장에서 간단히 언급한 바 있는데 북한의 기술이 낙후되어 있는, 기술혁신이 제대로 되지 않는 데 대한 미시적 설명이다.

사실 새로운 기술을 생산현장에 도입하는 데는 항상 위험부담이 수반되는데, 자본주의 경제에서는 기업가(혹은 경영자)가 이러한 위험부담을 감수한다. 새로운 제품이 시장에서 비싼 가격에 팔리거나 기존 제품을 보다 저렴한 가격에 생산할 수 있다면 기업의 이윤을 대폭 늘릴 수 있기 때문이다.

하지만 북한을 비롯한 사회주의 경제에서는 사정이 다르다. 사실 사회주의 경제가 안고 있던 커다란 고민의 하나는 기업 내 혁신(innovation)이 매우 어렵다는 것이었다. 사회주의 경제에서 기업의 최대 임무는 정부, 즉 중앙의 계획당국으로부터 명령의 형태로 하달된 해당 기업의 과제를 수행하는 것이다. 그리고 그 과제의 대표적인 것은 제품의 생산량목표(계획)의 달성이다. 기업은 대체로 생산량목표를 어떻게 달성할 것인가에만 관심이 있을 뿐 제품의 품질이나 생산비용, 이윤, 특히 기술혁신에는 별로 신경을 쓰지 않는다.

생산현장에서 그 달 혹은 그 분기의 생산에 악영향을 주지 않고서 새로운 아이디어를 실험 혹은 채용하기란 사실상 불가능하다. 경상적인 생산목표에 매달릴 수밖에 없는 기업으로서는 매우 부담스럽다.

그리고 기업의 기술혁신과 관련된 새로운 제안은 상부기관에 제출되지 않으면 안 된다. 만약 상부기관이 승인하고, 또 기업에서 실험에 성공했다 하자. 이때 상부기관이 다음 해의 계획에 이러한 생산성 향상분을 반영해 기업의 생산계획목표를 상향조정한다면 기업으로서는 아무런 득을 볼 게 없게 되는 셈이다. 이렇게 해서 새로운 제안이 실패할 경우의 위험부담, 즉 생산량목표 미달성, 경영자의 위신의 추락 등을 무릅쓸 인센티브도 사라지게 된다.[29)]

탈북자 G씨는 "북한에서 기술혁신은 상당히 어려운 문제이다. 기술자 혼자 고군분투할 수밖에 없다. 새로운 기술개발이 성공한다는 확실한 전망이 없으면 현장의 사람이든, 공장지배인이든 그 누구도 관심을 보이지 않고 도와 주지도 않는다. 기술자가 생산현장에 가서 이런 것을 실험해 보자고 이야기를 하면 현장사람들은 화를 낸다. 지금 하고 있는 일만으로도 바쁜데 무슨 실험이냐는 것이다. 실험을 한다고 해도 현장사람들이 득을 보는 것은 아무것도 없지 않느냐는 반응들이다. 기술혁신에 대한 인센티브가 결여되어 있다고 할 수 있다"고 말한다.

이와 관련하여 김일성은 1987년 1월의 어느 연설에서 "지금 공장, 기업소의 적지 않은 일꾼들이 당면한 생산에만 치중하면서 기술을 발전시키는 사업에는 거의 낯을 돌리지 않고 있습니다. 어떤 일꾼들은 공장에 낡고 뒤떨어진 기계설비가 있어도 그것을 갱신할 생각을 하지 않고 있으며 노동자들과 기술자들 속에서 좋은 기술혁신안이 제기되어도 현행생산이 바쁘나는 구실 밑에 잘 받아들이지 않고 있습니다"(『경제관리 7』, p. 13)고 심하게 질책했다.

3. 자재공급과 기업

북한의 기업에게 최대의 고민은 자재공급문제라는 게 탈북자들의 일치된 증언이다. 물론 다른 사회주의 국가들도 사정은 마찬가지였다.

기업이 취하는 행동으로서 먼저 지적해야 할 것은 자재의 껴안기, 기

---

29) 사회주의 경제에서 기업 내 기술혁신이 어려운 이유에 대해서는 Nove(1968), pp. 181-186; 速水佑次郎(1995), pp. 160-164가 자세하다.

업 내 비축 및 사장(死藏)이다. 북한에서는 현재 쓰고 있지 않거나 앞으로 쓸 예정이 없거나 혹은 쓸 예정이나 3개월 이내에는 쓰지 않는 자재는 국가에 반환하게끔 되어 있다. 그렇게 하지 않으면 법적으로 문제가 된다. 그러나 "자기 물건을 돌려 줄 사람이 어디에 있겠는가. 검열에서 적발되어 처벌을 받더라도 어쩔 수 없다. 정말로 고생해서 가져온 자재인 만큼 다른 사람에게는 결코 간단히 넘겨 주지 않는다"(탈북자 K씨)는 게 현실이다. "기업은 자기네 자재가 남아돌아도 좀처럼 다른 기업에게 주려고 하지 않는다. 검열 때 적발되면 사정을 호소한다. 이것은 꼭 필요한 자재다. 우리 공장 제품의 생산에 문제가 생기면 국가적으로도 큰 문제가 아니냐는 식이다"(탈북자 I씨). 이는 국가와의 교섭에 있어서 자기 공장의 제품이 얼마나 중요한 것인가를 보여 주는 것이 하나의 포인트가 됨을 나타내는 좋은 사례라고 하겠다.

북한의 기업이 보다 빈번히, 항상적이라고 할 정도로 조우하는 상황은 자재부족이다. 북한의 자재난을 이야기할 때, 첫째 1960년대에는 자재가 그다지 부족하지 않았다는 것, 둘째 사회주의권이 붕괴한 1990년대 이전에도 북한에는 심각한 자재난이 존재했었다는 것은 강조할 필요가 있다.

탈북자 I씨, D씨는 1960년대에 자재가 그다지 부족하지 않았다고 말하고 있다. "1960년대는 연간으로 보면 자재공급은 100%에 가까웠다. 다만 편파성이 있었다. 월초 혹은 전월 말에 자재가 확보되어야 하는데 자재가 어떤 때는 15일에, 어떤 때는 20일에 한꺼번에 들어오곤 했다"(탈북자 D씨).[30] 그러다 보니 월말은 언제나 초비상이다(탈북자 I씨). 탈북자들의 경험에 의하면 자재부족을 피부로 느끼기 시작한 것은 대체로 1970년대 중반 혹은 후반부터이다. 탈북자 D씨는 "1970년대 중반부터 자재공급계획이 미달되었다. 내가 1973년부터 1978년까지 일했던 정

30) 그래서 자재사정이 그렇게 심각하지 않았던 1960년대에도 기업은 상부기관 몰래 자재를 기업 내에 조금씩 비축해 두었다.

주트랙터공장은 1976년부터 강재공급량이 줄기 시작했다"고 말했다. 또 탈북자 C씨는 "내가 일했던 함북 산성협동농장은 1979년까지 농약이 공급되었으나 1980년 이후 농약이 전혀 공급되지 않았다"고 했다. 사실 북한경제가 본격적으로 내리막길을 걷기 시작한 것도 이 시기이다. 소비재 부족을 반영, '공급카드'가 등장해 소비재에 대한 배급제가 크게 확대된 것도 이 시기를 전후한 때이다(탈북자 I씨, R씨, N씨). 앞에서 이야기했던 '주석폰드'도, '기업차원의 자력갱생'도 이 시기를 전후해 등장했다.

자재부족에 대한 기업의 대응은 크게 보아 두 가지가 있다. 이른바 '계획선(計劃線)', 즉 해당 기업에 대해 자재를 공급하도록 국가계획에 의해 지정된 바로 그 기업으로부터 자재를 조달하는 것과, 계획선 이외의 루트, 즉 국가계획에 의해 지정된 자재공급기업 이외의 기업이나 암시장에서 자재를 조달하는 것이다.

첫째, 원래의 계획선을 통한 해결의 경우를 보자. 탈북자 B씨는 자신이 근무했던, 종업원 수만 명의 용양광산의 사례를 소개했다. "전국에 3군데, 즉 평양, 함흥, 단천에 출장소라는 것을 설치했다. 내가 그 광산에 들어갔을 때(1967년)도, 내가 그 광산에서 나올 때(1990년)도 존재했다. 출장소 하나에 25명 정도 될까. 출장소의 기본임무는 자재확보이다. 출장소 직원은 그 지역에 상주하면서 국가로부터 지정된 자재공급기업에 얼굴을 내밀고 생선, 쌀 등의 뇌물을 바쳐 가면서 자재를 얻는다. 제도상으로는 '대안의 사업체계'에 따라 상부(행정기관)가 하부(공장)에 내려 주게(공급하게) 되어 있다. 그러나 현실은 정반대다. 하부가 상부에 올라가서 끌어당긴다(자재를 받아 온다). 기업에게 출장소가 필요한 것은 그 때문이다. 국가계획에 의해 그 공장이 당연히 받게 되어 있는 그 공장의 몫을, 더욱이 뇌물까지 써 가며 고생해서 받아 오는 것이다." 즉 국가계획에 의해 자재공급이 보장된다 하더라도 지정된 공급기업으로부터 자재를 얻기 위해서는 뇌물을 바치지 않으면 안 된다는 것이다. 그렇게 하지 않으면 필요한 시기에, 또 필요한 양을 얻지 못했다 한다. 더욱이 제품이 모자랄 때는 불합격품도 받을 수밖에 없는데 이 경우에도 뇌물이 필요했다(탈북자 D씨).

탈북자 G씨의 증언은 공급기업측의 입장을 이해하는 데 도움이 된다. “소공구(小工具)공장이 자재를 구하러 강재공장에 갔다고 하자. 강재공장도 자재가 모자라니까 생산량이 부족하다. 국가계획에는 어디어디에 제품을 공급하라고 지정되어 있으나 어차피 모든 수요를 충족시켜 주지는 못한다. 어느 공장에 물건을 넘겨 줄 것인지는 공장지배인의 결심에 달려 있다. 자기와 이해관계가 걸려 있거나 자신에게 뇌물을 바치는 공장에게 물건을 건네 주는 게 당연하다”고 한다. 물론 행정기관이 공급기업에 대해 누구에게 제품을 건네 주라고 명령하는 경우도 있다. 그래서 기업이 행정기관 쪽에 뇌물을 바치고 로비활동을 전개하는 것도 비일비재하다.

공급기업측에, 또 중앙에까지 뇌물을 바치고 로비활동을 적극적으로 전개할 필요가 있는 예는 탈북자 L씨가 제공하고 있다. 전술한 ‘주석폰드’와도 관련된 것이다. “내가 1980년대 말부터 1990년대 초까지 근무했던 조선옥류관무역회사에서 경험한 일이다. 수산기지에 방파제를 쌓을 필요가 생겼다. 먼저 내년의 사업계획에 넣었다. 그러나 상부로부터 거절당했다. 그래서 이번에는 정무원에 제의서를 써서 제출했다. 그렇게 하면 총리의 허가를 얻어 주석부에 보고된다. 물론 그때 로비가 같이 들어간다. 이것은 해결해야 한다고 판단되면 ‘주석폰드’로 처리된다. 그렇게 되면 이번에는 천내리시멘트로 달려간다. 물론 우리 회사의 당초의 계획에 들어 있던 바로 그 회사다. 이른바 계획선이다. 그런데 이 단계에서도 로비는 필요하다. 주석폰드를 받으러 오는 기업이 많으니까. 물론 주석폰드니까 받는 것은 확실하다. 문제는 언제 받느냐는 것이다. 빨리 받기 위해서는 뇌물을 쓰지 않을 수 없다.”

탈북자 I씨의 공장은 정반대의 케이스이다. 특별히 뇌물 같은 것을 쓰지 않아도 되었다. 자사제품이 대부분의 기업의 필수품이었기 때문이다. 따라서 자재공급기업에 대해 교섭력의 면에서 우위에 있었다고 할 수 있다. “우리 공장의 경우 감광지를 생산했기 때문에 유리했다. 감광지는 어떤 공장이더라도 설계를 하는 곳에서는 반드시 필요하니까. 우리가 국가계획선인 2·8 비날론연합기업소에 가면 설계 쪽의 사람들과 교섭한다. 감광지를 줄 테니까 이런 이런 자재를 보장해 달라. 그러면 그들은 아주 소중한 고객인 것처럼 우리를 대접해 준다"고 한다.

둘째, 원래의 계획선 이외의 루트를 통한 해결을 보기로 하자. 여기에서는 공장지배인을 비롯해 기사장, 자재과장, 자재인수원(후술) 등 공장의 모든 사람이 동원된다고 해도 과언이 아니다.

먼저 생각할 수 있는 것이 일반 노동자들을 통한 해결이다. 1985~1986년에 함남 함주군 고양건재공장에서 노동자로 일한 탈북자 F씨의 경험담이다. "예를 들어 지배인이나 작업반장이 회의 때 '누가 내일 용접봉이나 휘발유 얻어 올 사람 없나' 고 물어 본다. 만약 내가 그것을 하겠다고 하면 나에게 2~3일의 휴식시간을 준다. 그 동안은 회사에서 일하지 않아도 일한 것으로 처리해 준다"고 한다. 이런 사람들은 대개 친척이나 친구들로부터 자재를 얻는다. F씨의 경우 친구가 함흥 철도 객화차대에서 일했고 그는 자기 회사에서 용접봉을 훔쳐다가 F씨에게 넘겨주었다. 물론 F씨로부터 대가를 받았다.[31] F씨는 "당시 내가 일하던 그 공장에는 그런 식으로 자재를 얻어 오는 사람이 전체 종업원 100여 명 가운데 40~50명 정도 있었다"고 한다. 그리고 그 때부터 기업이 노동자들에게 자재 구해 와라, 뭐 구해 와라고 시키는 게 시작되었다고 F씨는 전한다.

그 다음이 기업간 자재의 비공식적인 거래이다. 지배인 출신의 탈북자 K씨는 "기본적으로 물물교환관계이다. … 예컨대 내가 이번 달의 계획을 달성하려고 마음먹고 있는데 베어링이 없다고 하자. 그러면 예비

31) 그리고 F씨는 2~3일간의 휴가를 이용해서 뙈기밭(불법 경작지)을 일군다. 콩, 고추 등을 심어서 암시장에 내다 판다. 이 수입의 일부는 친구에게 제공하는 대가(대개는 암시장에서 담배를 사다 주었다)로 쓰고 나머지는 생활비로 쓴다. 따라서 노동자 입장에서는 이런 식으로 회사에다 자재를 구해다 줄 경제적 유인이 충분히 있는 것이다.

베어링이 있음직한 공장지배인에게 전화를 한다. 베어링 몇 번 몇 번을 달라. 지배인끼리는 통한다. 물론 베어링을 받았으면 우리 공장의 제품을 주지 않으면 안 된다"[32]고 말한다. 탈북자 I씨는 "우리 공장에서 남는 자재는 다른 공장과 교환한다. 우리 공장에서는 남는 자재가 다른 공장에서는 모자랄 수 있기 때문이다. 물론 그 역도 성립한다. 우리 공장에 남는 자재를 어느 공장이 필요로 하고 있는가, 또 우리 공장이 필요로 하는 자재를 어느 공장이 가지고 있는가 하는 것은 자재인수원이 여기저기 돌아다니면서 알아본다"고 말한다.

그리고 행정기관과의 교섭이든, 다른 기업과의 교섭이든, 가능한 한 면식이 있는 사람을 찾으려 한다. 일면식도 없는 관계라면 상대는 뇌물을 받으려고 하지 않을 것이다. 아니면 뇌물을 받아도 매우 불안해 할 것이다. 따라서 단골을 만드는 게 무엇보다 중요하게 된다(탈북자 K씨).

기업의 입장에서는 "계획선(計劃線)보다는 인맥선(人脈線)이 명맥선(命脈線)"이라는 탈북자 G씨의 말은 시사하는 바가 크다. 물론 계획선 이외의 곳에서 자재를 조달하는 것은 불법이다. 법대로 한다면 대부분의 자재관련 일꾼은 잡혀 들어간다(탈북자 M씨). 따라서 북한에서 자재관련 일꾼들은 "한쪽 발을 감옥에 담그고 생활한다"고 이야기된다(탈북자 F씨).

대부분의 경우 기업이 행정기관이나 다른 기업에게 바치는 뇌물은 현금보다 현물이 많다. "현금이 왔다 갔다 하면 문제가 복잡하게 되기 때문이다"(탈북자 D씨)라는 것이다. 대표적인 것이 술, 담배이다. 여기에 돼지고기, 개고기, 생선, 쌀, 과일 등의 농수축산물이 추가된다. 때로는 TV, 오디오, 냉장고 등의 전자제품, 옷감, 장롱, 화장품 등도 등장한다. 그러면 기업들은 뇌물의 재원(財源)을 어떻게 마련하는가. 여기서는 탈북자 2명의 증언을 소개한다.

---

32)「귀순자 쟁점대담 5」,『통일한국』, 1996년 6월, p. 87.

먼저 탈북자 D씨에 따르면 공장의 부업지에서 재배된 무, 배추, 오이 등을 공장 종업원들에게 고가로 판매하는 방법이 있다. 원래는 국정가격보다 싼 값으로 팔게 되어 있으나 국정가격보다 2~3배, 때로는 5배 가까운 가격으로 판다. 이 차액으로 현금을 조달해, 예컨대 술을 산다. 공장지배인의 판단에 의해 계획 이외의 물건을 생산해 이를 협동농장에 팔고 그 대가로 농축산물을 얻는 경우도 있다고 한다. "그 정도는 검열에 적발되어도 큰 문제가 되지 않는다. 나라를 위해서 그렇게 했으니까. 특정 개인 한 사람이 득을 보는 것이 아니니까"라고 한다.

탈북자 K씨는 "'사업'[33]을 하기 위해서는 생산품의 예비를 확보해 둘 필요가 있다. 그래서 나는 실무자에게 오늘 생산한 제품 일부는 장부에 적지 말라고 지시했다. 물론 그만큼 노동자들의 몫이 줄어드는 것은 사실이다. 하지만 공장이 살기 위해서는 어쩔 수 없다"[34]고 한다. 이는 이른바 '이중장부'와도 관련이 있다. "지배인과 부기장(簿記長)이 마음이 맞으면 이중장부는 만들 수 있다. 물론 이렇게 조달한 자금을 모두 '사업'을 위해 썼다 해도 검열 때 적발되면 처벌받는다. 이중장부를 만들 수 있는가 어떤가는 기업에 따라 다르다. 나도 이중장부를 조금 가지고 있었다"(탈북자 K씨).

다음에는 구소련에서 '톨카치(tolkach)'라는 이름으로 알려져 있던, 자재조달의 전문가문제를 살펴보자. 결론적으로 말하면 북한에도 톨카치가, 그것도 적지 않은 수의 톨카치가 존재한다. 북한의 기업 내에서 '자재인수원'이라고 불리는 사람은, 모두는 아니지만, 상당수는 톨카치로 보아도 무방하다.

1980년대 중반 연합기업소제도가 본격적으로 도입될 때 자재인수원이

---

33) 탈북자들은 필자와 면담하는 도중에 '사업'이라는 용어를 자주 썼다. 특히 뇌물을 써 가면서 자재를 받아 오거나 은행에서 돈을 빌려 올 때에 "사업을 한다"는 식으로 표현했다. 기업활동을 위한 여러 가지 반합법·불법행동을 가리키는 것이 아닐까 한다.

34) 「귀순자 쟁점대담 5」, 『통일한국』, 1996년 6월, p. 87.

라는 직책을 없애도록 지시가 내려왔다고 한다(탈북자 D씨). 즉 법적으로는 자재인수원이라는 직책을 두지 않도록 되어 있다. 자재인수원이라는 명목으로 급료를 지불하는 것이 금지되어 있다. 그러나 대다수 기업들은 비밀리에 자재인수원을 두고 있다. 공장지배인 입장에서는 가장 수완이 좋고 안면이 넓으며 신뢰할 수 있는 사람을 자재인수원으로 고르지 않으면 안 된다(탈북자 K씨).

탈북자 S씨는 석탄 자재인수원의 예를 들고 있다. 북한에서는 석탄이 겨울의 필수품이다. 그의 임무는 겨울이 시작하기 전에 일정량의 석탄(예컨대 석탄 120톤)을 기업에게 갖다 주는 것이다. 물론 기업으로부터는 현물(해당 기업의 생산제품)이든 현금이든 석탄을 살 수 있는 재원이 제공된다. 그는 그 기업에게 목표량만을 건네 주고 나머지는 자유로이 처분할 수 있다. 북한에 있는 공장의 70~80%는 이런 석탄인수원을 두고 있을 것이라고 S씨는 말한다.

자재인수원들은 어떻게 해서 물건을 조달할까. 먼저 공장에서 훔치거나 빼돌린 자재 및 설비가 그들이 자주 이용하는 '시장'이다. "자전거 공장이 있다고 하자. 자재인수원이 그 공장의 종업원을 부추긴다. 그러면 종업원은 자기 공장의 타이어, 스포크, 베어링을 훔쳐 그에게 팔아넘긴다"(탈북자 G씨).

또 다른 것은 이른바 '빽'을 이용하는 것, 달리 말하면 영향력의 행사이다. 지방기업인 양덕군 목재화학공장의 자재인수원 출신인 탈북자 M씨는 "북한에서는 화차 1대(화차를 1회 사용할 권리)를 얻는 게 매우 힘들다. 돼지 몇 마리가 뇌물로 필요하다. 나는 1년에 화차 3대를 공장에 갖다 주고 1년 내내 놀았다. 그래도 배급도 월급도 전부 받는다. 내 장인이 평남 신성천 철도관리국 계획과장이었다"고 한다. 그는 다른 공장의 자재인수원에게 몇 차례 화차를 제공한 적이 있다. 결국 그도 톨카치였다고 볼 수 있다. 그런데 그보다도 전문적으로 중개를 하는 사람들도 있다. 톨카치의 가장 발달된 형태이기도 하다.

"그들은 어느 공장의 자재인수원으로 이름만 걸어 놓고 있다. 그들은

1년 내내 공장에 출근조차 하지 않는다. 그 공장이 필요로 하는 자재를 필요로 하는 양만큼 1년에 한 번 갖다 주면 그걸로 끝이다. 그래도 그들은 1년 내내 출근한 것으로 되고 배급도 월급도 전부 받는다. 그들은 무엇보다 안면이 넓은 사람들이다. 사회안전부(경찰), 검찰을 비롯해 여기저기에 '빽'을 가지고 있다. 그들은 다수의 공장을 상대로, 때로는 개인을 상대로 일한다. 내가 살던 양덕군에는 그런 사람이 10명 정도 있었다"(탈북자 M씨).

4. 재무관리와 기업

북한의 기업에게도 이윤이라는 개념은 있다. "북한의 기업도 원가, 이윤을 계산하기는 한다. 그런데 기업에서의 낭비가 워낙 많기 때문에 기업의 수입 · 지출의 밸런스가 맞지 않는 경우가 대부분이다. 북한의 공장 지배인 가운데 이윤을 내어 보려고 애쓰는 지배인은 그리 많지 않다. 물론 실무자 중에 누군가는 지배인에게 어드바이스 하는 경우도 있다. 이렇게 이렇게 하면 적자가 됩니다 하고. 나도 그렇게 한 적이 있다. 하지만 비판받았다. 당이 시키는 대로 하라는 것이었다"(탈북자 D씨)라고 한다.

국가가 필요로 하는 제품은 적자가 발생하더라도 국가가 도와 주면서 생산시킨다. 당으로부터 어떤 제품을 생산하라는 지시가 내려왔다고 하면 설령 손실이 생길 것이 분명하다 하더라도 그것을 생산하지 않으면 안 된다. 그 제품이 필요한 기업에게 지장을 주어서는 안 되기 때문이다(이른바 협동생산). 그런 것이 누적되면서 적자가 늘어난다. 그리고 은행으로부터의 차입금이 쌓여 간다. 그렇다고 해서 기업이나 지배인이 큰 타격을 받는 것은 없다. 그래서 기업이 흑자를 내려고 애쓰는 광경은 상상하기 어렵다.

하지만 독립채산제의 본격적인 도입으로 상황이 꽤 변했다. 북한의 독립채산제는 제도상으로는 오래 전부터 실시되어 왔고, 특히 1980년대 중반에 강화 · 확대되었다. 그러나 독립채산제가 도입되더라도 형식에 그친 경우가 많았다. 탈북자 E씨에 의하면 독립채산제 기업으로 지정이 되더라도 국가의 여러 가지 제한조치로 인해 실제로는 독립채산제가 아니게 되는 경우가 적지 않았다고 한다. 예를 들면 기업의 은행구좌와 국고는 형식상 별개의 것이 되어 있으나 실제로는 기업의 은행구좌에 들어 있는 돈을 국가가 마음대로 쓸 수 있도록 했다는 것이다.

탈북자들의 증언을 종합해 보면 1980년대 말 혹은 1990년대 초부터 북한에 독립채산제가 본격적으로 실시된 것으로 보인다.[35] 이에 따라 재정적인 면에서 북한의 기업환경은 크게 달라졌다.

종전의 예산제하에서는 기업이 이윤을 내더라도 국가가 그 돈을 가져갔다. 물론 적자가 나더라도 국가가 메워 줬다. 기업운영자금도 한도가 정해져 있다. 기업입장에서는 계획을 달성하지 못하나, 달성 · 초과달성하나 재정적인 면에서 별 차이가 없다. 그러나 독립채산제로 되면 상황이 달라진다. 북한에서 독립채산제는 기본적으로 기업이 벌어들인 이익금의 처분을 둘러싼 것이다. 즉 독립채산제의 경우, 계획 초과달성분에 대해서는 이윤을 기업이 독자적으로 보유 · 처분할 수 있는 권리를 갖는다. "계획을 130% 달성했다고 하자. 100%분에 대해서는 이윤을 국가가 가져간다. 나머지 30%분에 대해서는 자재비, 전기료 등 제반 비용과 거래수입금[36] 등을 제하고 나면 순수이윤이 남는데 이것이 공장의 소유로

---

35) 다만 이 사실은 아직까지 북한측 문헌에서는 확인되지 않고 있다. 두 가지 가능성이 있다. 첫째, 필자가 만난 탈북자들의 증언의 신뢰성 내지는 대표성에 문제가 있을 가능성이다. 둘째, 북한은 1984 · 85년에 독립채산제의 강화의 차원에서 '국영기업소 독립채산제에 관한 규정(이하 '규정')을 제정 · 공표했다. 그러나 이는 얼마 지나지 않아 유야무야되었을 가능성이 크다(예컨대 小此木政夫 編, pp. 302-305도 이 가능성을 지적하고 있다). 그런데 탈북자들이 전하고 있는 1980년대 말 혹은 1990년대 초부터의 독립채산제는 내용 면에서 '규정'의 그것과 크게 다르지 않다. 그렇다면 북한 당국이 1980년대 말 혹은 1990년대 초부터의 독립채산제의 실시를 공식화한다는 것이 오히려 부담스러울 수도 있었다는 추측도 가능하다.

된다. 대단한 것이다. 국가입장에서는 '더하는 것 너 먹어라'는 식이다" (탈북자 K씨).

탈북자 L씨의 증언은 이같은 변화를 잘 보여 준다. "내가 근무했던 조선옥류관무역회사의 강원도 지사[37]는 1989년까지 예산제였으나 1990년부터 독립채산제로 되었다. 그리고 1990, 1991년은 계획을 120% 달성했다. 그래서 종업원에게 보너스로 상품(TV, 옷감, 자전거 등)을 주었다. 또 기업 내 운영자금이 더 확보되었으니 수산 쪽에 더 투자했다. 배 한 척을 추가구입했다."

독립채산제로 되면서 기업의 행동에 어느 정도 변화가 생긴 것은 당연하다. 탈북자 K씨는 "계획초과분에 대한 이윤은 기업이 자유로이 처분할 수 있게 되었으니 우리 공장에서도 이윤을 내려고 노력했다. 나의 경우도 설비개조 · 자동화 등을 통해 코스트를 삭감하려고 애를 썼다. 다만 그 이상 해볼 수 있는 것은 아무것도 없었다"고 한다.

은행거래에도 큰 변화가 생겼다. "이 달에 무언가 생산하려고 생각하고 있는데 돈이 없다고 하자. 그러면 은행에서 꿀 수밖에 없다. 그런데 은행에서 돈 빌리기가 매우 어렵다. 그래서 뇌물을 쓴다. 여기서도 '사업'이 필요하다. 은행과의 관계가 좋지 않으면 기업은 살아 남을 수가 없다. 은행도 돈이 없으니까"(탈북자 K씨)라고 한다. 적어도 1960 · 70년대는 정반대였다. 은행 돈 빌리기가 그렇게 어렵지 않아서 오히려 문제였다. 예컨대 김일성은 1963년 11월에 행한 연설에서 "은행사업에서 나타나고 있는 기본결함은 국가자금을 되는 대로 내주고 있는 것입니다. 지금 일부 은행지점들은 대부를 많이 하여야 일을 잘하는 것처럼 생각하면서 대부한도가 있다고 하여 기관, 기업소들에 자금을 망탕 내주고 있습니다. … 그러니 기업소 지배인들은 필요 이상으로 자재를 많이 가지

---

36) 제3장 제3절 참조.

37) 이 무역회사는 강원도를 비롯한 4개 도에 하나씩 지사(支社)를 가지고 있었고, 이들은 모두 수산기지를 꾸리고 있었다.

고 있으려 하며 미성품과 반제품이 많아도 그것에 대하여 아무런 책임을 느끼지 않게 되는 것입니다"(『경제관리 2』, pp. 555-556)고 비판한 바 있다.

그래서 적어도 1990년대에는 북한에도 기업의 '사망' 이라는 것이 생겼다고 탈북자들은 전한다. "물론 기업이 도산하는 것은 없다. 사회주의이니까. 공장이 생산을 일체 중단하고 그 상태가 지속될 뿐이다"(탈북자 D씨). 탈북자 B씨가 1995년 5월부터 1996년 8월까지 소속되어 있던 북청군 건재공장은 1990년대 초부터 공장가동이 완전 중단된 상태였다.

다만 국가가 중요하다고 판단되는 기업에 대해서는 책임을 진다. 탈북자 D씨는 "다른 공장은 죽였어도 우리 공장(광산기계공장)은 죽이지 않았다. 국가는 전쟁동원의 예비물자로서 동(銅)의 생산에 역점을 두었고 그것을 뒷받침하는 것이 우리 공장이었기 때문이다. 충분치는 않았지만 동력 · 자재도 어느 정도 보장해 주었다"고 한다. 탈북자 K씨도 "우리 공장이 적자가 났다, 돈이 없다고 하자. 독립채산제임에도 불구하고 국가가 가만히 있지 않는다. 돈을 조금 준다. 우산을 만드는 우리 공장은 김정일 선물제조공장[38]이었기 때문에 공장을 움직일 수밖에 없었다"고 한다.

어느덧 국가는 모든 기업의 생존을 보장하는 게 아니게 되었다. 공장지배인을 비롯헤 공장 간부들이 어떻게 궁리를 해서 공장경영활동을 하는가에 따라 기업이 사는가 죽는가가 정해지게 되었다고 탈북자들은 전한다.

제4절 바게이닝 모델과 북한의 기업

바게이닝 모델은 북한의 기업행동을 설명할 수 있을까. 있다고 한다

38) 김정일이 명절 같은 때에 주민들에게 선물명목으로 나누어 주는 제품을 만드는 공장을 가리킨다.

면 어느 정도 설명가능할까. 우선 앞에서 밝혔듯이 사회주의 기업행동에 대해 '순종적인 행정적 부속물', '바게이닝', '연성예산제약'이라는 3개의 모델을 설정할 수 있음을 상기할 필요가 있다.

먼저 1980년대 말 혹은 1990년대 초부터 독립채산제가 본격적으로 실시됨에 따라 '연성예산제약' 모델에 의해 설명되는 부분은 적어졌다고 할 수 있다. 그 이전에는 사실상 예산제가 압도적이었으니만큼 기업이 적자가 나더라도 국가가 메워 주었다. 기업에게 있어서 예산은 어느 정도 'soft' 화되어 있었다. 그러나 1980년대 말 혹은 1990년대 초부터는 상황이 크게 변했다. 많은 경우, 기업이 살아 남을 것인가 죽을 것인가는 기업 자신의 손에 달리게 되었다. 이에 따라 예산은 그만큼 'hard' 화되었다고 할 수 있다.

'순종적인 행정적 부속물' 모델에 의해 설명되는 부분은 다소 존재한다. 첫째, 기업이 행정기관 혹은 당조직에 의한 직접적인 명령이나 강제에 의해 움직이는 경우이다. "북한에서는 김일성, 김정일과 직접 관련된 것은 철저히 통제 · 감독을 한다. 빈틈이 없다. 기업입장에서는 여타의 것은 다소 소홀하게 할 수도 있으나 김일성, 김정일과 직접 관련이 있는 것은 결코 그렇게 할 수 없다"(탈북자 G씨)고 한다. 그 좋은 예가 주석폰드의 생산이다. "주석폰드의 생산명령이 떨어지면, 기업은 부슨 수를 써서라도 이행하지 않으면 안 되고, 또 실제로 그렇게 한다. 능력이 모자라더라도 지시받은 생산명령을 반드시 수행한다. 주석폰드의 생산명령을 이행하지 못하면 당비서, 공장지배인, 더욱이 담당 직장장까지 당장 모가지이다"(탈북자 G씨)라는 상황이다.

둘째, 우선도가 높은 산업, 특히 군수산업이다. 군수산업은 자금 · 자재 · 기술 · 인력이 최우선적으로 공급되고, 그 대신에 통제 · 감독도 철저히 이루어진다. 그러니까 바게이닝의 가능성이 극히 적다. 앞에서도 서술했듯이 계획작성단계에서 각 생산단위는 자신의 필요생산량을 신청하는데 군수부문은 대체로 그대로 반영 · 인가된다. 행정기관과 바게이닝을 할 필요가 다른 기업보다 적다. 물론 전혀 바게이닝을 하지 않는다는 것은 아니다. 경제 전반에 자재가 모자라기 때문이다. 앞에서 탈북자 L씨가 주석폰드를 얻기 위한 로비활동을 소개했는데, 외화난이 심각한 북한에서 무역회사도 국가 전체적으로 볼 때 우선도가 높은 부문임을 상기할 필요가 있다. 따라서 군수부문도 주석폰드를 얻기 위해 로비활동을 전개하리라는 것은 상상할 수 있다. 또 "계획수행률에 대한 검열을 보자. 민수부문에 대해서는 계획목표 미달성에 대해 '승인' 은 하지 않으나 '묵인' 을 할 경우가 있다. 때로는 뇌물도 통한다. 그러나 군수부문에 대해서는 '묵인' 이나 '융화' 가 전혀 없다. 군사 제일주의이니까" (탈북자 D씨).

이렇듯 북한의 기업행동이 '순종적인 행정적 부속물' 모델에 의해 설명되는 부분이 있다고 하더라도, 이미 앞에서 보았듯이 북한 기업활동의 기본축인 계획편성, 생산, 자재공급과 관련되는 활동은 기본적으로 정부와 기업 사이에 행해지는 수직적 바게이닝, 기업과 다른 기업 또는 개인 사이에 행해지는 수평적 바게이닝에 의해 설명된다고 할 수 있다. 기업의 생산능력의 과소신고, 자재의 과다한 요구, 국가의 래칫 원칙, '좋은 지표' 를 획득하기 위한 국가와의 승강이 등의 이른바 계획교섭(plan bargaining)은 북한에 널리 퍼져 있다. 수요를 무시한 생산물 조합의 자의적인 선택, 생산물을 수요기업에 적기에 적량을 넘기는 데 대한 무관심도 자주 눈에 띈다. 특히 자재공급과 관련된 기업활동은 거의 대부분이 바게이닝에 의해 이루어지고 있다. 계획선을 통한 행정기관 · 타기업과의 교섭, 계획선 이외의 루트를 통한 기업간 교섭, 그리고 그를 위한 인맥 · 뇌물의 활용, 로비활동, 톨카치의 대군(大軍) 같은 것이 없으면 기업의 운영은 불가능하게 되었다.

그래서 북한에도 3개의 모델 가운데 바게이닝 모델에 의해 설명되는 부분이 가장 많다고 할 수 있을 것이다. 특히 민수부문의 기업은 그럴 것 같다.[39] 그것은 왜 그런가. 첫째, 북한도 경제주체 간의 이해관계의

---

39) 그렇다면 군수, 민수 가릴 것 없이 북한 내 모든 공장에 대해 철저하게 통제 ·

불일치 내지는 '자극 비양립성'의 고민을 안고 있었다. 김일성이 적어도 1960년대부터 "국가의 법질서와 규칙에 위반해 국가와 인민의 이익을 좀먹는 낡은 자본주의 사상"이라든지 "다른 사람은 국가계획을 달성하든 안하든, 국가재정은 어떻게 되든 자신의 부문, 지역, 기업만 계획을 달성하면 그걸로 그만이라는 기관본위주의, 지방본위주의" 등의 '반(反)혁명적 사상요소'를 지적해 지속적으로 비판[40]한 것은 바로 이같은 상황의 반영이다.

둘째, 북한도 처리되어야 할 정보량과 정보처리능력 사이의 심각한 불균형으로 고심했기 때문이다. 김일성이 반복해서 "계획당국의 가장 주된 결함은, 인민경제의 어떤 부문에 어떤 종류의 생산설비가 얼마만큼 있고, 그 생산능력이 어느 정도인지를 확실히 모르면서 과학적인 검토도 하지 않고 경제지도를 하는 것"이라고 지적 · 비판한 것[41]도 바로 이같은 상황의 반영이다. 그래서 북한에서도 기업은 정부의 명령에 따르기만 한다면 실패할 가능성이 큰 반면, 기업은 정부에 대해 어느 정도 사실상의 자율성 내지 힘을 가지고 있는 만큼 정부와 기업의 바게이닝이 행해진다.

북한의 기업행동의 많은 부분이 바게이닝 모델에 의해 설명된다고 하면 그 의미는 무엇일까. 첫째, 바게이닝에 의한 계획화의 위험성은 국가의 이익에 상관 없이 자신의 기업이나 개인을 위해 계획을 자의적으로 조작할 수 있는 공간을 제공한다는 것이다. 따라서 국가의 자원배분의 의사결정에 있어서 개인적 요소가 많이 들어가고 상당한 양의 자원이 국가의 의도에 반(反)하는 방향으로, 계획되었던 자원배분과는 다른 방향으로 배분된다는 것이다. 따라서 그만큼 국가 전체의 자원배분에 있어서

감독을 한다면 기업의 바게이닝 행동은 많이 사라질 게 아니냐는 이야기가 나올 수 있다. 그러나 아무리 북한이라고 해도 당 및 행정조직이 모든 공장을 철저하게 통제 · 감독하는 데는 물리적으로 명백한 한계가 있다.

40) 예컨대 『경제관리 3』, pp. 266, 544-546 참조.

41) 예컨대 『저작선집 6』, p. 404 참조.

낭비 · 비효율이 커진다.

둘째, 계획편성단계에서는 중앙이 세우는 국가계획의 부정합성 · 부정확성이 더욱 커진다. 예컨대 기업이 생산능력을 은폐했기 때문에 중앙의 계획당국은 생산목표가 어느 정도 과소책정인지 과다책정인지 잘 모른다. 자재공급계획의 경우도 마찬가지이므로 어떤 기업은 자재가 남지만 다른 기업은 모자랄 수 있다. 그래서 국가계획의 기본적 부문인 생산과 자재공급 간의 부정합성이 커진다. 더욱이 계획의 실행단계로 넘어가서는 어떤 기업(예컨대 A)에서의 수요를 무시한, 생산물 믹스의 자의적인 선택, 생산물을 수요기업에 적기에 적량을 넘기는 데 대한 무관심, 자재의 사장, 더욱이 공장의 자재 · 설비 · 제품의 절도, 횡령 등이 다른 기업(기업 A의 생산물을 공급받아 자신의 투입물로 사용하게 되어 있는 기업)의 계획목표 달성의 실패를 초래할 수 있다. 그것은 또 제3, 제4 등의 다른 관련 기업에 계속 파급되어가는 '보급의 연쇄반응' 혹은 '생산애로의 연쇄반응적 확대'에 의해 증폭된다.[42)]

"1989년 말부터 1990년 초에 걸쳐 일어난 일이다. 간척지에 물을 공급하기 위해 전국적으로 수로공사를 하도록 지시가 내려왔다. 그런데 좀처럼 진척되지 않았다. 이유를 조사해 보았다. 구조물공사 쪽이 문제였다. 사람은 충분했는데 그들은 손을 놓고 놀고 있었다. 시멘트, 강재가 공급되지 않았기 때문이었다. 시멘트공장에 가서 이유를 추궁했다. 그런데 시멘트는 많이 생산되어 쌓여 있었는데 수송이 이루어지지 않았다. 수송쪽에 가서 조사했더니 그들은 화차가 모자란다고 대답했다. 화차제조공

---

42) 물론 바게이닝의 긍정적 측면이 없는 것은 아니다. 예컨대 기업간 자재의 비공식거래는 계획경제의 경직성을 보완해 주는, 경제 시스템의 '윤활유' 역할을 수행하기도 한다. 그러나 이는 기업간 비공식거래가 공식거래보다 꽤 적을 때의 이야기이다. 북한처럼 기업간 비공식거래 규모가 공식거래와 맞먹거나 오히려 더 커져 버리면, 더욱이 현물계획보다 현금계획이 우선시되어 생산품목 선택에 있어서 기업의 자의성이 개입될 여지가 커지면 바게이닝의 부정적인 측면이 긍정적 측면보다 훨씬 많게 된다.

장에 가서 조사했더니 그들은 금액계획은 달성했는데 현물계획은 달성하지 않았다. 즉 화차 대신에 수레, 국수기계로 금액계획을 달성했다. 강재가 부족했으니까 적은 원료로 가격이 비싼 것을 골라 생산했다는 것이었다. 강재공장에 가서 강재를 생산하지 않은 이유를 따졌더니, 그들은 석탄과 광석이 공급되지 않았기 때문이라고 대답했다. 왜 석탄과 광석을 생산할 수 없었던가. 전기가 없었기 때문이다. 왜 전기를 생산할 수 없었던가. 석탄이 없었기 때문이다"(탈북자 H씨).

1980 · 90년대의 북한에는 이같은 예가 무수히 존재한다고 탈북자들은 전한다. 이 부분을 조금 더 자세히 살펴보기로 하자.

예컨대 어떤 기업소가 어떤 제품을 만드는 데 A, B, C, D라는 네 가지 원자재가 필요하다고 하자(그림 4.1 참조). 그런데 사회주의 경제의 기업은 자신의 제품을 생산하는 데 필요한 원자재, 부품을 국가계획에 의해 다른 기업으로부터 공급(배급)받게 되어 있다. 이때 A라는 원자재는 전량(100%) 공급받았으나 B라는 원자재는 80%, C라는 원자재는

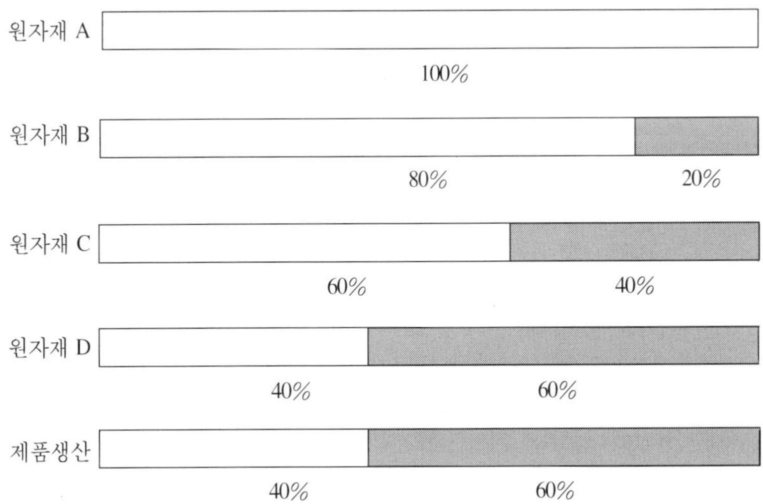

그림 4.1 사회주의 경제에서의 원자재 공급률이 제품생산에 미치는 영향

60%, 더욱이 D라는 원자재는 40%밖에 공급받지 못하는 경우가 있을 수 있다. 그렇다면 이 기업은 아마 당초 계획의 40%밖에 제품을 생산하지 못할 것이다. 왜 이같은 일이 벌어지는가. 자본주의 사회에서는 이러한 일은 있을 수 없다. 기업은 자재가 모자랄 때는 시장으로 달려가면 된다. 그 자재가 품귀가 아닌 이상 언제든지 살 수 있다. 그러나 사회주의 사회에서는 자재는 배급제이며 어디로부터 배급받을 것인가가 국가에 의해 미리 정해져 있다. 자재가 모자란다 하더라도 그 이외의 곳에서 자재를 구할 수가 있는 것이 아니다. 적게 공급받으면 그걸로 끝이다.

아울러 이 기업에서는 A라는 자재는 60%가, B는 40%가, C는 20%가 써 보지도 못한 채 사장(死藏)되고 만다.[43] '수평적 바게이닝'을 통해 원자재를 비공식적으로 추가 조달한다 하더라도 자재의 종류별로 모자라는 분만큼 다 구할 수 있다는 보장이 없다. 자재난이 빚어지고 있는 시기에는 더욱 그렇다. 생산량은 계획에 비해 가장 적은 비율이 공급 내지는 조달된 그 원자재(그림에서는 원재료 D)의 공급률 내지는 조달률에 맞춰질 수밖에 없다는 사실은 변함이 없다. 탈북자 H씨의 증언에서 든 예라면 강재공장의 경우가 그러할 것이다. 또 화차공장의 예처럼 계획된 품목과 다른 품목을 생산하면 그 계획된 품목을 공급받기로 되어 있던 기업의 생산량은 더욱 하락한다. 이렇듯 자재부족이 더 심각한 자재부족을 부르는 '자재부족의 확대재생산'이 빚어지고 있는 것이 북한의 현실이다.[44]

---

43) Ellman은 램프를 만드는 공장의 예를 들어 이같은 사실을 설명하고 있다. Ellman(1979), p. 55 참조.

44) 이러한 메커니즘을 북한 지도부가 몰랐던 것은 아니다. 북한 지도부가 협동생산의 중요성과 협동생산규율의 준수를 목이 터져라 외쳤던 것은 바로 이러한 메커니즘이 북한경제에 가져다주는 파멸적 효과를 잘 알고 있었기 때문이다. 다음과 같은 김일성의 연설로부터도 그 가능성을 엿볼 수 있다.

"사회주의 경제는 계획경제이며 사회주의 사회에서 인민경제 모든 부문들과 공장, 기업소들은 서로 밀접히 연관된 하나의 통일체를 이루고 있습니다.

제5절 맺음말

이상의 고찰로부터 북한의 기업행동양식을 정리하면 다음과 같다.

북한의 기업행동도 전부는 아니지만 많은 경우 바게이닝 모델, 즉 수직적 바게이닝과 수평적 바게이닝에 의해 설명가능하다. 이것은 북한의 기업행동과 구소련·동구의 기업행동의 공통점으로 지적될 수 있다. 이러한 공통점의 원인으로서는, 당연한 것이겠지만, 북한과 구소련·동구가 공통적으로 도입·운영했던 집권적인 기업관리 시스템 및 그 시스템이 공통적으로 안고 있던 문제점, 즉 경제주체 간의 이해관계의 불일치와 그 이해관계의 조정의 어려움, 처리되어야 할 정보량과 정보처리능력 사이의 심각한 불균형이 지적될 수 있다. 한편 북한의 기업행동과 구소련·동구의 기업행동의 상이점으로서는 다음의 두 가지를 생각할 수 있다. 첫째, 1980·90년대의 북한은 1960년대보다, 또 본격적인 경제개혁 이전의 구소련·동구보다 바게이닝, 특히 수평적 바게이닝이 보다 광범히 또한 빈번히 행해질 가능성이다. 다음과 같은 증언으로부터도 그 가능성을 엿볼 수 있다.

우리나라의 인민경제를 하나의 큰 공장이라고 한다면 개별적 부문들과 공장, 기업소들은 그 안에 있는 직장이나 작업반들이라고 말할 수 있을 것입니다. 그러므로 여기에서는 어느 한 부문이나 어느 한 기업소라도 계획을 수행하지 못하거나 협동생산규율을 어기면 인차 그와 연관된 다른 부문에 영향을 미치며 나라의 전반적 경제발전에 커다란 지장을 주게 됩니다.

만일 석탄공업부문에서 석탄을 계획대로 생산하여 주지 않는다면 금속공업부문에서 강철을 제대로 생산할 수 없으며, 강철생산이 뒤면 기계생산과 기본건설에서 지장을 받게 됩니다. 또 기계가 계획대로 생산되지 못하면 천도 짤 수 없으며 다른 모든 부문들에서 생산을 제대로 할 수 없습니다. 이것은 마치 사람의 몸에 있는 눈, 코, 입, 귀 가운데서 어느 하나라도 자기 기능을 놀지 못하면 온몸이 제대로 활동할 수 없는 것과 같습니다"(『경제관리 3』, 1969. 6. 30, pp. 544-545).

"자재가 그다지 부족하지 않았던 1960년대에도 기업이 자재를 비축, 사장시킨다든지 당국의 허가 없이 다른 기업과 자재를 교환한다든지 하는 게 있었다. 그러나 1980 · 90년대보다는 훨씬 적었다"(탈북자 I씨).

"1960년대에는 '빽'이나 '뇌물'을 이용해서, 특히 불법적으로 자재를 조달하는 일은 거의 없었다는 이야기를 나이 든 직장 선배들로부터 들었다"(탈북자 M씨).

"내가 근무했던 건재공장의 1985 · 86년경 공식적인 보급계획 달성률은 60~70%에 불과했다. 나머지 30~40%는 '자체해결'[45]했다" (탈북자 F씨).

"나는 우산공장을 1991년부터 4년간 경영했는데 그 동안 국가로부터 자재를 공급받은 것은 극히 일부이다. 거의 대부분을'자체해결' 했다" (탈북자 K씨).

둘째, 바게이닝의 광범한 존재 및 확대에도 불구하고 '순종적인 행정적 부속물'로서의 기업행동, 즉 상부의 명령에 복종하는 행동양식은 약해지지 않고 여전히 남아 있다는 것이다. 이 장의 제4절에서 살펴보았듯이 김일성, 김정일과 직접 관련된 것이나 군사산업의 경우가 그러하다. 이것은 다른 사회주의 국가에서는 볼 수 없었던 김일성 · 김정일 부자 세습체제의 구축, 이들 부자의 절대권력 및 이들 부자를 정점으로 하는 일원적(一元的) 정치체제의 안정성, 극단적인 경제난과는 비교가 되지 않을 정도로 강인한 정치체제와 깊은 관련성을 가지고 있다. 1990년대의 민수공장의 가동률은 20~30%에 불과하나 군수공장은 상당 정도 정상가동하고 있다는 게 탈북자들의 일치된 증언이다. 이러한 민수와 군수의 극단적인 불균형은 구소련 · 동구에서는 볼 수 없었던 것이었다.

여기서 북한과 구소련 · 동구 기업행동의 첫번째 상이점, 즉 북한에서

45) 공식적인 생산재시장이 존재하지 않는 상황하에서 기업이 '자체해결'하는 것은 비공식적으로 자재를 조달하는 것, 특히 수평적 바게이닝이 주된 방법이 되지 않을 수 없다.

는 바게이닝, 특히 수평적 바게이닝이 보다 광범위하게 이루어질 가능성에 대해 좀더 자세히 살펴보기로 하자. 먼저 기업의 제도적 환경과 현실적 환경의 양쪽에 주목할 필요가 있다. 북한은 구소련 · 동구와 마찬가지로 집권적인 기업관리운영 시스템이다. 그런데 북한의 지도부는 구소련 · 동구보다 집권도가 강한 집권제를 추진해 왔을 가능성이 높다. 그렇게 되면 중앙의 정보처리부담이 더 늘어나고, 사회 전체의 처리되어야 할 정보량과 정보처리능력 사이의 심각한 불균형은 더 커질 가능성이 크다. 그래서 국가계획의 부정합성이 더욱 커진다. 북한과 같이, 어떤 한도를 넘어선 과도한 집권화를 추진하면 계획경제 자체가 하나의 '의제적(擬制的)인 것'에 지나지 않게 된다.

거기에 박차를 가하는 것이 '주석폰드', '속도전', '기업차원의 자력갱생'과 같은, 기업의 비제도적 · 현실적 환경 혹은 국가지도부의 경제운영방식이다. 먼저 우선도 · 우선순위를 전면에 내세운 경제운영을 보자. 이것들은 때때로 '계획의 무시'적 성격을 띤 정책을 수반한다는 점에서 주목할 만하다. 물론 우선도에 의한 경제운영은 구소련 · 동구에서도 볼 수 있는 현상이나 탈북자들이 전하는 한, 적어도 1980년대부터 북한 지도부는 다른 사회주의 국가보다 명확한 형태로 우선도를 전면에 내세워 경제를 운영했다고 할 수 있다.

"국가 전체의 자재공급 우선순위는 주석폰드, 김정일 지시분, 정무원 지시분, 그리고 국가계획분의 순서로 된다"(탈북자 E씨)고 한다면, 국가계획은 지도부의 의사보다 우선도가 낮은 것으로 된다. 즉 기업의 입장에서 보면 국가계획에 의해 공급이 예정된 자재라 하더라도 '실제로' 공급받을 가능성은 더욱 낮게 된다. 국가계획에 의한 자재공급분은 주석폰드보다 우선순위가 낮은 것이므로, 기업에게 있어 국가계획이라는 것은 보다 '의제적인 것'으로 된다. 김일성은 이전에 "국가계획은 누구도 바꿀 수 없고 어길 수 없는 '국가의 법'입니다"[46]고 말한 바 있는데, 김

46) 1969년 7월에 행한 연설. 『경제관리 3』, p. 602.

일성을 비롯한 북한 지도부는 스스로 '국가의 법'을 어기는 행위를 반복했다는 것이 된다.

그리고 주석폰드는 대부분 우선도가 높은 산업 및 기업의 몫이다. 그 대신에 나머지 산업과 기업에 대해서는 '자력갱생', '자체해결'을 요구한다. 국가가 경제 내 모든 부문의 자재에 대해 책임을 지지 않겠다는 의지의 표명이기도 하다. 더욱이 1980년대 말 혹은 1990년대 초부터는 독립채산제가 본격적으로 도입되어 국가는 기업에 대해 재무적으로 책임을 지지 않겠다는 것을 언명한다. 그런데 우선도가 높은 산업 · 기업에 대해서는 국가가 재무적으로도 조금 도와 준다. 1990년대에 들어와 북한 지도부는 우선도가 낮은 산업 · 기업에 대해서는 조금 과장된 표현을 하면 "손을 뗐다"고도 할 수 있다.

이러한 북한 지도부의 경제운영방식은 자재부족과 밀접한 관계가 있다. 탈북자들의 기억으로는 자재부족을 피부로 느끼기 시작한 것은 대체로 1970년대 중반부터이다. 주석폰드가 등장한 것도 1970년대 말 혹은 1980년대 초이다. 자재부족이 심각해짐에 따라 우선도를 앞세운 경제운영이 더욱 명확한 형태로 나타난 것이라고 할 수 있을 것 같다. 혹은 일반적인 국가계획으로는 기업이 자재를 공급받는다는 보장이 없다는 현실을 인정했을지도 모른다.

1970년대부터 반복해서 행해진 '속도전'도 기업의 계획목표의 조기달성을 꾀하는 운동이라는 점에서 '계획의 무시'적 성격을 띠고 있다. 몇 달 동안 힘들여서 연간계획을 짰는데 그 뒤에 가서 그 계획목표를 예정된 기간보다 앞당겨 달성하자는 운동을 전개하는 것은, 그것도 한두 번이 아니고 자주 반복한다는 것은, 국가가 사전에 세운 계획 그 자체를 부정 · 무시한다는 측면이 내재되어 있다.[47]

---

47) 이와 관련하여 小牧輝夫는 '속도전'을 종종 전개해 극단적인 계획목표의 조기 달성을 도모하는 것은 경제계획 그 자체의 의미를 상실시키는 것이기도 하다고 지적하고 있다. 小牧輝夫 집필, 「速度戰」, 小此木政夫 編(1997), p. 239 참조.

이와 관련하여 탈북자 K씨의 증언은 주목할 만하다. "1970년대에는 자재가 없어서 작업을 못했다는 말은 없었다. 1970년대 이후부터가 문제였다. 김정일이 정치에 개입하면서부터 속도전이라는 것이 나왔다. 그런데 속도전이라는 것이 그 다음 회계년도에 쓰기로 예정되어 있는 원자재까지 때려 먹다 보니 그 때부터 경제적 파동이 생기기 시작했다. 당연히 서로 맞물린 기업들이 움직이지를 못했다. 그래서 내리막길을 걷기 시작했다."[48)]

'속도전'을 할 때 기업이 계획목표를 앞당겨 달성하기 위해서는 계획에 예정되어 있는 양 이상의 자금 · 자재 · 노동력을 확보하지 않으면 안 된다. 그런데 계획분 이상의 자금 · 자재 · 노동력의 조달은 공식적으로는 보장되지 않는다. 그래서 그것들의 조달을 둘러싸고 지역간, 부문간, 기업간에 경합이 벌어지는데, 이는 당연히 '힘'의 논리에 의해 지배된다. 힘이 없는 부문으로 자금 · 자재 · 노동력이 흘러 들어올 리가 없다. 그래서 지역간, 부문간, 기업간에 불균형이 확대된다.

그런 상황 속에서 국가는 기업에 대하여 '자력갱생', 원료 · 자재의 '자체해결'을 강하게 요구해 왔다. 그래서 국가계획이 계획대로 집행되지 않는다. 특히 우선도가 낮은 부문, 힘이 없는 부문은 그렇다. 대표적인 것이 경공업과 농업이다. '자력갱생', '자체해결'이란 문자 그대로 기업이 스스로 자재를 조달하는 것인데, 북한과 같이 공식적으로 시장이 허용되어 있지 않는 집권적 계획경제에서 기업은 과연 어디서 자재를 구할 수 있을 것인가. 결국 다른 기업이나 개인을 통해, 즉 비공식적으로 혹은 암시장을 통해, 즉 불법적으로 자재를 조달할 수밖에 없다(탈북자 F씨, M씨, S씨). 바로 여기에서 수평적 바게이닝이 더욱더 확대된다.

또 우선도를 전면에 내세운 경제운영은 북한 특유의 정치체제, 즉 이 책에서 말하는 '유일체제'에 의해 뒷받침되고 있다. 자재조달의 우선순위 시스템의 하나가 '주석' 폰드라고 이름 붙여졌다는 사실은 매우 상징

---

48) 「귀순자 쟁점대담 5」, 『통일한국』, 1996년 6월, p. 88.

적이다.

그러면 이같은 북한의 기업행동의 논의가 시사하는 바는 무엇인가.

첫째, 바게이닝 특히 수평적 바게이닝의 광범한 존재 및 확대는 북한의 중앙집권적 계획경제가 제대로 기능하고 있지 않다는 것을 극명하게 보여 주는 것이다. 현실의 중앙집권적 계획경제는 시간이 지남에 따라 그 기능이 떨어지게 된다. 북한의 경우 여기에 박차를 가하는 것이 보다 집권도가 높은 집권제의 추진, '계획의 무시' 적 성격을 띤 정책이다. 중앙집권적 계획경제의 기능부전은 전술했던 기업행동과 관련된 갖가지 낭비 · 비효율을 수반한다.

둘째, '바게이닝' 모델과 '순종적인 행정적 부속물' 모델의 병존은 북한의 극심한 식량난과 무기수출(혹은 핵개발 의혹)의 병존에 대한 미시적 설명이기도 하다.

셋째, 북한의 현재의 극단적인 물자부족, 자재난에 대해 여태까지는 주로 사회주의권 붕괴에 의한 무역의 급격한 위축, 극심한 외화난 등과 같은 거시적인 요인만 지적되어 왔다. 그러나 북한의 극단적인 자재난은 미시적으로 보면 앞에서 살펴보았던 여러 가지 기업행동에 의한 낭비와 비효율, 과다한 비용에도 원인이 있지 않을까 생각된다. 특히 어떤 기업의 이같은 행동에 의해 다른 기업의 계획목표 달성의 실패가 초래되어 그것이 또 제3, 제4 등의 다른 관련 기업에 계속 파급되어가는 '보급의 연쇄반응' 혹은 '생산 애로의 연쇄반응적 확대', 자재부족이 더 심각한 자재부족을 부르는 '자재부족의 확대재생산' 이 빚어지고 있는 것에 주목할 필요가 있다. 북한의 경제난의 원인이자 상징적 현상이기도 한 '자원고갈' 은 자원이 고갈되어가는 프로세스를 경제체제의 실제 움직임과의 관련하에 살펴봄으로써 보다 체계적으로 이해할 수 있지 않을까.

제5장

경제개발과 대외경제관계

북한의 대외경제정책의 기본원칙은 '자력갱생'이다. 하지만 제2장에서 보았듯이 북한 당국은 '자력갱생'을 표방하면서도 대외무역 그 자체는 부정하지 않았다. 나아가 국내의 경제사정이 어렵게 되면서 무역의 중요성이 강조되어 왔던 것도 분명한 사실이다. 다만 북한의 대외무역은 '자립적 민족경제 건설'이라는 대명제의 제약하에 놓여 있었다. 더욱이 북한 당국 스스로 '자력갱생' 원칙에 반(反)하는 정책을 전개한 것이 한두 번이 아니다. 구소련 · 중국으로부터 원조 · 차관을 얻기 위해 많은 노력을 기울였다. 한때는 서방세계에서 대규모로 돈을 꾼 적이 있다. 더욱이 언제부터인가 막대한 대외채무를 안게 되었고 극심한 외화난에 시달리게 되었다.

이 장에서는 이처럼 여러 가지 면을 가지고 있는 북한의 대외경제관계가 경제개발에 미친 영향을 살펴보는 것, 다시 말하면 북한경제개발의 대외적 측면을 검토하는 것을 과제로 한다. 다만 외국인 직접투자를 비롯한 '대외개방' 문제는 제6장에서 다루기로 한다.

이하 제1절에서는 북한의 대외무역정책을 비롯해 몇 가지 측면에서 북한의 무역구조를 검토하고 대외무역의 성과를 살펴본다. 제2절에서는 대외무역, 무상원조 · 차관, 외채와 경제성장의 관계를 검토한다. 제3절에서는 에너지 자급정책에 초점을 맞추어 '자력갱생' 전략이 국내경제, 경제개발에 어떠한 영향을 미쳤는가를 살펴본 뒤 이 장의 논의를 정리하기로 한다.

제1절 대외무역의 구조, 성과

북한의 대외무역이 경제개발에 미친 영향을 논하기 위해서는 우선 북한의 무역 그 자체에 대해 살펴볼 필요가 있다. 여기서는 북한의 무역정책을 비롯해 무역규모의 추이, 무역의 지역별 · 상품별 구조와 그 변화 등 몇 가지 측면에서 북한의 무역구조를 검토하기로 한다. 아울러 무역수지의 만성적인 적자와 외채의 누적으로 대표되는 무역의 성과문제도 간단히 검토하기로 한다.

1. 무역정책

(1) 무역정책의 기조와 무역원칙

제2장에서 서술했듯이 북한의 무역정책은 '자립적 민족경제 건설'이라는 대전제하에 움직이게 되어 있다. 즉 대외무역은 자립적 민족경제 건설과 그 발전에 철저하게 복무하고, 자립적 민족경제의 토대에 입각해서 대외무역을 발전시키는 것이다(『경제사전 1』, pp. 464-465). 아울러 북한에서 무역은 '국가독점'[1]의 원칙에 의해, 또 계획에 의해 수행된다. 이러한 사실로부터 다음과 같은 몇 가지 무역원칙이 도출된다.

첫째, 유무상통의 원칙과 수입 우선주의이다. 북한에서 대외무역은

1) 북한측의 용어로는 '국가 단일무역체계.' 이는 국가가 혹은 국가의 감독하에 해당 기관이 대외무역을 수행하는 체계이다. 『경제사전 1』, p. 465.

기본적으로 경제계획의 집행을 위해 동원되는 국내자원의 수급 밸런스를 보완하는 수단으로서의 위치를 부여받고 있다. 김일성은 무역의 필요성에 관해서 "(사회주의)개개 나라는 기본적인 것, 많이 요구되는 것은 자체로 생산하고, 적게 요구되거나 모자라거나 자기 나라에서 생산할 수 없는 것은 유무상통의 원칙하에 다른 나라와의 무역을 통하여 해결하여야 합니다"(『저작선집 4』(일본어판), p. 616)고 말한 바 있다. 공식문헌에서도 대외무역의 역할과 관련, "수출상품을 제때에 실현하고 우리나라의 자립적 민족경제 건설과 국방건설에 필요한 물자를 수입 · 공급함으로써 사회주의적 확대재생산 과정을 원활히 하고 그 발전을 다그치는데 적극 기여한다"[2]고 밝히고 있다.

요컨대 어디까지나 수입이 우선시된다. 수출은 수입을 하기 위한, 외화의 조달수단이라는 부차적인 의미밖에 가지지 않는다. 이것은 "사회주의 국가는 수출을 유무상통의 원칙으로 실현하며 … 우리나라에서도 수출은 그 자체에 목적이 있는 것이 아니라 외화를 획득해 상품수입을 보장하기 위한 수단이다"(『경제사전 2』(1970년판), p. 241)는 서술에서도 확인할 수 있다.

둘째, 평등 · 호혜의 원칙과 수출입 균형주의, 바터무역주의이다. 북한은 무역에서 평등 · 호혜의 원칙을 강조하고 있으며, 특히 무역에 의한 대외적 종속을 강하게 비판하고 있다. 김일성은 "조선민주주의인민공화국 정부는 프롤레타리아 국제주의 원칙과 완전한 평등 및 호혜의 원칙에 기초해 외국과 경제관계를 맺어 대외무역을 발전시켜 갈 것입니다"(『저작선집 4』(일본어판), p. 616)고 밝힌 바 있다.

또 앞에서 밝힌 바와 같이 수출은 수입을 위한 재원조달(외화획득)의 수단에 지나지 않기 때문에 대외무역에서는 수출입 균형주의가 하나의 원칙으로 되어 있다. 예컨대 김일성은 "우리나라에서는 국가 유일무역

2) 경남대학교 극동문제연구소(1979), p. 88(원자료는 『경제사전 1』(1970년판), p. 688).

제도가 실시되고 수출입거래가 계획적으로 발전하고 있는 조건에서 수출과 수입 사이의 균형이 계통적으로 보장되어 있다"[3]고 밝히고 있다. 이러한 수출입 균형주의는 일반적으로 다국간 균형이 달성되기 전에 2국간 균형이 우선적으로 달성되어야 한다는 것이 원칙으로 되어 있다. 북한은 이러한 무역수지의 2국간 균형을 보장하기 위해 원칙적으로 쌍무적인 무역협정과 지불협정을 체결하여 이에 입각한 바터무역을 하고 있다.

그러면 이러한 원칙은 과연 제대로 지켜졌을까. 물론 자본주의 국가와의 무역의 증대와 함께 북한 자신이 이들 원칙을 완화한 면이 있는 것은 부정할 수 없다. 특히 1990년대 사회주의권의 붕괴와 함께 이러한 원칙은 그 의미가 크게 퇴색되었다. 하지만 북한의 경제사정 악화가 이들 원칙, 특히 수출입 균형주의의 유지 · 준수를 곤란하게 하였다. 무엇보다도 1970년대 이후의 무역적자의 확대와 누적채무의 증가는 북한경제가 안고 있는 원칙과 현실과의 괴리를 단적으로 말해 주고 있다. 이에 반해 수입 우선주의 원칙은 확고부동한 것이었다. 이들 문제에 대해서는 후술한다.

(2) 무역정책의 전개

북한은 1960년대 말까지 대외무역정책의 기조로서 자력갱생원칙에 의한 자립적 민족경제 건설노선을 고수해 대외무역을 최소의 범위 · 규모로 제한하여 왔다. 또한 정경일치의 원칙에 의해 주로 사회주의 국가들과 무역을 했다. 물론 사회주의 국가들로부터 원조가 급격히 줄어들었기 때문에 1960년대 후반부터 자본주의 국가들과의 무역에도 눈을 돌리기 시작하였지만 아직은 부차적인 것에 지나지 않았다.

이러한 무역정책의 기조는 1970년대에 들어서면서 변화의 조짐을 보

---

3) 경남대학교 극동문제연구소(1979), p. 117(원자료는 『경제사전 1』(1970년판), p. 692).

이는 듯했다. 1970년대 전반, 자본주의 선진 제국으로부터의 대규모의 차관 등을 토대로 대량의 기계 · 플랜트 등 자본재를 들여온 것이 바로 그것이다. 당시의 북한으로서는 획기적인 정책이었다고도 할 수 있다. 이에 대해서는 여러 가지 이유가 지적될 수 있다. ① 중국 · 구소련으로부터의 원조의 중단, ② 기술수준의 낙후와 생산시설의 노후화, ③ 당시 빠른 경제성장을 이루기 시작한 한국에 대한 대항의식, ④ 1970년대 전반의 이른바 '동서 데탕트 무드' 등의 조건하에서 6개년 경제계획(1971~1976)의 목표달성을 위한 정책적 조치 등이다.[4)]

하지만 1970년대의 이른바 '오일쇼크'의 여파로 북한의 주력수출상품인 납 · 아연 등 비철금속의 국제가격이 폭락하게 되고 동시에 선진 자본주의 국가들은 불황의 여파로 비철금속 수입을 대폭 줄이기에 이른다. 이에 따라 북한의 수출은 큰 타격을 받게 된다. 그런데 북한은 이들 비철금속을 대신할 만한 외화획득자원이 없었다. 더욱이 1970년대 중반부터는 종래의 선진 자본주의 국가들로부터의 차관은 말할 것도 없고, 사회주의 국가들로부터의 차관도 거의 없어졌다. 비싼 돈을 들여 기계를 들여왔으나 그 돈을 갚을 길이 막연했다. 따라서 채무상환 불이행사태가 발생했다.[5)]

---

4) 小牧輝夫는 이들 요인 가운데 세 번째 요인을 강조하고 있다. 그는 북한이 서방세계에서 차관 등을 들여오면서까지 기계 · 플랜트를 대량으로 들여와 대규모 공업단지를 건설하기로 한 구상은 6개년 경제계획을 수립할 당시에는 없었던 것이라고 지적하고 있다. 즉 이 계획이 한창 진행중이던 1973년경에 갑자기 '궤도수정' 된 것이다. 그는, 이러한 방향전환의 근저에는 한국에 대한 대항심이 강하게 작용했다고 주장하고 있다. 小牧輝夫(1986), pp. 98-99 참조.

5) 1970년대 전반은 '북한의 개방 제1기', '자본주의와의(혹은 국제사회와의) 최초의 접촉' 이라고도 불린다. 북한의 입장에서는 어설프게 창문을 한 번 열어보았다가 된서리를 맞고서 서둘러 창문을 닫은, 두 번 다시 생각해 보고 싶지 않은 쓰디쓴 경험이었을 것이다. 이 시기의 선진 자본주의 국가들로부터의 대규모 자본재 도입의 국내외 배경, 또한 채무불이행에 이르기까지의 사태의 전개에 대해서는 小牧輝夫(1977a), pp. 32-34; '國際經濟と共和國の對外貿易'

또한 국내적으로는 1970년대 말부터 '생산의 정상화'에 대한 요구가 강도 높게 제기되기 시작했다. 단적인 예는 1979년의 김일성 신년사에 이어 1980년의 신년사에도 '생산의 정상화'에 대한 강한 요구가 등장했다는 것이다. 물론 김일성이 생산의 정상화를 당부하고 요구한 것은 이것이 처음은 아니다. 하지만 신년사에 2년 연속 등장한 것은 매우 이례적인 것이었다. 그만큼 '생산이 정상화되고 있지 않음'을 보여 주는 것이기도 하다. 이와 함께 김일성은 1979년의 신년사에서 "대외무역을 발전시키는 데 큰 힘을 넣어야 합니다"며 대외무역의 중요성을 강조하고, 특히 "인민경제의 모든 부문에서 수출품을 우선적으로 생산해야만 합니다"고 말해[6] 사태의 심각성을 간접적으로 인정했다.

무역확대의 정책방침은 1980년대에 들어 더욱 강화된다. 특히 이 시기는 무역을 언제까지 얼마만큼 늘린다는 구체적인 목표까지 등장한다. 1984년의 최고인민회의 제7기 3차 대회에서 채택된 "남남협력과 대외경제사업을 강화하고 무역을 일층 발전시킬 데 대하여"라는 결정에서는 1980년대 말까지 연간 수출액을 1984년보다 4.2배 확대한다고 하는 목표를 설정하였다. 이와 함께 5~6년 이내에 사회주의 제국과의 무역을 당시의 10배로 확대한다는 목표도 제시되었다. 또한 이를 위해 수출원천의 확대, 무역의 다양화·다변화, 신용 제일원칙의 철저한 준수 등을 강조했다. 아울러 눈길을 끈 것은 이른바 '우호적인 자본주의 제국'과의 무역을 발전시키는 것도 강조되었다는 사실이다. 같은 해인 1984년, 합영법을 제정해 외국인 직접투자의 유치를 통하여 대외경제상의 애로를 타개해 보고자 한 것도 이러한 맥락에서 이해할 수 있다.

(익명의 좌담회), pp. 4-13에 잘 정리되어 있다.

6) 玉城素는 이러한 '수출 우선주의'가 내세워진 것은 건국 이래 처음 있는 일이라며, 이는 단지 6개년 계획의 목표달성의 후유증으로서 남겨진 대외채무문제를 해결하려고 하는 것뿐만 아니라, 그것을 해결할 수도 없는 상태에서 다시 수입을 확대하지 않는 한 '생산의 정상화'를 실현할 수 없는 다급한 상황에 처했기 때문이라고 해석했다. 玉城素(1983), p. 126 참조.

그리고 1980년대부터는 무역의 국가독점원칙의 완화 등의 면에서 대외무역정책은 부분적으로 변화의 조짐을 보이게 된다. 이러한 문제는 제6장에서 자세하게 살펴보기로 한다.

한편 누적채무문제로 고민하던 북한은 중·소의 협력을 얻기 위해 많은 노력을 기울여 1980년대 중반에서야 성과를 거두게 된다. 1984년에 김일성은 1960년대 이후 처음으로 구소련을 방문, 다음 해 소련과 무역·경제협력협정을 체결하기에 이른다. 나아가 중국과는 1986년에 무역협정을 체결하게 되었다.[7] 1980년대 중반부터 '우호적인 자본주의 제국'과의 무역을 발전시키는 것이 강조되었지만 중국과 소련으로부터의 지원약속을 얻고 나서는 서방세계에 대한 기대, 서방세계에 대한 수출노력은 자연스럽게 약화되었다. 이렇게 해서 1980년대 중·후반은 사회주의 국가들과의 무역, 특히 구소련과의 무역이 가장 중요시되던 시기로 되었다.

하지만 1990년대에 들어 사회주의권이 붕괴하고 북한은 대외경제 측면에서 새로운 시련의 시기로 접어들게 된다. 1991년에 발표된 한수길 무역부 부부장의 논문「대외무역을 발전시키는 것은 현시기 경제건설에 나서는 절실한 요구」는 1990년대 북한의 무역정책방침을 잘 드러내고 있다. 한수길의 논문은 다음과 같은 점에서 획기적이다. 우선 중시하는 무역상대국으로서 아시아 국가를 최우선으로 꼽았고, 그 다음에 우호적인 자본주의국을 등장시켰다. 언제나 최우선이 되어 왔던 사회주의 국가라는 문자는 이제 없어졌다. 또한 외화수입의 증대책으로서 종래의 바터무역과 동시에 '가공무역, 중개무역'을 강조하고 있다. 종래 '가공무역, 중개무역'의 비율이 대단히 낮아 자립적인 무역구조를 갖고 있다며 자랑까지 했었던 북한이었다.

나아가 1993년 말의 최고인민회의에서는 제3차 7개년 계획(1987~1993) 이후의 3년을 완충기로 설정하면서 무역 제일주의를 농업

7) 이러한 중·소로부터의 '사전보장'이 있었기 때문에 1987년에 제3차 7개년 계획에 착수할 수 있었다. 室岡鐵夫(1993), p. 94 참조.

제일주의, 경공업 제일주의와 함께 이 시기의 3대 주요과제로 내걸기에 이르렀다.

2. 대외무역의 구조

(1) 무역규모의 추이

북한은 자국의 무역통계를 공식적으로 발표하지 않고 있기 때문에 세계의 각 기관, 연구자들은 무역상대국이 발표한 통계를 이용하여 북한의 무역통계를 추정하고 있다. 물론, 각 기관의 추정방법이 조금씩 다르기 때문에 추정결과도 조금씩 다르다(표 5.1 참조). 다만 북한의 무역규모에 관한 주요 기관의 추정치 사이에는 제2장에서의 GNP 추정치 때와 같은 큰 차이는 없다.

표 5.1에도 나타나듯이 북한의 무역규모의 장기추세를 보기 위해서는 기본적으로 한국정부의 추정치에 의지하지 않을 수가 없다. 무역총액을 중심으로 북한 무역규모의 추이를 간단히 살펴보기로 하자.

우선 1970년 이후 수출입규모의 변동폭이 상당히 크다는 사실이 눈에 띈다. 표 5.1, 그림 5.1에 나타난 바와 같이 북한의 무역규모는 대체로 보아 1971년부터 1990년까지는 2~4년을 주기로 대폭적인 증가와 그 이후의 대폭적인 감소를 반복하고 있다고 할 수 있다. 특히 전세계의 정치경제적 상황, 북한의 내부사정, 특히 북한 지도부의 의사에 따라 심한 변동을 나타내고 있다.

1968년부터 전년비 10%대의 증가율을 나타냈던 북한의 무역은 1973, 1974년에는 급증, 1973년에는 전년대비 28.8%, 1974년에는 전년대비 47.8% 증가했다. 서방세계로부터의 대규모 플랜트 수입에 따른 것이다. 그런데 1975년부터 1977년까지 무역은 3년 연속 감소세로 돌아섰다. 특히 1976년에는 전년대비 19.9% 줄어들었다. 1973~1975년의 3년간에 매년 20% 이상의 높은 증가율을 보였던 수출은 북한의 주력수출상품인 납·아연 등 비철금속의 국제가격 하락 등으로 인해 1976~1977년은 크

표 5.1 주요 기관의 북한 무역규모 추정치

(단위: 백만 달러)

	한국정부 (A)		한국개발연구원(B)		USCIA (C)		IMF (D)		일본무역진흥회(E)	
	수출	수입	수출	수입	수출	수입	수출	수입	수출	수입
1960	154	166								
1965	208	233								
1966	244	219								
1967	260	240							166	166
1968	277	306					47	50	199	257
1969	307	389					69	106	229	334
1970	370	440	341	378	324	403	115	69	301	328
1971	410	500	313	558	333	581	79	75	244	486
1972	400	640	400	664	387	646	100	177	293	527
1973	500	840	484	894	522	867	156	350	386	706
1974	680	1,300	692	1,357	708	1,295	301	819	557	1,123
1975	820	1,090	807	1,155	827	1,110	353	573	622	916
1976	730	800	572	905	664	859	237	378		
1977	680	840	752	837	692	896	345	335		
1978	1,020	1,060	1,190	1,002	1,068	1,060	816	728		
1979	1,360	1,430	1,489	1,380	1,430	1,489	1,010	996		
1980	1,560	1,860	1,642	1,710	1,995	1,915	1,134	1,293		
1981	1,210	1,620	1,095	1,448			680	1,026		
1982	1,530	1,700	1,300	1,465			736	1,006		
1983	1,320	1,510	1,137	1,347			640	967		
1984	1,340	1,390	1,186	1,269			663	822	1,111	1,290
1985	1,310	1,780	1,285	1,900			645	853	1,130	1,717
1986	1,510	2,060	1,368	1,975			653	835	1,311	2,035
1987	1,670	2,390	1,558	2,491			787	1,177	1,469	2,568
1988	2,030	3,210	1,767	2,900			967	1,391	1,822	3,199
1989	1,910	2,890	1,617	2,670			865	1,251	1,686	2,905

표 5.1 계속

(단위: 백만 달러)

	한국정부 (A)		한국개발연구원(B)		USCIA (C)		IMF (D)		일본무역진흥회(E)	
	수출	수입	수출	수입	수출	수입	수출	수입	수출	수입
1990	2,020	2,620	1,820	2,741			913	1,326	1,857	2,920
1991	1,010	1,710	887	1,720			688	1,504	850	1,633
1992	1,020	1,640	869	1,650			844	1,396	1,068	1,748
1993	1,020	1,620	909	1,666			883	1,533	977	1,772
1994	840	1,270	861	1,284			994	1,406		
1995	740	1,310					804	1,617		
1996	730	1,250					1,006	2,152		
1997	910	1,270								
1998	560	880								
1999	520	960								
2000	560	1,410								

주: (A) 1960~1990년은 통일부의 추정치, 1991~2000년은 한국은행의 추정치.
(D) 1992년까지는 구소련과의 무역이 포함되어 있지 않음.

자료: (A) 1960~1969년은 『북한경제통계집(1946~1985년)』, pp. 733-734/1970~1990년은 『북한경제지표집』, p. 147(원자료는 통일원, 『남북한경제현황비교』, 각 연도; 통일원, 『북한경제종합평가』, 1988~1992; 통계청(1995))/1991~2000년은 『북한 GDP 추정결과』, 각 연도.
(B) 『북한경제지표집』, p. 148.
(C) 연하청(1986), p. 292(원자료는 USCIA, *Handbook of Economic Statistics,* 1982).
(D) IMF, *Direction of Trade Statistics Yearbook*, various issues.
(E) 1967~1975년은 日本貿易振興會(1977), p. 20(원자료는 日本貿易振興會, 『海外市場』, 1977年 3月 号)/1984~1990년은 『北朝鮮の經濟と貿易の展望』, 1991, pp. 92-93/1991년은 『北朝鮮の經濟と貿易の展望』, 1994, pp. 44-45/1992~1993년은 『北朝鮮の經濟と貿易の展望』, 1995, pp. 102-103.

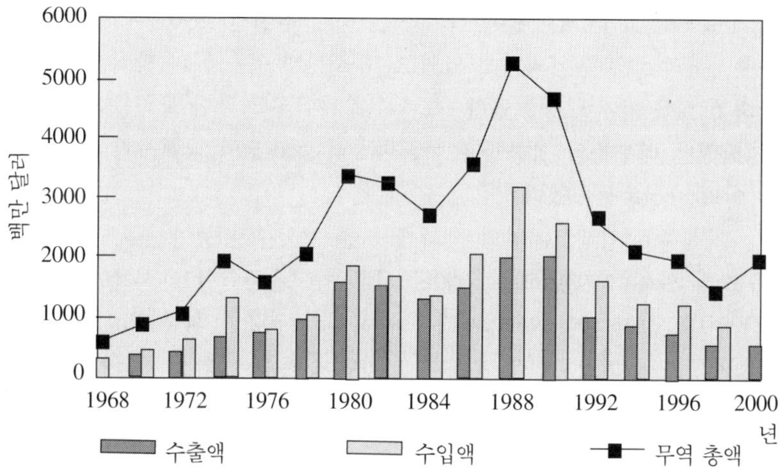

주: 한국정부의 추정치.
자료: 표 5.1

그림 5.1 북한의 대외무역규모 추이

게 감소했는데 북한 당국이 누적채무의 상환이 어려워지면서 1975년부터 수입을 줄였기 때문이다.

그런데 제2차 7개년 계획이 시작되는 1978년과, 또 10년 만에 한 번씩 열리는 데다 김정일을 후계자로 공식적으로 인정했던 당대회가 개최되었던 1980년과 그 직전의 1979년에, 기계 · 설비수입이 크게 늘어나면서 무역량이 3년 연속 전년대비 20% 이상 증가했다. 그러나 이것은 다시 외채문제를 야기했고, 1981년의 수입은 전년보다 15.3% 줄어들기에 이른다. 그 후 북한의 수출입규모는 구소련과의 관계가 개선됨에 따라 1985년부터 다시 늘기 시작해 매년 10% 이상의 증가율을 기록했다.

이것이 1989년부터 소폭의 감소세로 돌아섰고, 여기에 1991년 소연방의 붕괴와 함께 급격히 위축되었다. 1991년의 무역규모는 1990년에 비해 무려 41.4%나 줄었는데 그 이후에도 매년 감소세를 보여 왔다.

특히 북한의 입장에서는 사회주의권의 붕괴는 수출시장의 상당 부분이 상실되는 것을 의미했다. 구소련은 붕괴 직전인 1990년에 북한의 전 수출시장의 57%를 차지하고 있었고, 구소련과 동구를 다 합쳐서 수출시장의 62%를 차지하고 있었다. 그런데 북한이 사회주의 국가들에 수출하고 있었던 대부분의 상품들은 이른바 soft goods로서 국제시장에 판매하기 어려운 상품들이었다.[8)]

여기에다 산업생산기반의 붕괴에 따른 생산부진 등이 겹치면서 무역이 크게 위축, 1998년에는 1990년 이후 최저수준인 14억 4천만 달러를 기록했다. 그러다가 1999년부터 국제사회의 원조가 확대되었고 금강산 관광사업으로 외화사정에 숨통이 트이면서 무역이 다소 회복세를 보이고 있다.

(2) 지역별 무역구조

북한의 무역은 건국 이래 1960년대까지는 사회주의 국가들, 특히 구소련·중국과의 무역이 압도적이었다. 그런데 1970년대 전반에는 선진 자본주의 국가들과의 무역이 크게 늘면서 1974년에 피크에 달했다. 이 해는 자본주의 국가들로부터의 수입이 전체무역에서 차지하는 비중이 53.7%를 기록, 사상 처음으로 사회주의 국가들로부터의 수입을 웃돌았다. 그러나 1975년 이후 OECD 국부터의 수입은 급속히 줄었다. 이에 반해 일본은 북한의 주요한 수입상대국으로서의 지위를 상당 기간 유지하였다. 또한 수출의 면에서는 1970년대 후반, 개발도상국, 특히 중동의 비중 증대가 눈에 띈다. 1980년대, 특히 1980년대 후반은 수출·수입의 양면에 걸쳐 다시 사회주의국, 특히 구소련에의 의존도가 커지는 시기이다.

그런데 1990년대에 들어와 구소련을 중심으로 한 사회주의권의 무역

---

8) 사회주의 국가들간에 교역이 이루어지던 상품들은 hard goods와 soft goods로 나뉜다. 전자는 국제경쟁력을 가지고 있어 자본주의 국가에서도 팔릴 수 있는 상품인 데 반해 후자는 질적으로 떨어지기 때문에 자본주의 국가에서는 팔리기 어려운 상품이다. 고일동(1995), p. 17 참조.

체계의 붕괴에 직면하여 북한은 무역량의 급격한 감소와 함께 지역별 무역구조에서도 큰 변화를 겪지 않을 수 없었다. 무엇보다 구소련과의 무역이 급격히 줄었다. 왜냐하면 첫째, 구소련의 시장경제화 과정에서 북한과 구소련과의 무역결제방식이 이른바 바터무역적인 정산방식에서 경화(hard currency)에 의한 거래로 바뀌었기 때문이다. 둘째, 소련의 경제 자체가 큰 혼란에 빠지면서 수출 · 수입 여력이 크게 줄었기 때문이다.

구소련에의 수출은 1990년 10.5억 달러에서 1992년 1.7억 달러로 급락하고,[9] 구소련 시장의 비중은 57.0%에서 17.2%로 떨어졌다. 구소련으로부터의 수입은 1990년 15.2억 달러에서 1991년 1.8억 달러로 급락하고, 전체 수입에서 차지하는 비중도 55.3%에서 10.2%로 떨어졌다. 구소련 붕괴 후 북한과 러시아의 무역은 더욱 줄었다.

반면 구소련 붕괴 후 북한과 중국의 무역은 크게 늘었다. 1991년 이후 계속해서 중국은 북한의 최대 무역상대국이자 최대 수입상대국으로서의 지위를 차지하고 있다. 다만 1980년대 후반의 북한 · 소련 간의 무역규모에까지는 이르지 못하고 있다. 이와 함께 1991년 이후 일본은 북한의 제2의 무역상대국이자 최대의 수출상대국으로서의 지위를 유지하고 있다. 또한 1988년 10월부터 시작된 북한과 한국의 무역도 착실히 늘어 1990년대에는 한국이 북한의 주요한 무역상대국으로서의 지위를 부여받았다.

북한의 지역별 무역구조와 관련하여 주목해야 할 것은 무역상대의 편

9) 1999년의 구소련과의 무역의 격감은 이 해부터 루블의 대달러 환율이 300% 절하되었다는 사실을 고려할 필요가 있다. 따라서 루블을 기준으로 한 수출액은 변하지 않았다고 해도 달러표시 수출액은 루블의 절하로 인해 3분의 1 수준으로 감소할 수밖에 없다. 이 책에서의 북한의 대소련 수출통계는 북한의 원표시 수출액을 달러로 환산한 것이 아니라 구소련의 대북한 수출액으로부터 산출한 것, 즉 당초 루블로 표시되어 있던 것을 달러로 환산한 것임을 상기할 필요가 있다. 그런데 1991년 북한의 대소 수출액은 1990년의 6분의 1 수준이다. 즉 환율의 문제를 고려하지 않더라도 수출이 절반 수준으로 뚝 떨어졌다는 것이다.

표 5.2 북한의 지역별 수출실적

(단위: 백만 달러, %)

	구소련, 러시아	중국	여타 사회주의 국가[1)]	한국	일본	OECD 국가[2)]	개도국
1955	40.8	3.2	0.1				
	(92.6)	(7.2)	(0.2)				
1960	74.7	48.2	16.0		2.8	5.2[3)]	
	(50.8)	(32.8)	(10.9)		(1.9)	(3.5)	
1965	88.3	75.7	25.7		13.4	5.1	2.4
	(41.9)	(35.9)	(12.2)		(6.4)	(2.4)	(1.2)
1970	135.9	49.3	68.4		31.3	68.3	10.1
	(37.5)	(13.6)	(18.9)		(8.6)	(18.9)	(2.5)
1975	209.7	198.8	75.0		58.9	102.3	162.2
	(26.0)	(24.6)	(9.3)		(7.3)	(12.7)	(20.1)
1980	437.3	303.3	125.0		163.7	262.5	349.7
	(26.6)	(18.5)	(7.6)		(10.0)	(16.0)	(21.3)
1985	485.1	244.8	103.0		163.8	68.5	220.0
	(37.7)	(19.0)	(8.0)		(12.7)	(5.3)	(17.1)
1990	1,047.4	124.6	93.1	18.7	273.0	96.0	186.0
	(57.0)	(6.8)	(5.1)	(1.0)	(14.8)	(5.2)	(10.1)
1991	171.0	85.7	28.9	105.7	257.8	111.5	231.7
	(17.2)	(8.6)	(2.9)	(10.7)	(26.0)	(11.2)	(23.3)
1994	40.0	199.2	21.0	176.3	293.3	138.9	168.1
	(3.9)	(19.2)	(2.0)	(17.0)	(28.3)	(13.4)	(16.2)
1996	29.0	68.6	25.2	182.4	291.4	113.4	199.1
	(3.2)	(7.5)	(2.8)	(20.1)	(32.1)	(12.5)	(21.9)
1998	8.5	57.3	n.a.	92.3	219.5	n.a.	n.a.
	(1.3)	(8.8)		(14.2)	(33.7)		
2000	3.4	37.2	n.a.	152.4	256.9	n.a.	n.a.
	(0.5)	(5.2)		(21.5)	(36.2)		

주: 1955~1970년과 1975~1994년과 1996~2000년은 추정자, 추정방법의 차이로 인

해 통계가 비연속적으로 됨. 또 원래 『북한경제지표집』과 『북한의 대외무역동향』(각 연도)에는 북한의 지역별 수출실적에 한국에 대한 수출이 포함되어 있지 않으나 필자가 이 표의 작성을 위해 한국에 대한 수출실적도 포함시켜 재정리했음.

1) 1990년 이후는 동독을 제외, 2) 일본을 제외, 3) OECD의 비중과 개도국의 비중이 분리되어 있지 않은 수치.

자료: 1955~1970년은 Choi, Soo-young(1991), p. 312/1975~1994년은 『북한경제지표집』, pp. 150-151; 정성식(1996), p. 78(원자료는 통일원, 『월간남북교류협력』 제55호, 1996. 1)/1996~2000년은 『북한의 대외무역동향』(각 연도).

표 5.3 북한의 지역별 수입실적

(단위: 백만 달러, %)

	구소련, 러시아	중국	여타 사회주의 국가[1]	한국	일본	OECD 국가[2]	개도국
1955	48.6	79.8	13.6				
	(34.2)	(56.2)	(9.6)				
1960	43.4	74.1	31.5		2.0	5.5[3]	
	(27.7)	(47.3)	(20.1)		(1.3)	(3.5)	
1965	98.8	106.7	26.9		18.2	20.7	0.8
	(36.3)	(39.2)	(9.9)		(6.7)	(7.6)	(0.3)
1970	253.0	67.0	54.5		25.7	26.1	7.6
	(58.3)	(15.4)	(12.6)		(5.9)	(6.0)	(1.8)
1975	258.8	284.1	92.0		199.8	274.8	45.8
	(22.4)	(24.6)	(8.0)		(17.3)	(23.8)	(4.0)
1980	443.1	374.2	122.0		411.7	137.6	221.7
	(25.9)	(21.9)	(7.1)		(24.1)	(8.0)	(13.0)
1985	785.5	239.0	85.0		271.8	100.9	417.7
	(41.3)	(12.6)	(4.5)		(14.3)	(5.3)	(22.0)
1990	1,516.3	358.2	132.5	1.2	193.5	270.0	270.8
	(55.3)	(13.1)	(4.8)	(0.04)	(7.1)	(9.8)	(9.9)
1991	176.1	524.8	56.8	5.5	246.4	293.1	422.5
	(10.2)	(30.4)	(3.3)	(0.3)	(14.3)	(17.0)	(24.5)

표 5.3 계속

(단위: 백만 달러, %)

	구소련, 러시아	중국	여타 사회주의 국가[1)]	한국	일본	OECD 국가[2)]	개도국
1994	100.0	424.5	25.0	18.3	187.9	224.5	322.3
	(7.7)	(32.6)	(1.9)	(1.4)	(14.4)	(17.2)	(24.7)
1996	35.8	497.0	13.3	69.6	227.0	253.7	222.8
	(2.7)	(37.7)	(1.0)	(5.3)	(17.2)	(19.2)	(16.9)
1998	56.5	355.7	n.a.	129.7	175.1	n.a.	n.a.
	(5.6)	(35.1)		(12.8)	(17.3)		
2000	42.9	450.8	n.a.	272.8	206.8	n.a.	n.a.
	(2.5)	(26.7)		(16.2)	(12.3)		

자료: 1955~1970년은 Choi, Soo-young(1991), p. 313/1975~1994년은 『북한경제지표집』, pp. 152-153; 정성식(1996), p. 78(원자료는 통일원, 『월간남북교류협력』 제55호, 1996. 1)/1996~2000년은 『북한의 대외무역동향』(각 연도).

중현상이다(표 5.2, 5.3 참조). 1990년대 이전에는 구소련 · 중국 · 일본의 3개국에 집중되어 있었는데, 북한의 무역의 절반 이상이 이들 3개국과 이루어졌다. 더욱이 OECD 국가로부터의 대규모의 수입이 있었던 1970년대 전반, 개발도상국에의 수출이 활발했던 1970년대 후반을 제외하고는 북한 무역의 3분의 2가 이들 3개국과 이루어졌다. 이들 3개국에 대한 의존성은 수출의 면보다 수입의 면에서 두드러졌다. 또 1990년대 들어서는 중국, 일본, 한국의 3개국에 집중되어 북한 무역의 절반 이상이 이들 3개국과 행해지고 있다.

(3) 상품별 무역구조

여기서는 북한의 수출 · 수입 상품구성의 추이를 살펴보기로 한다. 다만, 자료의 제약으로 인해 1953~1969년, 1970~1991년, 1993~1999년으로 나누어서 살펴보기로 한다.

표 5.4에 나타나 있듯이 1953~1969년에는 기계 · 장비류가 가장 중요한 수입품이었다. 연료와 연료용 유류의 수입은 1950년대 말부터 크게 늘어나기 시작하여 늦어도 1959년부터는 두 번째로 비중이 큰 수입품이 되었다. 코우크스와 원유가 주된 품목이었다. 수출의 경우 1950년대 전반 · 중반에는 광물이 압도적이었지만 늦어도 1959년부터는 철과 비철금속이 최대의 수출품으로 되었다(표 5.5 참조).

표 5.6에 나타나 있듯이 1970~1991년에는 1950년대 말과 1960년대와 마찬가지로 광물성 연료, 윤활유 등(SITC 대분류 3번), 기계 및 운송장비(SITC 대분류 7번)가 2대 수입상품이었다(그림 5.3 참조). 이들 품목은 적어도 1980년대 중반까지는 북한의 전체 수입의 절반 정도를 차지하

표 5.4 북한의 수출상품구성: 1953~1969년

(단위: %)

	1953	1956	1959	1960	1963	1964	1969
기계와 장비	0.4	0.3	0.9	5.3	4.6	3.9	5.2
전기제품	2.2	0.1	2.4	–	2.3	1.6	n.a.
연료와 연료용 기름	–	0.4	4.8	3.2	3.1	3.8	n.a.
광물	81.8	54.3	14.5	12.8	12.4	11.5	7.2
철과 비철금속	9.0	30.9	33.4	43.7	46.3	49.9	39.6
화학제품	0.05	5.9	13.4	12.1	7.2	6.0	8.0
건재	–	–	1.9	3.3	n.a	n.a.	10.0
섬유와 직물	0.7	0.3	–	0.6	n.a	n.a.	n.a.
농산품	3.9	3.6	13.7	10.2	8.8	11.0	12.2
부패성 식품과 사치품	0.1	1.3	12.2	6.3	n.a	n.a.	n.a.
해산물	1.8	2.9	2.8	1.8	n.a	n.a.	n.a.
기타	0.05	–	0.4	0.7	n.a.	n.a.	n.a.

자료: 『북한경제통계집(1946~1985년)』, p. 755(원자료는 1953~1960년이 U.S. Joint Publications Research Service, *Economic Report on North Korea*, 1966, pp. 73-74/1963~1964년은 『조선중앙년감』, 1965, p. 483/1969년은 차병권, 「북한의 대외무역과 그 특징」, 『국제문제』, 1972년 10월, p. 25).

표 5.5 북한의 수입상품구성: 1953~1969년

(단위: %)

	1953	1956	1959	1960	1963	1964	1969
기계와 장비	34.3	32.7	34.8	22.5	23.6	21.2	30.2
전기제품	8.6	7.7	5.4	1.6	1.9	2.2	n.a.
연료와 연료용 기름	9.8	8.4	12.4	18.3	22.3	22.1	19.3
광물	0.2	0.5	0.8	1.0	6.0	4.6	n.a.
철과 비철금속	7.2	11.8	10.1	7.0	9.5	9.8	8.7
화학 · 고무제품	9.8	7.5	6.2	6.2	11.5	11.8	8.2
건재	1.4	0.02	0.1	0.1	n.a.	n.a.	n.a.
펄프와 종이제품	3.2	0.8	1.0	0.9	n.a.	n.a.	10.4
섬유와 직물	3.9	13.0	5.2	2.6	n.a.	n.a.	n.a.
일용품	1.0	0.9	0.4	0.6	n.a.	n.a.	n.a.
농업부산품	0.2	6.3	7.7	19.9	9.1	2.1	10.0
부패성 식품과 사치품	0.2	1.2	1.2	5.8	n.a.	n.a.	n.a.
기타	19.2	9.2	14.7	8.5	n.a.	n.a.	n.a.

자료: 표 5.4와 같음.

였다. 1975년까지는 기계류가 가장 큰 수입품이었다. 1976년 이후는 코우크스와 원유가 중심이 된 SITC 3이 북한의 최대 수입품이 되었다. 이들의 뒤를 잇는 것이 원료별 제품(SITC 6)이다. 특히 원료별 제품은 1980년대 후반부터 비중이 크게 늘면서 1989년에는 기계류(SITC 3), 연료류(SITC 7)를 제치고 최대의 수입품으로 등장하였다. 이것은 의류를 중심으로 한 잡제품(SITC 8)의 수출급증에 대응하는 것, 즉 주로 의류의 수출을 위한 실, 직물의 수입급증에 따른 것이다.

수출의 면에서는 원료별 제품(철강제품, 납, 아연 등의 비철금속, 시멘트 등. SITC 6)이 압도적인 비중을 차지했다(표 5.7 참조). 1980년대 중반까지는 40%를 넘고 있었고, 특히 1977년에는 59.1%까지 올랐다. 두 번째로 비중이 큰 수출품으로서는 식료품 및 동물(SITC 0), 식용에

표 5.6 북한의 품목별 수출실적: 1970~1991년

(단위: 백만 달러, %)

구분(SITC 기준)	1970	1975	1980	1985	1987	1989	1991
0. 식료품 및 동물	39.9 (11.0)	179.9 (21.8)	195.3 (12.0)	110.0 (9.0)	160 (12.6)	113 (8.6)	11.4 (12.5)
1. 음료 및 담배	3.3 (0.9)	5.0 (0.6)	19.5 (1.2)	15.9 (1.3)	7 (0.5)	1 (0.1)	0.7 (0.07)
2. 비(非)식용 원재료	42.8 (11.8)	76.8 (9.3)	141.6 (8.7)	113.6 (9.3)	213 (16.9)	156 (11.9)	100.6 (11.3)
3. 광물성 연료, 윤활유	14.1 (3.9)	42.9 (5.2)	73.2 (4.5)	55.0 (4.5)	74 (5.8)	31 (2.4)	63.5 (7.2)
4. 동식물성 유지, 왁스	-	-	-	-	-	-	-
5. 화학물 및 관련 제품	5.4 (1.5)	19.8 (2.4)	37.4 (2.3)	39.1 (3.2)	38 (3.0)	27 (2.0)	22.0 (2.5)
6. 원료별 제품	154.7 (42.7)	421.7 (51.1)	898.2 (55.2)	553.4 (45.3)	450 (35.5)	345 (26.2)	212.0 (23.9)
7. 기계 및 운송장비	10.9 (3.0)	19.8 (2.4)	48.8 (3.0)	100.2 (8.2)	134 (10.6)	114 (8.7)	131.6 (14.8)
8. 잡제품	23.5 (6.5)	25.6 (3.1)	63.5 (3.9)	103.8 (8.5)	186 (14.7)	510 (38.7)	141.6 (16.0)
9. 기타	67.4 (18.6)	32.2 (3.9)	149.7 (9.2)	130.7 (10.7)	4 (0.3)	18 (1.4)	104.2 (11.7)

주: 괄호 안은 구성비. 1970~1985년과 1987~1989년과 1991년은 추정자, 추정방법의 차이로 인해 통계가 비연속적으로 됨.

자료: 1970~1985년은 Choi, Soo-young(1991), pp. 312, 314/1987~1989년은 최신림(1991), p. 16/1991년은 대한무역진흥공사(1992), p. 15.

적합하지 않은 원재료(SITC 2)를 들 수 있다. 전자는 쌀, 야채, 해산물이 중심이며 그 비중은 일부 기간을 제외하고 대략 10~15%를 차지했었다. 후자는 마그네시아 크링커가 중심품목으로 되어 있고 그 비중은 약

표 5.7 북한의 품목별 수입실적: 1970~1991년

(단위: 백만 달러, %)

구분(SITC 기준)	1970	1975	1980	1985	1987	1989	1991
0. 식료품 및 동물	39.5	52.2	160.5	48.2	114	53	169.6
	(9.1)	(4.1)	(8.8)	(2.7)	(6.3)	(3.4)	(11.0)
1. 음료 및 담배	–	–	–	1.8	6	7	8.8
				(0.1)	(0.3)	(0.4)	(0.6)
2. 비(非)식용 원재료	28.6	73.8	195.2	114.3	160	99	156.4
	(6.6)	(5.8)	(10.7)	(6.4)	(8.9)	(6.4)	(10.2)
3. 광물성 연료, 윤활유	115.8	334.8	565.5	423.2	585	247	441.6
	(26.7)	(26.3)	(31.0)	(23.7)	(32.5)	(16.0)	(28.7)
4. 동식물성 유지, 왁스	4.8	6.4	14.6	17.9	10	11	–
	(1.1)	(0.5)	(0.8)	(1.0)	(0.5)	(0.7)	
5. 화학물 및 관련 제품	14.7	49.7	100.3	98.2	122	86	79.5
	(3.4)	(3.9)	(5.5)	(5.5)	(6.8)	(5.5)	(5.2)
6. 원료별 제품	29.5	128.6	229.8	203.6	294	525	237.5
	(6.8)	(10.1)	(12.6)	(11.4)	(16.3)	(33.9)	(15.4)
7. 기계 및 운송장비	157.0	518.2	425.0	417.8	440	421	292.0
	(36.2)	(40.7)	(23.3)	(23.4)	(24.4)	(27.2)	(18.9)
8. 잡제품	10.4	31.8	43.8	46.4	57	88	148.7
	(2.4)	(2.5)	(2.4)	(2.6)	(3.2)	(5.6)	(9.7)
9. 기타	33.0	72.6	82.1	414.3	14	12	6.9
	(7.6)	(5.7)	(4.5)	(23.2)	(0.8)	(0.8)	(0.4)

주: 괄호 안은 구성비. 1970~1985년과 1987~1989년과 1991년은 추정자, 추정방법의 차이로 인해 통계가 비연속적으로 됨.

자료: 1970~1985년은 Choi, Soo-young(1991), pp. 313-315/1987~1989년은 최신림(1991), p. 19/1991년은 대한무역진흥공사(1992), pp. 17-18.

10% 전후에서 움직여 왔다. 잡제품(SITC 8)도 1980년대 들어 비중이 늘어나면서 특히 1989년에는 38.7%에까지 달했다.

구소련 붕괴 직후의 1991년에는 잡제품(SITC 8)의 수출격감이 눈에

표 5.8 북한의 품목별 수출실적: 1994~2000년

(단위: 백만 달러, %)

구분(HS 기준)	1994	1996	1998	2000
1. 동물제품	61.1(7.1)	67.8(9.3)	61.0(10.9)	96.0(17.3)
2. 식물제품	112.2(13.0)	51.9(7.2)	57.7(10.3)	29.8(5.3)
3. 광물성 생산품	75.2(8.8)	58.4(8.1)	42.6(7.6)	42.3(7.6)
4. 화학, 플라스틱	65.5(7.6)	55.4(7.6)	28.3(5.1)	44.1(7.9)
5. 목제품	11.9(1.4)	21.2(2.5)	17.8(3.2)	11.9(2.1)
6. 섬유제품	198.8(23.2)	210.5(29.0)	148.1(26.5)	137.4(24.7)
7. 귀금속류	8.3(1.0)	9.7(1.3)	20.5(3.7)	9.6(1.7)
8. 비(卑)금속류	187.8(21.9)	88.2(11.3)	52.6(9.4)	43.3(7.8)
9. 기계, 전기전자	54.3(6.3)	81.8(11.3)	90.0(16.1)	103.2(18.6)
10. 기타	84.3(9.8)	81.7(11.2)	40.8(7.2)	38.7(7.0)

주: 괄호 안은 구성비.
자료: 『북한의 대외무역동향』(각 연도) 및 『1990~2000년 북한의 대외무역동향』.

띈다. 잡제품 수출의 압도적인 부분은 대소련 의복수출이었기 때문이다. 그리고 전통적인 주력수출상품이던 원료별 제품이 수출실적은 감소하였지만, 최대의 수출품 자리에 일시 복귀하였다. 하지만 1994년 이후에는 원료별 제품[10)]의 수출이 절대량도 감소하고 전체 수출에서 차지하는 비중도 줄어든다. 그 대신에 섬유제품의 수출은 1990년대 중반에 다소 늘어나 1994년 이후 북한의 최대 수출품목으로서의 지위를 유지하고 있다. 다만 1996년부터는 수출액이 감소세를 보이고 있다. 또 하나 주목할 만한 것은 기계, 전기전자류가 1999년 한 해를 제외하고는 1994년 이후 수출액이 계속 증가했으며, 이에 따라 1998년부터 북한의 제2의 수출품목으로 부상했다는 사실이다.[11)]

10) HS 분류방식으로 바뀐 1993년 이후는 비금속(卑金屬)과 그 제품이 여기에 해당한다.

표 5.9 북한의 품목별 수입실적: 1994~2000년

(단위: 백만 달러, %)

구분(HS 기준)	1994	1996	1998	2000
1. 식물 · 동물제품	66.3(5.2)	181.4(14.5)	174.6(19.8)	180.2(12.8)
2. 동식물 유지, 식료품	31.6(2.5)	51.8(4.2)	64.2(7.3)	89.5(6.3)
3. 광물성 생산품	200.0(15.8)	240.4(19.2)	150.8(17.1)	172.0(12.2)
4. 화학공업제품	64.3(5.1)	70.4(5.6)	81.1(9.2)	109.0(7.7)
5. 플라스틱제품	42.4(3.3)	68.4(5.5)	39.4(4.4)	67.9(4.8)
6. 섬유제품	185.0(14.6)	151.7(12.1)	88.1(10.0)	172.6(12.2)
7. 비(卑)금속류	106.6(8.4)	n.a.	62.1(7.0)	85.6(6.1)
8. 기계류	178.0(14.0)	144.4(11.6)	90.0(10.3)	206.0(14.6)
9. 차량	56.2(4.4)	117.2(9.4)	74.8(8.5)	146.9(10.4)
10. 기타	338.3(26.7)	223.9(17.9)	57.1(6.5)	183.5(13.0)

자료: 『북한의 대외무역동향』(각 연도).

수입의 면에서는 식량난 · 에너지난을 반영하여 쌀, 밀가루 등 식물성 생산품의 수입이 늘어나면서 중요한 수입품목으로서 자리잡았고 원유를 중심으로 한 광물성 생산품도 북한의 제1, 2위의 수입품목으로서의 지위를 유지하고 있다. 또 하나 주목할 만한 것은 기계류의 수입이 1990년대 들이 감소세를 보이다가 1999년과 2000년에는 큰 폭의 증가세로 돌아서 2000년에는 북한의 최대 수입품목으로 되었다는 사실이다.

장기적인 관점에서 보면 북한의 수출입은 그 상품구조가 단순하다는 것, 또한 오랜 기간 큰 변화가 없었다는 것이 특징으로서 지적할 수 있다. 건국 후부터 1980년대 중반까지 수입의 경우 기계설비, 원유 · 코우크스가, 수출의 경우 원료별 제품이 주종을 이루고 있다. 다만 1980년대

11) 이에 대해 대한무역투자진흥공사, 『2000년도 북한의 대외무역동향』은 북한의 중화학공업 우선 및 수출상품의 고부가가치화 정책이 반영된 결과라고 해석하고 있다.

후반 이후는 섬유제품 수출과 식량 수입이, 1990년대 중반 이후는 기계 · 전기전자류 수출이 추가되었다.

3. 대외무역과 비교우위

여기서는 북한의 무역을 비교우위구조의 측면에서 간단히 검토함으로써 북한의 무역정책의 특성 내지 무역패턴을 끌어내기로 한다. 어떤 나라의 무역의 비교우위구조를 분석하기 위해 자주 사용되는 것으로서 RCA(Revealed Comparative Advantage) 지수라는 것이 있다. RCA 지수는 Balassa(1965)가 고안한 것으로 자국 내에서의 상대적인 비교우위품목과 비교우위구조의 변화를 보여 준다는 점에서 유용한 지표이다. RCA 지수는 다음과 같이 정의된다.

$$RCA_{ij} = \frac{X_{ij}/X_{it}}{X_{wj}/X_{wt}}$$

여기서 X_{ij}는 i국의 j상품의 수출액을, X_{it}는 i국의 모든 상품의 수출액을, X_{wj}는 전세계 모든 나라의 j상품의 수출액을, X_{wt}는 전세계 모든 상품의 수출액을 각각 나타낸다. 따라서 RCA 지수는 i국의 모든 상품의 수출액에서 j상품의 수출액이 차지하는 비중과, 세계의 모든 상품의 수출액에서 j상품의 수출액이 차지하는 비중과의 비율을 나타낸다. 이 RCA 지수가 1보다 크다고 하는 것은 i국의 j상품의 수출비중이 전세계의 j상품의 평균적인 수출비중을 웃돈다는 것이 되기 때문에 i국은 j상품의 수출에 있어서 상대적으로 비교우위를 가지고 있다고 할 수 있다. 반대로 이 RCA 지수가 1보다 작다고 하는 것은 i국의 j상품의 수출비중이 전세계의 j상품의 평균적인 수출비중을 밑돈다는 것이 되기 때문에 i국은 j상품의 수출에 있어서 상대적으로 비교열위를 갖고 있다고 할 수 있다. 이처럼 RCA 지수의 크기는 해당 상품의 상대적인 수출능력의 크기를 나타낸다고도 할 수 있다.

그런데 주어진 산업분류 내에서 동일 산업의 상품을 수출하거나 수입하거나 하는 경우가 있을 수 있다. 이러한 산업 내 무역의 존재는 같은 산업 내에서 비교우위와 비교열위를 동시에 현시하는 문제점을 안고 있다. 이 문제점을 해소하기 위해서는, 수출이나 수입만을 가지고 분석하는 것보다 순수출을 가지고 분석하는 쪽이 적절할 것이다.

어떤 산업의 (수출액 − 수입액)/(수출액 + 수입액)으로 정의되는 순수출비율[12)]은 무역특화지수라고도 불린다.[13)] 이것은 같은 산업 내에서 비교우위를 가지고 있는 상품의 수출이 비교열위를 가지고 있는 상품의 수입을 초과하는 정도를 나타낸다. 이것은 정의에 의해 -1부터 +1까지의 값을 가진다. -1의 경우는 어떤 산업이 수출은 전혀 하지 않고 수입만 하는 상태이다. 완전수입특화라고도 할 수 있다. 수출이 늘어나 수출과 수입이 균형에 도달하면 그 값은 0이 된다. 수출이 수입을 상회하면 그 값은 플러스가 된다. +1은 수입은 전혀 하지 않고 수출만 하는 상태이다. 완전수출특화라고도 할 수 있다. 따라서 그 값이 커질수록 비교우위의 정도가 높다고 해석할 수가 있다.[14)]

이 책에서는 이러한 RCA 지수와 무역특화지수를 이용하여 북한 무역의 비교우위구조를 간단히 살펴보기로 한다.

상기의 식에 의해 북한의 주요 수출상품의 RCA 지수와 무역특화지수를 계산[15)]한 결과를 간략하게 표시한 것이 그림 5.2, 그림 5.3이다. 그림 5.2에는 4개의 주요 수출상품에 대해 1970~1991년의 RCA 지수를 구한

---

12) Balassa & Bauwens(1988), p. 7; 大川一司 · 小浜裕久(1993), p. 293 참조.

13) 예를 들면 이찬도(1995), p. 69 참조.

14) 또 순수출비율의 -1부터 +1까지의 변화를, 일정 기간의 시계열자료를 이용하면 하나의 무역패턴을 설명할 수 있다. 즉 어떤 산업이 완전수입(-1)부터 시작해서 국내생산을 통하여 수입대체가 행해지고 나서 점차 수출이 늘어나 완전수출(+1)까지 도달하는 과정을 설명할 수 있다.

15) 데이터는 북한의 경우 표 5.6, 표 5.7과 같은 데이터를, 전세계의 경우 UN의 『무역통계연감』의 데이터를 이용했다.

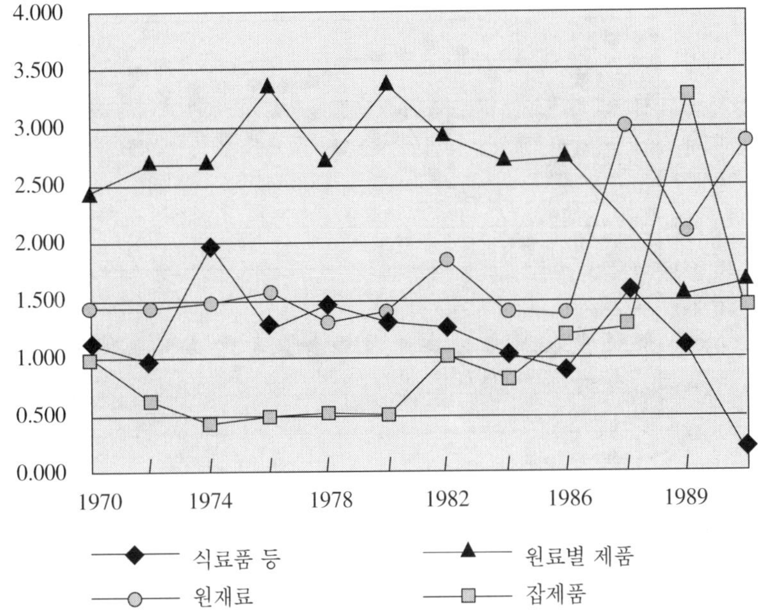

자료: 필자 계산.

그림 5.2 북한의 주요 수출상품의 RCA 지수 추이: 1970~1991년

결과를, 그림 5.3에는 4개의 주요 수출입상품에 대해 1970~1991년의 무역특화지수를 구한 결과를 나타냈다. 보다 장기에 걸친, 북한의 전세계에 대한 상품별 수출입액은 SITC 대분류로 되어 있는 것밖에 구할 수 없기 때문에[16] RCA 지수와 무역특화지수도 대분류 이상으로 상세하게 분류하기는 곤란하다. 또한 그림 5.4에는 HS 대분류에 따라 상품을 나눠 2개의 주요 수출품에 대해 1987~2000년의 무역특화지수를 구한 결과를 나타냈다. 여기에서 그림 5.2, 5.3과 그림 5.4는 상품분류방식이 다르다

16) 다만 崔信林(1991)은 1987~1989년의 3년간에 대해 SITC 중분류까지 데이터를 정리해 두었다.

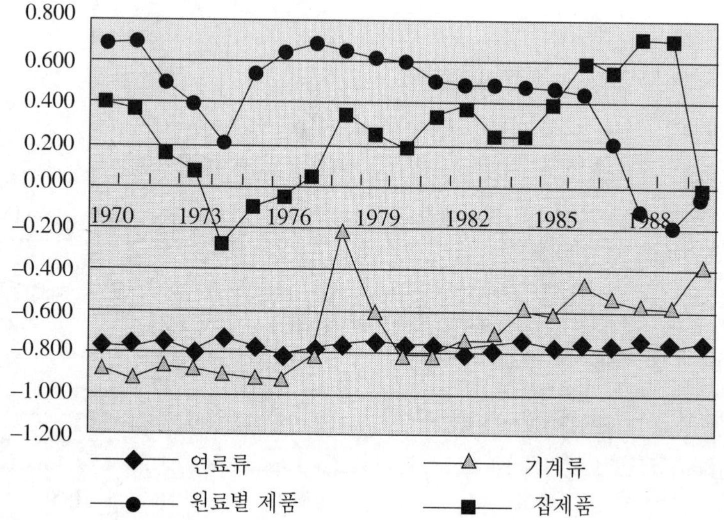

자료: 필자 계산.

그림 5.3 북한의 주요 수출입상품의 무역특화지수 추이: 1970~1991년

는 것에 주의해야 한다.

북한의 비교우위구조는 1980년대 중반까지 별다른 변화를 보이지 않았다. 1980년대 후반과 1990년대 초에 다소 변화가 발생했다고 할 수 있다. RCA 지수의 경우 1970~1991년의 전 기간을 통하여 보면, 비교우위의 정도가 가장 높은 품목은 북한의 전통적인 수출주력상품인 철강제품, 납·아연 등의 비철금속, 시멘트 등이 속해 있는 SITC 6(원료별 제품)이다. RCA 지수가 1987년까지 2를 상회하고 있고 1989, 1991년에는 약간 하락했지만 그래도 1.5를 넘어선 상태이다. 그 다음이 SITC 2(원재료 등)로, 1986년까지는 1.5 전후로 움직이고 있고 1987년부터는 2를 넘어섰다. 그리고 SITC 8(잡제품)은 1986년부터 RCA 지수가 1을 넘고 있으며 1989년에는 3.3 정도를 나타냈다. 북한에서는 1980년대 후반의 SITC 8 수출은 섬유류가 주종을 이루고 있었다.

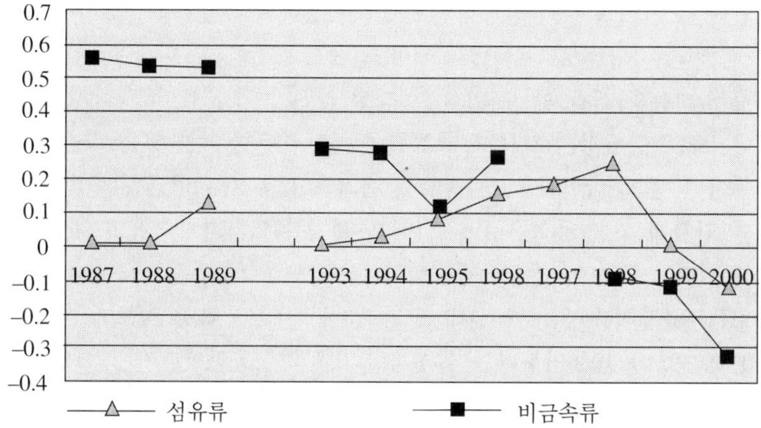

주: 1987~1989년의 데이터는 최신림(1991)의 추정결과로서 SITC 분류방식에 따르고 있으며, 1993~2000년의 데이터는 『북한의 대외무역동향』(각 연도)에서의 추정결과로서 HS 분류방식을 취하고 있음. 그런데 최신림(1991)에서는 SITC 중분류까지 정리가 되어 있으므로 그 일부는 HS 대분류로 재분류할 수 있음. 그렇게 함으로써 제한적이기는 하나 1980년대 후반과 1990년대를 연결할 수 있음. 다만 1990~1992년에 대해서는 얻을 수 있는 데이터가 없음.

자료: 필자 계산.

그림 5.4 북한의 주요 수출상품의 무역특화지수 추이: 1987~2000년

무역특화지수[17]의 경우, 비교우위의 정도가 가장 높은 품목은 SITC 6인데 이것은 1980년대 중반까지 무역특화지수가 0.5~0.7 사이에서 움직이고 있었다. 그런데 1988년부터는 마이너스의 값을, 즉 비교열위를 나타내고 있다. 다만 1988년부터 SITC 6의 순수출비율이 마이너스로 바뀐 것은 주로 SITC 6 내의 섬유실과 직물의 수입이 급증한 데 따른 것이다. 사실 철강제품, 납·아연 등의 비철금속, 시멘트 등의 수입은 크게 늘지

17) SITC 1(음료 및 담배)이 1970년대에 +1(완전수출특화)을 나타냈지만 북한의 수출에서 차지하는 비중이 1% 정도에 지나지 않기 때문에 검토대상에서 제외하기로 한다.

않았다. 요컨대 북한의 전통적인 수출주력상품인 철강제품, 납 · 아연 등의 비철금속, 시멘트 등은 1988~1989년에도 어느 정도 비교우위를 유지하고 있다는 사실을 알 수 있다. 이러한 것은 그림 5.4로부터도 엿볼 수 있다. SITC 분류상의 SITC 6(원료별 제품) 속에 들어가 있는 철강제품, 납 · 아연 등의 비철금속, 시멘트 등은 HS 분류상의 비금속(卑金屬)과 거의 같은데 이들 품목은 1988, 1989년에도 무역특화지수가 0.5를 상회하고 있다.

SITC 8(잡제품)은 1980년대 중반까지는 비교우위의 정도가 낮지만 (-0.3~+0.4) 1986년부터는 급상승해 0.7까지 올라갔다가 1991년에는 갑자기 마이너스로 바뀌었다. 그리고 SITC 2의 경우, RCA 지수 때와는 달리, 무역특화지수에서는 별다른 비교우위를 나타내고 있지 않다는 것에 주목할 필요가 있다. 이는 SITC 2의 경우 수출뿐만 아니라 수입도 상당 정도 이루어지고 있음을 의미하는 것이다. 단지 이것이 SITC 2 내에서 북한의 주력수출상품인 마그네시아 크링커의 수입에 의한 것인지 다른 품목의 수입에 의한 것인지는 불분명하다.

그림 5.4에는 북한의 1990년대의 대표적인 수출상품인 섬유와 그 제품(이하 '섬유류' 라고 줄여서 씀), 비금속(卑金屬)과 그 제품(이하 '비금속류' 라고 함)의 무역특화지수의 추이를 나타냈다. 1989년과 1994~2000년의 북한 최대의 수출품인 섬유류는 무역특화지수가 0.3을 넘은 적이 없는 등 비교우위의 정도가 그다지 높지 않다는 것에 주목할 필요가 있다. 더욱이 2000년에는 마이너스를 기록, 비교열위를 나타냈다. 또한 비금속류는 1987~1989년에는 0.5~0.6 선에서 움직여 왔지만 1990년대에 들어서서는 0.3 이하로 하락했으며, 특히 1998~2000년에는 마이너스를 기록하고 있다.

따라서 그림 5.2, 그림 5.3, 그림 5.4를 한데 모아 대략적으로 이야기하면, 북한이 장기간에 걸쳐 가장 높은 비교우위를 가지고 있는 품목은 SITC 분류로서는 원료별 제품, HS 분류로는 비금속류에 속하는 철강제품, 납 · 아연 등의 비철금속, 시멘트라고 할 수 있다. 그리고 마그네시아 크링커가 속해 있는 SITC 2(원재료 등)도 어느 정도 비교우위를 가지고 있다고 할 수 있다. 그리고 섬유류[18]가 1980년대 후반에 새로운 비교우위품목으로서 등장하였지만, 비교우위의 정도는 그다지 높지 않다고 할 수 있다.

그렇다면 북한의 무역은 비교우위원칙에 의해 이루어지는 것일까. 이 문제의 검토를 위해서는 우선 북한의 생산요소 보존비율을 구하여 북한이 상대적으로 노동이 풍부한지, 자본이 풍부한지를 판단하지 않으면 안 되지만, 구할 수 있는 데이터가 거의 없기 때문에 검토가 곤란하다. 단지 일반적으로 보아서 북한이 상대적으로 자본이 풍부한 나라라고 말하기는 힘들다.

더욱이 북한의 각 산업의 요소집약도를 구해서 그 산업이 노동집약적인지 자본집약적인지를 판단해야 하지만 구할 수 있는 데이터가 전혀 없다. 여기서는 한국의 데이터를 가지고 이 문제를 살펴보기로 하자. 김광석 · 박승록(1988)은 한국의 제조업을 38개 업종으로 분류하고 각 산업의 총부가가치에 대한 노동소득비율과 자본소득비율 등을 계산하였다. 그들에 의하면 1963~1970년의 경우[19] 비철금속의 노동소득비율은 33~43%이며, 자본소득비율은 57~67%이다. 철강의 경우 노동소득비율은 35~45%, 자본소득비율은 55~65%이다. 그 밖의 비금속광물의 경우 노동소득비율은 34~38%, 자본소득비율은 62~66%이다. 반면 의복제조업은 노동소득비율이 52~63%, 자본소득비율이 37~48%이다. 이러한 추계결과를 그대로 북한에 적용하면, 비금속류 산업은 자본집약적인 산업이라고 볼 수 있다. 주지하는 바와 같이 섬유산업은 대표적인 노동집약적 산업이다.

---

18) SITC 분류로서는 SITC 8(잡제품)에 속해 있다.

19) 북한과 한국의 공업발달수준의 차이를 가능한 한 줄이기 위해서 한국의 1960년대 데이터를 취했다. 1960년대는 북한과 한국의 공업발달수준의 차이가 그다지 없었거나, 오히려 한국이 약간 뒤져 있었던 시기라고 이야기된다. 원래 김광석 · 박승록(1988)에서는 1963~1983년의 데이터가 정리되어 있다.

따라서 대체로 보아서 북한은 상대적으로 노동이 풍부한 나라이면서도 자본집약산업인 비금속류산업에 비교우위를 갖고 있다고 할 수 있을 것이다. 그렇다면 헥셔 올린의 정리(각국은 그 나라에 풍부히 존재하는 생산요소를 집약적으로 쓰는 산업에 비교우위를 가진다는 것)가 북한에는 들어맞지 않다고 할 수 있을 것이다. 물론 1980년대 후반부터 새로운 비교우위산업으로 등장한 섬유산업은 대표적인 노동집약적 산업이기 때문에, 이 점까지 고려하면 헥셔 올린의 정리가 북한에 전혀 들어맞지 않는다고도 말하기 어렵게 된다.[20] 단지 전술하였던 것같이 북한의 섬유산업은 아직 비교우위의 정도가 낮다는 것을 염두에 둘 필요가 있다.

물론 북한의 정책당국이 비교우위원칙에 입각해서 무역정책을 전개한 것은 아니다. 이 장의 앞부분에서 보았듯이 사회주의 경제에서 무역이라는 것은 비교우위원칙과는 전혀 다른 원리하에서 움직이는 것이다. 다만 노동이 풍부한 나라는 노동집약적인 산업에 비교우위가 있을 법한데 북한의 현실은 그렇지 않다는 것에서, 북한의 무역정책이 경제적인 효율성의 원칙으로부터 떨어져 있다는 것을 엿볼 수 있다.

4. 국제수지와 대외부채

어느 국민경제의 해외부문과의 거래는 국제수지로 기록된다. (협의의)국제수지는 종합수지를 가리킨다. 종합수지는 기초수지와 단기자본수지로 나뉜다. 기초수지는 또 경상수지와 장기자본수지로 나누어지고, 경상수지는 또 무역수지, 무역 외 수지, 이전 수지로 나누어진다.[21] 따

20) 또 생산요소를 노동, 자본만이 아니라 천연자원까지 확대한다면 상기의 논의가 다른 방향으로 전개될 가능성도 배제하지 못한다.

21) 한편 한국은행은 1998년부터 국제수지표를 IMF가 권고한 새로운 편제기준에 맞추어 개편, 공표하고 있다. 이에 따라 경상수지의 경우 종전에는 무역수지, 무역 외 수지, 이전 수지로 구성되었으나, 새로운 국제수지표에서는 상품수지, 서비스 수지, 소득수지, 경상 이전 수지로 이루어지게 되었다. 자세한 것

라서 어떤 나라의 국제수지를 전반적으로 파악하기 위해서는 이들 항목을 종합적으로 분석 · 평가해야 한다. 그러나 잘 알려져 있듯이 북한은 대외거래에 관한 통계를 거의 발표하지 않고 있다. 무역수지는 무역상대국의 발표통계로부터 추정할 수 있다고 해도 무역 외 수지의 경우는 추정할 수 있는 방법이 없다. 이전 수지도 일부(확인할 수 있는 무상원조 등)밖에, 장기자본수지도 일부(확인할 수 있는 차관)밖에 파악할 수 없다. 따라서 북한의 국제수지동향을 정확히 파악하는 것은 불가능에 가깝다.

한편 북한의 외채문제는 북한경제의 큰 애로요인이 되어 있다. 극심한 자료의 제약에도 불구하고 북한의 외채문제나 국제수지문제에 주목해야 할 필요성은 여기에서 나온다. 여기서는 북한 국제수지에 대한 단편적인 통계자료를 가지고 북한의 국제수지의 동향과 문제점, 나아가서는 외채문제를 개략적으로 검토해 보고자 한다.

(1) 무역수지

우선 북한 무역수지의 장기추세를 개관해 보자. 북한은 건국 이래 지금까지 몇몇 해를 제외하고는 거의 매년 무역적자를 기록하여 왔다. 특히 한국의 통일원은 북한이 1968년 이후 매년 예외 없이 무역적자를 기록하고 있다고 보고 있다. 한국개발연구원, 미국 CIA, 미국 국회, 일본 무역진흥회(JETRO)도 매년은 아니라 하더라도 경향적으로 적자를 기록하고 있다고 보고 있다. 이와 같이 무역수지의 만성적인 적자를 면치 못하고 있는 것이 북한 무역의 큰 특징이라고 할 수 있다.

그러면 어느 정도의 적자일까. 무역수지비율, 즉 무역규모(수출 플러스 수입)에 대한 무역적자액(수출 마이너스 수입)의 비율을 조사하여 보자. 그림 5.5에도 나타나 있듯이 1970년 이전은 대체로 10% 이하 수준이었지만, 수입이 갑자기 늘어난 1973~1974년에는 20%을 넘어서

은 한국은행(2000), pp. 232-233 참조.

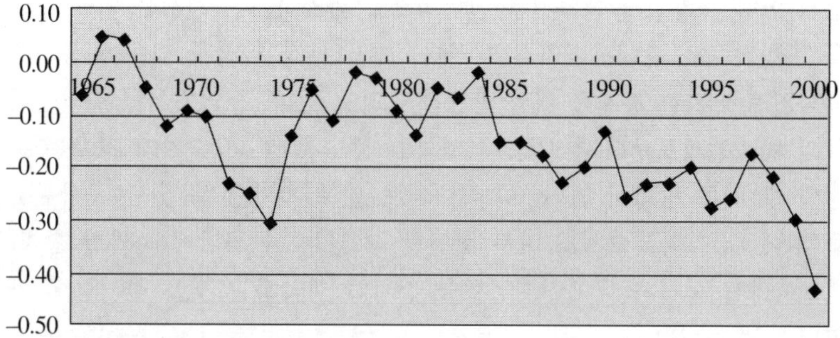

주: 한국정부의 추정치에 기초한 수치.
자료: 필자 계산.

그림 5.5 북한의 무역수지비율 추이

30%까지 상승하였다. 그것이 수입이 급감한 1975년부터는 하락하여 1977년 이후는 10% 이하로 떨어졌다. 하지만 수입이 다시 늘어나기 시작한 1985년부터는 15%를 넘어섰고, 1987년 이후는 1990년의 13.0%를 제외하고, 매년 20%를 웃돌았다. 대외무역이 약간 회복되는 조짐을 보였던 1999년에는 30%를 기록했고, 더욱이 무역액이 전년대비 33.1%나 증가한 2000년에는 사상 최대치인 43.1%를 나타냈다. 북한의 입장에서 부역적자의 부담이 얼마나 컸던가 하는 것은 쉽게 짐작하고도 남는다.

북한의 무역수지를 지역별로 나누어서 살펴보면 표 5.10과 같다. 모든 기간을 통해서 보면 북한의 무역수지는 표 5.10에 7개로 나누어져 있는 지역 가운데 한국을 제외한 모든 지역에 대해 적자를 기록하고 있다. 국가별로 보면, 구소련과 중국에 대한 적자폭이 가장 크다. 대(對)구소련의 경우 김일성의 구소련 · 동구 방문 이후 양국의 관계가 개선되었던 1980년대 중 · 후반에, 대(對)중국의 경우 구소련이 붕괴한 1991년 이후에 큰 폭의 무역수지 적자를 기록했다는 사실은 주목할 만하다. 더욱이 구소련과 중국에 대한 무역수지 적자는 북한의 전체 무역수지 적자의 3분의 2 이상을 차지하고 있는 것으로 추정된다. 북한의 무역구조의 취약성을

표 5.10 북한의 지역별 무역수지

(단위: 백만 달러)

	구소련, 러시아	중국	기타 사회주의 국가	한국	일본	OECD 국가[1)]	개도국
1946~1950	-80	n.a.	n.a.		n.a.	n.a.	n.a.
1951~1960	-43	-413	-173		-2	-2[2)]	-
1961~1970	-325	-304	-2		52	-75[3)]	15[4)]
1971~1980	-634	-599	-8		-1,080	-691	891
1981~1990	-3,138	-565	-199	29[5)]	-758	-791	-622
1991~1994	-486	-1,355	-48	580	93	-382	-618
1995~1996	-59	-851	10	271	149	-267	-84
1997~2000	-185	-1,412	n.a	-170	281	n.a.	n.a.
합계[6)]	-4,950	-5,499	-420	710	-1,265	-2,208	-418

주: 1946~1970년과 1971~1994년과 1995~2000년 사이에는 추정자, 추정방법의 차이로 인해 통계의 비연속성이 존재함.
1) 일본을 제외, 2) OECD 국과의 무역수지와 개발도상국과의 무역수지의 미분리 금액, 3) 이 금액 중 1961년의 870만 달러는 OECD 국과의 무역수지와 개발도상국과의 무역수지의 미분리 금액, 4) 1962~1970년, 5) 1989~1990년, 6) n.a.는 제외.

자료: 표 5.2, 표 5.3과 같음.

보여 주는 또 다른 단면이다. 아울러 북한의 무역이라는 것이 구소련과 중국과의 정치 · 외교적 관계의 영향을 크게 받았음을, 즉 큰 폭의 무역적자를 상대방이 용인하고 있음을 다시 한번 확인할 수 있다.

(2) 경상수지와 대외채무

북한의 대외채무 불이행사태가 발생, 북한의 대외부채문제가 표면화한 것은 1974년경으로 알려져 있다.[22)] 바꿔 말하면 그 이전 시기에는 그

22) 자세한 것은 경남대학교 극동문제연구소(1979), pp. 515, 520-521 참조.

와 같은 문제가 없었거나 혹은 있었다고 하더라도 표면화하지 않았다는 것이 된다. 무역적자가 이 시기에 크게 늘어났다 해도, 북한은 건국 이래 만성적인 무역수지 적자상태에 놓여 있었는데, 하필이면 왜 그 시점에서 외채문제가 표면화했던 것일까. 관련 자료가 거의 없음에도 불구하고 무역 이외의 대외거래에 주목해야 할, 나아가서는 무역수지뿐만 아니라 경상수지에도 주목해야 할 필요성은 여기에서 나온다.

표 5.11을 보면 왜 1970년대 전반 이전은 외채문제가 발생하지 않았던가 대략 짐작이 갈 것이다. 우선 1950년대는 무역수지 적자의 규모도 작았을 뿐 아니라 무상원조액도 그것을 크게 상회하였기 때문에 경상수지

표 5.11 북한의 무역과 무상원조 · 차관

(단위: 만 달러, %)

	수입 (A)	수출 (B)	무역수지 적자(C)	무상원조 (D)	외자 (E)	D/C	E/C
1946~1949	10,600	7,630	2,970	-	5,300	-	178.5
1950~1953	4,200	3,100	1,100	14,325	26,717	1,302.2	2,428.8
1954~1956	13,480	11,080	2,400	74,735	74,735	3,114.0	3,114.0
1957~1960	67,080	50,200	16,880	38,784	63,884	229.8	378.5
1950~1960	84,760	64,380	20,380	127,844	165,336	627.3	811.3
1961~1970	257,350	243,020	14,330	-	42,668	-	297.8
1971~1977	601,000	422,000	179,000	-	205,960	-	115.1
1978~1984	1,057,000	934,000	123,000	25,870	55,485	21.0	45.1

주: A, B, C는 한국 통일부의 추정치. 다만 1946~1948년, 1950~1952년, 1954년에 대해서는 추정치가 없기 때문에, 위의 통계에는 이들 연도분이 포함되어 있지 않음. E(외자)는 무상원조 + 차관.

자료: A, B, C는 표 5.1로부터 계산. D, E는 경남대학교 극동문제연구소(1979), p. 377 (원자료는 중앙정보부(1974), 『남북한경제력비교』 제III권; E.I.U, *Quarterly Economic Review*, 1st Quarter, 1976, 3rd Quarter, 1977); 『북한경제통계집(1946~1985년)』, pp. 809-810로부터 계산.

가 흑자였을 가능성이 크다. 1960년대에 들어서면 무상원조는 없어진다. 그 대신 1960년대에 집중적으로 이루어졌던 조총련 동포의 북송사업[23)] 과 함께 북한으로 흘러 들어간 자금[24)]이 이 시기의 무역수지 적자를 메웠을, 따라서 1960년대도 경상수지가 흑자였을 것이 하나의 가능성으로 생각할 수 있다.

그러나 1970년대에 들어서면 무상원조는 중단되고 또한 북송교포관련 자금도 크게 줄어[25)] 외화보유고는 바닥을 드러내고[26)] 수출 이외에는 달리 외화를 획득할 길이 없어지게 된다. 이 상황에서는 무역수지 적자는 즉각 경상수지 적자로 이어질 가능성이 크다. 1970년대 전반과 중반에 구소련과 OECD 제국에서 차관 등이 도입되었지만 그것은 무역적자액을 약간 상회할 정도였다. 또 1950 · 60년대에 들여온 차관의 상환부담이 점차 커졌을 가능성도 생각해 볼 수 있다. 이러한 시점에서 대외채무 불이행사태가 발생했다. 이 상황에서 무역수지 적자가 계속돼 경상수지도 계속해서 적자를 보일 수밖에 없었다. 이는 대외채무의 누증, 외채문제의 심각화로 이어졌다.

(3) 외채문제

북한의 외채규모나 상환조건 등에 대해서는 공식적인 발표자료가 전혀 없기 때문에 GNP 등과 마찬가지로 세계의 각 기관에 의한 추정치를 이용할 수밖에 없다. 주로 1980년대 이후를 대상으로 하고 있지만, 상대적으로 체계적인 추정치를 발표하고 있는 곳은 한국정부와 OECD이다(표 5.12, 5.13 참조).

---

23) 1959년 말에서 1967년 말까지 88,611명.

24) 물론 어느 정도의 금액인가에 대해서는 알려져 있지 않다.

25) 1970년대에도 조총련의 북송은 계속되었지만 그 규모는 대폭 줄었다. 예를 들면 1971~1973년은 2,000명에 불과했다.

26) 1974년 말 시점에서 북한의 외화보유고는 3~5억 달러 정도였던 것으로 알려지고 있다. 경남대학교 극동문제연구소(1979), p. 520 참조.

표 5.12 북한의 외채규모: 한국정부의 추정

(단위: 억 달러, %)

	1980	1985	1987	1989	1990	1992	1994	1996	1998	2000
1. 사회주의 국가			24.1	40.4						
구소련			18.3	39.4						
중국			5.8	1.0						
2. 자본주의 국가			28.0	27.4						
일본			4.5							
그 밖의 나라			14.5							
차관단 은행			9.0							
3. 합계	22.3	29.0	52.1	67.8	78.6	97.2	106.6	120.0	121.0	124.6
4. 외채/GNP	16.5	19.2	26.9	32.1	34.0	46.1	50.3	56.1	96.0	74.2

자료: 황의각(1992), p. 228(원자료는 통일원, 『북한경제개요』, 1989, p. 90 및 1990, p. 25); 통일원(1995), pp. 234, 236; 통계청(1995), p. 237; 민족통일연구원(1993), p. 395; 『북한 GDP 추정결과』, 각 연도.

표 5.13 북한의 외채규모: OECD의 추정

(단위: 백만 달러)

	1982	1984	1985	1987	1989	1990
1. 장기부채	3,349	2,872	2,954	3,581	3,716	3,775
OECD 제국과 자본시장	436	312	360	371	187	185
C.E.E.C.[1]	2,913	2,560	2,595	3,210	3,529	3,589
2. 단기부채	512	388	618	651	739	943
은행	158	166	326	259	331	451
수출신용	354	222	292	392	408	492
3. 합계	3,861	3,260	3,572	4,232	4,456	4,717

주: 1) 중동구(Central and Eastern European countries). 단 구소련도 포함됨.

자료: OECD, *Financing and External Debt of Developing Countries*, 1991, p. 135; 1992, p. 145.

1970년대에 대해서는 각 기관에 의해 산발적 · 단편적인 추정이 이루어졌다.[27] 이들 추정결과를 종합해 보면, 북한의 외채문제가 표면화된 시점인 1976년 말의 외채규모는 20~24억 달러인 것으로 보인다.

1980년대는 약간 복잡하다. 표 5.12, 5.13에도 나타난 바와 같이 한국 정부와 OECD의 추정치를 직접 비교할 수 있는 해는 1985~1990년뿐인데 양자 간에는 상당한 차이가 발견된다. 1985년에는 통일원의 추정치가 29.0억 달러로, OECD의 35.7억 달러를 크게 밑돌았지만 1986년 이후는 역전, 통일원의 추정치가 OECD의 그것을 웃돌게 되었다. 더욱이 그 갭은 점점 커지고 있는데 1990년에는 통일원의 것(78.6억 달러)이 OECD의 것(47.2억 달러)보다 31.4억 달러나 많은 금액이다. 요컨대 한국측은 북한의 외채가 1980년대 후반에 급격히 늘어난(1986~1990년의 연평균증가율 22.1%) 것으로 보고 있는 데 비해 OECD 측은 이 시기에 완만하게 늘어난(연평균증가율 5.7%) 것으로 보고 있다고 할 수 있다.

국별 · 지역별 외채규모에 대해 두 기관의 추정치를 직접 비교하는 것은 간단치 않다. OECD의 추정치는 단기부채에 대해 국가별 · 지역별로 분류하지 않았고, 장기부채도 OECD 국과 비(非) OECD 국으로 나누었을 뿐이다. 통일원도 국별 · 지역별 분류를 한 것은 1986~1989년뿐이고, 그것도 1988, 1989년은 사회주의 국가와 자본주의 국가로만 나누었을 뿐이다. 어쨌든 한국 측의 추정에 의하면 1987년은 외채 52.1억 달러 가운데 자본주의 국가들에 대한 부채(28.0억 달러)가 사회주의 국가들에 대한 부채(24.1억 달러)보다 약간 많았지만 1989년에는 역전되었다. 즉 자

27) 미국 국회는 북한의 대외채무가 1970년에 5,500만 달러를 기록하고 나서 1974년에는 7억 2,500만 달러로 급증하였다고 보고 있다. 또 미국 CIA는 1976년 말의 시점에 북한의 대외부채는 24억 달러로, 이 가운데 14억 달러는 선진 자본주의 제국에 대한 채무이고, 나머지 10억 달러는 사회주의 제국에 대한 채무라고 보고 있다. 그리고 미국의 *New York Times* 지와 한국 통일원은 같은 시기에 대해 23억 달러로, 서독의 *Handelsblatt* 지는 20억 달러로 추정하고 있다. 경남대학교 극동문제연구소(1979), p. 516 참조.

본주의 국가들에 대한 부채(27.4억 달러)는 1987년과 거의 비슷하지만 사회주의 국가들에 대한 부채(40.4억 달러)가 급증, 전자가 후자를 크게 밑돌게 되었다. 또 하나 주목해야 할 점은 1987년과 1989년을 비교하여 보면 중국에 대한 부채는 5.8억 달러에서 1.0억 달러로 급감한 반면, 구소련에 대한 부채는 18.3억 달러에서 39.4억 달러로 불과 2년 만에 배 이상 늘어난 것이다.

북한에 있어서 외채가 어느 정도의 부담인가를 보여 주는 지표의 하나로서 생각할 수 있는 것이 GNP에 대한 외채의 비율이다. 1990년대의 외채뿐만 아니라 GNP에 대한 추정치는 한국정부의 것밖에 없기 때문에 여기서도 한국정부의 통계에 의지하지 않을 수 없다. 외채/GNP 비율은 1980년에는 16.5%였지만 매년 서서히 상승하여 1986년에는 23.4%에 달하였다. 그 이후는 전년대비 감소세를 나타냈던 1988년을 제외하고, 매년 큰 폭으로 상승해 1994년 이후는 외채가 GNP의 절반 이상을 점하게 되었다.

그러면 북한의 외채부담, 외채상환능력은 국제적으로 보아 어느 정도일까. 외채와 수출액의 비율, 외채와 GNP의 비율이라는 2개의 지표를 가지고 북한과 다른 나라를 비교하여 본 결과가 표 5.14이다.[28)] 북한은 1995년의 경우, 외채와 GNP의 비율이라는 면에서는 저소득경제 평균 및 저위중소득경제 평균보다 높다. 그것보다 주목해야 할 것은 외채와 수출액의 비율이다. 그것은 저소득경제 평균 및 저위중소득경제 평균은 말할 것도 없고 북한보다 외채/GNP 비율이 높은 동구 등지보다 훨씬 높다. 즉 북한은 외채규모에 비해 수출규모가 너무 작다는 것이다. 북한의 외채문제가 심각하다는 것은 국제적으로 보더라도 분명한 사실이다.

그렇다면 이러한 외채문제를 초래한 원인은 무엇일까. 북한의 무역수

28) 단기적인 상환능력을 재는 척도로서 자주 쓰이는 Debt Service Ratio는 북한의 경우 산출할 수 없다. Debt Service Ratio는 해당 연도의 원리금 상환소요액과 국제수지상의 경상수입(상품과 서비스의 수출)의 비율로 구해지지만 북한의 경우 해당 연도의 원리금 상환소요액이 알려져 있지 않기 때문이다.

표 5.14 북한 대외채무의 국제비교

(단위: %)

	외채/수출		외채/GNP	
	1980	1995	1980	1995
북한	142.9	1,621.6	16.5	56.1
중국	n.a.	77.3	2.2	17.2
헝가리	n.a.	174.2	44.8	72.8
멕시코	232.4	170.5	30.5	69.9
인도네시아	n.a.	202.9	28.0	56.9
저소득경제 평균	96.8	183.9	16.3	38.7
저위중소득경제 평균	84.6	142.6	22.4	39.9

주: 북한의 수출, GNP, 대외채무는 한국정부의 추정치. 저소득경제, 저위(低位)중소득경제는 세계은행의 분류. 단 위의 표에서의 저소득경제에서 중국, 인도는 제외되었음.

자료: 북한은 표 2.2, 표 5.1, 표 5.12, 다른 나라는 The World Bank, *World Development Report*, 1997, pp. 246-247.

지 적자가 직접적으로 외채에 연결되는 구조적인 결함을 가지고 있는 것은 앞에서 밝힌 바와 같다. 또한 이와 관련해 지적해 두고 싶은 것은 북한은 건국 이래 차관을 계속적으로 도입해 왔으나, 이 차관의 상환이 제대로 이루어지지 않았고, 이것은 결국 외채로 이어져 누적채무를 증가시키는 원인의 하나로 되었다는 것이다. 이 문제에 대해서는 이 장의 제2절에서 구체적으로 검토하기로 한다.

제2절 무역, 무상원조·차관, 외채와 경제개발

대외경제관계와 경제개발의 관계 혹은 경제개발에 있어서 대외경제관계의 역할은 개발경제학에서 오랫동안 논의되어 온 중요한 문제이다. 그런데 북한의 현실을 대상으로 이러한 논의가 이루어진 적은 별로 없다. 이것은 기본적으로 자료의 제약에 원인이 있다. 이 절에서는 이같은 제약에 대처하는 하나의 방법으로서 이 문제에 관해 많은 개발도상국을 대상으로 이루어졌던, 개발경제학에서의 기존 연구성과의 일부를 활용해 보는 것을 생각했다. 기존의 학설에 비추어 북한을 관찰해 보면 어떤 모습으로 그려질까 하는 것이다. 그럼으로써 북한의 경제개발과 무역, 무상원조 · 차관, 외채와의 관계에 대해 고찰해 보고자 한다.

1. '엔진(engine)설', '시녀(handmaiden)설'과 북한

여기에서는 이른바 '엔진설', '시녀설'의 북한에의 적용 여부를 기본축으로 설정해 논의를 전개한다. 자료의 제약이 큰 상황에서, 경제성장에서의 무역의 역할에 관한 2개의 대립적인 학설 중 어느 쪽이 북한의 현실에 들어맞는지, 혹은 보다 가까운지를 논함으로써 북한의 경제 · 무역에 관한 이미지를 그려 보는 것이다. 우선 이들 두 가지 설을 간단히 서베이하는 것부터 시작한다.

(1) 엔진(engine)설, 시녀(handmaiden)설이란[29)]

문자 그대로, 무역은 성장의 엔진의 역할을 한다고 하는 것이 전자이고, 그에 반해 무역은 성장의 시녀(侍女, handmaiden)에 지나지 않는다고 하는 것이 후자이다. Riedel(1988)은 엔진설을 수요지향(demand-oriented)모델과 공급지향(supply-oriented)모델로 분류했다.[30)] 수출이 성장에 영향을 주는 메커니즘에 관한 견해차는 성장에 대한 제약이 주로

29) 엔진설, 시녀설에 대해 정리할 때 주로 Meier(1995), 繪所秀紀(1991)를 참고로 했다.

30) Riedel(1988), pp. 28-29 참조. 또한 Meyer도 demand-motored model과 supply-motored model로 나누어 파악하고 있다. Meier(1995), p. 460.

수요측에 있다고 보느냐, 그렇지 않으면 공급 측에 있다고 보느냐에 따라 발생하기 때문이다. 먼저 공급지향모델에서는 성장이 자본 · 노동의 공급증가, 기술진보에 의존한다. 또한 특정의 수입 투자재는 국내에서 대체 불가능하다. 따라서 생산설비의 확대능력은 수입능력에 의존하며, 또한 수입능력은 수출능력에 의존하게 된다. 요컨대 수출 → 투자재(혹은 중간투입물)의 수입 → 경제성장이라는 메커니즘이 그려질 수 있다. 이에 반해 수요지향모델은 이중경제로서의 개발도상국 경제를 상정한다. 그 곳에는 전통적 부문, 즉 생산자원(주로 노동)이 과소고용 혹은 실업상태에 놓여 있는 부문과 수출부문, 즉 전통적 부문과 최소한의 링크를 가지고 있는 부문이 있다. 따라서 수출부문이 전통적 부문에서 무제한으로 공급될 수 있는 노동을 흡수하면서 확대될 때만 경제가 성장할 수 있다. 이때 선진국의 성장 혹은 수요의 여타 외부적 결정요인이 무엇보다 중요하다.

수요지향모델의 범주에 속하는 Nurkse(1961)는 '엔진설'에 입각해서 '수출비관론'을 전개했다. 그에 따르면 19세기에 무역은 무엇보다도 '성장의 엔진'이었다. 즉, 그 시기의 무역은 경제발전의 과정을 세계의 중심지에서 주변지로 전달해 주변지의 경제개발을 촉진하는 역할을 수행했다. 그런데 20세기에 들어서서 중심지의 실질소득은 지속적으로 증가했지만 1차 산품에 대한 수요의 증가율이 그에 미치지 못해 중심지의 성장률이 주변지로 전달되지 않게 되었다. 즉 20세기에는 무역이 이제 더 이상 '성장의 엔진'이 아니게 된 것이다. 그가 무역을 통한 외향적 발전전략으로부터 국내시장의 확대를 기반으로 한 내향적 발전전략으로의 전환을 주장한 것도 바로 이 때문이고, 그의 유명한 균형성장론도 이 같은 논리의 연장선상에 있다.

Lewis(1980)의 '엔진설'도 Nurkse(1961)의 그것과 많은 공통점을 가지고 있다. 단지 정책방향의 면에서는 꽤 다르다. 그에 따르면 개발도상국의 성장률은 언제나 선진국의 성장률에 의존하여 왔다. 즉 선진국의 경제성장 → 선진국의 수입증가 → 개발도상국의 수출증가 → 개발도상국의 경제성장이라는 것이다. 그러나 1970년대 중반 이후 선진국의 성장률이 완만하게 되어 성장의 엔진의 감속은 피할 수 없게 되었다. 따라서 새로운 엔진의 연료로서 주변국간의 무역확대가 필요하게 되었다고 그는 주장했다.

한편 이른바 '시녀설'의 대표적인 연구로는 Kravis(1970)를 들 수 있다. 앞에서 서술한 바와 같이 Nurkse(1961)는 19세기에 '무역은 성장의 엔진'이었지만 20세기에는 그렇지 않게 되었다고 말했지만, 이에 대해 Kravis(1970)는 20세기는 말할 것도 없고 19세기에도 "무역은 성장의 시녀(handmaiden)였다"고 주장했다. 그는 특히 1950년대와 1960년대를 통해 세계시장에서 개발도상국의 수출비중이 하락했다고 지적, 그 원인을 수요 측보다 공급 측에서 구하는 것이 타당하다는 견해를 보였다. 즉, 그것은 Nurkse(1961)가 지적했던 것과 같은 '해외수요의 실패'가 아니라 '저개발 고유의, 국내공급측의 문제'라고 주장했다. 특히 국내의 공급측 제반조건이 정책수단에 의해 무역을 저해하는 방향으로 편향되어 있는 경우, 설령 지극히 유리한 해외수요조건이 있다 해도 자동적으로 공급 측의 문제가 해결되는 것은 아니라고 강조했다.

그에 따르면 무역은 성장에 영향을 주는 여러 가지 요인의 하나에 지나지 않고, 또한 대부분의 경우 지배적인 변수가 아니다. '성장의 엔진'이라고 하기보다는 '성장의 시녀'라고 하는 쪽이 무역의 역할을 보다 적절하게 설명할 수 있다는 것이 그의 주장이다. 그는 개발도상국의 경제성장의 원동력으로서 외부적 요인보다도 내부적 요인을, 또한 수요 사이드보다 공급 사이드[31)]를 중시하는 입장이다.

Kravis가 Nurkse에 대한 비판에 초점을 맞춘 데 비해 Riedel은 Lewis에 대한 비판에 초점을 맞추었다. 그는 Lewis 등의 '엔진설'이 선진국의 경제성장과 개발도상국의 수출성장 사이의 안정적·기계적 관계의 존재를 전제로 하고 있었다고 지적한다. 그는 그러나 제2차 세계대전 후의 개발

31) 자원의 가동성(mobility)에 영향을 주는 내부적 요인.

도상국의 수출품목 다양화 현상, 특히 제조업 제품의 수출비중 증대를 지적하면서 이로 인해 선진국의 경제성장과 개발도상국의 수출성장의 관계, 나아가서는 개발도상국 수출에 대한 대외적 제약이 약해졌다고 주장한다. 그는 또 자신의 통계분석결과에 입각해서 개발도상국의 제조업 제품의 수출 퍼포먼스를 결정하는 것은 수요측 요인이라기보다 공급측 요인이고, 또한 개발도상국의 원료수출과 선진국의 실질소득과의 관계는 불안정하다고 주장했다. 따라서 선진국의 경제성장과 개발도상국의 수출성장의 안정적 · 기계적 관계라는 전제가 부정되면 '엔진으로서의 무역'이라는 개념을 유지하는 것이 곤란하게 된다. 오히려 '성장의 시녀(handmaiden)'로서의 무역이라는 메타포가 이론적으로 호소력이 있으며, 또한 1960년대 및 1970년대의 경험에 적용될 가능성이 더 높다고 하는 것이 그의 결론이다.

(2) 인과관계 분석

여기서는 북한의 경제현실에 '엔진설', '시녀설'이 적용될 수 있는지 여부를 알아보기 위해 수출, 수입, GNP 등 몇 가지 경제변수 사이의 인과관계(이른바 Granger 인과관계)를 조사해 보기로 한다. 인과관계의 검정에서는 Sims 테스트를 쓰는 것으로 한다.[32)]

---

32) 데이터는 1960년부터 1996년까지의 북한의 수출, 수입, GNP의 절대수준, 전년대비 증감률을 쓰는 것으로 한다. 이들에 대해서는 북한측의 공식통계가 거의 없기 때문에, 또한 가능한 한 긴 기간을 분석의 대상으로 하기 위해 한국정부의 추정치를 이용하기로 한다. 이들 통계는 표 2.2, 표 5.1에 실려 있다. 다만 북한 GNP의 추정방법이 1990년도분부터 바뀌었기 때문에 데이터의 비연속성의 존재라는 문제가 발생한다. 이 문제에 대처하기 위해 1989년도분에 대한, 신모델체계에 의한 추정치(240억 달러)와 구모델체계에 의한 추정치(211억 달러)의 비율을 이용해 1990~1996년도분의 신모델체계에 의한 추정치를 구모델체계에 의한 추정치로 변환하기로 한다. 이로써 문제는 완전히는 아니더라도 어느 정도 해소될 것으로 본다. 또한 수출, 수입, GNP는 명목 베이스보다는 실질 베이스가 바람직하지만, 북한의 경우 수출입 물가지수와 GNP 디플레이

아울러 북한과의 비교를 위해 중국에 대해서도 똑같은 통계분석을 하는 것으로 한다. 대상기간은 1950년부터 개혁 · 개방 직전의 1977년까지로 한다. 가능한 한 긴 시계열자료의 확보를 위해, 중국의 경우 국민소득(『중국통계연감』의 공식통계)을 쓰기로 한다. 북한의 경우와 마찬가지로 국민소득, 수출, 수입은 명목치이다.

북한의 수출입과 GNP의 인과관계 분석결과를 간단히 정리하면 표 5.15와 같다. 1960~1996년의 경우부터 살펴보자. 수입과 GNP의 절대수준 사이에는 일방적 인과관계가 아니라 쌍방적 인과관계가 발견된다. 즉 수입이 GNP에 영향을 줄 뿐 아니라 GNP도 수입에 대해 영향을 준다고 하는 상호 규정적 관계에 있다고 할 수 있다. 이에 반해 수출과 GNP의 절대수준 사이에는 일방적 인과관계가 보인다. GNP → 수출의 인과관계는 통계적으로 확인되지 않지만 수출 → GNP의 인과관계는 확인된다. 이것 하나만 놓고 보면 수출증대가 GNP 성장을 초래한다고 하는, 즉 '무역은 성장의 엔진'이라는 가설이 북한의 현실을 설명할 수 있다는 인상이 주어질지도 모른다.

하지만 문제는 그렇게 단순하지가 않다. 대상기간을 조금 바꾸어 보도록 하자. 1991년 이후를 제외해 1960년부터 1990년까지만 살펴보기로 하자. 수입과 GNP의 절대수준의 관계를 보면, 1960~1996년은 수입 → GNP의 관계가 발견되었지만 1960~1990년만 놓고 보면 수입 → GNP의 관계가 발견된다고도, 발견되지 않는다고도 말하기 힘들게 된다. 수출과 GNP의 절대수준 사이에는 1960~1996년은 수출 → GNP의 관계가 관찰되었지만, 1960~1990년으로 기간을 한정했을 때는 수출 → GNP의 관계가 관찰되지 않는다. 1991~1996년의 6년간을 뺐을 뿐인데도 꽤 다른 결과가 나온다.

이번에는 1960~1996년을 2개의 시기로, 즉 1960~1978년과 1979~1996년으로 나누어 보자. 수입과 GNP의 절대수준의 관계를 보면

터에 관한 공식통계가 없으므로 명목치를 쓰지 않을 수 없다.

표 5.15 북한의 수출입과 GNP의 인과관계

	수출→GNP		GNP→수출		수입→GNP		GNP→수입	
	데이터 1	데이터 2	데이터 1	데이터 2	데이터 1	데이터 2	데이터 1	데이터 2
1960~1996년								
래그 1년	○	×	○	×	○	×	○	×
래그 2년	○	×	×	×	○	×	○	×
래그 3년	○	×	×	×	○	×	○	×
래그 4년	○	×	×	×	○	×	○	×
래그 5년	×	×	×	×	×	×	○	×
1960~1990년								
래그 1년	×	×	×	×	○	×	○	×
래그 2년	×	×	×	×	○	×	○	×
래그 3년	×	×	×	×	×	×	○	×
래그 4년	×	×	×	×	×	×	○	×
래그 5년	×	×	×	×	×	×	○	×
1960~1978년								
래그 1년	×	×	○	×	×	×	○	×
래그 2년	×	×	○	○	○	×	○	×
래그 3년	×	○	○	×	×	×	○	×
1979~1996년								
래그 1년	○	×	○	×	○	○	○	○
래그 2년	○	×	×	×	○	○	×	○
래그 3년	×	×	×	×	○	×	×	○

주: 데이터 1은 수출입액, GNP. 데이터 2는 수출입 · GNP의 전년대비 증감률.
○, ×는 통계적으로 유의한 인과관계의 유무.

1960~1978년에는 GNP → 수입의 관계만 관찰되고 1979~1996년에는 정 반대로 수입 → GNP의 관계만 관찰된다. 수출과 GNP의 절대수준의 관계를 보면, 1960~1978년에는 GNP → 수출의 관계만 확인되고 1979~

1996년에는 정반대로 수출→GNP의 관계만 확인된다.

이상의 간단한 고찰로부터 1960~1978년과 1979~1996년 사이에, 혹은 1960~1990년과 1991~1996년 사이에 수출입과 GNP의 관계에 무언가 변화가 생긴 게 아닌가 하는 함의를 얻을 수 있다. 그런데 1979~1996년은 상당히 이질적인 두 기간을 포함하고 있다. 1979~1996년은 수출입액이 전년대비 증가와 감소를 반복하면서도 큰 흐름으로서는 증가경향을 나타내고 있으며, GNP도 비록 거시경제가 침체상태에 놓여 있다 하더라도 큰 흐름으로서는 증가경향을 보이고 있다. 이에 반해 1991~1996년은 구소련의 붕괴 여파로 수출입도 GNP도 감소경향을 나타냈던 시기이다.

그렇다고 한다면 1990년경을 경계로 해서 무역과 GNP의 관계에 어떤 변화가 발생한 것은 아닐까 한다. 다만 1990년대 이전과 1990년대는 일종의 비대칭성이 존재한다고 할 수 있다. 즉 1990년대 이전은 수출증대가 GNP 성장을 초래하지 않았다는 점에서 수출→GNP의 인과관계가 확인되지 않았다. 이에 비해 1990년대는 수출감소가 GNP 감소를 초래했다는 점에서 수출→GNP의 인과관계가 확인되었다.

그렇다면 왜 이러한 현상이 나타나는 것일까. 여기서 전술한 '엔진설'의 공급지향적 모델을 상기할 필요가 있다. 즉 수출→투자재(혹은 중간투입물)의 수입→경제성장이라는 메커니즘을 상정한다. 1990년대 이전의 북한은 수입→경제성장이라는 회로가 작동했는지 여부가 확실하지 않다(표 5.15 참조). 더욱이 수출→수입의 회로가 작동하지 않았을 가능성이 크다. 왜냐하면 1990년대 이전에 북한의 수입은 큰 흐름으로 보아서 수출액과 별 상관 없이 결정되었기 때문이다. 무역수지가 만성적인 적자를 나타내면서도 적자규모는 해마다 크게 변동했다.[33] 따라서 수출성장이 상기의 메커니즘을 통해 경제성장을 초래한다는 '엔진

33) 반면 1990년대에는 수출입규모가 안정적인 감소세를 나타냈고, 무역수지 적자도 4~7억 달러 수준에서 안정적으로 유지되었다.

설'의 공급지향적 모델이 1990년대 이전의 북한에 들어맞지 않을 가능성은 여기에서 나온다.

'엔진설'의 수요지향적 모델은 위의 인과분석 테스트로는 검정할 수 없다. 기존의 연구성과를 빌리기로 한다. 박진(1994)은 1980~1992년의 북한의 수출규모의 추이를 ① 세계무역규모 요인, ② 무역상대국의 시장규모 요인, ③ 북한의 시장점유율 요인, ④ 관련 요인으로 나누어 조사하였다. 그리고 그는 이 시기의 북한의 수출규모 변동은 무역상대국의 시장규모 요인보다도 북한의 시장점유율 요인, 즉 수출능력에 의해 설명된다고 주장했다. 따라서 '엔진설'의 수요지향적 모델이 북한의 현실을 설명할 가능성은 크지 않다고 할 수 있다.

그렇다면 '성장의 시녀설'은 어떠한가. 북한 수출의 공급측 요인에 대한 자료를 구할 수 없기 때문에 뭐라고 말하기 어렵다. 다만 앞에서의 인과관계 분석결과에 의하면 1960~1978년에는 GNP → 수출의 일방적 인과관계가 확인되었다. 따라서 '시녀설'이 북한의 현실에 가까울 가능성의 일단을 여기서 발견할 수 있다. 결국 1990년대 이전의 북한에서 무역과 경제성장의 관계를 설명하는 데는, 굳이 따진다면 '엔진설'보다는 '시녀설' 쪽이 적합하다고 할 수 있다. 이에 반해 1990년대의 북한은 일종의 '역(逆)엔진설', 즉 무역은 마이너스 성장의 엔진역할을 한다고 하는 가설이 북한의 현실에 들어맞을 것 같다.

그렇다면 중국의 경우는 어떠할까. 표 5.16에는 중국에 대해 Sims 테스트를 행한 결과를 나타냈다. 먼저 1952~1995년을 보면 수출과 GNP의 절대수준 간에, 또 수입과 GNP의 절대수준 간에 각각 쌍방적인 인과관계가 발견된다. 그런데 1952~1977년, 즉 개혁 · 개방 이전 시기에는 수출과 GNP, 수입과 GNP 사이에 인과관계가 있다고는 하기 힘들다. 개혁 · 개방 이전의 중국에 있어서도, 북한과 마찬가지로 '무역은 성장의 엔진'이라는 가설은 들어맞지 않는다고 할 수 있다.

다만 북한이 만성적인 무역적자에 시달려 왔으며 더욱이 무역수지 적자규모의 변동도 심했던 데 비해 중국은 장기적인 경향으로서 수출 · 수

표 5.16 중국의 수출입과 GNP의 인과관계

	수출→GNP		GNP→수출		수입→GNP		GNP→수입	
	데이터 1	데이터 2	데이터 1	데이터 2	데이터 1	데이터 2	데이터 1	데이터 2
1952~1977년								
래그 1년	×	×	×	×	×	×	×	×
래그 2년	×	×	×	×	×	×	×	×
래그 3년	×	×	×	×	×	×	×	×
래그 4년	×	×	×	×	×	×	○	×
래그 5년	○	×	○	○	×	×	○	×
1952~1995년								
래그 1년	○	×	○	○	○	×	○	○
래그 2년	○	×	○	○	○	×	○	×
래그 3년	○	×	○	○	○	×	○	×
래그 4년	○	×	○	○	○	×	○	×
래그 5년	○	×	○	○	○	×	○	×

주: 데이터 1은 수출입액, GNP. 데이터 2는 수출입 · GNP의 전년대비 증감률. 수출입 · GNP는 중국 위안 베이스. 모든 통계는 GNP 디플레이터로 실질화. ○, ×는 통계적으로 유의한 인과관계의 유무. State Statistical Bureau of the People's Republic of China and Institute of Economic Research Hitotsubashi University(1997) 및 『中國統計年鑑』에 나와 있는 통계를 가지고 계산.

자료: 中兼和津次(1999).

입의 균형상태가 유지되었다는 것을 지적할 필요가 있다. 그리고 표 5.16에 나타나 있듯이 개혁 · 개방 이전의 중국에서 수입→GNP의 인과관계는 보이지 않는다. 따라서 '엔진설'의 공급지향적 모델의 틀 내에서 생각하면 중국에서 수출→투자재(혹은 중간투입물)의 수입→경제성장이라는 메커니즘을 상정했을 때, 수출 → 투자재 수입의 회로는 작동했을지도 모르나 수입→경제성장의 회로는 작동하지 않았던 것이 아닌가 하는 시사점을 얻을 수 있다.[34)]

그렇다면 이상과 같은 분석결과, 즉 1990년대 이전은 '시녀설'이, 1990년대는 일종의 '역엔진설'이 북한의 현실을 상대적으로 잘 설명할 수 있다는 것의 함의는 무엇일까. 첫째, 북한의 경제정책에서 무역이 어떠한 지위를 부여받고 있느냐는 것이다. 북한 정책당국은 중공업을 중심으로 하는 국내경제의 급성장 내지는 국내수요의 충족에 자원배분의 최우선순위를 두었다. 무역이라고 하는 것은 그 다음에 오는 것이었다. 구소련의 전문가들이 "북한 공업화의 반(反)수출지향성"이라는 표현을 쓴 것[35]도 이러한 맥락에서 이해될 수 있다.

둘째, 무역이 제대로 이루어지지 않았기 때문에 경제가 어려움을 겪고 있다고 하는 북한의 정책당국의 변명에는 나름대로 근거가 있다고 인정된다. 북한 측은 제3차 7개년 계획(1987~1993) 실패의 주된 원인으로서, 사회주의권 붕괴에 의한 무역규모 격감을 들고 있다. 전술했던 분석결과가 1990년대의 북한이 일종의 '역엔진설'이 적용될 수 있다는 시사점을 제공했다는 것 그 자체는 북한 당국의 주장과 모순되지 않는다. 다만 북한 당국의 주장대로, 무역의 급격한 위축이 1990년대 북한 경제난

34) 동시에 개혁 · 개방 이전의 중국에서 왜 수출이 경제성장에 영향을 주지 못했던가 하는 문제는, 상기의 '엔진설'의 공급지향적 모델의 수출 → 수입 → 경제성장이라는 단순화된 메커니즘의 틀을 뛰어넘어 찾지 않으면 안 된다는 것을 분석결과는 시사하고 있다. 또한 북한에 대해서도 상기의 메커니즘으로 설명될 수 있는 부분이 있음에도 불구하고 그것만으로는 충분하지 않을지도 모른다는 것도 분석결과는 시사하고 있다. 더욱이 북한과 중국은 수출입 균형(무역수지)이라는 면에서 큰 차이가 있음에도 불구하고, 양국 공히 '엔진설'의 공급지향적 모델이 들어맞지 않는다는 것은, 북한에서 수출이 GNP에 영향을 주지 않은 원인은 만성적인 무역적자뿐만은 아니라는 것을 시사하고 있다. 이와 같이 '엔진설'이 들어맞지 않을 가능성이라는 면에서 북한과 개혁 · 개방 이전의 중국은 닮았다고 할 수 있을지 모른다. 그러나 수출이 경제성장에 영향을 주지 않은 원인에 관해서는 양국은 꽤 다를 수도 있다는 것을 앞의 분석결과는 시사하고 있다.

35) 소련과학아카데미 세계사회주의경제연구소(1985), p. 229 참조.

의 결정적인 원인인지 여부는 뒤에서 자세히 검토하기로 한다.

셋째, 1990년대 경제난의 주된 요인이 무역위축에 있다고 해도, 역으로 향후 북한의 무역이 활성화된다고 해서 경제가 회복된다는 보장은 없다는 것이다. 전술한 분석결과는 1990년대 이전의 북한경제에 있어서 무역은 '성장의 엔진'이 아니라 '성장의 시녀'였다는 것을 시사하고 있기 때문이다.[36)]

2. 무역과 경제성장

여기서는 북한의 무역과 경제성장의 관계가 '엔진설'보다 '시녀설'에 의해 설명될 여지가 큰 현실적 배경에 접근해 보기로 한다. 특히 북한에서는 왜 수출이 경제성장에 별로 기여하지 못했던가 하는 문제를 검토하기로 한다.

(1) 무역의존도의 추이

먼저 무역과 거시경제의 양적 관계를 무역의존도의 추이를 중심으로 살펴보자. 북한의 무역의존도는 그림 5.6을 보면 알 수 있듯이 한마디로 잘라 말하기 어렵다. 장기적으로 보면 약간 하락경향을 나타내고 있든지 아니면 횡보상태에 가깝다. 대체로 20% 전후 수준에서 움직여 왔다고 할 수 있다. 다만 단기적으로는, 특히 1970년대와 1990년대는 변동이 심하다는 것이 눈에 띈다. 1970년대는 선진 자본주의 국가들로부터의 수입급증과 그 직후의 외채문제의 표면화로 인한 수입의 급감 때문이고, 1990년대는 사회주의권 붕괴에 따른 무역량의 급감 때문이다.

북한의 무역의존도를 다른 사회주의 국가의 그것과 비교하면 어떻게

36) 다만 이상과 같은 분석은 일정한 한계를 갖고 있다. 우선 분석의 대상이 된 데이터의 신뢰성의 문제이다. 기본적으로 한국정부의 추정치에 지나지 않으며, 특히 시계열자료로서 적지 않은 문제점을 안고 있다. 아울러 실질치가 아니라 명목치이다.

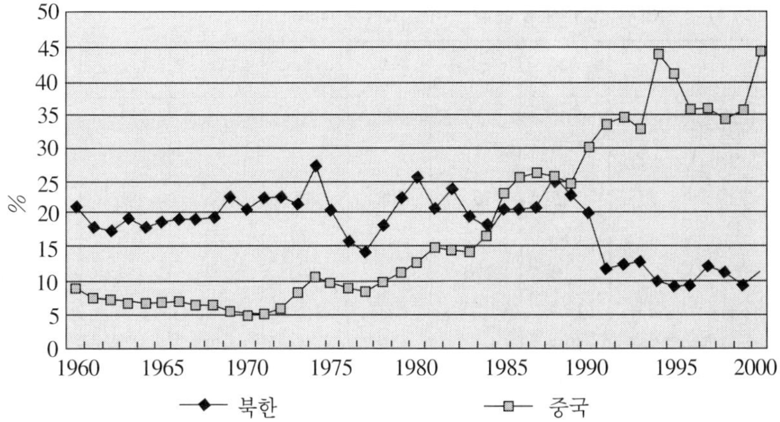

주: 무역총액과 GNP의 비율.
자료: 북한은 표 5.15와 같음. 중국은 표 5.16과 같음.

그림 5.6 북한과 중국의 무역의존도 추이

될까. 우선 중국과 비교해 보자. 그림 5.6을 보면 알 수 있듯이 북한의 무역의존도는 개혁 · 개방 이전의 중국의 그것보다는 높았다. 북한의 무역의존도는 일부 기간을 제외하고는 20% 전후에서 움직여 온 데 비해 개혁 · 개방 이전의 중국은 10% 전후에서 움직여 왔다고 할 수 있다.

다음에 동구 제국과 비교하여 보자.[37] 표 5.17에도 나타난 바와 같이 북한은 1960년대에는 수출도 수입도 동구 제국에 뒤지지 않을 정도의 신장률을 보였지만, 국민소득의 증가율이 동구 국가들보다 높았기 때문에 수출증가율과 국민소득 증가율의 비율, 수입증가율과 국민소득 증가율의 비율은 동구 제국보다 약간 작았다. 즉 이 시기에 북한에서의 국민소득의 1% 성장은 수출 1.2% 증가와 수입 1.3% 증가를 수반하였지만, 동

37) 이하의 서술에서 이용되는 북한에 관한 통계는 구소련측의 것이다. 앞에서 이용되었던 한국측의 통계와는 꽤 다르다. 그러나 북한과 동구의 비교를 위해서는 동일한 추계기관에 의한 통계를 쓰지 않을 수가 없었다.

표 5.17 북한과 동구의 수출입 · 국민소득의 비교

	불가리아	헝가리	동독	폴란드	루마니아	체코	북한
1. 1961~1970년							
(1960년 = 100)							
수출	345	263	208	270	256	196	289
수입	286	256	222	244	303	204	313
국민소득	210	170	153	180	223	154	240
수출/국민소득	1.64	1.55	1.36	1.50	1.15	1.27	1.20
수입/국민소득	1.36	1.51	1.45	1.35	1.36	1.32	1.30
수출/수입	1.20	1.03	0.94	1.11	0.84	0.96	0.92
2. 1971~1980년							
(1970년 = 100)							
수출	380	391	297	366	159	294	256
수입	387	381	309	404	502	306	222
국민소득	196	162	159	163	241	157	215
수출/국민소득	1.94	2.41	1.87	2.24	1.90	1.87	1.19
수입/국민소득	1.97	2.35	1.94	2.48	2.08	1.99	1.03
수출/수입	0.98	1.30	0.96	0.91	0.91	0.96	1.15

자료: 소련과학아카데미 세계사회주의경제연구소(1985), p. 225.

표 5.18 북한과 동구의 수출 · 국민소득 비율의 비교

(단위: %)

	불가리아	헝가리	동독	폴란드	루마니아	체코	북한
1970	26	38	25	22	22	24	10
1978	40	54	30	31	17	29	10

자료: 소련과학아카데미 세계사회주의경제연구소(1985), p. 227.

구에서의 국민소득의 1% 성장은 수출 1.15~1.64% 증가와 수입 1.32~1.51% 증가를 수반하였다. 1970년대에 들어서면 그 격차는 더욱 커진다. 이 시기에 북한에서의 국민소득의 1% 성장은 수출 1.19% 증가와 수입 1.03% 증가를 수반하였지만, 동구에서의 국민소득 1% 성장은 수출 1.87~2.41% 증가와 수입 1.94~2.48% 증가를 수반하였다.

국민소득에서 수출이 차지하는 비중, 즉 수출의존도를 비교하여 보면 보다 명료하게 된다(표 5.18 참조). 1970년 시점에 이미 북한의 수출의존도와 동구의 그것은 2.2~3.8배의 차가 있었지만 1978년에는 1.7~5.4배까지 확대되었다. 따라서 북한의 무역의존도는 개혁·개방 이전의 중국보다는 높았지만 동구 제국보다는 낮았다고 할 수 있다.

(2) 국내수요 충족과 수출

여기서부터는 왜 북한에서 수출이 경제성장에 별로 기여할 수 없었던가 하는 문제를 검토하기로 한다.

북한에서는 수출이 국내수요 충족보다 우선순위가 낮다. 이것은 앞에서 행한 인과분석결과의 첫번째 함의이다. 김일성은 1962년의 연설에서 "지금 유색금속광물 생산이 매우 소극적으로 진행되고 있습니다. … 유색금속광산 개발은 소극적으로 진행되는데 연, 아연, 동과 같은 유색금속의 국내수요는 해마다 늘어가니 결국은 수출량이 줄어들 수밖에 없습니다"(『경제관리 2』, p. 399)고 밝혔다.

또 김일성은 1965년의 연설에서, 현재 금속공업성을 비롯해 적지 않은 생산성(省)들이 수출품계획 수행에서 주인답지 못하며 수출품 생산을 대수롭지 않게 여기고 있다고 지적했다. 특히 일부 성들은 수출품 생산은 해도 좋고 안 해도 좋은 것으로 생각하고 있으며, 심지어 금속공업성의 일부 일꾼은 내각결정에 명기되어 있음에도 불구하고 다른 나라에 보낼 상품을 국내에 돌리라고 기업들에게 압력을 넣었다고 비난했다(『저작집 19』, p. 128). 그런데 김일성의 이러한 비판·비난에도 불구하고 이러한 현상은 좀처럼 사라지지 않았다. 김일성의 1980년의 연설에서도 "지금 일부 경제지도 일꾼들은 수출품 생산을 잘 조직하지 않을 뿐 아니라 원료, 자재사정이 좀 긴장하여지면 다른 나라에 보내기로 한 원료, 자재를 잘라서 쓰고 있다"(『경제관리 5』, p. 496)고 비판하는 대목이 눈에 띈다.[38)]

이와 관련하여 지적해야 할 사실은 공업제품의 생산과 수출의 상관관계가 그다지 높지 않다는 것이다(표 5.19 참조). 이것은 북한경제에서 무역과 경제성장의 관계, 거시경제에 있어서의 무역의 자리매김을 생각할 때 중요한 포인트의 하나가 된다. 주목할 만한 것은 기계제작공업의 경우이다. 전체 공업생산에서 기계제작공업이 차지하는 비중은 크게 증대(1960년의 21.3% → 1980년의 33.7%)하였지만, 전체 공업제품 수출에

표 5.19 북한의 공업제품 생산과 수출

(단위: %)

	공업생산에서의 비중		수출에서의 비중	
	1960	1980	1960	1980
공업총량	100.0	100.0	100.0	100.0
그 중 광업과 금속공업	12.1	20.0	46.5	42.6
기계제작공업	21.3	33.7	5.3	5.5
화학공업	5.4	5.4	12.1	1.6
건설자재공업	5.9	7.0	5.9	21.0
섬유공업	16.8	18.0	3.7	7.5
식료품	19.4	9.0	6.3	14.7
기타	19.1	6.9	20.2	7.1

자료: 소련과학아카데미 세계사회주의경제연구소(1985), p. 215.

38) 이런 것은 '신용'의 문제로 연결된다. 김일성이 반복해서 "무엇보다 무역에서는 신용이 제일이다"고 강조한 것은 상기 현상의 반영이다. 김일성은 무역에 있어서 신용을 잃는 주된 원인은 생산의 각 성이 수출품 생산을 경시하고 수출품을 기한 내에 생산하지 않는 데 있다고 지적했다(『저작집 19』, pp. 127-128).

서 기계제작공업이 차지하는 비중은 제자리걸음(1960년 5.3%, 1980년 5.5%)이었다. 이것은 전체 공업생산에서의 기계제작공업의 비중 증대가 전체 공업제품 수출에서의 기계산업의 비중 증대를 수반한 동구 국가들과는 꽤 다른 것이었다. 구소련측은 이 사실에 주목, 여기서 북한 공업화의 반(反)수출지향성이 나타났다고 지적했다(소련과학아카데미 세계사회주의경제연구소, 1985: 229). 또한 광업과 금속공업은 생산에서의 비중은 크게 늘어났지만 수출에서의 비중은 오히려 소폭 하락했다. 식료품의 경우, 생산에서의 비중은 크게 줄었지만 수출에서의 비중은 2배 이상 늘었다.

(3) 수출주도 발전의 조건

여기서는 왜 북한에서는 수출이 경제성장에 기여할 수 없었던가 하는 문제를 Meier(1995)가 제시한 '수출주도 발전(Export-Led Development)의 조건'[39]에 비추어 검토하기로 한다.[40]

Meier의 문제의식은 수출부문의 성장이 국내경제의 다른 부문으로 파급되고(carry-over), 또한 이것이 국내경제의 폭넓은 발전을 초래하기 위한 조건은 무엇일까 하는 것이다. Meier에 따르면 수출이 발전의 추진력이 되기 위해서는 수출부문이 경제의 다른 부문과 분리된, 뚝 떨어진 영토(enclave)가 되지 않는 것이 중요하다. 그 대신 수출부문으로부터의 자극을 확산시켜 경제의 여타 부문의 반응을 창출하는 통합 프로세스를 구축하지 않으면 안 된다. 그 통합 프로세스는 수출부문의 새로운 기술, 지식, 노동자훈련 등을 확산시키는, 이른바 '학습효과', 수출부문에 대한 투입요소의 공급산업의 성장을 자극하는 '후방연관효과' 등에 의해

39) Meier(1995), pp. 465-469 참조.

40) 물론 이러한 분석에는 일정한 한계가 있다. 앞에서 이야기한 대로 북한의 무역의존도는 낮은 편이고, 또한 수출확대에 노력한 것은 사실이나, 수출주도 발전전략을 취했다고는 보기 어렵기 때문이다. 북한이 표방했던 자력갱생정책은 개발경제학적 관점에서 본다면 오히려 수입대체정책에 가깝다.

조건지어진다. 그런데 북한은 앞에서 지적했듯이, 공업제품의 생산과 수출의 상관관계가 그다지 높지 않다. 따라서 수출부문은 뚝 떨어진 영토(enclave)였다고 볼 수 있다. 그래서 '학습효과', '후방연관효과' 도 기대하기 어려웠던 상황이었을 것 같다.

Meier는 또 수출 · 수입의 안정성을 강조한다. 외화수입에서의 혼란은 발전과정을 비연속적인 것으로 한다는 것이다. 실질소득, 정부수입, 자본축적, 자원배분, 수입능력에 대한 교란효과는 외화수입의 변동폭의 정도에 의존한다. 여기서 이 장 제1절의 서술을 상기할 필요가 있다. 즉 북한 무역의 큰 특징의 하나는 수출입규모의 변동이 매우 컸다는 것, 만성적인 무역수지 적자를 면치 못했다는 것이다. 북한이 안정적으로 외화를 획득하여 왔다고는 할 수 없다.

여기에 덧붙여 Meier는 국내경제가 수출부문으로부터의 자극에 반응하는 메커니즘에도 주목하여 시장의 불완전성 및 비경제적 장벽의 정도도, 강한 통합 프로세스 나아가 수출주도 발전의 조건으로서 들고 있다. 전반적으로 보아 북한은 수출부문에서 다른 부문으로의 자극도, 그 자극에 대한 다른 부문의 반응도 강하지 않았다고 할 수 있다. 북한에서 수출성장이 경제성장을 초래할 수 없었던 원인은 이런 데서도 찾을 수 있다.

(4) 외환 갭

여기서는 왜 북한에서는 수출이 경제성장에 기여하지 못했던가 하는 문제를 Linder(1967)의 '외환격차(gap)론' 에 비추어 검토하기로 한다.

그는 개발도상국에서의 무역의 효과를 논하면서 내외 균형의 동시 달성 · 유지 여부의 문제를 제기하였다. 국내균형은 현존 생산능력 및 성장잠재력의 완전이용으로, 외부 균형은 국제수지의 균형으로 정의된다. 그런데 Linder에 의하면 대부분의 개발도상국에서는 내외 균형의 동시 달성 · 유지가 거의 불가능하다고 한다. 왜 그럴까.

그는 개발도상국에서는 수입의 최소량과 수출의 최대량이 존재한다고 주장한다. 수입 면에서는 국내의 생산자원을 완전히 이용하는 데 필요한 투입수입(자본재)의 일정한 크기가 존재해 이것을 줄이는 것은 불가능하다. 수출 면에서는 비탄력적인 외국수요에 의존하는 1차 산품뿐만 아니라 2차 산품에도 수출 최대량이 존재한다. 그의 '대표적 수요의 이론'에 의하면 선진국에서 수요가 있는 재화는 개발도상국의 경제구조에는 맞지 않아 개발도상국에서의 이 재화의 생산은 불리하게 되며, 거꾸로 개발도상국이 생산하는 데 알맞은(효율적으로 생산할 수 있는) 재화는 선진국에서 수요가 없다. 이와 같이 수입 최소량과 수출 최대량이 존재한다고 한다면, 만일 어떤 나라에서 전자가 후자를 웃돌게 될 때 그 나라는 심각한 외환 갭에 직면하게 된다.

투입수입의 필요량의 충족문제는 요소비율문제에 연결된다. 즉 개발도상국에서는 국내요소와 투입수입 사이에 대체가능성이 제약되어 있기 때문에 투입수입의 부족은 현존 자원의 불완전고용을 초래하고 또한 자원축적을 좌절시킨다. 이 경우 무역이익(그의 표현을 빌리면 '성장의 초엔진')은 잠재적인 것에 그친다. 수출은 '선도' 부문이라기보다 오히려 '지행(遲行)' 부문이 된다고 하는 것이 그의 주장이다.

그렇다면 북한은 어떻게 되어 있을까. 북한이 만성적인 무역적자와 외채문제에 시달려 왔다는 것은 앞에서 밝힌 바 있다. 심각한 외환 갭에 직면했으리라는 것은 쉽게 짐작할 수 있다. 수입 최소량의 존재가능성도 생각해 볼 수 있다. 석유도 없고 기술수준도 낮은 저개발국이며 또한 수입품목이 연료, 기계 · 장비류에 집중되어 있기 때문이다. 수출 최대량의 존재는 한마디로 말하기 어렵다. Linder의 '대표적 수요의 이론'에 의한 수출 최대량 존재설의 타당성은 접어 두고, 북한의 수출량의 추이로부터 보면 수출 최대량이 존재했는지 어떤지 잘라 말하기 어렵다. 다만 정책당국이 생각한 만큼은 늘어나지 않았다고 할 수 있다. 또한 수출은 항상 수입을 밑돌았다.

따라서 Linder가 말했던, 투입수입의 필요량은 충족될 수 없었다고 할 수 있다. 실제로 북한은 외채문제 때문에 수입을 의도적으로 감축한 적도 있으며 또한 외화제약으로 인해 수입이 제한되어 왔다. 이와 관련하여 주목할 필요가 있는 것은 북한의 공장가동률의 지속적인 하락이다. 1970 · 80년대부터 문제가 되면서 1990년대에 들어 한층 심각해진 이 문제에는 여러 가지 원인이 있지만, 그 중 하나가 에너지 및 원자재 부족과 설비의 노후화이다. 요컨대, Linder가 말하는 확장수입은 말할 것도 없고, 유지수입(조업수입 + 재투자수입)도 모자라는 상황이다. 북한은 결국 Linder가 상정하였던 $MI^{+} > MI > X$ (다만, MI^{+}는 투입수입의 필요량, MI는 실제의 투입수입, X는 실제의 수출)로 되어, 내부 불균형과 외부 불균형이 동시에 존재하는 상황에 놓여 있을 가능성이 있다. 북한에서 수출이 경제성장에 기여할 수 없었던 원인은 여기에도 있었을 것으로 보인다. 또한 앞에서 본 바와 같이 '엔진(engine)설' (특히 공급지향 모델)이 북한의 현실에 들어맞지 않을 가능성은 여기에서도 발견된다.

(5) 집권적 시스템, 가동률, 무역의 연관성

여기서는 왜 북한에서는 무역이 경제성장에 그다지 기여하지 못했던가 하는 문제를 제도적 기반, 즉 집권적 시스템까지 시야에 넣어 집권적 시스템, 가동률, 무역의 연관성이라고 하는 틀 속에서 검토해 보기로 하자.

먼저 집권적 시스템의 기능저하와 가동률 하락의 상호관계를 살펴보도록 하자. 예컨대 김일성은 1982년의 연설에서 생산이 정상화되고 있지 않은 상황을 지적하고, 그 주된 원인을 계획화가 제대로 이루어지고 있지 않는 데에서 구했다(『저작집 37』, p. 323). 또한 김일성은 1984년의 연설에서 생산이 정상화되고 있지 않은 주된 원인으로서 자재보장, 협동생산, 수송이 제대로 되고 있지 않다는 사실을 꼽았다. 특히 경제규모가 커지는 데 따른 기업수의 격증, 경제관리 책임간부들의 주관주의 관료주의로 인해 자재공급이 원활하게 이루어지지 않아 기업들이 계획을 수행할 수 없는 경우가 적지 않다고 비판했다(『저작집 38』, pp. 347-348).

김일성의 지적도 일면 타당성이 있으나 문제의 소재는 행정기관에만 있는 것이 아니다. 이 책의 제4장에서 살펴보았듯이 계획편성단계에서 정부와 기업의 바게이닝 때문에 중앙이 세우는 국가계획의 부정합성 ·

부정확성이 더욱 커짐에 따라 기업이 목표달성에 실패할 확률이 더욱 커진다. 더욱이 계획의 실행단계로 넘어가서는 어떤 기업에서의 수요를 무시한, 생산물 믹스의 자의적인 선택, 생산물을 수요기업에 적기에 적량을 넘기는 데 대한 무관심 등이 더해져 그 기업의 생산물을 공급받아 자신의 투입물로 사용하게 되어 있는 다른 기업의 계획목표달성의 실패를 초래할 수 있다. 그것은 또 제3, 제4 등 다른 관련 기업에 계속 파급해가는 '보급의 연쇄반응' 혹은 '생산 애로의 연쇄반응적 확대'에 의해 증폭된다. 이렇게 해서 수많은 기업의 가동률이 하락하게 된다. 상기의 김일성의 연설에서도 나왔던 "생산이 정상화되고 있지 않은" 상황이다. 제4장에서 보았듯이 1980 · 90년대의 북한에 있어서 이런 것은 광범위하게 퍼져 있다. 이러한 가동률 하락을 초래한 상기의 제반 요인은 한마디로 말해 '집권적 시스템의 기능저하'라고 할 수 있다.

하지만 여기에서 끝나는 것이 아니다. 집권적 시스템의 기능저하로 인해 초래된 가동률 하락이 이번에는 다시 집권적 시스템의 기능을 더욱 떨어뜨리게 된다.

경제 전반의 가동률 하락은 기업입장에서 보면 자신이 필요로 하는 원자재를 적시에 적량을 공급받을 가능성이 낮아짐을 의미한다. 즉 더욱이 국가는 자재부족이 점차 확대되고 있는 상황에서도 성장속도를 늦추지 않고 고성장정책을 유지했다. 예컨대 김일성은 1980년의 연설에서 "국가계획위원회에서 동원적인 계획을 세운다고 하면서 주관적으로 계획을 너무 높게 세웠다"(『저작집 35』, p. 26)고 비판한 적이 있다. 또 예컨대 1985년의 공업총생산액 목표는 전년대비 12% 성장으로 책정(『저작집 38』, p. 391)되었는데 북한의 공업총생산 실적에 관한 공식발표가 1983년도분부터 중단되었다, 즉 공업생산실적이 악화되었다는 것을 고려한다면 이러한 목표가 도저히 달성할 수 없는 무리한 목표였다고 하지 않을 수 없다.

이러한 상황에서 "인민경제계획을 세울 때 원료와 연료, 동력조건 같은 것을 구체적으로 타산하여 계획을 담보성 있게 세우지 않고 되는 대로 세웠고"(『저작집 37』, p. 323), 더욱이 "원유와 석탄 바란스가 맞지 않는 것을 뻔히 알면서도 계획을 되는 대로 세웠기"(『저작집 35』, p. 26) 때문에 기업은 자신이 필요로 하는 원자재를 적시에 적량을 공급받을 가능성이 더욱 낮아지게 되었다. 제4장에서 보았던 주석폰드 등까지 고려한다면 기업입장에서 국가계획이란 극히 형식적인 것에 지나지 않게 된다. 따라서 기업에게 수직적 · 수평적 바게이닝의 유인은 더욱 커지게 된다. 그리고 이는 집권적 경제 시스템의 기능저하를 부채질하게 된다.

이어 가동률 하락 → 수출감소 → 수입감소 → 가동률 하락이라는 메커니즘을 살펴보자. 특별한 수출진흥정책을 전개하지 않는 한 가동률이 떨어지면 수출물량이 감소하는 것은 당연하다 하겠다. 또 이미 앞에서 보았듯이 가동률 하락 등으로 인해 경제 전반에 자재가 부족한 상황에서 수출보다 국내수요 충족이 우선시되었고, 특히 외국에 수출하기로 예정되어 있던 원료, 자재조차 내수용으로 돌리는 일이 종종 있었다. 그리고 수출부진(혹은 감소)은 수입에 대한 제약요인으로 작용한다. 또 제1절에서 보았듯이 북한의 수입은 원유, 코우크스, 기계류가 주종을 이루고 있으므로 수입부진(혹은 감소)은 가동률의 하락을 초래했다.

이어서 대외채무 누증 → 수입감소의 연관성인데, 이는 이미 앞에서 서술한 바 있으며 이 절의 맨 마지막 부분에서 다시 구체적으로 논할 예정이다.

이상의 연관성을 그림으로 나타내면 그림 5.7과 같다. 집권적 시스템의 기능저하는 가동률의 하락을 가져오고 또 가동률의 하락은 집권적 시

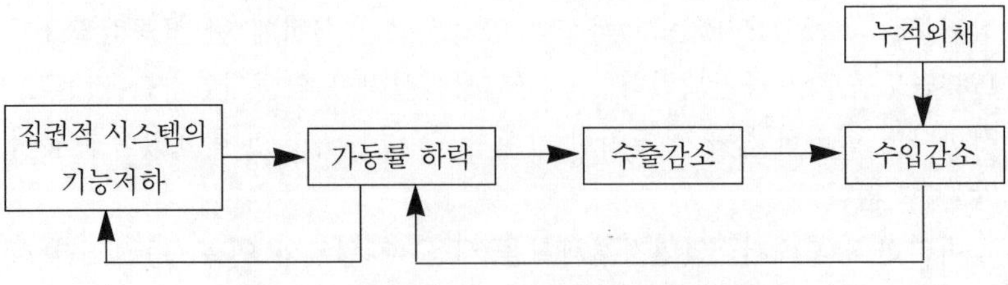

그림 5.7 집권적 시스템, 가동률, 무역의 연관성

스템의 기능저하를 초래한다. 아울러 가동률의 하락은 수출을 감소시키고 수출감소는 수입을 제약하고 이것이 다시 가동률의 하락을 촉진한다는 메커니즘을 생각해 볼 수 있다. 따라서 그림 5.7은 북한의 집권적 시스템하에서 대외경제관계가 경제개발에 미친 영향, 대외부문과 대내부문의 관계를 가동률의 하락에 초점을 맞추어 설명하는 데 유효하다. 시기적으로는 수입 · 수출 공히, 또 가동률도 명백한 하락세를 나타냈던 1980년대 전반의 상황설명에 도움이 된다.[41]

다만 그림 5.7은 북한의 대외경제관계와 경제개발의 관계의 하나의 측면을 설명해 줄 뿐, 전부를 설명해 주지는 못한다는 사실에 유의할 필요가 있다. 예를 들면 수출감소의 원인은 가동률의 하락만은 아니다. 북한에서 수출감소와 대외채무 누증이 반드시 수입감소로 이어진 것만은 아니다. 수입감소의 영향은 가동률 하락만은 아니다. 이들 문제는 나중에 다시 한번 논하기로 한다.

3. 무상원조 · 차관, 외채와 경제성장

여기서는 북한의 경제개발에 있어서 무상원조 · 차관,[42] 외채의 역할에 대해 살펴보기로 하자.

(1) 무상원조 · 차관도입의 특징

먼저 북한의 무상원조 · 차관도입의 특징을 간단히 살펴보자. 표 5.20,

41) 1980년대 후반은 수출도 수입도 증가세를 나타낸 시기였다. 또 후술하겠지만 그림 5.7에 사회주의권 붕괴라는 변수를 추가한다면 1990년대의 북한상황의 설명에도 유효하다.

42) 사회주의 국가로부터 도입한 차관은 모두 공공차관이고, OECD 국으로부터의 것은 모두 민간 베이스의 것이다. 또 OECD 국으로부터 들여온 것은 차관도 없는 것은 아니나, 대부분 신용공여(연불수출)에 의한 것이다. 경남대학교 극동문제연구소(1979), pp. 412, 439-444 참조. 다만 여기서는 논의의 편의상 모두 차관으로 통일하기로 한다.

표 5.20 북한의 무상원조 · 차관관련 지표

(단위: 만 달러, %)

	예산수입 (A)	국가기본 건설투자 (B)	무상 원조 (C)	차 관 (D)	C+D	C/A	C+D/ A	C/B	C+D/ B
1945~1949	n.a.	n.a.	-	5,300	5,300	n.a.	n.a.	n.a.	n.a.
1950~1953	122,988	n.a.	14,325	12,392	26,717	11.6	21.7	n.a.	n.a.
1954~1956	240,499	89,250	74,735	-	74,735	31.1	31.1	83.7	83.7
1957~1960	542,942	166,667	38,784	25,100	63,884	7.1	11.8	23.3	38.3
1950~1960	906,429	n.a.	127,844	37,492	165,336	14.1	18.2	n.a.	n.a.
1961~1970	3,322,238	893,151	-	42,668	42,668	-	1.3	-	4.8
1971	572,734	182,883	-	26,700	26,700	-	4.7	-	14.6
1972	669,396	214,414	-	35,400	35,400	-	5.3	-	16.5
1973	774,713	272,973	-	48,400	48,400	-	6.2	-	17.7
1974	1,042,214	376,042	-	52,000	52,000	-	5.0	-	13.8
1975	1,206,906	487,500	-	42,900	42,900	-	3.6	-	8.8
1976	1,315,191	585,417	-	560	560	-	0.04	-	0.1
1971~1976	5,581,154	2,119,229	-	205,960	205,960	-	3.7	-	9.7
1978~1984	15,179,312	n.a.	25,870	29,615	55,485	0.3	0.4	n.a.	n.a.

주: A와 B는 북한의 공식통계와 한국측의 추정치(단위는 북한 원)를 다음의 공식 환율을 이용해 달러로 환산한 것임. 1949~1970: 1달러 = 1.20북한 원(다만 1949~1959년의 공식환율은 1달러 = 0.95~1.20북한 원 정도로 알려져 있음. 여기서는 편의상 1달러 = 1.20북한 원을 적용함), 1971~1973: 1.11, 1974~1977: 0.96, 1978: 0.93, 1979: 0.84, 1980: 0.86, 1981: 0.92, 1982: 0.97, 1983: 1.02, 1984: 1.20.

자료: (A) 『북한경제통계집(1946~1985년)』, p. 146(원자료는 연도별 「예산결산보고서」)으로부터 계산.

(B) 1954~1960년은 『북한경제통계집(1946~1985년)』, p. 168(원자료는 연도별 『조선중앙년감』)으로부터, 1961~1970년은 북한연구소(1979), p. 310(원자료는 극동문제연구소), 1971~1976년은 극동문제연구소(1980), p. 328로부터 계산.

(C, D) 경남대학교 극동문제연구소(1979), p. 377(원자료는 중앙정보부, 『남북한경제력비교』 제III권, 1974; E.I.U, *Quarterly Economic Review*, 1st Quarter, 1976, 3rd Quarter, 1977); 『북한경제통계집(1946~1985년)』, pp. 809-810.

그 외는 필자 계산.

표 5.21로부터 다음과 같은 것을 말할 수 있을 것이다.[43] 첫째, 규모의

표 5.21 북한의 기간별 · 국가별 무상원조 · 차관도입

(단위: 만 달러)

	구소련	중국	그 밖의 사회주의 국가	OECD 국가	합계
1946~1949	5,300	–	–	–	5,300
1950~1960	71,325	50,850	43,161	–	165,336
1961~1969	19,668	10,500	3,500	–	33,668
1970	8,700	–	–	300	9,000
1971	25,000	–	–	1,700	26,700
1972	15,000	–	–	20,400	35,400
1973	10,900	–	–	37,500	48,400
1974	12,000	–	–	40,000	52,000
1975	18,600	–	–	24,300	42,900
1976	400	160	–	–	560
1978~1984	29,615	25,870	–	–	55,485
합계	216,508	87,380	46,661	124,200	474,749

자료: 경남대학교 극동문제연구소(1979), p. 377(원자료는 중앙정보부, 『남북한경제력 비교』 제III권, 1974; E.I.U, *Quarterly Economic Review*, 1st Quarter, 1976, 3rd Quarter, 1977); 『북한경제통계집 (1946~1985년)』, pp. 809-810.

43) 표 5.20과 5.21에 나타난 북한의 무상원조 · 차관도입규모는 경남대학교 극동문제연구소(1979), 『북한경제통계집(1946~1985년)』에 기초한 것이다. 한편 한국개발연구원은 구소련측의 자료 등에 근거해 독자적으로 북한의 무상원조 · 차관도입규모를 추정한 적이 있는데 경남대학교 극동문제연구소 및 통일원의 추정결과와 다소 차이가 있다. 예컨대 한국개발연구원은 북한이 건국 이후 1980년까지 들여온 무상원조 · 차관은 모두 51억 달러(1990년까지는 61억 달러)에 달한다고 보고 있다. 반면 경남대학교 극동문제연구소 및 통일원의 추정결과를 모아 보면, 북한이 1984년까지 도입한 무상원조 · 차관 총액은

면에서 보면 시기별 변동이 심하다는 사실이 눈에 띈다. 즉 '한국전쟁' 기간(1950~1953), 전후 3개년 계획기간(1954~1956), 제1차 5개년 계획기간(1957~1960)의 1950년대(정확하게는 1950~1960)에 16.5억 달러에 달했던 무상원조 · 차관도입액은 제1차 7개년 계획 및 그 연장기인 1960년대에 들어서 1950년대의 4분의 1 수준인 4.3억 달러로 급감했다. 그러던 것이 6개년 계획기간(1971~1976)에 급격히 늘어나 20.6억 달러에 달했다. 이는 1960년대의 5배 수준이며, 더욱이 1950년대보다도 많은 금액이다. 그러나 이것은 제2차 7개년 계획기간(1978~1984)에는 다시 크게 줄어 5.6억 달러까지 떨어졌다.

둘째, 1950년대는 도입된 무상원조 · 차관 가운데 무상원조가 전체의 77.3%를 차지해 압도적으로 많았지만 1960년대부터는 종적을 감춰 버렸다. 제2차 7개년 계획기간(1978~1984)에 다시 고개를 잠시 내밀었을 뿐이었다. 요컨대 1960년대 이후는 상환의 부담이 있는 차관이 주종을 이루었다. 이들 무상원조 · 차관은 대부분 구소련 · 중국 등 사회주의 국가에서 들여왔다. 다만 6개년 계획기간(1971~1976)에는 OECD 국가가 새로운 공여국으로 등장했고, 또 이 시기에 사회주의 국가보다 많은 차관을 북한에 제공했다.

셋째, 무상원조 · 차관도입액과 예산수입(세입)을 단순히 비교하여 보면 1950~1960년은 18.2%, 특히 전후 3개년 계획기간에는 311%에 달했다. 이 가운데 무상원조와 예산의 비율을 보면 1950~1960년에는 14.1%, 전후 3개년 계획기간에는 31.1%[44]였다. 그러나 무상원조 · 차관

47.5억 달러 정도에 이른다. 한국개발연구원의 추정결과는 『북한경제지표집』, p. 161을 참조.

44) 북한의 공식통계에 의하면 전후 3개년 계획기간 중 정부예산(세입)에서 원조가 차지했던 비중은 23.2%였다. 이 글에서의 수치와 차이가 나는 이유로서는 다음과 같은 것을 들 수 있다. 첫째, 이 글에서의 원조 · 예산비율은 실제로 예산에서 원조가 차지하는 비중을 나타내는 것이 아니라 단순히 양자의 비율을 구해 본 것에 불과하다. 둘째, 한국측에서 파악하고 있는 원조금액과 실제

과 예산의 비율은 제1차 7개년 계획의 1960년대에는 1.3%로 급락한다. 이것이 6개년 계획의 1970년대 전반에는 3.7%까지 상승하지만 1950년대의 그것(18.2%)에는 크게 미치지 못한다. 더욱이 이것은 제2차 7개년 계획기간에는 0.4%에까지 떨어졌다.

(2) 무상원조 · 차관의 거시경제적 효과

원조의 경제적 근거와 경제적 효과에 대한 이론적 틀의 대표적인 것의 하나로서 갭 이론, 특히 Chenery 등의 투 갭(two gap) 이론을 들 수 있다. 이 이론에 따르면 개발도상국이 일정한 GNP 성장률을 달성하는 과정에서는 투자소요액과 국내에서 동원가능한 저축액 간에, 또 수입소요액과 이를 위해 필요한 외화(혹은 수출능력) 간에 갭이 발생하고 그것이 성장의 버틀넥이 될 가능성이 크다고 한다. 유 · 무상원조와 기타 외화유입은 이 두 가지 갭(저축부족과 외화부족)을 메움으로써 목표성장률을 달성하기 위해 필요한 투자재원의 확보라는 기능을 수행한다.[45)]

이론적으로는 개도국은 어느 시점에 이 두 가지 갭 가운데 어느 하나가 '제약적' 내지 '지배적'이 된다. 그리고 실제로는 대부분의 도상국은 외화부족이 지배적이다. 단순한 투 갭 모델에서 외화 갭은 다음과 같이 성식화될 수 있다.

$$m_1 + m_2 Y - E \leqq F$$

여기서 m_1은 투자의 수입유발계수(대부분의 개도국은 30~60%), m_2는 GNP에 대한 한계수입성향(일반적인 경우 10~15%), E는 수출의 주어진 수준, F는 자본도입이다(Todaro, 1994: 543-544).

여기서는 북한에서의 무상원조 · 차관의 경제적 효과를 살펴보는 단순

원조금액이 차이가 날 가능성이 있다. 셋째, 이 글에서의 이들 비율의 산출과 북한의 공식통계 사이에 적용환율이 다를 가능성이다.

45) 繪所秀紀(1991), pp. 18-19; 松井謙(1979), pp. 109-110 참조.

한 방법으로서, 북한도 대부분의 개도국과 사정은 마찬가지일 것이라는 대담한 가정하에 상기의 식을 이용해서 사후적인 외화 갭을 계산, 무상원조 · 차관규모와 비교해 보기로 하자. 투자(국가기본건설투자로 대체함), GNP, 수출의 데이터가 다 함께 구해질 수 있는 시기는 1961년부터 1976년까지로 한정된다. 1961~1970년에는 사후적인 외화 갭이 28.1~67.8억 달러가 된다. 이 시기의 무상원조 · 차관은 4.3억 달러로 외화 갭의 6.3~15.3%에 달한다. 또한 1971~1976년에는 사후적인 외화 갭은 69.5~153.7억 달러가 된다. 이 시기의 무상원조 · 차관은 20.6억 달러로 외화 갭의 13.4~29.6%에 달한다. 따라서 특히 1970년대에 무상원조 · 차관은 상당 정도 경제적 효과가 있었을 것이라는 추론이 가능하다.

이어서 무상원조 · 차관과 무역의 관계를 살펴보자. 북한은 무상원조 · 차관의 사용에 관한 자료는 일체 공개하지 않고 있다. 다만 무상원조 · 차관의 제공자(특히 구소련측)에 의한 단편적인 기록은 추론의 실마리가 될 수 있다. 1950 · 60년대의 공업화 초기단계에서 사회주의 국가로부터 들여온 무상원조와 차관은 상당 부분이 기계 · 설비의 수입과 결합된 것이다.[46] 예를 들어 전후 3개년 계획기간(1954~1956), 북한의 수입 중에서 무상원조와 차관으로 들여온 상품의 비중은 무려 77.6%에 달했다.[47]

북한에서는 수입품목의 상당 부분이 자본재이다. 예컨대 1961~1970년에는 전체 수입액의 32.5%가 자본재(원재료 불포함)였고, 1971~1975년에는 선진 자본주의 국가로부터의 수입액의 36.5%[48]였다(경남대학교 극동문제연구소, 1979: 363, 367). 이것들이 다른 개발도상국과 마찬가

46) 물론, 물적인 기계 · 설비의 도입뿐만 아니라 이른바 '기술협력'을 위한 대금 지불 등도 차관에 의해 충당되었다.

47) 소련과학아카데미 세계사회주의경제연구소(1985), p. 201. 다만 이 수치가 북한의 전체 수입에서의 비중을 가리키는지 북한의 구소련으로부터의 수입에서의 비중만을 가리키는지는 분명하지 않다.

48) 원재료를 포함하지 않은 비율. 원재료를 포함하면 57.8%.

지로 무상원조 · 차관에 의해 조달되는 부분이 컸을까.

그것에 대해서는 정확하게 알기 힘들다. 무역수지 적자규모[49]와 무상원조 · 차관규모를 단순히 비교해 보는 선에서 그칠 수밖에 없다.[50] 1950년대에는 무상원조가 무역수지 적자의 6배, 무상원조 · 차관은 무역수지 적자의 8배에 이르렀다. 1971~1977년에는 무상원조 · 차관이 무역수지 적자를 약간 웃돌 정도였다. 그것이 1978~1984년에 들어와서는 무상원조가 무역수지 적자의 21.0%, 무상원조 · 차관이 무역수지 적자의 45.1%까지 떨어졌다. 따라서 무상원조만으로도 1950년대의 무역수지 적자를 메우는 것이 가능했고, 무상원조와 차관을 합쳐서는 1960년대 전기간과 1970년대 전반까지의 무역수지 적자를 메우는 것이 가능했을 정도의 거액이었다.

또 연도별 시계열자료를 구할 수 있는 유일한 시기인 1970년대 전반에 한정시켜 보면 1971~1975년에 전년도의 차관도입액과 금년도의 수입액 사이에, 또 금년도의 차관도입액과 금년도의 수입액 사이에 상관관계가 확인되었다.[51] 이 때는 북한이 선진 자본주의 국가에서 대규모의 차관에 입각해 대량의 자본재를 수입한 시기이다. 따라서 적어도 1970년대 전반에는 무상원조 · 차관과 수입 사이에 무슨 관련이 있었던 것이 아닌가 하는 추론을 가능하게 한다.

그렇다면 무상원조 · 차관과 투자의 관계는 어떠할까. 먼저 무상원조 · 차관도입액과 투자액(국가기본건설투자)을 단순히 비교하여 보자.[52] 표 5.20에도 나타나 있듯이 그 비율은 전후 3개년 계획기간

49) 북한의 경상수지에 대한 자료를 전혀 구할 수 없으므로 무역수지로 대체하기로 한다.

50) 물론 북한 정책당국이 무상원조 · 차관으로 얻은 자금을 모두 무역(수입)에 사용했을 리는 없다는 사실은 고려될 필요가 있다.

51) 상관계수는 각각 0.911, 0.873.

52) 물론 도입된 외자가 투자 이외의 곳, 예를 들면 소비에 쓰일 가능성은 충분히 있고, 또한 실제로 그랬다. 예를 들면 전후 3개년 계획기간(1954~1956)에는

(1954～1956)에는 83.7%로 매우 높았으나 제1차 5개년 계획기간(1957～1960)에는 23.3%로 떨어졌다. 물론 아직은 꽤 높은 수준이다. 그러나 이것은 1960년대에 들어와 1.3%까지 급락한다. 1970년대 전반에는 5% 전후한 수준으로 올라가지만 1970년대 후반부터 다시 하락한다. 따라서 적어도 1950년대는 무상원조 · 차관이 투자자금의 상당 부분을 점할 정도로 거액이었다. 또 시계열자료가 입수가능한 유일한 시기인 1971～1975년을 보더라도 전년도의 무상원조 · 차관도입액과 금년도의 국가기본건설투자액 사이에 통계적으로 유의한 상관관계가 발견되었다(상관계수 0.962).

무상원조 · 차관과 투자의 관련성은 북한 자신과 구소련측의 단편적인 기록으로부터도 엿볼 수 있다.

"전후 3개년 계획기간(1954～1956) 중 투자액에서 무상원조가 차지하는 비율은 73.1%에 달했다."[53)]

"1970년대 후반까지는 국내자본축적의 입장에서 북한에 차관을 제공하는 방식을 통해 북한경제에 보조적인 자본투자의 출처로서 대외경제관계가 도입되었다."[54)]

"1957～1960년의 산업화의 초기단계에서 국민경제가 강화된 결과 자본축적의 국내적 원천이 확대되어, 대외적 요인의 투자기능이 다소 축소되었다."[55)]

'한국전쟁' (1950～1953) 직후의 전후 복구기라는 특수성도 있어 주택, 공공시설, 병원, 학교의 복구를 위한 설비, 식료품 · 의료품 등 상당수의 소비재도 원조에 의해서 제공되었다. 이 점만을 생각한다면, 무상원조 · 차관 중에서 실제로 투자자금으로 쓰인 자금의 비중은 이 책에서의 수치보다 다소 낮을 가능성이 있다.

53) 소련과학아카데미 세계사회주의경제연구소(1985), p. 201(원자료는 『해방후 우리나라의 인민경제발전』, 평양, 1960, p. 123).

54) 소련과학아카데미 세계사회주의경제연구소(1985), p. 206.

55) 소련과학아카데미 세계사회주의경제연구소(1985), p. 202.

결국 북한에서 무상원조 · 차관은 적어도 1950년대와 1970년대 전반은 투자자금의 주요한 원천의 하나였다고 보아도 좋을 것 같다.[56)]

그렇다면 북한에서 무상원조 · 차관은 경제성장에 공헌했을까. 통계적으로 충분히 뒷받침되는 것은 아니지만 1950년대에는 무상원조 · 차관이 경제성장에 기여했다고 보아도 무방할 것 같다. ① 무상원조 · 차관의 규모가 컸다는 것(세입의 40% 정도), ② 무상원조 · 차관 가운데 무상원조가 압도적으로 많았다는 것(77.3%), ③ 사회주의 건설 초기라는 것도 있어 경제 전체에 활력이 있었던 시기라는 것, ④ 1954년부터는 전후 복구기였다는 것 등이 그 원인으로 지적될 수 있다.

1970년대는 어떨까. 1971~1975년에는 전년의 차관도입액과 금년의 GNP 사이에 상관관계가 확인되었다(상관계수 0.949). 또 금년의 GNP 수준이 전년의 차관도입액과 금년의 차관도입액에 의해 결정된다는 가정에 기초해서 최소자승법에 의한 선형회귀분석을 한 결과가 표 5.22에

표 5.22 북한의 차관과 GNP의 관계: 회귀분석결과

	FC(*t*)	FC(*t*-1)	결정계수	더빈 · 왓슨 비
케이스 1 GNP(*t*)				
1971~1975년	-5.92(-0.67)	18.15 *(3.35)	0.932	3.394
1970~1976년	-5.57(-2.97)	13.98**(6.30)	0.934	3.053
케이스 2 GNP(*t*)				
1971~1975년	0.22(0.72)	-0.12(-1.34)	0.643	2.993
1971~1976년	0.26*(2.91)	-0.12(-2.09)	0.811	3.226

주: 케이스 1은 차관 GNP의 절대수준을, 케이스 2는 전년비 증감률을 가지고 통계분석. 괄호 안의 수치는 *t*값을, *는 5% 유의수준을, **은 1% 유의수준을 각각 나타냄.

56) 이는 무상원조 및 차관이 급격히 줄어들었던 1960년대와 1970년대 후반 이후는 다른 조건이 종전과 같다면, 투자자금의 확보가 이전보다 훨씬 어려웠으리라는 것을 시사한다.

나타나 있다. 여기서 금년의 차관도입이 금년의 GNP에 영향을 준다고 하는 관계는 확인되지 않았다. 대신 전년의 차관도입이 금년의 GNP에 영향을 준다고 하는 관계는 확인할 수 있었다.[57] 통계분석 대상기간이 너무 짧다는 한계는 있으나 이 기간 중에 차관도입이 경제성장에 공헌했을 가능성이 없는 것은 아니라는 함의를 얻을 수 있다.

물론 전체적으로 볼 때 북한에서 무상원조 · 차관이 경제성장에 공헌했다고 단정하기는 힘들다. 왜냐하면 기존의 많은 연구들은 원조와 경제성장의 관계가 나라에 따라 크게 다르다는 것을 보여 주고 있기 때문이다.[58] 양자의 관계는 (+)의 상관이기도 하고 (-)의 상관이기도 하다. 성과를 올린 원조가 있는가 하면 쓸모없게 되거나, 거의 영향을 주지 않은 원조도 있다. 원조도 그렇지만, 상환의 부담이 있는 차관은 말할 필요도 없다. 왜 그럴까. 외자투입이 그 나라의 국민소득성장에까지 연결되기 위해서는 여러 연결고리를 거쳐야만 한다. 즉 일정한 경제성장률을 달성하기 위해서는 투자의 일정 정도의 증가분을 필요로 해 그 일부가 외자에 의해 보전된다 하더라도, 그것이 반드시 일정 정도의 성장률을 달성할 수 있게 해준다는 보장은 없다. 특정 부문에 대한 투자는 생산성을 급속히 끌어올릴 수도 있으나 다른 부문에서는 완만한 개선밖에 이루어지지 않을 수도 있다. 요컨대 투자증대와 경제성장 사이에는 일률적인 혹은 안정적인 관계가 존재하지 않을 가능성이다. 이들 문제까지 해명되면 무상원조 · 차관도입과 경제성장과의 관계를 분명히 말할 수 있지만, 북한의 경우 관련 자료를 구할 수 없기 때문에 검토가 곤란하다.

(3) 외채와 경제성장

사실 차관의 경제적 효과를 이야기할 때는 원리금 상환의 문제까지

57) 다만 이 경우 더빈 · 왓슨 비가 커서 자기상관의 가능성이 있다.

58) 전술했던 투 갭 모델도 몇 가지 한계가 있는데, 특히 개도국측의 원조흡수능력을 도외시하고 있다는 결점이 있다. 繪所秀紀(1991), p. 19 참조.

고려해야 한다. 차관이 국내투자의 재원이 되어 경제성장에 공헌할 수 있다고 할 때의 차관은, 실은 그 해의 차관도입 전액이 아니라 차관도입액에서 원리금 상환액을 제외한 금액을 가리키기 때문이다. 일반적으로 차관도입의 초기에는 상환의 부담이 적기 때문에 도입차관의 대부분이 투자로 돌려져 경제성장에 기여할 수 있다. 그러나 일정 기간이 지나 원리금 상환이 본격화하면 도입차관 중에서 투자로 돌려지는 부분은 줄어들고, 따라서 경제성장에 대한 기여도도 그만큼 작아진다.[59)]

북한에서 언제부터 차관의 만기가 도래하여 상환의 부담이 점차 커졌을까 하는 것은 분명하지 않다. 1950년대에는 상환의 부담이 없는 무상원조가 압도적이었고 만기도래의 차관도 적었다고 하는 것이 일반의 관측이다. 그러나 적어도 1970년대에는 상환의 부담이 상당한 것이었다고 보아도 좋을 것이다. 왜냐하면 앞에서도 언급했듯이 북한의 대외채무 불이행사태가 발생한 것이 1974년이고, 그 2년 뒤의 1976년의 시점에서 북한의 외채규모는 20~24억 달러였다고 전해지고 있기 때문이다.

이 경우 수출은 수입을 위한 재원을 조달한다고 하는 기존의 기능에 덧붙여, 상환시기가 도래한 차관(대외채무)을 상환하기 위한 재원도 조달한다는 새로운 기능이 부여된다. 구소련의 전문가들도 북한이 수출을 통하여 얻은 수입을, 기계 · 원자재 등의 수입을 위한 지출에 충당하면서 동시에 대외채무의 상환을 위해 썼다고 지적하고 있다(소련과학아카데미 세계사회주의경제연구소, 1985: 206). 빌린 돈을 갚기 위해 돈을 다시 빌리는, 이른바 차환차관의 경우도 있었다. 특히 1970년대 후반 이후 구소련 · 중국과 그러했다. 이 경우도 상당 부분은 현금이 아니고 현물로, 즉 북한의 상품공급에 의해 차관의 상환이 이루어졌다. 예를 들면 구소련은 1976~1980년 사이에 변제해야 했던 종래의 채무 · 연체금의 변제를 위해 다시 4억 루블의 신규차관을 설정했는데, 이것은 1981년부터 10년간에 걸쳐 북한의 생산품을 구소련 측에 공급함으로써 변제하도

59) 물론 원리금 상환의 재원은 도입차관만은 아니다.

록 했다.[60)]

이와 관련하여 지적하고 싶은 것은 수입에 대한 영향이다. 즉, 그렇지 않더라도 수입을 하기 위한 외화(수출로 버는 외화)가 모자라는 판에 빚을 갚아야 할 부담[61)]까지 겹쳤으니 결국 수입을 더욱더 줄이지 않을 수 없었다는 것이다.[62)] 물론 관련 자료가 없기 때문에 확인은 할 수 없다. 그러나 이미 도입된 차관의 만기가 도래하지만 상환능력의 결여로 대외채무를 변제하지 못하고 이것이 외채로 누적되어가면서 수입, 나아가서는 자본재 수입을 매개로 투자에 대한 엄격한 제약을 통해 경제성장에 악영향을 준 회로가 존재했을 가능성은 충분히 생각할 수 있다.

마지막으로 외채의 상환이라는 시점에서 살펴보자. 장기적인 관점에서 외채상환능력은 경제성장률, 한계저축률, 수출증가율의 세 가지 요인에 의해서 결정된다고 한다. 또한 투 갭 이론의 사고방식에 의하면, 외자에 의존하지 않는, 혹은 외채의 상환이 끝난 자율적 성장과정에의 이행의 조건은 ① 저축이 투자를 초과할 것, ② 수출이 수입을 초과할 것이다.[63)] 북한의 경우, 저축에 관한 자료가 거의 없기 때문에 저축에 대해서는 검토할 수 없다. 수출에 있어서는, 앞에서도 밝혔듯이 북한의 무역의 큰 특징의 하나는 만성적인 무역수지 적자이다. 따라서 북한이 외채상환능력을 가지고 있었다고는 말하기 어렵다. 북한의 외채문제는 이러한 맥락에서도 이해할 수 있다.

---

60) Bazhanova(1992), pp. 34-35(원자료는 『소연방과 인민조선의 관계』, pp. 343-348).

61) 물론 북한이 누적된 대외채무를 변제하는 데 얼마나 적극적이었는지 의문의 여지가 있다. 다만 북한이 채무변제의 적극적인 의지가 없었다고 해도 채무가 수입에 대한 억제력을 가지는 것은 사실이다.

62) 河合弘子도 1970년대의 무역대금의 미지불, 소련에 대한 채무지불 등으로 인해 원재료나 에너지 수입을 필요량만큼 확보할 수 없는 상황이 되었다고 지적했다. 河合弘子(1997), p. 36 참조.

63) 자세한 것은 박승(1977), p. 248; 松井謙(1979), pp. 113-115 참조.

제3절 '자력갱생' 전략과 그 성과: 에너지 자급정책을 중심으로

제2장에서도 밝혔듯이 북한의 '자력갱생' 전략은 다방면에 걸친 것이다. 여기서는 에너지 자급정책에 초점을 맞추어[64] 자력갱생전략과 그 성과를 검토하기로 하자. 달리 말하면 에너지 자급정책이 국내경제, 경제개발에 어떤 영향을 미쳤는지 살펴보는 것이다. 사실 북한과 같이 석유자원을 가지고 있지 않은 나라에서는, 설령 자력갱생을 표방하고 있었다고 해도 일정량의 에너지의 수입은 불가피한 만큼, 에너지는 '자력갱생' 정책의 '자기한계적' 인 존재라고도 할 수 있다.

---

64) '자력갱생' 의 슬로건 아래 에너지 자급정책과 함께 추진되었던 것이 국내기술 · 국산원료를 이용하는 새로운 공법 및 공업제품의 개발이다. 이러한 경향은 1950년대 말부터 나타났지만 외화난이 심각해진 1970년대 말 이후 보다 뚜렷하게 되었다. 대표적인 것이 이른바 '주체의 철' 이다.

북한의 철강공업에서 가장 문제로 되었던 것이 제철의 원료인 코우크스이다. 지금까지 한반도에는 코우크스의 원료인 역청탄의 매장이 확인되지 않고 있다. 북한은 매년 대량의 역청탄을 구소련 · 중국에서 수입해 왔는데, 이를 위한 외화부담이 너무 컸다. 이러한 문제를 해결하기 위해 북한은 고가의 수입역청탄의 비중을 줄이고, 북한 내에서 조달가능한 무연탄의 사용비중을 높이는 방법으로서 '주체의 철' 이라고 하는 새로운 제철법 개발에 힘을 쏟았다. 그러나 이런 것은 잘 되지 않았다. 김일성은 다음과 같이 이야기하고 있다.

"우리가 자체의 연료를 가지고 야금공업을 발전시키기 위하여 소성탄공장을 건설해 놓았습니다만 큰 은을 내지 못하고(큰 효과를 거두지 못하고) 있습니다"(1980. 3. 5. 『저작집 35』, p. 16).

"우리 당은 우리나라에서 콕스탄을 생산하지 못하는 조건에서 국내연료를 가지고 금속공업을 발전시킬 데 대한 방침을 내놓았으나 정무원과 금속공업부문 책임일꾼들은 조건타발을 하면서 주체적인 철 생산기지를 꾸리기 위한 투쟁을 적극 벌이지 않았습니다. 그 결과 철강재 사정이 긴장하게 되었습니다"(1984. 3. 13. 『저작집 38』, p. 251).

이러한 면과 함께 이 절에서는 에너지 자급 내지는 '자력갱생'을 지키기 위해 지불해야만 했던 막대한 코스트에도 주목한다. 이것은 특히 사회주의권 붕괴 이후 뚜렷하게 나타났다. 따라서 자력갱생의 논의는 사회주의권 붕괴의 영향과도 관계가 있다.

1. 에너지 자급자족정책의 성과, 한계

(1) 에너지부문에의 투자정책과 그 성과

북한의 에너지정책은 북한 지도부가 '자력갱생' 원칙을 필사적으로 지키려고 한 전형적인 예이다. 이 에너지정책의 목표는 국내에 있는 천연자원의 이용의 최대화에 있다. 바꿔 말하면 에너지의 자급도를 최대로 높이는 것이다. 그리고 에너지의 수입을 최소의 수준으로 억제하는 것이다. 이러한 정책방침하에서 국내에 비교적 풍부하게 매장되어 있던 석탄을 에너지원의 핵심으로 하고, 또 북한의 자연조건상 비교적 풍부하게 이용할 수 있는 수력을 보조적인 에너지원으로 하는 정책을 전개해 왔다. 여기에 대해서는 후술한다.

여기서는 먼저 북한의 에너지 투자정책을 검토하기로 한다. 북한의 에너지정책의 특징의 하나는 에너지부문에 대한 집중투자이다. 표 5.23에 나타난 바와 같이 공업부문에 대한 국가기본건설투자에서 발전 · 석탄공업, 광업이 차지하는 비중을 보면 대략 짐작이 간다.[65] 다만 자료의 제약 때문에 대상기간은 1960년대 전반까지로 한정된다. 우선 단순히 1954년과 1964년을 비교하여 보면, 발전공업의 비중은 9.4→11.5%, 석

65) 다만 광업에는 석탄과 같은 에너지원의 채굴뿐만 아니라 철 · 비철금속과 같은 비(非)에너지원의 채굴도 포함되어 있지만, 이 통계에는 양자가 분리되어 있지 않다. 또한 철 · 비철금속의 채굴은 다른 산업에의 원료의 제공, 수출기반의 확충이라는 의미도 있다. 따라서 후술할 광업에의 집중투자의 배경에는 에너지 생산증대만 있는 것이 아니라는 사실에 유의할 필요가 있다.

표 5.23 북한의 공업부문 국가기본건설투자의 부문별 구성

(단위: %)

	1954	1954~1956	1957~1960	1961	1963	1964
1. 중공업	81.0	81.1	80.6	69.7	68.2	73.8
그 중 발전	9.4	14.4	11.9	11.1	14.6	11.5
석탄	4.2	5.3	9.6	9.9	12.6	14.7
광업	9.8	8.2	16.3	16.3	17.5	19.4
금속	6.8	7.0	10.5	6.2	5.8	6.1
기계	9.3	7.7	12.4	9.1	10.1	11.1
화학	6.3	7.6	6.7	10.9	3.4	4.4
2. 경공업	19.0	18.9	17.4	30.3	31.8	26.2
그 중 방직	4.0	5.4	5.8	3.7	8.7	5.5
식료품	0.9	2.0	3.1	5.2	5.2	4.2

자료: 『북한경제통계집(1946~1985년)』, pp. 186-187(원자료는 연도별 『조선중앙년감』).

표 5.24 북한의 공업총생산액의 부문별 구성

(단위: %)

	1946	1949	1953	1956	1959	1960	1963	1967
발전	3.4	1.6	0.6	0.7	0.3	0.3	0.2	
연료	4.6	4.1	0.7	1.8	1.3	1.3	1.2	
광석채굴	6.7	8.1	9.3	6.1	3.9	4.0	3.2	
야금	9.5	11.0	1.8	8.6	6.2	6.8	7.4	
기계제작, 금속가공	5.1	8.1	15.3	17.3	20.6	21.3	25.6	31.4
화학	10.1	9.5	3.1	4.7	5.5	5.4	8.3	
방직	5.5	11.4	25.7	18.4	17.4	16.8	18.6	
식료품, 기호품	27.2	19.4	18.5	13.2	15.6	14.4	13.7	
기타	27.9	26.8	25.0	29.2	29.2	29.7	21.8	

자료: 『북한경제통계집(1946~1985년)』, pp. 382-383(원자료는 연도별 『조선중앙년감』).

탄은 4.2 → 14.7%, 광업은 9.8 → 19.4%로 크게 늘어났다. 1964년에는 이들의 3개 부문에 대한 투자가 공업 전체에 대한 투자의 45.6%에까지 상승한다. 이러한 집중투자의 배경에는 에너지 자립에 대한 북한정부의 강한 의지가 있었다고 이야기되고 있지만, 에너지부문의 지체현상이 이미 1960년대 초반부터 심각하게 나타나고 있었다는 구소련측 전문가들의 지적[66]에도 주목할 필요가 있다.

그렇다면 에너지부문에 대한 집중투자는 일정한 성과를 거둔 것일까. 자료의 제약 때문에 간접적으로 유추하여 볼 수밖에 없다. 표 5.23과 표 5.24를 이용하여, 즉 투자에서의 비중과 산출에서의 비중을 비교하여 보자. 물론 표 5.23과 표 5.24에는 부문의 분류방식에 약간의 차가 있기 때문에 여기에도 문제가 없는 것은 아니다. 그래도 표 5.24로부터 발전, 연료, 광석채굴의 3개 부문이 공업생산에서 차지하는 비중이 점점 떨어지고 있다는 것은 확인할 수 있다. 따라서 표 5.23과 표 5.24를 합쳐서 보면, 에너지부문은 투자에 비해 산출이 대단히 적은, 요컨대 자본효율이 나쁜 부문이 될 가능성을 읽을 수 있다. 구소련의 전문가들도 유사한 견해를 보이고 있다. 그들은 채굴부문이 공업구조에서 차지하는 지위가 산업발전의 기본토대로서의 의의에 조응하지 않고 있으며, 아울러 1946년부터 1976년까지의 30년 동안 채굴산업의 성장속도는 전체 공업생산량의 증가속도보다 2.6배 뒤졌다고 지적했다(소련과학아카데미 세계사회주의경제연구소, 1985: 100). 따라서 에너지부문에 대한 집중투자는 그다지 성과를 거두지 못했다고 보아도 좋을 것 같다.

(2) 석탄 중심의 에너지 공급구조 구축과 석탄생산의 둔화

북한은 석탄 중심의 에너지 공급구조를 구축했다. 표 5.25를 보면 알 수 있듯이[67] 북한의 에너지 공급의 압도적 부분은 석탄이 차지하고 있다.

---

66) 소련과학아카데미 세계사회주의경제연구소(1985), p. 100 참조.

67) 이 글에서 북한의 에너지에 관한 통계는 북한의 에너지에 관해 가장 많은 통

표 5.25 북한의 에너지 공급구조: IEA 추정치

(단위: 천 TOE[1])

	석탄				석유	수력	총공급
	생산	수입	수출	공급[2]			
1972	19,604	316	35	19,885	749	2,681	23,314
1973	21,390	250	28	21,612	797	2,792	25,201
1975	23,460	249	47	23,662	1,204	3,686	28,552
1977	24,690	388	25	25,054	1,247	3,909	30,210
1979	25,515	472	35	25,952	2,024	4,579	32,555
1981	26,340	472	78	26,734	2,447	5,138	34,319
1983	27,990	1,425	31	29,384	2,779	5,808	37,971
1985	29,025	1,733	31	30,727	3,112	6,255	40,094
1987	29,543	1,733	31	31,244	3,355	6,523	41,122
1989	30,368	1,733	31	32,069	3,556	7,938	43,563
1991	31,095	1,733	307	32,520	3,555	7,332	43,407
1992	31,095	1,733	307	32,520	3,555	7,332	43,407
연평균증가율							
1973~1992	2.33	8.88		2.49	8.10	5.16	3.16
1973~1977	4.72	4.19		4.73	10.73	7.83	5.32
1978~1986	2.01	18.09		2.48	11.36	5.77	3.45
1987~1992	0.86	0.00		0.67	1.34	2.09	0.95

주: 1) TOE는 Ton of Oil Equivalent(원유상당톤)

2) 석탄의 공급 = 석탄의 생산 + 수입 - 수출

자료: 1973~1989년은 장영식(1994), pp. 157-166(원자료는 IEA(International Energy Agency), *Energy Statistics and Balances*(Computer Data Disk), 1992)/1991~1992년은 IEA, *Energy Statistics and Balances of non-OECD countries 1991-1992*, p. 379.

계(추정치)를 발표하고 있는 IEA(International Energy Agency)의 것에 주로 의존하기로 한다. 때로는 한국정부의 추정치와 李燦雨(1995)의 추정결과도 함께 쓰기로 한다. 물론 IEA의 통계에 문제가 없는 것은 아니다. 무엇보다도 몇 년

이와 관련하여 북한이 석탄 중심의 정책을 전개하기 시작한 1940년대 후반 및 1950년대는 이른바 '석유의 시대'가 도래하기 이전의 시기였다는 사실이 지적될 필요가 있다. 즉 북한뿐만 아니라 전세계의 다른 나라들도 석탄 중심의 에너지 소비구조를 가지고 있었다. 예를 들면 1950년의 경우, 전세계의 에너지 생산의 59%가 석탄이었다. 그리고 석탄과 석유의 지위가 완전히 역전된 것은 1967년의 일이다.[68] 따라서 국내에 석탄이 풍부하게 매장되어 있던 조건하에서 '자력갱생' 원칙에 입각해 등장한 석탄 중심의 에너지정책은 그 나름대로의 합리성이 있었다고 할 수 있다. 그런데 이른바 고체연료에서 액체연료로의 '에너지 혁명'의 과정에서 전세계의 에너지 소비 · 공급구조는 석유 중심으로 바뀌었다. 그런데도 북한은 종전의 석탄중심정책을 고수했다. 아니, 고수할 수밖에 없었는지도 모른다.

그런데 바로 이 석탄이 기대했던 것만큼 생산이 늘지 않았다는 데 북한 당국의 고민이 있었다. 먼저 북한의 에너지 생산, 총공급의 추이를 살펴보자. 표 5.25를 보면 알 수 있듯이 1972년부터 1992년 사이에 북한의 에너지 총공급(국내생산+ 수입－ 수출)의 증가율은 지속적으로 떨어지는 추세였다. 경제계획기간별(완충기 포함)로 나누어 살펴보면 1973～1977년에는 5.32%에 달했던 연평균증가율이 1978～1986년에는 3.45%로 떨어졌고, 더욱이 1987～1992년에는 0.95%로 주저앉았다.[69]

동안 수치가 전혀 변하지 않고 있는 항목이 몇 개 있다. 예를 들면 석탄의 수입량은 1985년부터 1992년까지 7년 동안 변화가 전혀 없었던 것으로 되어 있다. 특히 1990년 이후 석유의 수입량이 크게 줄었다는 것이 일반적인 관측인데, 여기에는 1989～1992년의 5년간 같은 수치가 실려 있다. 또한 석탄생산량을 TOE(원유상당톤)로 환산할 때, 북한이 생산하고 있는 석탄의 상당 부분이 품질이 나쁜 저질탄이라는 사실이 반영되어 있지 않다. 따라서 석탄생산량이 과대평가되어 있을 가능성이 있다. 이와 관련 『북한경제지표집』은, IEA의 통계는 절대치는 문제가 있지만 에너지 공급구조와 에너지 공급증가율의 파악에는 활용가능하다는 견해를 피력하고 있다. 『북한경제지표집』, p. 119 참조.

68) 『經濟學大辭典』, 東京: 東洋經濟新報社, 1980, p. 39 참조.

이러한 에너지 총공급의 증가 둔화는 무엇보다도 국내생산의 증가 둔화에 기인하는 바가 크다. 우선 국내생산의 증가율의 움직임을 보면 1973~1977년의 5.12%에서 1978~1986년에는 2.60%로 떨어지고, 더욱이 1987~1992년에는 1.08%로 떨어졌다. 그리고 에너지 국내생산 둔화의 가장 큰 원인은 북한의 최대 에너지원인 석탄의 생산 둔화이다. 석탄의 국내생산 증가율은 1973~1977년의 4.72%에서 1978~1986년에는 2.01%로 내려갔고, 더욱이 1987~1992년에는 0.86%로 떨어졌다.[70)]

이러한 석탄생산 부진의 원인은 무엇일까. 장기간의 채굴에 의한 탄광 갱도의 심부화(深部化)와 장비의 노후화, 목표지향적 증산정책의 한계 등에서 원인을 찾는 것이 통설로 되어 있다.[71)] 다만 장영식(1994)의 견해는 조금 다르다. 석탄생산능력의 한계에 따른 것이라기보다는 ① 거시경제의 정체로 인한 석탄생산의 정체, ② 석유와 수력에 의한, 석탄의

69) 여기서 IEA 추정치와 통일원(1995)의 추정치, 李燦雨(1995)의 추정치 간에 약간의 차이를 발견할 수 있다. 이들 세 가지 추정치의 대상기간이 겹치는 기간에 국한시켜 간단히 비교해 보자. 예컨대, 1986~1989년의 연평균증가율은 IEA가 2.10%, 통일원(1995)이 3.52%, 李燦雨(1995)가 0.99%라고 보고 있다. 1990~1992년의 연평균 감소율은 IEA가 0.12%, 통일원(1995)이 8.76%, 李燦雨(1995)가 5.80%이었다. 특히 IEA는 1990년은 전년대비 감소였으나 1991년에는 증가세로 돌아섰다가 1992년은 제자리 걸음이라고 보고 있는 데 비해 통일원(1995). 李燦雨(1995)는 1990~1992년의 3년 연속, 전년에 비해 크게 감소했다고 보고 있다. 한편 이들 추정결과의 차이는 총공급량에 있어서도 나타난다. 예를 들면 IEA는 북한의 에너지 총공급량이 1985년의 4,009만 TOE에서 1989년에는 4,356만 TOE에 달했다고 보고 있는 데 비해 李燦雨(1995)는 같은 기간, 이보다 적은 3,630만 TOE, 3,777만 TOE에 달했고, 통일원(1995)은 이보다도 적은 2,503만 TOE, 2,874만 TOE에 그쳤다고 보고 있다.

70) 물론 에너지원의 수입도 상당히 늘었다. 수입의 증가율은 1973~1977년에는 8.95%를 나타냈고, 더욱이 1978~1986년에는 13.26%까지 올라갔다. 그러던 것이 1987~1992년에는 0.89%로 급락했다. 전체적으로 보아 1973~1992년 사이에 수입은 꽤 늘었으나 생산증가 둔화를 보전할 정도는 아니었다.

71) 예컨대 정우진(1996), pp. 65-66 참조.

대체에 원인이 있다는 입장이다.[72] 관련 자료가 거의 없기 때문에 어느 의견이 타당한지는 판단하기 어렵다. 다만 통설은 공급측의 원인을, 장영식(1994)의 두 번째 요인('대체설')은 수요측의 원인을 지적하였다는 정도는 말할 수 있을 것이다.

(3) 석유소비의 증가와 에너지 수입의존도의 상승

북한은 석유를 전량 수입에 의존하고 있다. 북한정부의 석유소비 억제방침에도 불구하고, 북한의 석유공급량(= 석유수입량)은 큰 폭으로 늘어 왔다. 1973~1992년의 20년간 석유공급의 연평균증가율은 8.10%에 달해 석탄공급 증가율(2.49%), 수력공급 증가율(5.16%), 에너지 총공급 증가율(3.16%)을 크게 웃돌았다. 특히 석탄의 수입은 석탄의 생산증가율이 낮아진 제2차 7개년 계획기간(1978~1986)에 대폭 늘어난 데 비해 석유는 그 이전 시기, 즉 6개년 계획기간(여기서는 1973~1977년)부터 연평균 10% 이상의 높은 증가율을 보여 왔다는 사실에 주목할 필요가 있다.

즉 석유수입 증가의 원인은 석탄의 경우와는 달리 공급측에서가 아니라 수요측에서 원인을 찾을 수 있다. 에너지원의 국내생산의 정체보다는 석유수요의 증대, 특히 석유수요 증대가 불가피했던 사정에 원인이 있다고 볼 수 있다. 이는 첫째, 석탄으로 대체할 수 없는 부문이 확대되었다는 것이다. 특히 자동차 · 선박 등 교통부문의 수요가 크게 늘었다. 사회주의 경제 공통의 현상인 수송부문의 애로에, 후술할 북한 특유의 '전력과소비구조'에 따른 과도한 철도수송부담까지 겹쳐 트럭수요가 확대되지 않을 수 없었다. 둘째, 세계적 추세가 '주탄종유(主炭從油)'에서 '주유종탄(主油從炭)'으로 옮아감에 따라 해외에서 들여온 기계설비는 대부분 석유를 쓰는 것이었다는 것이다. 이러한 석유수요의 증가로 인해 북한의 전체 에너지원에서 석유가 차지하는 비중은 1972년의 3.2%에서

---

72) 장영식(1994), pp. 29, 92 참조.

1992년에는 8.2%로 높아졌다.

석유소비의 불가피성은 북한이 오래 전부터 정유공장과 석유화학공장을 설립하기 위해 노력해 왔다는 사실에서 단적으로 드러난다. 북한은 1959년 제1차 7개년 계획을 수립할 당시, 구소련의 원조로 연간 200만 톤 정유능력의 웅기정유공장(지금의 승리화학연합기업소)을 건설한다는 계획을 세우고 구소련과 경제기술협정을 체결했다. 그런데 이후 구소련과의 관계가 악화됨에 따라 이 협정은 중단되었고, 7년 후인 1967년에 이 협정의 실시협정을 다시 체결해 1973년에 1단계 공사가 완료되었다. 또 1976년에는 봉화화학공장(현재 연간 200만 톤의 정유능력)이 중국의 지원하에 착공되었다. 아울러 1968년부터 석유화학공장인 청년화학공장(현재는 남흥청년화학연합기업소)의 건설이 시작되어 1970년대에는 서방세계로부터의 설비도입에 의해 공장건설이 촉진되었다.

이렇게 해서 표 5.26을 보면 알 수 있듯이, 북한의 에너지 수입의존도는 적어도 통계로 확인할 수 있는 1972년부터는 지속적으로 상승하여 왔다. 특히 제2차 7개년 계획이 시작되는 1978년 이후의 상승이 두드러져 1983년에는 에너지 수입의존도가 처음으로 10%를 넘었다. 다만 1985년 이후는 12% 전후에서 제자리 걸음을 하고 있다. 물론 12%라는 에너지 수입의존도는 결코 높은 수준의 것이라고 할 수 없다. 국제적으로 보면 오히려 꽤 낮은 편이다. 다만 여기서 주목하고 싶은 것은, 1972년부터 1989년까지의 17년 동안 에너지 수입의존도가 4%에서 12%로 상승한 사실이다.[73] 이는 북한이 자력갱생을 표방하여 에너지의 자급도를 높이기 위해 필사적으로 노력하여 왔다는 사실을 감안한다면, 결코 그냥 지나칠 수 없는 사실이다. 왜 그렇게 되었을까.

물론 석탄의 생산증가 둔화에 따른 석탄수입 증가에도 원인이 없는

73) 한편 李燦雨(1995)는 북한의 에너지 수입의존도가 1975년의 8.9%에서 점차 상승하기 시작해 1985년과 1987년에 13.6%로 피크에 달한 후 소폭 감소, 1988년에는 13.4%, 1989년에는 11.4%, 1990년에는 12.9%를 나타냈다고 보고 있다.

표 5.26 북한의 에너지 수입의존도 추이

(단위: 천 TOE, %)

	국내생산 (A)	수입 (B)	수출 (C)	총공급 (D=A+B-C)	수입의존도 (B/D)
1972	22,284	1,065	35	23,314	4.6
1973	24,182	1,047	28	25,201	4.2
1975	27,146	1,452	47	28,552	5.1
1977	28,599	1,635	25	30,210	5.4
1979	30,094	2,496	35	32,555	7.7
1981	31,478	2,919	78	34,319	8.5
1983	33,798	4,204	31	37,971	11.1
1985	35,280	4,844	31	40,094	12.1
1987	36,065	5,088	31	41,122	12.4
1989	38,306	5,288	31	43,563	12.1
1991	38,427	5,288	307	43,407	12.2
1992	38,427	5,288	307	43,407	12.2
연평균증가율					
1973~1992	2.76	8.34		3.16	
1973~1977	5.12	8.95		5.32	
1978~1986	2.60	13.26		3.45	
1987~1992	1.08	0.89		0.95	

주: 국내생산은 석탄과 수력, 수입은 석탄, 석유, 수출은 석탄.
자료: 표 5.25와 같음.

것은 아니다. 하지만 표 5.26에도 나타나 있듯이 북한에서 수입 에너지의 3분의 2 이상이 석유이고, 북한의 석유는 전량 수입에 의존하기 때문에 북한의 에너지 수입의존도 증가의 최대원인은 석유수요 증대에 있다.

(4) 전력 과소비구조의 형성

북한의 에너지 자급정책은 북한의 독특한 에너지 소비구조를 만들어

내었다. 이른바 '전력 과소비구조'로 이는 경제에 치명적인 영향을 미쳤다.[74] 이 구조는 제2장에서 서술했던 식민지시대에 형성된 '전력 과소비구조'를 계승 · 발전시킨 면이 많다. 이미 어느 정도 형성되어 있던 이 구조에 공업화 초기의 풍부한 전력사정(초기조건)과 북한의 '자력갱생'(경제개발전략)이라는 변수가 더해지고, 이들 요인의 복합작용에 의해서 북한의 독특한 전력 과소비구조가 만들어지고 경제개발에 큰 영향을 미쳤다.

우선 북한에서의 몇 가지 공업제품의 생산공법을 간단히 살펴보기로 하자. 첫째, 유안비료. 북한에서는 식민지시대부터 많은 비료가 생산되었는데, 그 중 가장 많이 생산된 것이 유안비료이다. 유안비료는 우선 수소를 만들고 그 수소로부터 암모니아를 만드는데, 수소를 만들 때에 막대한 전력을 대량으로 소비하는 전기분해법이 사용되었다. 북한은 그것을 그대로 답습한 것이다.

둘째, 분철법(粉鐵法). 북한에서는 철의 생산량이 부족하기 때문에 분철이라는 방법을 자주 썼다. 이 방법은 일본의 '불합리한 방법'이라는 것은 인식하면서도 전시(戰時)에 철의 생산량을 늘리기 위해 어쩔 수 없이 사용한 방법이다. 철광석을 가루를 내서 석탄가루와 섞어 콘크리트 믹서 같은 회전화로에서 태운다. 이렇게 해서 만든 분철은 완전한 철이 아니기 때문에 전기로에 넣어 다시 작업을 하지 않으면 안 된다. 전기를 매우 많이 잡아먹는 구식 공법이다.[75]

셋째, 비날론. 북한은 비날론이라는 섬유를 독자적인 기술로 생산하고 있다고 대대적으로 선전하고 있다. 이 비날론은 카바이드가 원료이다. 카바이드는 석탄과 석회석, 전력만 있으면 생산할 수 있다. '자력갱생' 전략에 딱 들어맞는 사업으로, 이것 때문에 북한에서는 비날론공장

74) 이하의 '전력 과소비공업구조'의 형성에 관한 이 책의 기술은 오원철(1995)에 의존하는 바가 크다. 그는 북한 에너지문제의 핵심이 전력 과소비공업구조에 있다고 강조하고 있다.

75) 이와 같이 첫째와 둘째는 식민지시대의 기술을 그대로 답습한 예이다.

이 대대적으로 건설되었다. 그런데 카바이드 생산에는 대단히 많은 전력이 소비된다.

넷째, 석회질소비료. 북한에서는 석회질소라는 화학비료도 생산하고 있다. 이것도 카바이드가 원료로서 폴리염화비닐수지, 주정, 기타 여러 가지 것들을 카바이드법으로 생산하고 있다. 이것도 '자력갱생' 전략이다.[76]

공업제품뿐만 아니다. 수송수단의 경우 '자력갱생' 전략에 따라 석유의 사용을 극도로 억제할 수밖에 없는데, 바로 그 때문에 전력에 대한 의존이 더 심해졌다. 예를 들면 가솔린이 귀중하기 때문에 시내버스도 트롤리 버스로 만들었다. 화물수송도 석유를 소비하는 트럭 대신 철도에 크게 의존하게 되었다. 그런데 철도수송량을 늘리기 위해서는 기관차를 대형화할 수밖에 없다. 그러기 위해서는 대형 디젤기관차를 쓰든지 전기기관차로 바꾸지 않으면 안 된다. 북한은 석유의 사용을 피하기 위해 후자의 길을 선택했다. 이렇게 해서 북한은 한층 더 전력에 의존하게 되었다. 이러한 전력 과다소비구조가 전력부족을 가져오는 것은 말할 필요도 없다.[77]

이렇듯 전력공급 확대가 긴급한 과제로 되고 있던 사정을 배경으로 해서 북한은 6개년 계획기간(1971~1976) 중 화력발전소를 대대적으로 건설, 화력과 수력의 비율을 50 대 50까지 높이려고 하였다. 수력발전의

76) 북한에서는 1970년대 초 당시 카바이드를 연간 약 50만 톤 생산하고 있었다고 한다. 그렇게 하려면 약 30만 kW의 화력발전소를 하나 더 건설해야 한다는 계산이 나온다고 한다. 오원철(1995), pp. 28-29 참조.

77) 북한의 전력부족은 잘 알려진 사실이다. 북한의 전력난을 보여 주는 하나의 예가 이른바 '교차생산'이다. 교차생산이란 동력소비를 지구별로 교차시키는 것이다(탈북자 D씨). 한꺼번에 같은 시간대에 공장을 움직이면 막대한 전력이 소비되는 만큼 어떤 지구의 공장은 몇 시부터 몇 시까지 몇 kW를 소비하고, 그 시간이 지나면 다른 지구로 돌린다는 것이다. 순천군 지방산업공장에서 근무한 적이 있는 탈북자 S씨는 "1982년까지는 교차생산의 위반에 대한 단속이 별로 엄하지 않았지만 1984년부터는 크게 강화되었다"고 말하고 있다.

비율이 높으면 계절에 따라 발전량의 변동이 크고 공장가동에 심각한 지장을 주기 때문이다. 구체적으로는 북창화력(120만 kW), 평양화력(50만 kW), 청천강화력(20만 kW), 웅기화력(20만 kW), 청진화력(15만 kW) 등의 건설이 계획되었다. 물론 연료는 북한산의 석탄이다. 그런데 200만 kW의 전력을 만들기 위해서는 500만 톤의 석탄이 필요하다고 한다. 이것은 6개년 계획기간 동안의 석탄생산목표(5,000만 톤)의 10%에 달하는 규모이다.

즉 발전량을 늘리기 위해서는 그만큼 석탄을 증산하지 않으면 안 된다. 석탄을 증산하기 위해서는 인력과 기계 · 자재가 필요하게 된다.[78] 더욱이 석탄을 증산하기 위해서는 전기의 공급이 확대되어야 한다. 이를 뒤집어 보면 경제 전반이 전력부족상태에 놓여 있다고 한다면, (전력증산을 위한)석탄증산을 위한 전력공급이 충분치 않게 되고, 석탄생산은 생각만큼 늘지 않고, 결국 발전량도 별로 늘어나지 않을 것이다.

게다가 석탄이 부족해서 전기생산이 줄고, 전기가 모자라기 때문에 석탄생산이 불가능하게 되는 악순환이 발생할 수도 있다. 이러한 것들이야말로 오늘날 북한의 상황이라고 탈북자들은 전하고 있다. 예를 들면 탈북자 K씨는 "행정기관의 사람이 강재공장을 찾아가서 강재생산목표를 달성하지 않은 이유를 추궁한다고 하자. 강재공장의 사람은 광산에서 광석이 공급되지 않았기 때문이라고 대답한다. 그러면 어째서 광석을 생산할 수 없었던 것일까. 전기가 없기 때문이다. 어째서 전기를 생산할 수 없었던 것일까. 석탄이 없기 때문이다. 어째서 석탄을 생산할 수 없었던 것일까. 전기가 없기 때문이다"고 말하고 있다.

78) 즉 전력증산 → 석탄증산 → 인력 및 기계 · 자재의 증산이라는 자원동원의 고리가 확대되는 것이다. 이것을 가리켜 오원철은, 북한과 같이 빈약한 자원밖에 가지지 않은 나라가 자력갱생 · 자급자족정책을 취할 때에 빠지는 자승자박이라고 평가하였다. 오원철(1995), p. 30 참조.

2. 사회주의권 붕괴의 영향: 에너지 수입과 거시경제와의 관계의 관점

(1) 사회주의권 붕괴의 에너지 측면에서의 충격

사회주의권 붕괴가 북한경제에 준 충격의 대표적인 것이 에너지 수입 문제이다. 이것은 수입물량과 수입가격의 양면에 걸치는 것이다.

북한은 1980년대 말에 원유수입의 3분의 2 정도를 구소련과 중국에 의존하고 있었다. 그런데 1990년부터 구소련과 중국이 북한에 대해 원유 대금의 경화(硬貨)결제, 국제시장가격 수준으로의 인상을 요구하였기 때문에 북한의 원유수입은 급격히 줄게 된다. 구소련이 붕괴한 1991년에는 구소련으로부터의 원유수입량이 1990년의 10분의 1 수준으로 급감했다(표 5.27 참조).[79] 그리고 1991년 이후 구소련으로부터의 원유수입은 사실상 중단된 것이나 마찬가지이다.

1991~1993년간 중국으로부터의 원유수입은 양적으로는 큰 변화를 보이고 있지 않다. 1980년대 말과 1990년대 초를 통해 100~110만 톤 수준을 유지하고 있다. 대중국 수입의 경우, 문제가 된 것은 물량보다 가격이었다. 즉 1991년부터 기존의 이른바 '우호가격'이 없어지면서 국제시장가격 수준으로 인상되었다. 표 5.28에도 나타난 바와 같이 1990년까지는 중국의 북한에 대한 원유수출단가가 중국의 전세계에 대한 원유수출단가의 3분의 2 이하였지만, 1991년에는 양자의 차는 거의 없어졌고, 오히려 1992년부터는 전자가 후자를 약간 상회하게 되었다.

원유뿐만 아니라 석탄, 코우크스의 수입도 격감했다. 1990년의 262만 톤에서 1991, 1992년에는 210만 톤, 157만 톤으로까지 떨어졌고 1993년에는 209만 톤으로 다소 회복되었지만 이전 수준에는 크게 미치지 못했다. 이처럼 사회주의권 붕괴는 북한의 에너지 부족사태를 더욱 심각한

79) 그 영향으로 그 해 북한의 전체 원유수입량은 전년대비 22.8% 감소했다.

표 5.27 북한의 에너지 수입량: 1989~1993년

(단위: 천 톤, %)

	1989	1990	1991	1992	1993
원유 합계	2,539	2,453(−3.4)	1,894(−22.8)	1,426(−24.7)	n.a.
중국(A)	1,073	1,063(−1.0)	1,102(3.7)	1,006(−8.7)	1,033(2.7)
구소련/러시아(B)	506	410(−19.0)	42(−89.8)	−(−)	62(−)
이란(C)	920	980(6.5)	750(−23.5)	220(−70.7)	n.a.
리비아(D)	40	−	−	200	n.a.
석탄 · 코우크스 합계	2,536	2,619(3.3)	2,097(−19.9)	1,565(−25.4)	2,091(33.6)
중국(A)	1,597	1,792(12.2)	1,913(6.7)	1,493(−22.0)	1,751(17.3)
구소련/러시아(B)	939	827(−11.9)	184(−77.8)	72(−60.9)	340(372.2)

주: 괄호 안의 숫자는 전년대비 증감률. 구소련/러시아의 통계는 원자료의 차이로 인해 1991년 이전과 1992년 이후 사이에 통계의 비연속성이 존재할 가능성이 있음. 그 때문에 1992년의 구소련/러시아 및 합계의 전년대비 증감률은 해석에 주의를 요함.

자료: (A), (B) 1989~1991년은 日本貿易振興會(1994),『北朝鮮の經濟と貿易の展望』, p. 52(원자료는『中國海關統計』,『ソ連對外經濟關係』)/1992~1993년의 중국은 中國海關總署,『1992年 中國海關統計年鑑』(中), p. 210;『1993年 中國海關統計年鑑』(中), p. 258/1992~1993년의 러시아는 ロシア連邦國家統計委員會 · 對外經濟關係省,『1993年ロシア連邦貿易統計年鑑』(ジャパン · プレス · フォト 譯), p. 326.

(C), (D)『북한경제통계집』, p. 126(원자료는 통일원,『남북한경제현황비교』, 각 연도;『북한경제종합평가』, 각 연도;『북한 GNP 추정결과』, 각 연도).

상황으로 몰고 갔다(표 5.29 참조).

(2) 에너지 소비구조

사회주의권 붕괴에 의한 에너지 수입격감이 북한경제에 준 충격을 살펴보기 위해서는 북한에서 에너지가 어디에 어떻게 쓰이고 있는지, 즉 에너지의 소비구조를 검토할 필요가 있다.

표 5.28 북한에 대한 중국의 원유수출: 1986~1993년

		1988	1989	1990	1991	1992	1993
對 북한	수량	1,202	1,073	1,063	1,102	1,006	1,033
	금액	75,534	64,600	61,310	139,347	138,077	139,874
	단가	62.8	60.2	57.7	126.1	137.2	135.4
對 세계	수량	26,045	24,388	23,979	22,600	21,507	19,434
	금액	2,557,182	2,750,059	3,401,861	2,956,790	2,774,490	2,408,801
	단가	98.2	112.8	141.9	130.8	129.0	123.9

주: 1) 단위는 수량이 천 톤, 금액이 천 달러, 단가는 달러/톤.

2) 단가는 단순히 금액을 수량으로 나눈 것.

자료: 1988~1990년은 日本貿易振興會(1992), 『北朝鮮の經濟と貿易の展望』, p. 59(원 자료는 『中國海關統計摘要』, 『中國海關統計年鑑』, 각호)/1991~1993년은 中國海關總署, 『1992年 中國海關統計年鑑』(中), p. 210; 『1993年 中國海關統計年鑑』(中), p. 258로부터 계산.

표 5.29 1990년대 북한의 에너지관련 지표: 한국정부의 추정치

	단위	1990	1992	1994	1996	1998	2000
석탄생산량	만 톤	3,315	2,920	2,540	2,100	1,860	2,250
발전량	억 kW · h	277.4	247.0	231.3	212.7	169.5	194
원유도입량	만 톤	252	152	91	93.6	50.4	39

자료: 한국은행, 『1999년 북한 GDP 추정결과』, p. 10; 한국은행, 『2000년 북한 GDP 추정결과』, p. 8.

우선, 표 5.30을 보면 알 수 있듯이, 산업부문의 비중이 압도적으로 많다는 것이 눈에 띈다. 1972년에는 전체 에너지의 93.0%가 산업부문에 쓰였고, 그 후 이 비중은 조금씩 줄어들었지만 1991년의 시점에서도 84.6%가 이 부문에서 소비되고 있다. 교통부문의 비중은 같은 기간 동안 3.3%에서 8.2%로 확대되었다. 가정부문은 1%에도 미치지 않는 낮

표 5.30 북한의 에너지 소비구조

(단위: 천 TOE, %)

	산업		교통	가정	기타	총소비
	철강	합계				
1972	1,528 (8.1)	17,461(93.0)	626 (3.3)	37 (0.2)	655 (3.5)	18,779
1973	1,515 (7.5)	18,793(92.9)	670 (3.3)	37 (0.2)	728 (3.6)	20,228
1975	1,563 (7.0)	20,533(91.3)	938 (4.2)	73 (0.3)	946 (4.2)	22,490
1977	1,851 (8.0)	20,906(90.8)	963 (4.2)	75 (0.3)	1,091 (4.7)	23,035
1979	2,015 (8.1)	21,882(88.4)	1,525 (6.2)	146 (0.6)	1,200 (4.8)	24,753
1981	2,145 (8.3)	22,592(87.3)	1,786 (6.9)	188 (0.7)	1,316 (5.1)	25,882
1983	2,405 (8.5)	24,664(86.9)	1,996 (7.0)	220 (0.8)	1,509 (5.3)	28,389
1985	2,470 (8.5)	24,703(85.5)	2,207 (7.6)	240 (0.8)	1,753 (6.1)	28,903
1987	2,470 (8.4)	25,025(85.0)	2,333 (7.9)	261 (0.9)	1,827 (6.2)	29,446
1989	2,470 (8.1)	25,924(84.7)	2,490 (8.1)	272 (0.9)	1,935 (6.3)	30,621
1991	2,470 (7.9)	26,375(84.6)	2,563 (8.2)	280 (0.9)	1,954 (6.3)	31,172

주: 에너지 소비 = 에너지 공급 - 총손실. 다만 총손실 = 열전환손실 + 그 밖의 손실.
괄호 안의 숫자는 총소비에서 차지하는 비중.
자료: 장영식(1994), p. 44(원자료는 IEA, *Energy Statistics and Balances,* 1992).

은 수준에 머물러 있다.[80)]

에너지의 용도별 비중을 에너지원별로 살펴보자. 우선 석탄의 경우 1990년에 산업 및 그 밖의 부문의 비중이 72.6%, 발전부문이 21.1%, 기타(코우크스의 제조, 석탄액화 등 원료제품을 위한 투입)가 12.7%로 되어 있다. 산업용의 비중이 크다고 볼 수 있다. 또한 여기서 주목하고 싶은 것은 발전부문의 비중이 1971년의 9.5%에서 1990년에는 21.1%까지

80) 표 5.30에 포함되어 있지 않은 신탄을 고려하면, 가정부문의 비중은 3~4%까지 올라간다. 그렇다고 하더라도 이는 여전히 낮은 수준이다.

증대하였다는 것이다. 북한은 1960년대 전반에는 화력발전과 수력발전의 비율이 1 대 10이었지만, 그 후 화력발전의 증가율이 수력발전의 그것을 크게 웃돌아 1970년대 후반부터는 양자의 비가 4 대 6으로 되었다. 즉 일반적으로 석탄의 수입감소는 석탄 자신의, 에너지원으로서의 공급감소뿐만 아니라 화력발전을 매개로 한 에너지의 공급감소도 초래하여 결국 이들 두 가지 루트를 통해 경제에 영향을 주는데, 북한도 어느덧 후자의 영향도 무시할 수 없게 된 것이다.

석유는 교통부문의 비중이 압도적인 것이 특징이다. 1990년에는 석유제품의 72.5%가, 즉 4분의 3 정도가 교통부문에서 쓰였다. 다음으로 산업부문(19.6%), 가정 및 기타 부문(7.9%)이었다. 1971년과 비교해 보면, 교통부문의 비중이 10.9% 포인트 줄어든 대신 산업부문의 비중이 7.5% 포인트, 가정 및 기타 부문이 3.4% 포인트 늘어났다.

(3) 거시경제에의 영향

사회주의권 붕괴에 따른 북한의 에너지 수입격감이 거시경제에 어떠한 영향을 주었는지를 정확히 파악하는 것은, 특히 영향의 정도를 측정하는 것은 불가능에 가깝다. 관련 자료가 거의 없고, 특히 산업연관표 같은 것을 구할 수 없기 때문이다. 몇 개의 한정된 자료를 가지고 유추해 볼 수밖에 없다. 이 경우 대외조건의 변화가 대내부문에 주는 충격의 정도가 몇 가지 대내조건에 따라 상이할 수 있음을 분명히 하는 것이 논의의 중심과제가 된다.

먼저 주목해야 할 것은, 제2장에서도 서술했듯이, 북한의 산업구조가 중공업 중심의 산업구조로 되어 있다는 것이다. 그런데 북한의 공업별 에너지 소비량에 관한 자료는 전혀 구할 수 없기 때문에 여기서는 북한의 자료 대신에 중국의 자료(산업연관표)를 이용해 에너지와 타산업과의 관련성을 살펴보기로 한다. 중국은 북한과 마찬가지로 중공업우선정책을 취해 왔고, 또 중국은 구소련보다 경제발전수준의 면에서 북한에 가깝기 때문이다.

표 5.31에도 나타난 바와 같이 금속 · 기계 등의 중공업은 방직 · 식품 등의 경공업보다 에너지 사용량이 훨씬 많다. 중국정부측도 중공업의 에너지 사용은 경공업의 에너지 사용보다 평균적으로 2배 이상 된다고 지적하고 있다(佐佐木信彰他 編譯, 1991: 205). 따라서 중공업 중심의 산업구조는 곧 에너지 다소비산업구조를 의미하게 된다. 북한 에너지문제의 심각성을 여기에서도 끌어낼 수 있다. 구소련의 전문가들도 유사한 지적을 하고 있다. 즉 에너지 공급이 충분히 증대하지 않았음에도 불구하고, 공업에 있어서 에너지 집약생산(비철금속, 화학, 건축자재산업 등)의 비중이 증대한 것이 에너지문제를 심각하게 했다는 것이다(소련과학아카데미 세계사회주의경제연구소, 1985: 102). 더욱이 앞에서도 지적했듯이 북한의 에너지 자급정책은 '전력 과소비구조'를 만들어 냈

표 5.31 중공업과 경공업의 에너지 소비량의 비교: 중국의 경우

	중공업		경공업	
	금속공업[3]	기계공업	방직공업	식품공업
1. 투입계수[1]				
석탄채굴업	0.0259	0.0030	0.0015	0.0016
석유 · 천연가스 채굴업	0.0030	0.0004	0.0000	0.0000
전력공업	0.0466	0.0149	0.0062	0.0038
석유가공업	0.0154	0.0086	0.0013	0.0011
2. 역행열계수[2]				
석탄채굴업	0.0786	0.0313	0.0130	0.0099
석유 · 천연가스 채굴업	0.0327	0.0219	0.0134	0.0112
전력공업	0.0959	0.0515	0.0261	0.0172
석유가공업	0.0461	0.0328	0.0171	0.0183

주: 1) 원문에는 직접소모계수.
2) 원문에는 완전소모계수.
3) 원문에는 금속정련 · 압연가공업.
자료: 『1987年度 中國投入産出表』, pp. 50-53, 62-65.

다는 점을 상기할 필요가 있다.

아울러 북한은 앞에서도 살펴본 바와 같이, 다른 나라에 비해 산업용의 비중이 훨씬 큰 것에 주목할 필요가 있다. 예를 들면 1990년 현재, 북한의 에너지 소비에서 산업용이 차지하는 비중은 82.1%에 이르고 있는데 비해 한국의 그것은 42.5%에 불과하다. 에너지 수입감소에 의한 거시경제의 충격이 어느 쪽이 더 클 것인가는 자명하다.

1990년이라는 시점의 문제도 중요하다. 즉 이 시점에서의 북한의 에너지 수급구조와 거시경제구조가 어떻게 되어 있었던가 하는 것이다. 1970년대 초와 비교하여 보면 무엇보다도 에너지 수입의존도의 상승(4%에서 12%로)이 눈에 띄는 대목이다. 수입의존도가 12%일 때의 외부충격(수입량의 격감)과 수입의존도가 4%일 때의 외부충격이 꽤 다르리라는 것은 쉽게 상상할 수 있다. 이와 함께 고려되어야 할 것은 북한의 에너지난이 1990년부터 시작된 것이 아니라는 것이다. 언제부터인지 명확하지는 않지만, 적어도 사회주의권이 붕괴하기 이전의 시기부터 존재하였다는 것이 통설로 되어 있다. IEA의 자료에 의하면 1980년대 중반 이후, 1988년을 제외하고는 에너지 공급의 전년대비 증가율이 2% 전후의 수준으로 떨어졌다. 또 앞에서 본 바와 같이, 구소련의 전문가들은 1960년대부터 에너지부문의 지체현상이 나타났다고 지적했다. 따라서 정상적인 상태에서가 아니라 에너지 부족에 고심하고 있던 차에 사회주의권 붕괴에 따른 에너지 수입격감의 충격을 받았다는 것이 된다.[81] 또한 1980년대 말과 1990년은 거시경제의 상태도 그다지 좋지 않았다. 제2장에서 보았듯이 북한의 거시경제는 1970년대 후반 또는 1980년대 전반부터 성장의 둔화세가 나타나기 시작해 비교적 오랜 기간 침체상태가 계속되어 왔다. 바로 이러한 시점에서 사회주의권 붕괴에 따른 에너지 수

81) 예를 들면 정우진(1996)은 1980년대 중반부터 석탄생산의 부진에 의해 북한의 에너지 공급체계가 흐트러지기 시작해 1990년대 초반에 결정적인 에너지난에 직면하게 되었다고 보고 있다. 정우진(1996), pp. 65-68 참조.

입의 격감이라는 충격을 받았다.

결국 다른 나라보다 산업용 에너지의 비중이 크고, 더욱이 중공업 중심의 에너지 다소비형 산업구조, 전력 과소비공업구조를 가지고 있는 나라가 에너지 부족에 고심하고 있던 때에, 더욱이 거시경제가 침체의 늪에서 벗어나지 못하고 있던 상황에서 외부로부터 큰 쇼크를 받았다. 통계적으로 뒷받침하기는 힘들지만 충격의 정도가 꽤 컸을 것이라는 것은 상상하기 어렵지 않다.

그 결과 어떤 일이 벌어졌을까. 자료의 제약 때문에 전모는 파악할 수 없다. 다만 제2장에서 말한, 공장가동률의 급격한 하락현상이 이와 깊은 관련성을 가지고 있지 않을까 생각해 볼 수 있다. 그런데 공장가동률의 하락은 1970년대나 1980년대부터 문제시되어 왔던 현상이다. 또한 제2장, 4장에서 보았듯이 이 문제의 원인은 에너지난만은 아니다. 사회주의권의 붕괴로 인한 에너지난의 심각화는, 이미 존재하고 있던 공장가동률의 하락추세를 가속화했다고 보는 게 타당하지 않을까. 북한의 거시경제가 1990년부터 마이너스 성장을 계속하고 있는 것이 에너지 수입격감에 의한 에너지난의 심각화와 깊은 관계를 가지고 있는 것은 분명한 사실이다. 하지만 주목할 필요가 있는 것은 대외부문의 대내부문에 대한 충격의 파문이 컸던 것은 대외부문의 쇼크 자체가 컸던 데에도 원인이 있지만, 이미 존재하고 있었던 대내부문의 제반 문제 때문일 것이라는 것이다. 외부충격에 극히 취약한 내부구조가 이미 형성되어 있었던 것이 아닐까 하는 것이다.

제4절 맺음말

이상의 고찰에 기초해서 북한의 대외경제관계가 경제개발에 미친 영향을 정리해 보기로 하자.

먼저 무역을 살펴보자. 무역의 경제개발 촉진효과를 간단히 정리하면 다음과 같다. ① 무역은 수출을 통해 획득한 외화를 가지고 국내에 부족한 중간재 · 자본재를 수입할 수 있게 해줌으로써 경제성장에 공헌한다. ② 특히 개도국에 있어서 자본재의 수입은 외국으로부터 선진기술을 도입하는 주된 루트로서의 역할을 수행한다. ③ 무역은 다양한 연관효과를 통해 국내경제의 성장력을 제고할 수 있다. ④ 무역은 국제경쟁압력을 통해 효율과 생산성을 높일 수 있다. ⑤ 무역이 비교우위의 원칙에 입각해 행해지면 특화(전문화)의 이익을 가져다준다.

그런데 북한에서 무역의 이러한 효과들은 그다지 발휘되지 않았다. 물론 ③, ④, ⑤의 효과를 거두지 못한 것은 어쩔 수 없는 측면이 강하다. 북한은 기본적으로 '자력갱생' 원칙하에 소극적인 무역정책을 전개해 왔다고 보아야 할 것이다. 구소련의 압력에도 불구하고 코메콘에의 참여를 거부했다. 북한의 무역의존도는 개혁 · 개방 이전의 중국보다는 높지만 동구 제국보다는 낮다. 북한 당국은 수출진흥정책을 취한 것도 아니고 비교우위원칙에 입각해 무역을 전개한 것도 아니다. 이미 보았듯이 북한의 정책당국입장에서는 국내경제의 급성장이 우선시되어 중공업을 중심으로 한 국내경제의 성장에 자원배분의 최우선순위를 부여했다. 무역이라는 것은 그 뒤에 오는 것이었다. 수출은 국내수요의 충족보다 우선순위가 낮은 것이었다.

하지만 이러한 제반 사실을 인정하더라도 북한의 무역정책이 경제적 효율성의 원칙에서 떨어져 있다는 사실은 부정하기 어려울 것이다. 가장 문제가 되는 것은 ①, ②의 효과를 거둘 수 없었다는 것이다. 특히 ①은 북한이 공식적으로 추구했던 것임을 상기할 필요가 있다. 그런데도 실현되지 못했다는 것은 북한의 무역정책이 북한의 기준에 의해서도 성과를 거두지 못했다는 것을 의미한다. 실제로 수출부진 및 외채누적, 즉 외화난에 의해 중간재 · 자본재의 수입이 엄격히 제한되어 경제성장에 커다란 부정적인 요인으로 작용했다. 이것은 집권적 시스템의 기능저하와 상호작용을 일으키면서 공장가동률 하락을 초래했다. 또 북한은 1970년대 전반에 서방세계에서 자본재를 대량으로 도입한 것을 제외하고는 주로 구소련에서 자본재를 도입했는데, 이 또한 외화제약 때문에 한계가 있었다. 이것은 그만큼 기술진보를 저해하는 요인으로 작용했다(제3장 참조).

①, ②의 효과를 거둘 수 없었던 것은 누적외채에 기인하는 바가 크다. 외채누증의 최대원인은 만성적인 무역적자이다. 이는 무역정책 및 거시경제정책과도 깊은 관계를 가지고 있다.

기본적으로 에너지원의 국내공급도 부족하고 자본도 모자라고 기술수준도 저위에 있는 저개발경제가, 비록 자력갱생을 추구한다고 해도, '공업화'를 추진하기 위해서는 중간재 · 자본재 등에 대한 수입수요의 지속적인 확대가 불가피하다.[82] 특히 북한의 경우, 당국이 정치적인 이유로 자신의 수출능력은 고려하지 않고 기계설비의 수입을 갑자기 늘린 적이 있었다(1973~1974, 1979~1980). 이른바 'demonstration effect'이다. 이에 반해 수입재원을 확보하기 위한 수출액은 수입액에 미치지 못하는 경우가 대부분이었다.

물론 북한이 수출확대를 위해 힘을 쏟았던 것은 사실이다. 그러나 기대했던 것만큼의 성과를 거두지는 못했다. 수출품목은 철 · 비철금속 등

---

82) 다음과 같은 김일성의 연설로부터도 그러한 상황을 읽을 수 있다.

"우리에게 절실히 필요한 것으로서 우리나라에 없는 것이 적지 않습니다. 무엇보다도 먼저 우리에게는 콕스탄이 없습니다. 기술혁명과 공업화를 하려면 또한 연유가 있어야 합니다. … 연유가 있어야 뜨락또르(트랙터)와 기계배를 움직여 밭을 갈고 바다에 나가 그물을 칠 수 있으며, 그래야 알곡도 생산하고 물고기도 잡을 수 있습니다. … 이 밖에도 우리는 생고무를 사들여야 하며 석고와 류황도 사들여야 합니다. … 일정한 량의 목화도 사들여야 합니다. 공업화를 하려면 우리나라에서 만들지 못하는 기계설비도 사들여야 합니다"(1962년, 『경제관리 2』, pp. 396-397).

"연료와 원료를 다른 나라에서 사 와야 합니다. 지난날에는 연유를 몇 만 톤 사 오면 넉넉하였지만 지금은 몇 십만 톤 들여와야 합니다. 그래야 날로 늘어나는 연료에 대한 인민경제의 수요를 원만히 보장할 수 있습니다. 강철생산량이 빨리 늘어나는 데 따라 그만큼 콕스탄에 대한 수요도 늘어나고 있습니다"(1965년, 『저작집 19』, p. 131).

상대적으로 국내에 풍부하게 존재하는 천연자원에 기초를 둔 몇 개의 원료 · 반제품에 한정되어 있었다. 제조업부문의 수출능력은 그다지 높다고 할 수 없다. 지금까지 제조업은 기본적으로 국내수요의 충당을 목적으로 하였기 때문에, 제품의 질이나 경쟁력은 무시되었다고 할 수 있다. 항상적으로 물자가 부족한 사회였기 때문에 물건을 만들어 내는 데 급급했을 뿐, 제품의 질 같은 것에 신경 쓸 겨를이 없었다. 이는 사회주의 국가 공통의 현상이기도 하다. 수출확대정책에도 문제가 있었다. 기존의 수출품목의 양을 늘리기 위한 정책이 주된 것이었다. 상품의 질, 경쟁력을 높이기 위한 정책은 거의 없었다. 자본주의 사회에 물건을 팔기 위해서는 무엇을 어떻게 해야 하는지 제대로 인식하고 있었다고는 보기 힘들다. 수십 년 동안 줄기차게 '자력갱생'을 외쳐 왔던 북한 지도부가 적극적인 수출확대정책을 전개하기에는 명백한 '자기한계'가 있었을 가능성도 생각해 볼 수 있다.

이와 함께 자본주의 시장진출을 위한 보다 적극적인 무역확대정책은, 구소련 · 중국과의 관계개선을 통해 지원을 획득했을 때는 크게 후퇴했다. 북한에게 있어서 사회주의 국가, 특히 구소련과의 무역이라는 것은 정치적 · 외교적 유대의 경제적 표현에 지나지 않았다. 이른바 '경제논리'에 입각한 것이 아니었다. 구소련측은 북한의 방대한 무역수지 적자를 상당 정도 사실상 방임함으로써 북한의 경제개발을 지탱시켜 주는 이른바 '감추어진 원조(hidden aid)'를 했다.[83] 구소련이 붕괴한 1990년대에는 종전에 구소련이 수행했던 역할을 중국이 대신 떠맡았다. 다만 그렇다 하더라도 양국의 지원이 항상적인 것도, 북한의 수입수요를 충분히 충족시켜 주는 정도도 아니었다.

외채가 누증된 두 번째 요인은 북한이 경제개발 초기부터 도입했던 차관이 제대로 상환되지 못하면서 결국 외채로 연결되었다는 것이다. 북한에서는 1950년대와 1970년대 전반에 대규모 무상원조 · 차관이 들어와

83) Moiseyev(1991), p. 78; 室岡鐵夫(1993), p. 95 참조.

그것이 투자자금의 주요한 원천으로서의 역할을 수행했다. 다만 1950년대에는 무상원조가 압도적으로 많았으나 1970년대에는 모두 차관이었다. 그래서 이미 도입된 차관의 만기가 도래했을 때 상환능력의 결여(수출부진에 따른 외화난)에 의해 대외채무 불이행사태가 발생했고, 그 이후에도 수출부진이 계속되면서 채무가 늘어나게 되었다.

마지막으로 에너지 자급정책의 예를 들어 자력갱생전략의 성과, 경제개발에 미친 영향을 정리해 보기로 하자. 북한에서는 석탄 중심의 에너지 공급구조가 만들어졌지만, 바로 이 석탄의 생산이 부진해 에너지 공급부족사태가 발생했다. 아울러 에너지 자급정책은 '전력 과소비구조'의 형성, 따라서 전력부족사태를 초래했다. 이렇듯 무역에 대한 의존도를 줄이기 위해, '자력갱생'을 관철하기 위해 국내경제는 막대한 코스트를 지불하지 않으면 안 되었다. 더욱이 정책당국의 석유소비 억제방침에도 불구하고 석유소비량은 증대해 에너지의 수입의존도는 계속 상승했다. 사회주의권 붕괴의 타격이 컸던 것은 이미 외부충격에 취약한 구조가 만들어져 있었다는 데도 원인이 있는데, 이러한 구조가 형성된 데는 전술한 에너지 자급정책, 나아나 자력갱생전략에 기인하는 바도 적지 않다.

사실 자력갱생이라는 것은 대국(大國)과는 달리 소국의 입장에서는 대단히 어려운 문제이다. 예를 들면 중국의 경우 1960년의 중·소 결별에 따른 구소련측의 지원중단의 충격이 그다지 오래 가지 않았다. 중국은 중·소 결별 이후 적극적인 지질탐사에 나서 많은 대규모 유전이 발굴되고 석유생산이 급격히 늘어나면서 1970년에는 석유수입국에서 석유수출국으로 전환했다(Eckstein, 1980: 310). 그런데 북한은 국내에 석유자원도 없었고 에너지 자급정책하에서도 에너지를 자급하지 못했기 때문에 구소련 붕괴에 따른 석유수입 격감은 곧 심각한 에너지난을 불러일으키게 되었다.

제6장

제한적인 개혁 · 개방정책

구소련 · 동구는 1950년대 후반 이후 비연속적이지만 몇 차례 경제개혁의 움직임이 있었다. 그리고 1989년 후반의 동구의 정치적 격동, 1991년 후반의 소련 붕괴 이후 급속한 체제전환이 이루어지고 있다. 또한 중국은 1978년부터 본격적인 개혁 · 개방에 착수했다.

북한은 어떻게 되어 있는 것일까. 기본적으로는 종래의 전통적인 집권적 계획경제를 유지하고 있다. 물론 개혁 · 개방의 시도가 없었던 것은 아니다. 하지만 매우 제한적인 것이었다고 하지 않을 수 없다. 이 장에서는 북한의 제한적인 개혁 · 개방과 관련된 움직임을 추적해 제한적인 개혁 · 개방적 조치의 내용, 그 성과와 제약요인, 그리고 북한이 본격적인 개혁을 단행할 수 없었던 원인을 검토하고자 한다.

이하 제1절에서는 개혁 · 개방이란 무엇인가, 개혁 · 개방은 왜 필요한 것인가 하는 문제를 정리한다. 이어 제2절에서는 북한의 제한적인 개혁적 조치의 역사적 전개를 검토하고, 제3절에서는 북한의 제한적인 개방정책의 내용, 성과, 제약요인을 검토한 뒤, 제4절에서 이 장의 논의를 정리하기로 한다.

제1절 개혁 · 개방의 필요성: 구소련 · 동구, 중국의 경험으로부터

경제개혁이란 무엇인가. 경제개혁에 관해서는 여러 가지 정의, 정식화가 있을 수 있다.[1] 이 책에서는 경제개혁을 다음과 같이 정의하기로 한다. 즉 경제개혁은 사회주의 경제제도의 대폭적인 변경으로서 시장 메커니즘의 이용 혹은 시장경제적 요소의 도입이 그 변경의 핵심요소이며, 또한 집권적 시스템의 분권화를 수반하는 것이다. 다만 종래의 사회주의의 틀을 넘어서는 정도의 경제제도의 대폭적인 변경은 '개혁'이라기보다는 '체제전환', '체제이행'이라고 불리는 게 적절할 것이다.

그렇다면 집권적 계획경제에 있어서 경제개혁은 왜 필요한 것일까, 혹은 필연적인 것일까. 이는 무엇보다도 집권적 계획경제가 언젠가는 벽에 부딪힌다는 사실에 기인한다고 할 수 있다. 구소련 · 동구 · 중국 등의 집권적 계획경제는, 정도의 차는 있겠지만, 나라의 생산력을 발전시키고 국민의 생활수준을 높인다는 점에서는 다른 나라들에 크게 뒤지게 되었다. 다른 측면에서 보면 거시경제와 미시경제의 양면에서 엄청난 낭비가 발생하고 생산성이 정체 내지는 하락하기에 이르렀다. 요컨대 경제가 효율적인 운영이라는 면에서 큰 문제를 안게 되었다는 것이다. 이러한 것은 집권적 계획경제가 가지고 있는 큰 문제점에 기인하는 바가 크다. 그 문제점이란 ① 처리해야 할 정보량과 실제의 정보처리능력 사이의 극심

---

1) 예를 들면, 中兼和津次는 경제개혁을 모든 면에서의 시장화(marketization)의 추진이라고 파악하고 있다. 中兼和津次(1992a), p. 28 참조. 또한 Kornai는 개혁이라고 불릴 수 있는 변화의 조건으로 첫째 ① 공식적 지배 이데올로기 또는 공산당 지배에 의한 권력구조, ② 국가소유권, ③ 관료적 조정 메커니즘 등의 세 가지 요소 가운데 하나 이상에 변화가 발생하고, 둘째 그 변화는 적어도 '적당히 급진적(moderately radical)'이지만 시스템이 완전한 변혁까지는 달하지 않을 것을 들고 있다. Kornai(1992), pp. 361, 388 참조.

한 불균형, ② 사회 내부에 존재하는 상이한 이해관계의 조정의 어려움, ③ 능동적 정신과 욕망창출의 실패이다.

①과 ②는 수많은 연구자들에 의해 지적되어 온 문제점들로서 이것들에 대해서는 이 책의 제4장에서 이미 서술했다. 여기서는 ③만을 간단하게 살펴보기로 한다.

③을 강조하는 대표적인 연구자인 中兼和津次에 따르면 사회주의 계획경제의 최대의 문제점은 사회나 경제를 다이내믹하게 발전시키는 정신 혹은 욕망과 그 정신을 낳게 하는 제도적 장치가 없다는 것이다. '계획' 시스템의 이상은 리스크와 불확실성을 없애는 것이므로 리스크에 도전하는 인간유형은 요구되지도 않고 생겨나지도 않는다. 슘페터가 말했듯이 자본주의의 본질이 '창조적 파괴'에 있다고 하면, 사회주의 계획경제는 이러한 파괴는 다루지도 않고 허용되지도 않는다(中兼和津次 1999: 206-207).

Brus & Raski가 말하는 '보수적 근대화'라는 개념은 中兼和津次의 '능동적 정신과 욕망창출의 실패'와 유사한 면이 있다. 그들은 소비에트 타입의 발전전략의 귀결을 '보수적 근대화(conservative modernization)'라고 이름붙였다. 이것은 한편으로는 후진성의 극복이라는 점에서 부정하기 어려운 진보를, 다른 한편에서는 지속적으로 변화를 추구하는 성향의 결여, 경제를 근대화시킴으로써 그 자신 더욱더 앞으로 나아가고자 하는 기세를 낳는 성향의 결여를 반영한 개념이다(Brus & Raski, 1989: 50-51).

다음에는 경제개방의 문제를 살펴보기로 하자. 대외경제개방은 다방면에 걸친 것이다. 이것은 사물의 개방(무역), 자금의 개방(외자도입)이 중심이지만 사람의 개방(해외에서의 관광객이나 기업관계자의 방문)도 빠뜨릴 수 없는 요소이다. 그럼 경제개방은 왜 필요한 것일까. 혹은 개방의 의의 · 목적은 무엇일까.

사회주의 제국의 경우 국내자금부족 보충의 필요성, 기존 기업의 낡은 기술 · 설비의 개조, 효율화의 필요성과 같은 것들이 대외경제개방에 대한 압력을 형성했다고 할 수 있다. 경제적으로 뒤떨어져 있는 사회주의 국가가 선진 자본주의 국가에서 개발된 기술을 도입하는 것은 경제를 급속히 발전시키기 위한 불가결한 요소이며, 또한 외국의 자본 · 설비를 도입함으로써 용이하게 자본형성을 할 수 있기 때문이다.

무역의 확대는 기업 또는 국민경제가 국제경쟁에 직면하게 됨을 의미하기도 한다. 어떤 제품이 국제시장에 수출될 수 있다는 것은 그 제품이 가격 · 품질의 면에서 국제경쟁력을 갖추고 있다는 것이 된다. 국내시장에서의 경쟁보다도 국제시장에서의 경쟁이 훨씬 심하다. 기업 또는 국민경제는 기술혁신이나 신제품의 개발, 제도개선, 산업간 자원의 재분배 등을 통한 생산성의 상승에 힘을 기울이지 않을 수 없다. 이렇게 해서 무역의 확대는 국제경쟁압력에 의해 효율성의 개선을 강제하게 된다.

그럼 개혁과 개방은 어떤 관계에 있을까.[2] 한마디로 말하면, 개혁과 개방은 수레의 양쪽 바퀴의 관계에 있다고 할 수 있다. 한 세트로 되어 있다고도 할 수 있다. 개혁이라는 것이 효율화를 키워드로 하는 것이라면, 여러 가지 제도적 결함에 기인하는 내재적인 개혁압력이 한쪽에서 개방을 필연화하고, 그 개방이 한 걸음 더 나아간 개혁을 요구하는 구조로 되어 있다. 또한 개혁(제도개혁)이 대외개방의 국내적 조건을 정비 · 제공하고, 대외개방은 제도개혁을 국제적 측면에서 지원 · 촉진하는 관계로 되어 있다고도 할 수 있다.

제2절 북한의 제한적인 '경제개혁' 정책의 전개

이 절에서는 북한의 제한적인 '경제개혁'의 궤적을 추적, 정리하기로 하자. 관련 자료의 부족으로 정확한 시기구분은 매우 곤란하지만, 대략적으로 보면 북한의 '경제개혁'과 관련된 움직임은 다음과 같이 4개의

2) 개혁과 개방의 관련성에 대해서는 예를 들면 上原一慶(1987), pp. 13-20; 劉進慶(1990), p. 183 참조.

시기로 나눌 수 있다.[3] 제1기는 1983년 이전의 시기이다. 이 때는 '경제개혁'과 관련된 움직임이 거의 나타나지 않았던 시기이다. 제2기는 1984년부터 1985년까지이다. 이 시기는 '경제개혁'의 조짐이 나타나기 시작한 때이다. 제3기는 1986년부터 1988년까지이다. 이 시기는 '경제개혁' 조짐으로부터의 후퇴기이다.[4] 제4기는 1989년 이후의 시기이다. 제한적이지만 '경제개혁'적 요소가 있는 정책이 다시 등장했다.

1. 1983년 이전

(1) 지방분권화 조치와 국제비교

중앙집권적 시스템이 발생시킨 문제에 대한 대처방향은 결국 비집권화, 즉 분권화가 되지 않을 수 없다. 다만 분권화를 논할 때는 '기업분권'과 '지방분권'을 구별할 필요가 있다. 전자는 생산단위인 기업에 권한을 부여하는 것이다. 후자는 지방정부 내지는 지역적 기관이라는 중앙의 하급 행정단위에 권한을 부여하는 것이다. 여기서 지방정부에 권한을

---

3) 이 책에서의 시기구분은 북한의 공식문헌과 선행 연구, 필자의 탈북자 면담결과에 기초한 것이다. 이 가운데 북한의 노동당 중앙위원회 기관지인 『근로자』의 경제관련 논문의 주제를 추적해 보면 시기구분의 실마리를 얻을 수 있다. 우선 1984년에 들면서 주제가 크게 바뀌었다. 이 때부터 '가격, 비용, 이윤 등의 경제적 공간', '경제적 타산', '경제계산' 등에 의한 경제관리 개선, 물질적 자극의 올바른 적용, 기업의 책임성 제고, 인민생활 향상을 주장하고 무역과 경공업을 강조하는 논문들이 거의 매달 게재되었다. 하지만 이러한 주제들은 1986년 봄부터 자취를 감추고 만다. 대안의 사업체계를 강조하고 경제건설을 힘있게 다그치자는 등 전통적인 주제로 환원한다. 그러다가 1989년부터 경공업과 대외무역을 강조하는 논문들이 다시 나타나고 1990년에는 '경제타산', '경제계산', '경제적 공간'과 물질적 자극을 다루는 글들이 재등장한다.

4) 좀더 엄밀하게 이야기하면 1986년 3~4월 정도까지는 개혁적 분위기가 남아있었던 것으로 보인다. 즉 개혁이 후퇴하는 시기는 1986년 1월부터라기보다도 1986년 4~5월부터가 아닌가 한다.

부여한다고 해서 기업에게 권한이 부여된다는 보장은 전혀 없다는 것을 지적할 필요가 있다. 따라서 기업분권화와 지방분권화는 전혀 차원이 다른 것이다.

우선 지방분권의 문제를 살펴보기로 하자. 북한에서 지방분권화 조치가 취해진 최초의 시기는 1958~1959년이라 할 수 있다. 이 시기에 지방공업의 급격한 팽창을 배경으로 중앙의 관리기구를 축소시켜 많은 업무를 지방기관에 이양하는 조치가 취해졌다. 김일성은 1961년 조선노동당 제4차 대회에서 "공업이 방대한 규모로 늘어나고, 특히 지방공업이 대대적으로 발전된 조건에서 지난날의 공업관리체계는 현실에 맞지 않게 되었습니다. … 이로부터 우리 당은 그전에 중앙 성(省), 국(局)들이 직접 관리하던 적지 않은 공업기업소들을 지방에 넘겨 주고 도(道)경제위원회를 창설하여 지방공업과 지방건설을 관리하게 하였습니다. 이와 함께 우리는 중앙 성, 국들을 통합하여 그 기구를 대폭적으로 줄이고 많은 관리기술 간부들을 지방에 파견하였습니다"(『경제관리 2』, pp. 14-15)고 밝혔다. 1959년 내각명령 46호에 의해 국가기관으로서의 지위를 부여받은 도경제위원회는 지방공업 전반과 일부 중앙공업을 담당하게 되었다.

그런데 1년 후에 도경제위원회의 기능은 축소되어 지방공업만을 관할하게 되었다. 더욱이 1961년에는 '대안의 사업체계'가 등장하고 또한 1965년에 '계획의 일원화 · 세부화'기 등장하면서 당의 지도, 중앙의 역할을 강조하는 방향으로 나아갔다. 이 해에는 다시 지방기업 일부를 중앙기업으로 지위를 변경해 해당 중앙 성이 직접 통제 · 관리하도록 하고 남은 지방기업은 경공업성이 관리하도록 했다.

1981년에 들어와 다시 지방분권화 정책이 전개되었다. 이번에는 도경제지도위원회를 신설해 중앙의 권한을 대폭 이양하는 대담한 조치가 취해졌다. 중앙의 각 부, 위원회를 통합, 기구를 축소하고 중앙의 간부들을 도경제지도위원회에 파견했으며 정무원 산하의 기업들을 도경제지도위원회 산하로 이관시켰다. 도경제지도위원회는 도내의 중앙공업과 지방공업을 유기적으로 결합시켜 협동생산체계를 확립하고 중앙으로부터 내려온 지령에 따라 도내의 공장에 자재, 인력, 자금을 총괄적으로 분배하고 각 공장의 생산목표의 수행을 감독하게 되었다. 도경제지도위원회의 지위와 관련하여 김일성은 "새로운 공업지도체계에 따라 도경제지도위원회를 내왔기 때문에 도들에도 부가 하나 생긴 셈입니다. 도경제지도위원장들은 현지에 내려가 있는 정무원 부장이라고 말할 수 있습니다"(『저작집 37』, p. 83)고 밝힌 바 있다. 아울러 도경제지도위원회와 정무원의 각 부, 위원회의 역할분담은 전자가 현행 생산에 지도의 중점을 두고, 후자는 전망문제에 주력하는 것으로 되었다.

이 조치는 김일성 자신도 1982년의 신년사에서 "공업지도체계를 새롭게 개편한 획기적인 조치"라고 평가했다. 왜냐하면 이는 북한역사상 처음으로 등장한 '지역별 관리체계'이기 때문이다. 종래의 공업관리체계는 기본적으로 '(공업)부문별 관리체계'였다. 그리고 앞에서 기술한 1958~1959년의 지방분권화 조치는 지역별 관리의 요소를 꽤 도입했다 하더라도 어디까지나 기본은 부문별 관리체계였었다.[5] 그런데 1983년 8월의 어느 연설에서 김일성은 도경제지도위원회를 중심으로 하는 경제관리체계를 2년간 운영해 보니 성과도 있었지만 문제점도 많았다고 지적하면서, 현재 도경제지도위원회 내에 있는 '관리국'을 중앙의 부, 위원회로 이관하겠다고 밝혔다. 기업에 대한 지도관리기능을 다시 중앙으로 넘기겠다는 것이었다. 김일성은 그 이유로, 관리국을 도경제지도위원회가 가지고 있으면 중앙의 부, 위원회는 공장의 협동생산만을 조직하면 되며 생산에 대해서는 끝까지 책임을 지지 않아도 되는 폐단이 생겼다는

5) 사회주의의 경제관리체계는 크게 보아 두 가지로 나눌 수 있다. 첫째, '부문별 관리체계'이다. 이는 각 기업이 소속해 있는 중앙관청(부, 위원회)이 자신의 산하 기업들을 지도관리하는 방식이다. 종적(縱的) 관리라고도 한다. 둘째, '지역별 관리체계'이다. 각 기업이 소재하고 있는 해당 지역의 지방정부 혹은 지역적인 기관이 중심이 되어 자신의 지역 내의 기업들을 관리하는 방식이다. 횡적(橫的) 관리라고도 한다. 사회주의 경제의 역사를 보면, 이 둘 중 어느 하나가 우세하고 다른 하나가 보완적으로 되는 식이었다.

점을 들고 있다. 관리국을 도경제지도위원회가 가지고 있으면 부, 위원회가 공장을 장악하지 못하고 또한 생산의 유일성이 보장되지 않는다는 것이다(『저작집 38』, pp. 148-149). 이렇게 해서 북한역사상 유일한 '지역별 관리체계'[6]는 2년여의 시행 끝에 사실상 막을 내렸다.

더욱이 1985년 연합기업소의 전면적 도입시기에도 분권화와 관련된 움직임이 있었지만 제대로 되지 않았다. 김일성은 1988년의 어느 연설에서 "나는 … 1985년에 연합기업소를 조직할 때 국가계획위원회에서 중요한 연합기업소만 틀어쥐고 계획화하고 나머지 연합기업소들은 지구계획위원회에서 맡아 계획화하도록 체계를 정연하게 세워 주었습니다. 그런데 그 후에 이러저러한 이유로 국가계획위원회에서 맡아 계획화하는 연합기업소들이 많이 늘어나고 반면에 지구계획위원회가 맡아 계획화하는 연합기업소들은 많이 줄어들었습니다. 그러다 보니 국가계획위원회가 숱한 계획단위를 걷어 안고 제구실을 하지 못하고 있으며 계획화사업이 제대로 되지 않고 있습니다"(『경제관리 7』, p. 119)고 지적 · 비판했다.

이러한 북한의 분권화 '개혁'적 조치를 중국 · 구소련의 그것과 비교하여 보자. 구소련의 경우 1957년에 부문별 관리에서 지역별 관리로의 전환을 시도했다.[7] 이 해에 부문별 공업성이 폐지되고 그 대신에 지역별 국민경제회의(Sovnarkhoz)가 설치되었다. 소련 전 국토를 105개의 지역별 국민경제회의로 분할하여 횡적 관리체계로 이행하였다. 1950년 당시는 공업총생산의 67%를 중앙의 부문별 공업성이 관리했었지만, 1957년의 개혁에 의해 약 6%로 격감했다. 그런데 1965년에 다시 부문별 공업성이 부활, 종전의 시스템으로 돌아갔다.

중국의 경우 1978년의 개혁 · 개방 이전에 두 차례의 분권화 개혁이

---

6) 앞에서 밝힌 1958년의 지방분권개혁에 의해 부문별 관리에 지역별 표식을 대폭 받아들였지만 어디까지나 전자가 기본이었다. 姜日天(1987b), p. 60 참조.

7) 자세한 것은, 예를 들면 Nove(1968), pp. 79-93 참조.

행해졌다.[8] 첫번째는 1957 · 58년의 단계에 지방분권화를 중심으로 약간의 기업분권화를 수반하면서 실시되었다. 개혁에 의해 중앙 직속기업의 87%에 상당하는 8,000여 개 기업의 관리권이 지방으로 옮겨지고, 중앙이 통일 분배하는 생산재의 수도 530종에서 130종으로 줄었다. 또한 재정 · 고용의 면에서도 지방정부의 권한이 확대되었다. 대외무역을 제외하고는 거의 전면적으로 지방분권화가 추구되었다. 그러나 이것은 때마침 진행되던 대약진 · 인민공사화와 함께 경제의 밸런스를 무너뜨려 1960년대 초에 좌절했다.

두 번째는 1970년 전후에 기업분권화를 수반하지 않는 지방분권화로 이루어졌다. 무엇보다도 중앙 관할기업의 대부분이 지방으로 이관되었다. 1965년에는 중앙 직속기업의 공업생산액이 국영 공업기업 전체의 46.9%를 차지하고 있었지만, 1970년에는 8%까지 떨어졌다.[9] 또한 1972년에는 중앙이 통제하는 생산재의 수도 1966년 시점의 39% 수준으로 감소했다.

북한의 지방분권화 조치는 1978년 이전의 중국에서 시도된 두 차례의 지방분권화 개혁과 마찬가지로 단명에 끝났다. 더욱이 1950년대 말의 분권화는 비슷한 시기의 중국의 그것에 비해 극히 제한적이었다. 일부의 중앙 직속기업을 도경제위원회에 이관하였다고 해도 여전히 '부문별 관리'가 기본이었다. 또한 그 이외의 지방분권적 조치, 즉 재정 · 고용 등의 면에서 지방정부에 권한이 이양되었다든지 중앙이 통일 분배하는 생산재의 수가 감소했다든지 하는 것은 없는 것으로 알려지고 있다.

북한에서 지역별 관리에의 이행을 목표로 한 1981년의 분권화 조치는, 구소련에서 1957년부터 시도되었던 '지역별 국민경제회의'와 유사한 면이 있다. 도경제지도위원회는 지역별 국민경제회의와 마찬가지로

---

8) 개혁 · 개방 이전 중국의 분권화 개혁에 관해서는, 예를 들면 田島俊雄(1990), 石原享一(1990)을 참조.

9) 〈當代中國〉 叢書編輯部 編(1984), p. 137을 참조.

종전에 공업성의 관리국이 수행한 기능을 대행하는 것으로 기대되었다. 다만 도경제지도위원회는 정무원(내각)의 직속기관이지만, 지역별 국민경제회의는 공화국 정부에 종속되어 있었다는 차이는 있다. 어쨌든 양자 공히 실패로 끝나 결국 종래의 집권제 시스템으로 되돌아가 버렸다.[10)]

(2) 독립채산제의 전개

'경제개혁'에 있어서 지방분권화 개혁보다 더 중요한 것은 기업에게 일정 권한을 주는 '기업분권화' 개혁이다. 그런데 북한에서 기업분권화 개혁은 극히 미미했다. 더욱이 지방분권화 개혁과 기업분권화 개혁이 한꺼번에 실시된 적은 아예 없다고 해도 과언이 아니다.

북한의 경우, 기업분권화 조치와 관련이 있는 것으로서 주목할 만한 것은 독립채산제를 둘러싼 움직임이다.[11)] 북한에서 독립채산제의 역사는 꽤 길다.[12)] 실시범위는 명확하지 않지만 1946년부터 도입되었다. 이후 1952년, 1973년, 1984년에 독립채산제관련 규정이 개정되면서 실질적으로야 어떻든 명목적으로는 확대 · 강화되어 왔다.

독립채산제[13)]란 국영기업소가 자신이 벌어들인 수입으로 자신의 지

---

10) 중앙집권, 지방분권을 둘러싼 개혁은 말하자면 정부기구 내부의 권한이동에 지나지 않는다. 행정적 통제라는 영역을 벗어나는 것이 아니다. 따라서 어느 것이나 결국 기능마비상태에 빠지지 않을 수 없다.

11) 기업분권화 조치와 약간 관계가 있는 연합기업소제도에 대해서는 후술한다.

12) 북한에서의 독립채산제의 역사적 전개에 대해서는 姜日天(1986), 姜日天(1987a), 姜日天(1987b)이 자세하다.

13) 독립채산제와 대비되는 개념은 예산제이다. 예산제란 기업이 국가예산으로부터 자금을 받아 그 돈으로 기업을 운영하는 기업관리운영방법이다. 「『國營企業所の獨立採算制に關する規定』について(上)」, 『月刊朝鮮資料』, 1985年 11月號, p. 24. 이것은 북한의 『민주조선』이 같은 이름의 해설기사를 1985년 2월 13일, 3월 1일, 7일, 20일, 4월 4일, 24일, 5월 1일의 7회에 걸쳐 연재한 것을 모두 번역한 것이다.

출을 충당하고, 나아가 이익을 내어서 이를 국가에 바치게 되어 있는 것이다.[14] 하지만 이는 '완전한 독립채산제'일 뿐 실제로 국가가 기업에게 요구하는 것은 보다 완화된 형태의 독립채산제이다. 북한에서 독립채산제의 핵심적 내용은 기업의 이익금을 국가와 기업 사이에 어떻게 분배할 것인가, 요컨대 분배비율의 문제이다(탈북자 E씨). 바꾸어 말하면 기업은 이윤의 일부를 기업 내에 유보하여 그것을 고정자본투자, 유동자금, 보너스 등에 쓸 수 있게 되어 있는데, 제도적으로 또한 실제로 어느 정도까지 기업이 자유롭게 쓸 수 있는가 하는 것이다. 그것은 국가가 기업에 어느 정도의 권한을 부여하고 있는가, 즉 '기업분권', 기업의 상대적 독자성의 문제와 관계가 있다. 또한 기업(경영자 및 노동자)에 대한 물질적 자극과도 관련되어 있는 문제이다.

몇 가지 단편적인 자료와 탈북자들의 증언을 모아 보면, 1980년대 중반 혹은 후반까지 독립채산제는 제도와 현실 간에 상당한 괴리가 있었던 것으로 보인다. 즉, 실제로는 기업에게 인정되는 유보이윤은 매우 적고, 기업이윤의 대부분은 국가예산에 흡수되었다. 독립채산제는 명목에 지나지 않게 되었다고도 할 수 있다.

예를 들면 김일성은 1973년의 어느 연설에서 "독립채산제는 기업소의 경영활동의 결과에 대한 물질적 관심성의 원칙에 기초하며 … 독립채산제를 바로 실시하여야 생산자들의 생산의욕을 더욱 높이고 … 할 수 있습니다"고 말하면서도 "독립채산제를 실시하는 데서 국가수입을 끊임없이 늘리는 원칙을 철저히 지키는 것이 매우 중요합니다"(『저작선집 6』, p. 397)라고 강조했다. 같은 연설에서 김일성은 "독립채산제를 실시한다고 하여 국가수입을 무시하여서는 안 됩니다. 우리가 한때 일부 기업소 일꾼들을 비판한 것은 그들이 독립채산제를 실시한다고 하면서 국가수입을 소홀히 하였기 때문입니다"고 말했다.

공식문헌에서 "독립채산제를 실시한다는 것은 기업소들이 경영활동

14) 위의 책, p. 24.

을 멋대로 하여 번 것을 다 나누어 먹어도 된다는 것을 의미하지 않는다"(경제사전 1』, p. 443)고 강조하고 있는 것도 비슷한 사정이다. 기업에 대한 물질적 자극이나 일정한 자율성을 주는 것보다 국가수입의 증대가 우선시되었던 사실을 엿볼 수 있다. 실제로 기업에 요구된 것은 "국가재산을 귀중히 다루고 관리하며 절약투쟁을 벌여" 이익을 내고 이를 국가에 바치는 것이었을 것이다.

또한 제4장에서도 서술한 바와 같이, 독립채산제 기업으로 지정되었지만 국가의 여러 가지 제한조치로 인해 실제로는 독립채산제가 적용될 수 없었던 경우가 적지 않았다고 탈북자들은 전하고 있다. 예를 들면 기업의 은행계좌와 국고를 형식적으로는 별개의 것으로 하고 있었지만, 실제로는 기업의 은행계좌에 들어가는 돈을 국고가 자유롭게 쓸 수 있게 되어 있었다(탈북자 E씨).

또한 정확한 추이는 알 수 없지만 표 6.1에도 나타난 바와 같이, 기업소기금 적립한도액의 비율은 경향적으로는 1970년대까지 축소되는 경향을 나타냈다. 다만 1986년 4월의 정무원 결정 제20호에 의해 초과이윤에서 기업소기금으로 적립되는 한도액이 증액되었다.

1980년대 초까지의 움직임을 정리할 때, 무역과 관련된 것에도 언급할 필요가 있다. 종래 북한의 무역은 '국가독점'의 원칙에 따라 무역부

표 6.1 기업소기금 적립비율의 변천

초과이윤	계획이윤	시기
10~90%	0.5~12%	1960년 4월
13~50%	0.5~10%	1962년 6월
~20%		1973년 말
~50%		1986년 4월

자료: 姜日天(1987a), p. 64; 姜日天(1987b), p. 62(원자료는 『경제지식』, 1960. 4, p. 39; 『경제지식』, 1962. 6. p. 24; 『사회주의 기업소 재정』, 김일성종합대학출판사, 1976, p. 156; 조선민주주의인민공화국 정무원결정 제20호(1986. 4. 22)).

및 대외경제사업부의 통제하에 국영상사(商社)에 의해 행해졌다. 그런데 "1970년대 말에서 1980년대 초에 걸쳐 무역부를 비롯하여 모든 생산부문의 부 · 위원회에 무역회사를 조직하여 직접 거래를 하는 권한을 부여, 각 도의 행정구역단위에도 지방무역의 형태로 변경무역이나 그 밖의 무역을 수행하는 권한을 주었다"[15]고 한다. 다만 "무역부는 모든 수출입거래에 관한 가격의 결정, 국제기구를 통한 검열 · 통제, 수입의 허가 등에 대해 직접적인 권한을 장악하고 있다"[16]고 되어 있다. 무역의 '국가독점' 원칙이 완화되었음은 엿볼 수 있지만 무역의 분권화라는 표현에 어울릴 정도의 정책적 조치였는지 어떤지는 명확하지 않다.

2. 1984~1985년

(1) 경제개혁의 조짐

1984년부터는 개혁의 조짐이 보이기 시작했다. 1984년이라는 해는 북한의 대내외 정책에 있어서 획기적인 해였다. '8 · 3 인민소비품창조운동'의 도입, 독립채산제의 강화와 같은 대내경제개혁적 정책, 합영법이라는 대외경제개혁적 정책이 나온 것은 바로 1984년이다. 다만 탈북자들의 증언을 종합해 보면, 당시는 구체적인 개혁적 조치보다도 개혁의 필요성에 관한 논의가 비교적 활발하게 이루어지는 분위기가 있었던 것같이 보인다.[17]

---

15) 북한의 사회과학원 세계경제 · 남남협력연구소의 김정기 부소장이 1988년 5월에 평양에서 열린 '조선관계 전문학자의 국제과학토론회'에서 '조선의 대외경제관계에 관하여'라는 제목으로 보고한 내용. 『月刊朝鮮資料』, 1990年 4月號, p. 62.

16) 위의 책, p. 62.

17) 1984 · 85년 당시 평양에서 대학에 다니고 있던 탈북자 G씨는, 사회의 지도층에는 개혁에 관한 논의가 꽤 있었지만 일반 시민들에게까지 확산된 정도는 아니었다고 전하고 있다.

그러면 왜 1984년부터 이러한 움직임이 나타나기 시작했던 것일까. 정확한 사정은 알 수 없으나 적어도 다음의 두 가지 것은 고려되어야 할 것 같다. 첫째, 1984년은 북한의 제2차 7개년 계획(1978~1984)이 끝나는 해이다. 이 계획은 북한의 공식발표와는 달리 계획목표가 달성되지 못한 부분이 많다고 하는 것이 일반적인 관측이다.[18] 실제로 북한 당국은 계획종료 후 2년간(1985~1986)의 완충기를 마련하기도 하였다. 또 앞에서 살펴보았듯이 북한의 경제성장률은 1960년대부터 둔화되기 시작해 1970년대 전반에 일시 회복되었지만 1970년대 후반 혹은 1980년대 전반부터 다시 나빠졌다. 특히 오랜 기간 시계열자료를 발표해 온 공업총생산액에 대해 1985년도분부터 발표가 중단되었다는 사실로부터도 이 시기의 경제적 어려움을 읽을 수 있다.

둘째, 김일성은 1980년대 전반 중국·구소련, 동구를 방문하여 이들 나라의 경제상황과 분위기를 자기의 눈으로 볼 기회가 있었다. 1980년 5월에 루마니아와 유고슬라비아, 1982년 9월에는 중국, 1984년 5월부터 7월까지는 구소련, 동독, 헝가리 등의 8개국을 방문했다. 김일성은 이 기간 동안 다른 사회주의 국가들이 북한보다 발전되어 있는 모습을 보고 상당한 충격과 자극을 받았던 것으로 전해지고 있다.

1984년부터 시작된 '8·3 인민소비품창조운동'은 이러한 분위기의 반영이라고 할 수 있다. 이는 북한이 생활필수품 부족을 타개하기 위해 진행시킨 소비품 생산증대운동이다. 즉, 각 기업, 가정에 조직된 '생활필수품 직장·작업반', '가내작업반'에서 기업의 부산물, 폐기물, 지방의 차원에서 모은 유휴원료·자재를 이용해 소비품을 생산하는 것이다. 그리고 그 생산에 필요한 원료·자재, 설비, 노동에 관해서는 국가(중앙)가 전혀 지원을 해주지 않는, 즉 지방차원에서 '자력갱생' 혹은 '자체해결'하게 되어 있다는 점에 큰 특징이 있다. '국가계획에 들어가 있지 않은 제품'을 생산하는, 중앙의 계획경제의 영역 밖에 존재하는 경제적 존

18) 예를 들면 小牧輝夫(1986) 참조.

재라고 볼 수 있다.

이 운동의 직접적인 계기는 김정일이 1984년 8월 3일 평양에서 열린 전국경공업제품대회의 전시장을 둘러보고 '주민들에 대한 상품공급사업을 개선할 데서 제기되는 몇 가지 문제에 대하여' 라는 제목의 담화를 발표한 것이다. 그는 여기에서 다음의 두 가지를 지시했다. 첫째, 생활필수품의 생산을 위해 각 기업 · 가정에 '생활필수품 직장 · 작업반', '가내작업반', '부업반' 등의 조직을 다수 설립해 소비품 생산에 보다 많은 힘을 쏟도록 했다. 이러한 조직들은 이미 1950년대부터 존재하여 왔던 것[19]인데, 김정일은 이들 조직들의 수를 늘리도록 지시한 것이다. 둘째, 이러한 조직에서 생산된 소비품을 소비자에게 직접 판매하는 '직매점' 을 평양의 각 지역에 설립하는 것이다. 이 '직매점' 은 종래 존재하지 않았던 것이다. 그리고 김정일의 지시 이후 직매점은 전국으로 확대되었다.[20]

'8 · 3 인민소비품창조운동' 은 ① 중앙계획 이외의 영역에서의 소비품 생산, ② 시장(marketplace)의 존재라는 두 가지 점에서 개혁적 성격을 띠고 있다고 볼 수 있다.[21] 특히 후자, 즉 '직매점' 의 설치에 '8 · 3 인민소비품창조운동' 의 획기적 성격이 있다. 이러한 소비품은 중앙의 생산할당, 중앙의 자재공급, 중앙의 가격설정 등 중앙의 관리 · 통제에서 벗어나 있으며, 지방의 당조직과 행정기관에 자율성이 부여되고 있다. 그리고 지방차원에서의 인센티브는 지방적으로 생산되어, 그 지방의 소

---

19) 이 점을 지적한 것은 後藤富士男이다. 後藤富士男(1998), p. 219 참조.

20) 後藤富士男는 1984년부터 시작된 '8 · 3 인민소비품창조운동' 이 언제부터 본격적으로 전개되고 또 지속되었는지 명확하지 않다고 지적하고 있다. 1984년에 생긴 경제정책의 새로운 경향은 전체적으로 1986년부터 1988년까지 일시적으로 톤 다운되었다고 이야기되며, 이 운동이 김정일에 의해 제기되고 나서 5년이나 지난 시점에서 정무원이 관련 규정을 승인하였기 때문이라고 한다. 後藤富士男 집필, 「人民生活重視の 强調」, 小此木政夫 編(1997), pp. 299-302 참조.

21) Lee, Hy-Sang(1992), pp. 47, 50-51; Lee, Doowon(1996), pp. 322-323 참조.

비자에게 직접 판매되는 '직매점'을 통하여 제도화되어 있다.[22)]

또한 이 시기에는 제도적으로 독립채산제를 강화하고자 하는 일련의 조치가 취해졌다. 김정일은 1984년 3월에 "독립채산제에 관한 규정을 현실의 요구에 맞도록 한층 더 완성시켜 기업에서 독립채산제를 철저히 구현하도록 하지 않으면 안 된다"고 지시했다. 더욱이 같은 해 6월에는 사무기관을 제외한 비생산부문 기관, 기업소를 완전독립채산제 또는 반독립채산제에 의해 관리·운영하는 획기적인 조치가 취해졌다고 한다. 아울러 1985년 연합기업소의 전면적 도입과 함께 연합기업소 차원의 독립채산제와 개별 기업차원의 독립채산제가 동시에 실시되는 '이중독립채산제'가 도입되기에 이르렀다.

또한 1984·85년에는 독립채산제의 강화와 병행하여 경제관리에 있어서의 '경제적 공간'의 중시방침이 내려졌다. 예를 들면 1985년 4월의 예산보고에서 "경제관리에 있어서 가격, 이윤, 원가와 같은 경제적 공간을 바르게 이용하며 임금·상금을 통해 그 물질적 자극을 올바르게 적용할" 것이 요청되었다.[23)] 더욱 이즈음 노동신문에서는 기업의 독자성, 자립성의 확대를 주장하는 논의가 나타나기에 이르렀다. "기업소에게 보다 큰 독자성이 부여되면 경제적 공간의 적용범위가 넓어져, 경제실천에 있어서 그 이용의 효과가 높아진다", "기업소의 자립성이 강화되고, 계획작성사업을 기업소가 주도적으로 진행시켜 기업소 자체가 세우는 계획지표의 범위가 넓어지면 경제적 공간의 이용의의는 한층 더 커진다"[24)] 등과

---

22) Lee, Hy-Sang은 북한 당국이 공식적으로는 개혁의 필요성을 인정하고 싶지 않으니까 '8·3 인민소비품창조운동'을 혁신적이긴 하지만 지령경제 내지 '주체의 경제'의 자연스러운 분지(分枝)로 내세우고 있다고 주장한다. 따라서 그는 이 운동을 숨겨진 개혁(hidden reform)이라고 명명하고 있다. Lee, Hy-Sang(1992), p. 52 참조.

23) 제4장에서도 설명했듯이 기업에 대한 실적평가는 총생산량이 최대의 기준이었고, 기업이 적자가 나더라도 국가가 메워 주었다. 따라서 기업들은 생산의 양적 목표달성에 급급할 뿐 비용이나 이윤에는 별다른 관심을 기울이지 않았다.

같은 논조이다.

(2) 연합기업소와 국제비교

이 시기의 움직임과 관련하여 또 하나 주목할 만한 것은 연합기업소의 전면적인 도입이다. 북한의 연합기업소는 일종의 기업연합체로서 생산활동상 혹은 관리경영상 밀접한 관계를 가지고 있는 여러 기업들을 수직적 · 수평적으로 통합해 하나의 경영단위로 만든 기업조직형태이다. 대표적인 것이 원료 · 연료생산기업과 이를 사용하는 기업들을 한데 묶은 것이다.

연합기업소는 크게 보아 다음과 같은 두 가지 유형이 있다. 첫째, 국민경제입장에서 전략적 의의를 가지는 중요한 제품을 생산하는 기업 한 개를 축으로 해서 이 기업과 생산 · 기술적으로 연계가 밀접한 여러 부문의 기업들을 망라해 통합한 조직이다. 금속공업, 기계공업, 화학공업 또는 건설부문에서 조직한 연합기업소들이 여기에 속한다. 예를 들면 김책제철연합기업소는 김책제철소를 '핵심기업'으로 하고 여기에 청진제강소, 청암광산, 청진관(管)수송사업소, 고무산시멘트공장 등 13개 '산하기업'이 결합되어 총 14개 기업으로 구성되어 있다. 둘째, 일정 지역 내에 있는 몇 개의 주요 동종(同種) 기업들을 축으로 하고 그 기업들을 지원하는 기업들을 통합한 조직이다. 석탄공업, 광업부문에 조직한 연합기업소들이 여기에 속한다. 예컨대 혜산지구 광업연합기업소는 6개의 동(銅)광산을 축으로 해서 광산기계공장, 제련소, 외화벌이광산(금광) 등으로 구성되어 있다.

이러한 연합기업소는 1973～1974년에 시험적으로 도입[25)]되었고, 1985년부터 전면적으로 도입되었다. 그 뒤에 몇 차례 부분적인 개편이 있었

24) 坂井隆(1993), pp. 230-231(원자료는『로동신문』, 1985. 8. 4).

25) 6개의 연합기업소가 공식 발족한 것으로 전해지고 있다. 최신림 · 이석기(1998), p. 99 참조.

지만 기본골격은 그대로 유지되고 있다. 그리고 연합기업소는 1986년 9월 현재 그 수가 120개에 이르고 있었고, 120개의 연합기업소 가운데 61개 기업은 중앙기관에 의해 지도되고 나머지의 59개 기업은 지방, 즉 도의 관할하에 놓여 있다고 한다(姜日天, 1987b: 60-61).

연합기업소[26]는 국가계획기관의 지도하에 직접 계획을 세워 생산을 조직 · 추진하는 계획단위, 생산단위, 실행단위이다. '공업관리의 기본적 고리'라고 할 수 있다. 국가의 계획관리기구상으로 본다면, 연합기업소는 정부의 산업관련 각 성과 개별 기업의 중간에 위치하는 것이다(그림 2.3 참조). 연합기업소는 이전에 정무원의 부(혹은 성) · 위원회가 수행했던 계획적 지도기능 일부를 직접 떠맡아 자기의 산하기업에 대하여 부분적으로 지도기능을 수행한다. 즉 연합기업소는 이 제도의 도입과 동시에 설립된 '자재상사'를 통하여 산하기업에 대하여 자재보장의 책임을 지는 것으로 된다. 연합기업소는 생산에 필요한 자재를 연합기업소 내에서 최대한 해결하는 원칙하에 움직인다. 물론 연합기업소 내에서 해결할 수 없는 자재는 다른 연합기업소에서 구입하도록 되어 있다.

또한 산하기업의 생산활동에 대한 장악 · 통제의 기능도 수행한다. 공식설명에 의하면 연합기업소는 그 산하기업을 국가계획의 범위 내에서 일정의 독자성을 갖고 직접 지도 · 관리한다고 한다(『경제사전 1』, p. 475). 또한 혜천광업연합기업소 산하 운흥광산기계공장에서 근무한 적이 있는 탈북자 D씨의 "우리 공장의 경우 진짜 주인은 연합기업소이다. 도계획위원회는 우리들로부터 보고를 받아 그것을 상부의 국가계획위원회에 보고하는 데 그칠 뿐이다. 실제 계획의 작성자, 집행자는 연합기업소이다"라는 증언으로부터도 그러한 것을 엿볼 수 있다. 어느 정도인지 명확하지 않지만 생산계획의 작성과 실행, 자재공급 등에 있어서

26) 북한에서 연합기업소는 그 명칭이 다양하다. 연합회사, 총회사, 관리국, 총국 등도 이름만 다를 뿐 연합기업소와 같은 것이라고 한다. 朴永根(1989), p. 27 참조. 이 자료는 북한의 사회과학원 사회주의경제관리연구소의 박영근 실장이 연합기업소를 중심으로 한 공업관리체계를 해설한 논문이다.

연합기업소에게 권한이 이양된, 바꾸어 말하면 '기업분권화' 된 면이 있다고 할 수 있을 것이다.

그렇다고 해도 정무원의 부 · 위원회는 연합기업소의 계획작성과 실행, 자재공급 등을 지도 · 감독한다. 오히려 중앙이 직접 지도 · 감독해야 할 기업의 수가 줄어들었으니까 중앙의 입장에서는 계획화 자체가 보다 용이하게 되었다고도 할 수 있다.[27] 그만큼 '집권화' 가 진전될 가능성도 있다. "인민경제 발전에서 전략적 의의를 가지는 제품을 생산하는 대규모 기업소들을 국가가 중심고리를 틀어쥐고 직접 구체적으로 지도함으로써 중앙집권적 지도가 강화될 수 있다"(『경제사전 1』, p. 475)는 공식설명으로부터도 그 가능성을 엿볼 수 있다. 그리고 설령 연합기업소 차원에서는 어느 정도 자율성이 주어졌다고 해도 연합기업소 산하기업에게는 자율성이 주어지지 않았다는 것은 지적해야 한다. 오히려 상부기관이 또 하나 늘어났다고도 할 수 있다(탈북자 D씨).

그렇다고 한다면 북한의 연합기업소는 '분권화' 의 요소와 '집권화' 의 요소를 동시에 지니고 있다고 보는 것이 적절할 것 같다. 그리고 어느 요소가 더 강한가 하는 것은 생산계획의 작성과 실행, 자재공급 등에 있어서 '실제로' 연합기업소에게 이양된 권한의 정도에 의존한다. 다만 이 부분에 관해 얻을 수 있는 정보는 거의 없다. 따라서 연합기업소를 놓고 집권화, 분권화를 논하기는 현실적으로 무리가 있다.

그렇다면 북한에서는 왜 연합기업소를 전면적으로 도입했을까. 북한의 경제관리제도, 특히 공업기업 관리제도의 역사적 변천을 살펴볼 필요가 있다. 경제개발 초기부터 중앙의 공업관련 부처(정무원의 부 · 위원회)를 중심으로 한 이른바 '부문별' 관리체계를 유지해 왔던 북한은 중앙집권적 계획제도의 제반 어려움에 봉착하면서 제도의 개선을 시도했

---

27) 김일성은 1985년의 어느 연설에서, 연합기업소제도를 도입하면 국가계획위원회가 직접 상대해서 계획을 세우는 단위의 수가 줄어들어 국가계획위원회의 부담이 경감된다고 설명한 적이 있다. 『저작집 39』, p. 259 참조.

다. 1973~1974년에는 연합기업소를 시험 도입했다. 1981년에는 북한역사상 처음으로 도경제지도위원회를 중심으로 한 지역별 관리체계를 도입했으나 이 실험도 2년여 만에 실패로 돌아갔다. 그래서 북한은 1985년에 연합기업소를 중심으로 경제관리제도를 재편하기에 이르렀다.

보다 구체적으로는 연합기업소의 도입은 당시 갈수록 심각해지고 있던 자재공급문제에의 대처라는 면이 크다. 사실 북한을 비롯한 사회주의 국가들이 경제운영에 있어서 겪는 최대의 어려움은 자재공급문제라고 해도 과언이 아니다. 즉 제4장에서도 설명했지만 다른 부 · 위원회소속 기업간에, 혹은 다른 지역간에 자재공급이 원활히 이루어지지 않아(이른바 '협동생산규율의 위반') 생산의 커다란 애로가 발생하고 있는 문제에 대처하기 위해서이다. 그래서 해당 기업들이 어느 부 · 위원회에 소속되어 있는지를 묻지 않고 국가적으로 중요한 기업과 그 기업에 원료 · 자재를 공급하는 기업을 하나의 단위로 결합시켰다. 즉 자재 수요 · 공급의 기업간 관계를 '기업 내부화' 했다는 것이다. 연합기업소의 도입에 의해 "협동생산문제를 원만히 해결한다"(朴永根, 1989: 27)든가 "기관본위주의와 지방본위주의를 극복할 수 있다"(『경제사전 1』, p. 475)고 기대된 것으로부터도 그 가능성을 엿볼 수 있다.[28)]

연합기업소는 북한의 독자적인 제도가 아니다. 예를 들면 중국에서는 1964년부터 산업별로 조직된 선국석 · 지역석 '전업공사(專業公司)', 이른바 트러스트가 시험적으로 도입되었다.[29)] 이것은 종래의 부, 청, 국에

---

28) 김일성은 1985년의 어느 연설에서 연합기업소를 조직함에 있어서 중요한 것은 경영활동을 자력으로 수행하면서 홀로 설 수 있도록 하는 것이며, 연합기업소가 홀로 설 수 있기 위해서는 협동생산품과 자재를 될 수 있는 한 자력(연합기업소 안에서)으로 조달하고, 그렇게 할 수 없는 것과 부족한 것만으로 연합기업소 밖에서 해결해야 한다고 말했다. 『저작집 39』, pp. 215-220 참조.

29) 중국의 트러스트에 관해서는, 예를 들면 薄一波(1993), pp. 1171-1191; 〈當代中國〉 叢書編輯部 編(1984), pp. 111-114; 汪海波 主編(1986), pp. 288-294; 石原享一(1990), pp. 151, 182; 山內一男(1976), pp. 200-201을 참조.

의한 공업관리방법과는 달리 다음과 같은 특징을 갖고 있었다. 첫째, 기업에 대한 각급, 각 부문의 다두(多頭)관리로부터 하나의 트러스트에 의해 통일관리되는 방식으로 바뀌었다. 둘째, 각 공장을 단위로 하는 분산경영방식으로부터 트러스트를 국가계획단위나 독립채산단위로 하는 집중경영방식으로 변했다. 그런데 이 트러스트는 문화혁명의 과정에서 "자본주의로 되돌아가는" 것으로 비판되어 결국 폐지되었다.

구소련의 경우 기업합동(obyedineniye)[30)]의 기원은 1961년까지 거슬러 올라가지만, 본격적으로 추진된 것은 1970년대에 들어서이다. 다만 구소련에서는 기업, 기업합동, 공업성의 이해대립 등으로 인해 기업합동의 형성에 의한 산업관리기구의 재편성은 부분적 · 점진적으로 이루어졌다. 더욱이 규모의 경제의 발휘, 기술개발력의 증대와 같은 기업합동의 경제적 이익을 원활하게 실현하지 못했다. 기업합동의 실제의 의의는 중앙이 관리해야 할 기업수를 삭감함으로써 계획작성 · 실시에 관한 중앙의 행정적 부담을 경감하여 관리의 능률향상을 꾀하는 데 있었다.

이러한 연합체 내지 통합체 형태의 기업조직의 전형은 동독에서 볼 수 있다.[31)] 1958년에 공업성관리국을 폐지하고 이를 대체할 중간관리기구로서 '인민기업연합(VVB)'이 만들어졌다. 이것은 1963년의 경제개혁 과정에서 어느 정도의 의사결정 자율성이 주어지는, 독립채산제의 경제기관으로 전환하였다가 1970년대 재집권화의 과정에서 VVB의 재량권은 줄어들면서 집권적 산업관리의 단순한 중간적 관리기관으로 변질되었다. 또한 1970년대부터 수직적 통합에 의한 대기업체인 '콤비나트'의 형성이 진행되었다. 1973년에는 55개의 VVB와 43개의 콤비나트가 중앙의

30) 구소련의 기업합동에 관해서는, 예를 들면 Nove(1980), pp. 78-86; 宮鍋幟(1976), pp. 122-127; 五井一 雄(1981), pp. 7-10; 西村可明(1976), pp. 36-49를 참조.

31) 동독의 '인민기업연합(VVB)'과 '콤비나트'에 관해서는, 예를 들면 五井一雄(1981), pp. 3-14; 西村可明(1976), pp. 36-38; 犬飼欽也(1983), pp. 83-87을 참조.

여러 성의 통제하에 놓여 있었다. 1979 · 80년에는 VVB가 해체되어 공업부문 전체가 130여 개의 거대 콤비나트로 재편성되어 중앙의 여러 성에 직속되었다.

이렇듯 북한의 연합기업소는 계획경제의 틀 속에서 기존의 계획제도를 '개선'하기 위해서 기업의 수직적 통합을 시도한 중국의 트러스트, 구소련의 기업합동, 동독의 콤비나트와 유사한 면이 있다. 특히 이들 나라에서는 계획경제 운영상의 제반 문제에 대처하기 위한 방법으로서 시장형의 분권화를 대체할 안으로 지도부가 선택했다는 점을 지적할 필요가 있다. 사실 북한도 그러한 면에서 큰 차이가 없을 것 같다.[32)]

3. 1986~1988년[33)]

1986년부터는 1984~1985년의 개혁적 분위기가 갑자기 냉각되면서 개혁과 관련된 논의도 자취를 감추게 된다. 합영법은 그대로 계속되지만, 경제관리에 있어서의 개혁적 조치의 핵심요소인 독립채산제의 강화는

---

32) 그렇다면 북한에서 연합기업소가 전면적으로 도입된 시기가 북한에서 개혁의 분위기가 있었던 1985년이라는 사실은 어떻게 해석해야 할까. 일부 연구에서는(예컨대 박형중(1998)) 연합기업소의 도입 그 자체를 분권화 개혁으로 해서하기도 하나, 이 책에서 보았듯이 연합기업소는 분권화의 측면과 집권화의 측면을 다 함께 가지고 있다. 아마도 두 가지 해석이 가능할 듯하다. 첫째, 분권화의 측면과 집권화의 측면을 동시에 가지고 있는 연합기업소의 전면적 도입, 그리고 연합기업소를 중심으로 한 경제관리체계의 재편은 1984~1985년이라는 시기가 개혁의 분위기가 있었다고는 하나 구체적인 경제개혁조치를 단행할 정도는 아니었다는 것, 즉 제한적이었다는 것을 시사할 가능성이다. 둘째, 그것이 아니라면 구동독의 인민경제연합(VVB)의 예가 보여 주듯이 1985년 당시에는 사회 전반의 개혁 분위기 속에서 연합기업소에게 어느 정도 자율성을 부여했으나 1986년부터의 개혁 후퇴분위기 속에 연합기업소의 자율성이 축소되었을 가능성이다.

33) 이 시기에 대한 서술은 坂井隆(1993)를 많이 참고로 했다.

유야무야된다. 예를 들면 1986년 5월에는 노동신문에 "독립채산제를 실시한다고 해서 경제관리에 있어서 물질적 자극의 의의를 지나치게 강조하거나 그것만을 전면에 내세우거나 하면 광범한 대중의 혁명적 고양을 불러일으킬 수 없다"는 주장이 실리게 된다. 또한 1987년 4월 최고인민회의에서 행해졌던 이근모 총리의 제3차 7개년 계획보고에서 "정치사업을 경시하여 경제기술사업과 물질적 자극을 중심으로 경제를 관리 · 운영하면 경제기관, 기업소의 일꾼과 근로자들 속에 기관본위주의와 개인이기주의를 조장하여 사회주의 제도의 우월성을 발휘하지 못하고 경제건설에 중대한 화를 초래한다"고 지적되었다.

이와 같은 상황의 반전에는 1985~1987년의 소련 · 중국에서의 개혁정책의 전개양상이 큰 영향을 미쳤을 것으로 보인다. 소련에서는 1986년 2월 고르바초프가 공산당 서기장에 취임한 이후 최초의 당대회에서 '근본적 개혁'의 실시를 호소하였다. 나아가 그는 같은 해 7월의 연설에서 그와 같은 개혁이 경제뿐만 아니라 정치, 사상, 당의 본연의 자세까지 대상으로 하는 것임을 밝혔다. 그리고 다음 해 1월의 당 중앙위원회 총회에서는 민주화의 추진을 정면으로 다루기로 했다. 중국에서는 1986년 3월에 개최된 전국인민대표자대회 제6기 제4회 회의에서 정치체제 개혁문제가 의제가 된 것을 계기로 이 문제를 둘러싼 논의가 활발해졌고, 더욱이 지도부의 예상과 의도를 넘어설 정도로 확대되었다. 그 결과 같은 해 12월부터 다음 해 1월에 걸쳐 베이징, 상하이 등지에서 민주화를 요구하는 대규모 학생시위가 발생하였다.

북한 지도부는 소련 · 중국에서의 경제개혁의 실시가 정치개혁 실시와 민주화에의 요구로 파급 · 연동하여 가는 양상을 보고 큰 충격을 받았던 것으로 보인다. 북한 지도부로서는 '경제개혁' 논의에 제동을 걸지 않을 수가 없었다고 추측된다.

이러한 지도부의 심경의 변화는 '주체사상 교양에 있어서의 몇 가지 문제에 대하여'라고 이름 붙인, 1986년 7월의 김정일의 담화에 선명히 나타났다.[34] 이 담화가 일반에게 공개된 것은 1년 후의 1987년 7월인데,

1년 동안 비공개에 부쳐진 것은 이 담화의 내용이 중국 · 소련을 자극하지 않을까 하는 우려가 있었기 때문으로 알려지고 있다. 예를 들면 "대국이나 선진국이라고 하여 언제나 옳은 길을 걷는 것이 아니며, 그들 나라의 경험이라고 하여 그것이 전부 우리나라의 실정에 맞는 것은 아니다"는 것과 같은 내용이 포함되어 있다. 더욱이 이 담화에는 미공표의 부분(제3장)이 존재하는데, 그 곳에는 구소련 · 중국의 체제개혁을 비판하는 내용이 포함되어 있다고 한다.[35)]

4. 1989년 이후

그런데 경제적 상황이 갈수록 나빠짐에 따라 1980년대 말 혹은 1990년대 초부터 독립채산제의 본격적인 실시, 개인부업의 장려, '새로운 무역체계'의 도입, 자유무역지대(경제특구)와 같은 일련의 정책이 취해지게 된다. 나아가 1990년대 중반에는 '새로운 분조관리제'가 도입되기에 이른다. 이들은 기업의 자주성의 확대, 물질적 자극의 확대, 대외개방의 확대라고 하는 점에서 이전보다 진일보한 개혁적 정책이라고 할 수 있다. 1990년대의 북한은 자본주의적 요소가 어느 정도 도입되었다고 하는 것이 탈북자들의 일치된 증언이다. 물론 아직까지 본격적인 개혁 · 개방에는 훨씬 미치지 못하고 있다. 아울러 이들 조치의 대부분은 북한측이 공식적으로는 언급하지 않고 있다는 의미에서, 숨겨진 개혁(hidden reform)적 성격[36)]을 가지고 있다고 볼 수 있다.

---

34) 필자가 만난 어느 조총련계 재일동포도 1984, 1985년에 비교적 활발하게 이루어졌던 개혁논의가 1986년 7월의 김정일의 담화를 계기로 급격히 움츠러들었다고 밝히고 있다.

35) 坂井隆(1993), p. 243(원자료는 伊豆見元, 「北朝鮮の國際情勢認識と我が國の選擇」, 『東亞』, 1989年 8月號).

36) 이미 밝혔듯이 Lee, Hy-Sang(1992)는 '8 · 3 인민소비품창조운동'을 '숨겨진 개혁'이라고 이름 붙인 바 있다.

(1) '8 · 3 인민소비품창조운동'과 개인부업의 장려

1989년 5월, 정무원은 '8월 3일 인민소비품 생산 및 처리에 관한 규정(잠정)' (이하 '8 · 3 규정'이라고 줄임)을 승인했다.[37] 그리고 이 운동의 5주년이 되는 1989년 8월 3일에 북한 당국은 운동의 성과와 관련하여 직매점 판매액이 매년 20.8%씩 늘고 있으며, 1988년에는 국영상업망의 소비품 유통액의 9.5%에 달하고 있다고 발표했다.[38]

필자가 만난 탈북자들의 증언을 종합해 보면 1980년대 후반부터인지 1990년대 초부터인지 명확하지는 않으나, '8 · 3 인민소비품'의 생산 · 판매에 있어서, 지방의 차원뿐만 아니라 기업의 차원에서도 적지 않은 자율성이 주어지고 있는 것으로 보인다. 즉 '8 · 3 인민소비품' 하나만 놓고 보면 지방분권화뿐만 아니라 기업분권화도 이루어지고 있다고 할 수 있다.

무엇보다도 생산품목의 결정, 판매가격의 설정에 관해 기업측에 자율성이 부여되어 있다. 다만 기업은 이 운동으로 번 수입의 일부를 국가에 바쳐야 하는 의무를 지고 있다. "지역에 따라 다르지만 대개 수입의 20~25%를 국가에 바치게 되어 있다"(탈북자 D씨, Q씨). 물론 8 · 3 인민소비품의 생산은 국가로부터 기업에게 내려오는 '계획' 과제에는 포함되어 있다. 단지 이것은 금액만의 것이다. 즉 예를 들면 A기업은 종업원 1인당 매월 얼마(예컨대 5원씩)를 8 · 3 인민소비품창조운동으로 벌도록 지시가 내려오지만 어떠한 품목을 생산할 것인가에 대해서는 기본적으로 기업 측에 맡겨져 있다(탈북자 M씨, Q씨).

그리고 가격은 사실상 시장가격으로 되어 있다. "직매점에 나와 있는 상품은 수요자와 가격을 교섭하여 합의에 도달하면 그 가격으로 팔 수 있다"(탈북자 D씨)고 하며, "기업은 자신의 8 · 3 소비품이 잘 팔리지 않으면 값을 내리고 자신의 제품이 잘 팔리면 값을 올리기도 한다"(탈북

37) 『민주조선』, 1989. 5. 27.

38) 김연철(1995), p. 179(원자료는 『로동신문』, 1989. 8. 3).

자 Q씨)는 것이다. 바꾸어 말하면, 국가는 국정가격 이외의 가격을 인정한 것이다. 그리고 직매점은 수요와 공급의 원리가 지배하는, 국가가 공인하는 '시장'이 된 셈이다.

그런데 직매점의 가격이 너무 오르는 것을 보고 국가가 개입했다. 탈북자 D씨에 의하면, 1991년 혹은 1992년에 김일성이 직매점의 판매가격은 국정가격의 150%를 넘어서는 안 된다고 지시했다고 한다. 다만 이것도 얼마 지나지 않아 유야무야되었다고 탈북자 M씨는 밝히고 있다.

또한 1989년에는 또 하나의 획기적인 조치가 등장했다. 1989년 8월에 정무원은 '가내작업반, 부업반 관리운영 및 가내편의봉사사업에 관한 규정(잠정)' (이하 '개인부업규정'이라고 줄인다. 또한 이 규정에 의한 모든 활동을 '개인부업'이라고 부르기로 한다)을 승인한다.[39] 이 규정은 3개월 전에 등장한 '8 · 3 규정'보다 진일보한 면이 있다.

'8 · 3 규정'은 그 적용대상이 명확하게 쓰여져 있지는 않지만 기관 · 기업소 · 협동단체 내에 조직되어 있는 가내작업반,[40] 부업반,[41] 가내편의봉사원[42]으로 되어 있는 것으로 보인다. 이와는 달리 '개인부업규정'에서는 그 적용대상이 기관 · 기업소 · 협동단체와 도시 · 노동자구의 가두인민반[43]과 같은 데에 조직된 가내작업반, 부업반, 가내편의봉사원,

---

39) 『민주조선』, 1989. 8. 11 및 8. 21.

40) 도시와 노동자구의 노동자, 사무원의 부양가족. 주로 가정부인으로 조직된다. 그 부양가족이 공장에서 원료 · 자재, 반제품, 배설물을 집에 가지고 가서 가공하여 제품을 생산하는 생산조직형태이다. 『경제사전 1』, p. 49.

41) 공장, 기업소, 협동농장에서 종업원들의 생활상의 편의와 인민생활의 향상을 위해 기본생산작업반 이외에 조직되는 기층생산조직의 한 형태. 공장의 기본노동력이 아닌 가정부인과 노인 등의 노동력을 중심으로 야채생산, 축산, 편의시설 운영 등을 한다. 『경제사전 1』, p. 637.

42) 집에서 놀고 있는 가정부인과 노인, 사회보장자가 인민의 생활상 편의를 보장하면서 부수입을 얻을 목적으로 하는 개인부업경리의 하나의 형태인 가내편의봉사업에 종사하는 사람들. 가공, 수리, 위생 등의 편의업을 한다. 『경제사전 1』, pp. 49-50.

협동조합식당, 가내축산반이라고 명기되어 있다. 특히 '개인부업규정'에서는 가두인민반에서 가내작업반을 조직하는 것을 강조하고 있으며 협동조합식당, 가내축산반은 여태까지 존재하지 않던 것으로, 이 규정에 처음으로 등장한 것이다. 더욱이 '8 · 3 규정'의 목적은 생활 일용필수품의 생산확대로 되어 있지만 '개인부업규정'에는 이것 외에도 '식료품 가공 · 생산'의 확대가 등장한다는 점은 주목할 만하다.

또한 가내작업반, 부업반, 가내편의봉사원, 협동조합식당, 가내축산반이 생산한 제품은 '8 · 3 인민소비품'과 마찬가지로 직매점에 넘겨 주게 되어 있는데, 그 가격은 '생산자와 직매점 간의 합의'에 의한 가격으로 되어 있다. 더욱이 "주민들의 개별 주문에 의해 봉사한 때는 그 가격을 당사자간의 합의에 의해 정한다"고 되어 있다. 게다가 이들 조직의 규모는 "3명 이상"이라고만 되어 있다. 바꾸어 말하면 3명만 모이면 이러한 활동이 가능하다는 것이다. 사실상 개인차원에서 이러한 활동을 할 수 있게 되었다고도 할 수 있다. 물론 정부의 허가는 필요하다. 어쨌든 이렇게 해서 몇 가지 면에서 시장적 요소를 받아들였다는 점에서 이 조치의 획기적 성격을 읽을 수 있다.

다만 이러한 '개인부업'도, '8 · 3 인민소비품창조운동'과 마찬가지로 기업의 부산물, 폐기물, 지방의 차원에서 모은 유휴원료 · 자재를 이용하여 소비품을 생산하는 것이다. 생산에 필요한 원료 · 자재, 설비, 노동을 국가(중앙)가 보장하는 것이 아니다. 즉 지방차원에서 '자력갱생' 혹은 '자체해결'하게 되어 있다는 점에 큰 특징이 있다.[44] 국가계획에 들어가 있지 않은 제품을 생산하는, 중앙의 계획경제의 범주 밖에 존재하는 경제적 활동이다.

하지만 이러한 획기적인 '개혁'적 정책도, 특히 1990년대는 별다른

43) 주민조직의 한 형태. 일반적인 경우 15~20세대로 구성된다.

44) 그럼에도 불구하고 이들 조직은 '8 · 3 인민소비품창조운동'에서와 마찬가지로 수입의 일부를 국가에 바쳐야 할 의무를 지고 있다.

성과를 거두지 못한 것 같다. 극단적인 물자부족의 상황에서는 어떻게 해볼 수가 없었던 것이다. "8 · 3 인민소비품의 원료인 공장의 부산물, 폐기물이라고 하는 것도 공장이 어느 정도 가동하고 있을 때에 가능한 것이다. 지금처럼 공장의 가동률이 매우 낮은 상황에서는 공장의 부산물, 폐기물 그 자체를 구하기가 매우 어렵다. 8 · 3 인민소비품의 원천이 없어지는 것이다"(탈북자 H씨). 때로는 이러한 사태까지 빚어진다. "8 · 3 인민소비품이라고 하여 장갑, 빗자루, 불쏘시개 등을 만들라고 하지만, 원료도 없고 만들 수도 없다. 그러므로 자기 돈으로 암시장에서 사 와 국가에 바친다. 빽이 있는 사람은 국영상점에서 사 와 국가에 바친다. 바로 이것이 직매점에게 들어가 다시 주민에게 판매된다. 이렇게 빙빙 돌 뿐이다"(탈북자 F씨).

또한 이미 밝혔듯이 '개인부업'은 생산에 필요한 원료 · 자재를 어디까지나 지방차원에서, 그리고 실제로는 개인차원에서 '자력갱생'하게 되어 있다. 집권적 계획경제하에서, 생산요소시장도 존재하지 않는 상황에서 원료 · 자재의 '자력갱생'이란 대체 무엇을 의미하는 것일까. 부산물이나 폐기물과 같은 유휴자원 혹은 리사이클 제품을 이용하든지 삼림의 무허가 벌목에 의존할 수도 있지만, 문제는 기업의 자재 · 생산물을 부정 유출시키거나 불법적으로 토지를 개간 · 경작하거나 암시장에 의존하기 쉽다는 것이다.

탈북자 N씨(여성. 공식적인 직업은 구두공장 노동자)의 경우를 보자. 그녀는 집에서 빵, 떡, 김밥, 만두 등의 음식물을 만들어 '축산가내반'에 팔고 있었다. 밀가루와 같은 원료는 암시장에서 구입했다. 그녀는 기계를 쓰지 않고 손으로 빵을 만들었지만, 기계를 써서 빵을 만드는 사람도 있었다. 빵기계는 러시아나 중국에서 불법적으로 들어온다. 즉 밀수품이다. '축산가내반'이라는 것은 개인이 음식물을 만들어서 팔 수 있도록 국가가 인정한 조직이다. 즉 사실상 개인이 음식물을 만들어 판매할 수 있게 허용하되 자기가 거주하고 있는 지역의 '축산가내반'에 가입(등록)해야 하고, 또 이 축산가내반을 통해 음식물을 판매해야 한다는 단서조항을 달았다. 그런데 축산가내반에 있는 사람들이 다양한 종류의 음식물을 만들 능력이 없으니까, N씨가 만든 것을 사서 자신들이 만든 음식물과 함께 축산가내반이 운영하는 매점 같은 곳에서 판매한다는 것이다. 물론 그녀는 축산가내반에 등록하지 않고서, 즉 불법적으로 활동하였다. 그리고 불법적으로 만든 음식물이 합법적인 음식매점에 넘겨져 주민들에게 합법적으로 판매되는 것이다. 합법과 불법이 복잡하게 얽혀 있는 것이다.

"가내부업의 경우 1990년대의 극단적인 물자부족, 공장가동률의 극단적인 하락 때문에 그 원천(부산물, 폐기물)이 한계에 부딪혔다. 다만 농산물은 예외이다. 불법적인 경작지가 있으므로. 그 곳에서 수확한 농산물을 이용하여 음식물을 만들어(여기까지는 불법) 가내부업을 하는 것(여기는 합법)이다"(탈북자 H씨)고 한다.

이와 관련하여 전술한 '개인부업규정'에는 몇 가지 눈길을 끄는 대목이 있다. "가내작업반, 부업반 등은 … (국가)계획과 계약에 맞물려 있는 부산물과 폐기배설물 또는 생산계획과 노동력을 별도로 얻어 생산한 지방의 원료 · 자재를 이용하면 안 된다"든가 "해당 기관에서는 소속 가내작업반, 부업반 성원이 알루미늄제품, 모포, 가죽구두, 가구를 비롯해 전문공장에서 생산하는 지표 등, 규정으로 금지된 업종을 전개하는 일이 없도록 통제사업을 강화해야 한다"고 되어 있다. 이러한 것은 실제로 이러한 불법활동이 이루어지고 있는 현실의 반영이라고 할 수 있다. 더욱이 "가내작업반, 부업반과 같은 조직에서 중요한 것은 가내작업반, 부업반 성원을 적기에 등록하는 것이다"고 되어 있다. 이것은 등록하지 않고서 이러한 활동을 하는 사람이 존재하는 현실(예를 들면, 탈북자 N씨)의 반영이기도 하다.

이렇게 보면 1989년에 '개인부업규정'을 제정함으로써 국가가 '개인부업'을 허용한 것은 공식경제의 기능저하에 따른 생필품, 특히 배급식량 부족으로 비공식 경제활동, 특히 불법적인 제2경제활동이 활발해진데 대한 국가의 대응이라는 측면이 큰 것으로 볼 수 있다. 이미 일어나고 있는 변화를 그대로 방치하면 안 된다고 판단했기 때문에 그 변화를 사후적으로 추인하고 법률을 제정하여 그 변화를 법이 정한 범위 내로 가두어 놓고 국가가 변화의 움직임을 통제하려고 한 조치가 아닐까 한다.

(2) 독립채산제의 본격적인 도입

제4장에서 서술한 바와 같이 탈북자들의 증언을 종합해 보면 1980년대 말이나 1990년대 초부터는 제도상으로가 아니라 실제로 독립채산제가 본격적으로, 또한 이전보다 넓은 범위에서 실시되었던 것으로 보인다.

탈북자 L씨가 근무했던 조선옥류관무역회사의 강원도 지사는 1989년까지는 예산제였지만 1990년부터 독립채산제가 되었다. L씨에 의하면 예산제의 경우, 계획의 달성 혹은 초과달성 여부에 상관 없이 고정된 수입을 얻는다. 보너스가 있기는 하지만 적다. 그리고 이윤을 내더라도 국가가 가져간다. 물론 적자가 나면 국가가 메워 준다. 기업운영자금도 한도가 정해져 있다. 하지만 독립채산제가 되면, 기업이 계획을 초과달성하면 그만큼 기업운영자금을 늘릴 수 있다. 더욱이 경영자의 결심에 따라서는 종업원에게 개인의 업적에 따라 차등적으로 보너스를 줄 수도 있다. 예컨대 연간 13만 달러를 번 사원에게는 컬러 TV를, 12만 달러를 번 사원에게는 흑백 TV를, 11만 달러를 번 사원에게는 자전거를 보너스로 준다고 하는 식이다.

우산공장 지배인 출신의 탈북자 K씨에 의하면, 1990년대의 독립채산제에서는 노동자의 급료뿐만 아니라 공장장의 급료도 오를 수 있게 되어 있다. 생산계획수행률에 의해 급료가 책정된다. "예를 들면 계획을 130% 달성하였다고 하자. 그러면 100%분에 대해서는 모든 이윤액을 국가가 가지고 간다. 나머지 30%분(계획초과수행분)에 대해서는 자재비, 전기료 등을 빼고 나서 순수한 이윤액이 나올 때 이것이 모두 기업몫이 된다. 기업이 자유롭게 처분가능하다. 상당한 것이다. 그러므로 자극이 된다. 나의 경우, 노동자에게 주는 보너스나 상품으로 썼다"고 한다. 따라서 1990년대의 독립채산제에 의해 기업경영에 제한적이지만 어느 정도의 자율성이 주어졌고, 더욱이 경영자, 종업원에게는 물질적인 인센티브가 작동하게 되었다고 할 수 있다.

반면 별다른 성과를 거두지 못한 케이스도 있다. 신발공장에서 일한 탈북자 N씨의 경험이다. 1990년에 그 공장에 독립채산제가 도입되었다. 자기가 일한 만큼 돈을 받는다는 이야기를 듣고 모두 열심히 일하였다. 그러나 나중에 임금을 받아 들고는 모두 다 놀랐다. 상금은 장부에만 있을 뿐, 실제로 그녀의 손에는 들어오지 않았다. 국가에 돈이 없다는 것이었다. 1980년대 후반 성천군 자동차수리공장에서 일한 적이 있는 탈북자 S씨의 경우, 독립채산제의 실시로 임금이 사실상 깎였다. 자재부족이 심각하게 되면서 계획목표를 달성할 수 없었기 때문이다. 탈북자 K씨도 "계획을 보다 많이 수행하고 싶었지만 자재가 없었다"고 말한다.

다소 개혁적인 조치가 취해졌음에도 불구하고, 나라에 돈이 모자라, 또 자재가 극단적으로 부족해 그 효과가 제한적이 되지 않을 수 없었다. 더욱이 제4장에서 밝힌 바와 같이, 1990년대의 심각한 인플레이션 때문에 돈의 구매력이 극단적으로 떨어진 것도 독립채산제의 효과를 반감시키는 요인으로 작용했다.[45]

(3) 무역의 분권화

1991년에는 무역분야에서도 개혁적 조치가 취해지고 '새로운 무역체계'가 등장하기에 이른다. 이 제도는 "대외경제위원회는 물론, 생산을 담당한 위원회, 부, 도에 무역회사를 설치, 스스로 무역을 수행"할 수 있도록 했다.[46] 즉 생산을 담당하는 정무원 산하의 부, 위원회, 그리고

45) 물론, 당초부터 사회주의 기업에서 독립채산제는 제한적인 의미밖에 지니지 않는 것도 사실이다. 그 이유는 첫째 거시경제의 왜곡된 가격구조가 독립채산제와 같은 계산의 의의를 반감시키고, 둘째 이러한 계산의 결과는 기업의 현재 및 장래에 거의 영향을 미치지 않는다. 기업의 장래의 생산목표는 일반적으로 현행 이윤의 함수가 아니기 때문이다. Gregory & Stuart(1986), p. 231 참조.

46) 고일동(1995), p. 20(원자료는 리신효, 「새로운 무역체계의 본질적 특성과 우

지역의 행정단위인 도에 대외무역권한이 위임되었다고 할 수 있다. 그리고 '새로운 무역체계' 하에서는 "위원회, 부, 도가 자신의 부문, 지방에서 생산한 물건을 직접 팔고, 또한 필요한 물건을 직접 사게" 되어 있다. 요컨대 수출뿐만 아니라 수입도 인정하고 있다. 더욱이 "각 지방의 생산능력과 자연경제적 조건을 검토하고 수출입계획을 세워 자기가 세운 무역계획에 따라 무역계약을 체결"할 수 있도록 되었다. 적어도 제도적으로는 무역의 분권화라고 해도 좋을 만한 조치가 취해졌다.

1990년대 초에 외화벌이사업소[47]에 근무한 적이 있는 탈북자 R씨는 "1980년대 초부터 지역별로 수많은 외화벌이사업소가 설립되었다"고 기억하고 있다. 그리고 외화벌이사업소는 늦어도 1990년대 초부터는 실제로 독자적으로 외국과 무역을 수행하였다고 한다.

지적해 두어야 할 것은, 이러한 사실상의 무역 분권화는 '자력갱생'과 밀접한 관계가 있다는 사실이다. 즉 도 혹은 군의 차원에서 수출원천을 스스로 찾아 외화를 벌어 '먹는 문제'와 '입는 문제'를 자체적으로 해결하도록 요구되었다. 탈북자 M씨는 "내가 살고 있던 평안남도 양덕군(인구 5만 명)은 1990년대 초부터 군(郡) 그 자체가 독립채산제가 되었다. 이전에는 국가가 1년 12개월분의 배급을 보장해 주었지만, 그 때부터는 나라가 1년에 10개월의 배급만을 보장해 주고 나머지 2개월분은 군이 외화벌이 등을 통해 자체해결하도록 김일성이 지시했다"고 말한다. 그래서 양덕군의 외화벌이사업소는 독자적으로 송이버섯, 도토리 술 등을 일본에 수출하여 외화를 벌고 이 돈으로 쌀을 사서 군의 주민에게 배급하였다고 한다.

이와 함께 무역의 분권화는 불법적인 제2경제활동의 확대를 조장 · 촉진하는 역할도 수행했다.

외화벌이사업소에서 근무한 적이 있는 탈북자 L씨의 증언이다. "외화

월성」, 『경제연구』, 1992. 4).

47) 일종의 무역회사.

벌이사업소는 거의 독립적으로 국내에서 수출원천을 동원하여 수출한다. 우리들의 힘만으로는 수출원천을 동원하는 데 한계가 있으니까 때로는 불법적으로 수출원천을 동원한다. 예를 들면 수산협동조합이라는 것이 있는데, 거기에 소속된 어선이 잡은 명태를 조합에 보고하지 않고 선내에서 작업을 하여 명태알을 만들어 은밀히 외화벌이사업소에 판다. 그때 외화벌이사업소에서는 그들에게 돈이 아니라 상품(술, 담배, 구두 등)을 제공한다. 그래서 그들에게는 충분한 인센티브가 된다"는 것이다.

외화벌이사업소에서 근무한 적이 있는 탈북자 R씨는 합법적인 조직체가 불법적인 활동을 하는 예를 제공하고 있다. "원래 수출금지품목이 있다. 그런데 그다지 지켜지지 않는다. 예를 들면 동(銅)이다. 국가가 동의 무역을 금지하고 있어 동 무역은 적발되면 총살에 처해진다. 그럼에도 불구하고 외화벌이사업소는 동 무역을 한다. 물론 밀무역이다. 수익성이 가장 높기 때문이다"고 한다. "이 경우 동은 국내에서 불법적으로 조달한다. 예를 들면 동을 다량으로 사용하는 공장에서 훔친 것"이다.

(4) 새로운 분조관리제

1996년에는 농업부문에서도 개혁적 조치가 취해지기에 이르렀다. 새로운 분조(分組)관리제의 도입이다. 종래의 분조관리제는 1966년부터 북한의 모든 협동농장에서 실시되었던 것으로, 협동농장에서 생산의 최말단 단위인 분조(통상 농장원 10~25명으로 구성)에 일정한 토지, 노동력, 농기구 등을 고정적으로 주고 국가계획에 따라 면적당 수확고계획과 노동일 투입계획을 준 뒤, 계획을 수행한 정도에 따라 노동일을 재평가하여 그에 상응하는 분배를 하는 방식으로 운영(『경제사전 1』, p. 651)하게 되어 있다.

이것이 1996년에 들어와 다소 개선된 형태로 일부 협동농장에서 시험적으로 도입되어 다음 해에 전국의 협동농장에서 실시되었다. 새로운 분조관리제와 종래의 분조관리제의 차이는 표 6.2에 나타난 바와 같다. 첫째, 분조규모의 축소이다. 즉 10~25명에서 8~17명으로 줄었다. 둘째,

표 6.2 신 · 구 분조관리제의 비교

	종전의 분조관리제	새로운 분조관리제
분조구성	10~25명. 협동농장 농장원의 능력과 요구를 고려해 노 · 장 · 청년을 배합하는 원칙하에 구성	7~8명. 주로 가족 · 친척으로 구성
생산계획	당해 연도의 국가목표에 입각해 각 농장에 지표가 부여됨.	과거 3년간(예컨대 1993~1995년)의 평균수확고와 1993년 이전의 과거 10년간의 평균수확고를 합쳐서 그 평균치를 구해 그 해의 생산계획으로 함. 분조단위의 생산계획을 설정
처분권	계획초과달성분에 대해서는 국가가 수매함. 예컨대 쌀 1kg은 60전	계획초과달성분에 대해서는 분조에게 처분권이 주어짐. 분조구성원끼리 나눌 수도 있고 제3자에게 판매할 수도 있음.

과거 3년간(예컨대 1993~1995년)의 평균수확고와 1993년 이전의 과거 10년간의 평균수확고를 합쳐서 그 평균치를 취해 그 해의 생산계획으로 한다. 셋째, 계획초과분은 분조가 자유롭게 처분할 수 있다는 것이다.

사실, 북한의 협동농장에서는 1960년부터 '작업반 우대제'라는 일종의 보너스제가 실시되고 있었다. 이것은 분조의 상위단위인 작업반(50~100명으로 구성)마다 설정된 우대기준(생산계획)을 초과달성하면 그 초과달성분 전량을 해당 작업반에 분배하는 제도이다. 그 우대기준은 과거 3년간 생산실적의 평균보다 약간 낮게 설정되어 있다. 따라서 새로운 분조관리제는 이 작업반 우대제를 분조의 차원으로 끌어 내려 실시하려고 한 면이 있다. 아울러 분조의 규모를 축소해 인센티브를 부여하는 단위가 보다 작아졌고, 더구나 주로 가족 · 친척으로 분조를 구성할 수 있게 되어 있다. 또한 계획의 초과달성분 전량을 현금이 아니라 현물로 분배를 받아 분조의 구성원들이 나눠 가지는 것도, 더욱이 제3자에게 파는 것도 가능하게 되어 있다. 이러한 초과분에 대한 자유처분권은 새로운 분조관리제의 가장 큰 특징[48]인데, 협동농장에서 생산된 곡식을 농민시장에 내다 파는 것을 국가가 공인하였다고 하는 점에서 획기적이다.

다만 새로운 분조관리제의 성과에 관해서는 아직 잘 알려져 있지 않다. 인센티브의 강화라는 면에서는 이전보다 꽤 진전된 제도라고 하는 것은 분명하다. 다만 제도적으로는 그렇다 하더라도 실제로는 어떻게 되어 있는 것인지 아직 명확치 않다. 새로운 분조관리제가 제대로 작동하고 있는지 여부는 생산계획이 타당한 수준으로 설정되는지 어떤지, 또한 질과 양의 면에서 노동일의 공평하고 객관적인 평가를 할 수 있는지 어떤지에 달려 있다. 특히 제3장에서 밝힌 바와 같이, 실제로 노동일의 공평하고 객관적인 평가는 대단히 어렵다. 그리고 이는 분조관리제의 성과를 제약하는 요인으로 작용한다. 물론 분조가 주로 가족 · 친척으로 구성되면, 이 문제는 그다지 중요한 문제가 아니게 된다.

새로운 분조관리제는 어느 정도 개혁적인 요소를 포함하고 있지만 중국의 농업개혁에는 미치지 못한다. 중국은 1978년 11기 3중전회(中全會)[49]에서 직접적인 생산현장인 생산대(生産隊)의 자주권을 존중하도록 강력한 지시가 내려져, 그 후 각지에서 여러 가지 생산관리방식 = 생산책임제가 출현하였다. 그 가운데 '포산도호(包産到戶)'나 '포간도호(包干到戶)'로 일컬어진 개인경영방식이 있었다. 전자는 생산대에 의한 통일적인 지도계획 · 분배를 전제로 해서 경지를 각 호에 배분하여 생산(생산량 · 생산비 · 노동점수)을 청부받는다. 생산초과분은 전부 자기 것이 된다. 후자는 경지를 생산대로부터 청부받아 완전한 경영권을 가진

48) 권경복(1997), p. 71; 『조선시보』, 1996. 10. 31 참조.

49) 중국공산당 중앙위원회 전체회의의 세 번째 회의를 가리키는 말. 매 기의 3중전회는 1중전회가 일반적으로 인사배치를 하고, 2중전회가 당대회의 원칙을 확인하는 선에서 끝나는 것과는 달리 실질적인 정책결정을 하는 중요한 회의이다. 한편 1978년 12월 18~22일 베이징에서 열린 중국공산당 제11기 3중전회는 중국의 개혁 · 개방을 결정한 역사적인 회의로 전해진다.

다. 토지 이외의 생산수단도 개인소유로 되어, 경작계획이나 생산투자까지도 각 호가 맡는다. 국가에 대해서는 농업세와 식량의 공출의무, 그리고 생산대에 대한 공공적립금, 공익금을 상납하기만 하면 그 나머지는 모두 자기 것으로 된다. 토지에 대한 소유권을 인정받지는 않지만 실질적인 '개인농'이다.[50)]

북한의 새로운 분조관리제는 초보적인 '포산도호(包産到戶)' 형태라고도 할 수 있다. 중국은 생산 · 분배의 단위가 개별 농가이지만, 북한은 분조, 즉 집단으로 되어 있다. 북한측도 "분조관리제는 완전한 개인농을 추구한 중국의 '각호 경영청부제'와는 달리 분조라는 집단의 이익을 추구하는 집단주의를 구현하고 있다"[51)]고 강조하고 있다.

북한의 경우 '개혁'이라기보다는 기존 제도의 '개선'이라는 성격의 것이다. 더구나 소유제에는 전혀 변화가 없다. 소유제와 관련해서는 개혁과는 정반대의 움직임도 보인다. 생산수단의 협동적 소유로부터 전 인민적 소유로의 이행, 즉 국영농장화가 진행되기도 했었다. 1994년 12월에 만경대구역 국영농장(평양시)과 숙천군 농업연합기업소(평안남도)가 탄생했다. 즉 한편에서는 어디까지나 공산주의의 이상을 지향해 사회주의 혁명을 진행시킨다고 하는 원칙적 입장을 견지하고 있는 것이다.

제3절 북한의 제한적인 경제개방정책의 전개

북한에서 제한적인 대외개방정책의 전개는 크게 보아 2개의 시기로 나눌 수 있다.[52)] 제1기는 1984년부터의 합영사업의 전개시기이다. 제2

---

50) 자세한 것은 예컨대 小島麗逸 編(1988), pp. 74-75 참조.

51) 『조선시보』, 1996. 10. 31.

52) 좀더 자세하게는 4기 정도로 나눌 수 있다. 제1기는 1970년대 전반에 서방세계로부터의 대규모 차관도입에 의한 제한적 개방정책의 전개시기이다. 여기에 대해서는 이 책의 5장에서 이미 서술했다. 제2기, 3기는 본문에서 고찰할 합영

기는 1991년부터의 자유무역지대(경제특구)의 전개시기이다.

1. 제1기: 합영사업

1984년 1월의 최고인민회의에서 채택된 '남남협력과 대외경제사업을 강화하여 무역을 한층 발전시킬 데 대하여'라는 결정에서는 사회주의 국가와 "우리나라(북한)의 자주권을 존중하고 우리나라에 우호적인 자본주의 제국과의 경제합작, 기술교류를 발전시킨다"는 방침이 나왔다. 이 방침에 따라 같은 해 9월 최고인민회의 상설회의에서 '합영법'이 제정되어 시행에 들어갔다. 북한측은 이러한 합영법에 근거해 탄생하는 합영기업에 대해 "한 나라의 회사 · 기업소와 다른 나라의 회사 · 기업소가 공동투자, 공동경영, 이윤의 공동분배, 손실에 대한 공동부담을 전제로 창설하는 기업"(『경제사전 2』, p. 570)이라고 규정하고 있다.

이것은 북한의 역사상 획기적인 사건이었다. 그 때까지 북한의 대외경제관계는 어디까지나 무역이 중심이었다. 외국의 투자를 끌어들인 적은 있으나 소련이나 중국 등 사회주의 국가들과 손을 잡았었다. 그러던 북한이 이제는 자본주의 국가들로부터 투자를 유치하겠다고 나섰다. 종래의 노선을 대폭 바꾸어 본격적인 경제개방으로 나아가는 것이 아니냐는 기대를 낳기에 충분한 조치였다.

이러한 획기적인 조치가 취해지게 된 배경으로는, 제2절에서 북한의 개혁정책을 논할 때 다루었던 1984년이라는 시점의 시대적 상황 이외에 다음의 사실을 지적할 수 있다. 즉 외채의 누적 및 대외신용도 추락으로 서방세계로부터의 차관도입이 불가능해지자 새로운 방안으로서 원리금 상환부담이 없는 외국인 직접투자에 눈을 돌리기 시작했다는 것이다.

및 나진 · 선봉 경제특구이다. 제4기는 개성 경제특구 시기가 될 전망이다. 한편 1998년부터 시작된 금강산관광은 북한의 '경제개방'으로 보기 힘든 측면이 있다.

하지만 합영법은 기대한 만큼의 성과를 거두지는 못했다. 1984년의 합영법 발표 이래 1992년 7월까지 북한이 외국기업과 투자유치계약을 체결한 것은 140건으로, 이 가운데 116건의 1억 5천만 달러는 조총련 동포가 투자한 사업이고, 조업중인 66건 가운데 85%인 56건이 조총련계 기업이다.[53] 즉 이른바 '조조(朝朝)합영'이 압도적으로 많다. 구소련 · 중국은 물론 서방세계의 투자는 극히 미미한 수준이다.

또 북한측[54]에 따르면 1996년 말 현재 북한의 합영 · 합작[55]기업 총수는 130개[56]이며, 이 중 합영기업이 70개, 합작기업이 60개에 이르고 있다. 이 가운데 독자기업을 제외한 외국인 투자유치 총액은 1억 3천만 달러인데 합영이 9천만 달러, 합작이 4천만 달러이다.

물론 합영사업의 성과가 전혀 없었다고는 할 수 없다. 북한 합영사업의 압도적 다수가 '조조합영'[57]이었다 하더라도 그로 인한 수출증대와 외화획득, 선진기술의 도입에 의한 국내생산기술의 향상, 합영기업의 진

---

53) 통일부(2000), 『북한개요』.

54) 북한 대외경제위원회의 합영 · 합작담당 책임자인 박은철의 중국 인민일보사와의 인터뷰(1996. 5. 20). 배종렬 · 박유환(2000), p. 283.

55) 외국기업이 북한에 투자할 수 있는 형태는 크게 보아 단독투자, 북한측과의 합영, 합작의 세 가지가 있다. 북한측과 외국기업의 공동투자로 한데 묶으면 될 것을 굳이 합영과 합작으로 나눈 것은 북한이나 중국이나 마찬가지이다. 합영과 합작의 가장 큰 차이는 경영방식의 차이이다. 즉 합영은 북한측과 외국기업이 공동으로 투자해 설립한 회사를 북한측과 외국기업이 공동으로 경영한다. 이에 반해 합작은 북한측과 외국기업이 공동으로 투자해 설립한 회사를 북한측이 단독으로 경영한다. 즉 외국기업은 돈만 투자하고 경영에 참여하지 않는 것이다.

56) 박은철이 밝힌 외국인 투자 기업수가 계약을 체결한 기업수인지 아니면 실제로 조업에 들어간 기업수인지 명확하지는 않다.

57) 조선총련의 합영사업추진위원회의 관계자에 의하면, 1996년까지 대략 140건 정도의 계약이 체결되고 그 가운데 100건 정도가 실제로 조업에 착수, 1996년 현재 70건 정도가 조업중이라고 한다. 申志鎬(1996a), p. 259 참조.

출에 따른 고용의 증대 등의 효과가 있었다고 볼 수 있다. 하지만 북한에 진출한 기업의 수도 적고, 규모도 소규모이기 때문에 그 효과가 미미했다는 것이다.

합영법의 제정 · 실시가 외국기업의 본격적인 진출로 이어지지 않은 원인은, 뒤에서 자세히 서술하겠지만, 여기서는 북한 사회주의의 근간을 이루는 주체사상과 자력갱생원칙에 근거한 '우리 식'의 사고 · 방법이 합영사업의 큰 저해요인의 하나였음[58)]을 지적해 두고자 한다. 예를 들면 김일성은 "경제분야에서 자본주의적 방법을 받아들이는 것은 결국 멸망에 이르는 길이다. … 우리들이 외국과 합영 · 합작사업을 하고자 하는 기본목적은 외국의 기술과 자금을 이용하는 데 있다. 따라서 외국과의 합영 · 합작은 외국이 기술과 자금을 제공하고 기업관리는 우리가 맡는 방향에서 진행되어야 한다"(『저작집 44』, p. 16)고 밝힌 바 있다. 또한 조선국제합영총회사의 김성환 사장은 "공화국은 합영사업을 … 우리나라의 사회주의 경제의 실정에 맞추어, 특히 김일성 주석이 제시한 대안의 사업체계의 요구에 맞추어 추진해 가고자 하고 있다"고 말한 바 있다.

요컨대 북한이 합영사업을 통하여 얻으려고 한 것은 자본주의 국가의 자본과 기술뿐이었다. 자본주의의 경영방식은 오히려 경계의 대상이었다. 따라서 '대안의 사업체계의 요구에 맞게', 당이 합영기업의 관리를 장악하여 '자본주의에 의한 오염'을 막기 위해 노력한다는 것이다. 조조합영의 대표적인 회사인 모란봉합영회사의 사장이었던 故 전진식 씨는 "합영법에는 외국기업에게 합영회사의 경영권, 인사권, 소유권을 인정한다, 합영회사의 최고의사결정기관은 이사회이다라고 쓰여져 있다. … 법률대로만 시행하면 합영사업은 틀림없이 성공한다. 그런데 현실은 전혀 그렇지 않다"(全鎭植, 1994: 108)고 밝힌 바 있다.[59)]

---

58) 이 점을 강조하고 있는 연구로서는 宮塚利雄(1993)를 들 수 있다. 宮塚利雄(1993), pp. 128-131 참조.

59) '조조합영'이 제대로 되지 않았던 보다 구체적이고 또한 실무적인 이유에 관해서는 申志縞(1996a) 를 참조.

2. 제2기: 나진 · 선봉 자유무역지대

북한정부는 1991년 12월 28일 정무원 결정에 의해 중국 · 러시아와 국경을 접하고 있는 두만강 하류의 나진 · 선봉지역에 '나진 · 선봉 자유경제무역지대'를 설치했다. 이는 제도적으로는 사실상 경제특구이다. 따라서 나진 · 선봉 자유경제무역지대의 설치는 북한의 대외경제정책 역사에 있어서 획기적인 사건이다.

사실 북한이 1984년 당시 합영법을 제정할 때만 해도 '경제특구'를 부정했었다. 북한측은 합영법의 제정이 중국의 모방이 아니라 자신들의 독자적인 것임을 강조했다. 나아가 "경제특구는 우리나라의 실정에 적합하지 않다. 우리나라는 경제특구의 설정을 고려하지 않고 있다"[60]고 밝혔다. 그 이유에 대해 "석탄 · 동 · 아연 등의 공동개발을 위해 합영하려고 한다면, 그것들을 채굴하는 지역에서 합영하면 충분하다. … 경공업부문에서 합영을 한다고 하면, 도시에서 하면 충분하다. 어디까지나 합영당사자의 합의에 따라 임의의 장소에서 합영할 수 있다"고 설명하였다. 그러나 이 설명은 어디까지나 표면상의 이유로, 실제로는 경제특구의 설정에 의해 초래되는 결정적인 폐해, 즉 자본주의 경제의 경쟁원리나 시장경제의 유입, 또한 그에 따른 자본주의적 경제 · 경영사상의 침투에 의한 '정신오염'을 두려워했기 때문이다.

북한이 이전에는 부정하고 있었음에도 불구하고 1991년에 들어와 이러한 경제특구의 설치를 단행하게 된 데는 다음과 같은 사정이 있었던 것으로 보인다. 첫째, 1984년에 제정한 합영법에 의한 외자유치가 기대대로 진행되지 않고 한계를 드러낸 것이다. 둘째, 사회주의권의 붕괴로 대외경제의 면에서 큰 타격을 받아 대외경제관계의 방향전환을 모색할

60) 북한의 중앙인민위원회 경제정책위원회 윤기복 부위원장의 발언. 『月刊朝鮮資料』, 1984年 12月號, p. 25.

필요가 커진 것이다. 셋째, 중국의 경제특구의 성공에도 영향을 받았다. 넷째, 때마침 UN 개발계획(UNDP)이 중국, 러시아, 북한의 3개국을 중심으로 하는 두만강지역의 국제적인 경제개발을 제창한 것이다.[61)]

그리고 '나진 · 선봉 자유경제무역지대'는 북한의 1990년대 대외개방정책의 핵심이었다. 이 지대의 개요는 표 6.3과 같다. 북한이 목표로 하는 것은 단순한 자유지대가 아니다. 이 지대는 무엇보다도 국제적인 중계무역 화물수송기지로 육성하는 것을 개발의 중심목표로 하고 있으며, 이와 함께 수출가공기지나 관광 · 금융 서비스 기지로 키우는 것도 목표로 하고 있다는 점에 최대의 특색이 있다.

북한은 서방의 자본 · 기술유치를 법적으로 뒷받침하기 위해 외국인투자관련법을 지속적으로 제정 또는 개정하면서 1995년부터는 별도의 대내외 투자설명회와 적극적인 홍보활동을 전개했다. 특히 이 지대 내에서의 특혜적인 투자우대정책 실시와 함께 자본주의적인 경영도 인정하기에 이르렀다. 김정우 대외경제협력추진위원장은 1996년 7월의 도쿄 투자 세미나에서 "외국인 투자가는 이 지대 내에서의 사업관리방식, 경영방법에 대해 자유선택권을 가진다. 외국인 투자가는 자본주의적이든, 사회주의적이든 관리운영방식을 스스로 선택할 수 있으며 그들의 합법적인 경제활동에 국가는 간섭하지 않는다"고 밝혔다. 그는 또 "이 지대 내

61) 이와 관련하여 김익수는 다음과 같은 지적을 하고 있다. 북한이 1991년 말에 나진 · 선봉지역에 자유경제무역지대를 설치하기로 발표한 것은, 1990년 7월 장춘(長春)에서 열린 동북아시아지역개발회의에서 중국이 발표한 훈춘 개발계획에 대항한다고 하는 의미가 강하다는 것이다. 중국의 훈춘 개발계획이 빠른 속도로 진행되고 북한이 이에 제대로 대처할 수 없을 경우에는 두만강지역 개발에 대한 주도권을 중국측이 쥐게 된다. 그래서 중계무역기지로서의 잠재력이 큰 나진 · 선봉지역이 활용되지 않고, 더욱이 중국에게 동해로의 진출기회만을 주게 되어 북한측은 인프라 확충을 위한 외자유치라는 면에서도 불리하게 될 것이라는 인식이 작용했다는 것이다. 남궁영(1997), pp. 58-59(원자료는 김익수, 『두만강 지역개발사업과 한반도』, 대외경제정책연구원, 1994).

표 6.3 나진 · 선봉 자유무역지대의 개요

설치	1991년 12월 28일 정무원 결정 제74호에 의함.
대상지역	나진 · 선봉시(직할시) 746km^2 (당초는 621km^2)
개발의 방향	(1) 국제적인 중계무역 화물수송기지, (2) 종합적인 수출가공기지, (3) 관광 · 금융기지로서 개발 나진항, 선봉항과 함께 이 지대에 인접한 청진항도 자유무역항으로 지정. 제1단계(2000년까지)와 제2단계(2010년까지)로 나누어 단계적으로 건설
외자의 형태	합영, 합작, 단독투자의 세 가지 형태
투자관련	투자국의 제한 없음. 국가는 모든 외국인이 투자한 자본과 재산, 기업운영을 통해 얻은 소득 등을 법적으로 보호함.
특혜조치	외자 100% 투자의 용인, 관세면제, 기업소득세의 감면, 낮은 소득세율(14%, 장려업종은 10%), 토지는 50년간 대여, 무비자 입국 허용 등
관계법령	외국인투자법, 자유경제무역지대법을 기본법으로 해서 관계법령을 제정

자료: 小牧輝夫(1997), p. 38; 小此木政夫 編(1997), pp. 366–367.

에서는 일부 대중소비품을 제외하고 모든 상품의 가격은 판매자와 구매자의 합의에 의해 결정되는 시장가격체계가 적용된다. … 외국인 투자기업은 국가계획체계의 영향을 받지 않고서 자유로운 생산 · 판매활동을 할 수 있다", 즉 '이 지대는 시장경제원리에 의해서 관리 · 운영된다'는 것을 분명히 했다. 다만 그는 이 지대 이외의 지역에서는 종전대로 사회주의 계획경제원리에 의해 관리 · 운영된다고 덧붙였다.[62)]

또한 주목되는 것은 나진 · 선봉 자유경제무역지대의 활성화를 위해

62) 田中良和(1997), p. 27 참조.

1997년부터 이 지대 내에 한정하여 실시되었다고 전해지는 일련의 획기적인 조치들이다.[63] 첫째, '외화와 바꾼 돈'[64]의 유통이 폐지되고 '조선 원'만 유통되면서 환율이 1달러 = 2.16원에서 1달러 = 210원으로 '현실화' 되었다. 둘째, 지대 내 기업들이 독립채산제를 실시할 수 있게 됨으로써 중앙정부와 지방정부로부터 독자성을 확보할 수 있게 되었다. 국가로부터의 재정지원은 없어지지만, 기업 자신이 경영에 책임을 지게 되었고 이익의 처분도 기업 스스로의 판단하에 이루어지게 되었다. 셋째, 주민들이 개인적으로 여관, 음식점업, 가공식품, 수리 · 수선의 가내편의봉사업을 할 수 있도록 허용되었다. 넷째, 중국과 국경을 접하는 원정리에 북 · 중 양국이 공동운영하는 자유상업지대인 원정리 공동시장이 문을 열었다.

하지만 이러한 일련의 개혁적 움직임들은 1998년에 들어오면서 수그러든다. 이 해 8월 북한의 미사일 발사를 계기로 미 · 일과 북한 간에 외교 · 군사적 긴장상태가 조성되고, 9월에 김정일 체제가 공식출범함으로써 내부체제의 단속이 불가피했고, 이는 나 · 선지대 개발에도 영향을 미치지 않을 수 없었다. 여기에다 이 해 11월 현대그룹에 의한 금강산관광 및 개발이 시작되었다는 사정까지 겹치면서 북한 당국의 나 · 선지대에 대한 관심이 크게 줄었다.

이를 반영하여 1998년 9월에 나진 · 선봉지대의 명칭이 '자유경제무역지대'에서 '자유'라는 글귀가 떨어져 나가면서 '경제무역지대'로 공식

---

63) 자세한 것은 小此木政夫 編(1997), pp. 37-38; 배종렬 · 박유환(2000), pp. 348-349 참조.

64) 북한의 화폐는 '조선 원화'와 '외화와 바꾼 돈표'로 나누어진다. '조선 원화'는 기본적으로 북한 내국인용 화폐이고, '외화와 바꾼 돈표'는 북한을 방문한 외국인 등이 자신이 가지고 있는 외화와 교환하여 사용토록 하고 있는 일종의 전표이다. 따라서 북한 내에서는 원칙적으로 외화를 직접 사용할 수 없고, 반드시 호텔이나 외화상점, 은행 등에 설치된 환전소에서 외화를 '외화와 바꾼 돈표'로 교환해 사용해야 한다.

화되었다. 이와 함께 대외경제위원회가 무역성으로 변경되면서, 종전에 나·선지대의 외국인 투자유치를 맡고 있었던 대외경제협력추진위원회의 권한이 크게 약화되고 대외적 활동이 뜸해졌다.

그렇다면 나진·선봉은 어느 정도 성과를 거두었을까. 김정우 대외경제협력추진위원장은 1997년 1월의 스위스 '다보스 세계경제포럼'에서 1996년 말까지의 총투자계약액은 9억 달러로, 이 가운데 1억 달러의 투자가 실제로 이행되었다고 밝혔다.[65] 또한 김수열 나진·선봉시 인민위원장은 1999년 3월까지 총 111건에 7억 5,077만 달러의 계약이 체결되고, 이 가운데 1억 4천만 달러의 투자가 이행되었다고 밝혔다.[66]

계약금액만 놓고 보면 1984년의 합영법에 따른 외자유치보다 좋은 성적을 거두었다고 할 수 있다. 또한 합영법의 경우와 달리 재일조선인에 의한 투자가 압도적인 비중을 차지하고 있는 것도 아니다. 하지만 지금까지 유치한 외국투자는 홍콩, 중국, 타이나 해외동포가 중심으로, 구미제국이나 일본, 한국에서의 투자는 거의 없다. 또한 지금까지의 투자는 도로, 통신, 호텔 등 인프라와 서비스 관계가 중심으로 수출가공공업단지의 건설은 별다른 진전을 보지 못하고 있다.

3. 외자유치 부진의 원인

북한의 외자유치 부진은 개방정책을 펴고 있는 중국, 베트남과 비교하면 보다 명료해진다. 중국은 1978년 개혁·개방정책을 전개한 이래 1994년까지 투자유치건수 22만 1,718건으로 투자계약액은 3, 033억 달러를 기록하고 있으며, 베트남은 1988년부터 1994년까지 투자유치건수 1,176건에 111억 6,000만 달러의 투자유치성과를 거두었다. 이에 대해 북한은 합영법에 의한 투자유치가 1996년까지 1억 5천만 달러, 나진·선

65) 『조선일보』, 1997. 2. 3.

66) 통일부(2000), 『북한개요』(원자료는 『금수강산』, 1999년 3월호).

봉 자유경제무역지대에 의한 투자유치가 1999년까지 7억 5천만 달러(계약 베이스)에 불과하다. 북한의 외자유치가 이와 같이 부진을 면치 못하고 있는 원인은 무엇일까.

먼저 북한의 나진 · 선봉 자유경제무역지대의 개발의지에 대해 간단히 살펴볼 필요가 있다. 박정동(1996b)은 나진 · 선봉 자유경제무역지대의 설치가 북한의 최고권력기관인 노동당이 아니라 한국의 내각에 해당하는 정무원에서 결정된 것, 더욱이 이 지대의 설치발표 이후 몇 년이 지난 지금까지도 노동당이 공식적인 입장을 표명하지 않고 있는 것을 예로 들어, 정책노선과 관련하여 당 · 정 · 군 간에 적지 않은 갈등이 존재하고 있다고 주장했다. 따라서 나진 · 선봉 자유경제무역지대의 개발도 한계를 가지지 않을 수 없다는 것이다. 이에 대해 동용승(1997)은 북한의 의사결정 메커니즘으로 보아 당의 결정 없이 정무원이 독자적으로 지역개방 같은 중요한 결정을 내렸다고 보기 어렵다고 하고 있다. 그는 북한측의 "나진 · 선봉을 우리 식의 자유경제무역지대에 만드는 것은 조선로동당이 견지하고 있는 원칙적 요구이다"[67]는 서술을 인용, 이 지대의 설치가 당의 결정사항이라고 주장하고 있다.

다만 나진 · 선봉 자유경제무역지대의 경우, 북한 지도부 내에 노선대립이 있는가 아닌가라는 문제보다도 故 김일성 수석의 '유훈'으로 되어 있는 측면을 강조해야 할 것으로 보인다.[68] 이 지대의 개발은 김일성이 사망하기 직전의 1994년 6월 14일 관계부문 일꾼협의회에서 이 지대의 건설이 지연되고 있다고 호되게 질책하며 서둘러 추진하라고 강력히 지시한 데 이어, 자신이 사망하기 이틀 전인 7월 6일 경제부문 책임일꾼협의회에서 이 지대 개발과 관련된 교시를 하달, 나 · 선지대 개발은 이른바 '유훈'으로 되었다. 김일성 사후의 초기 김정일 체제가 '유훈정치'를

67) 리신효, 「나진 · 선봉 자유경제무역의 주요 특징과 그 전망」, 『경제연구』, 평양 사회과학출판사, 1997. 4.

68) 小牧輝夫(1997)도 이 점을 강조하고 있다.

폈고, 더욱이 나진 · 선봉 자유경제무역지대의 개발을 김일성의 유훈으로 추진하면 지도부 내에서 노선대립의 여지도 적어진다는 점을 고려할 필요가 있다. 나진 · 선봉 자유경제무역지대에 대한 북한측의 개발의지 그 자체는 확고했다고 보아도 좋을 것 같다. 다만 앞에서도 밝혔듯이 1998년 이후 그 의지는 상당히 퇴색한 것으로 보인다. 어쨌든 외국자본이 들어오지 않았다. 이하에서는 중국 · 베트남과의 비교를 중심으로 북한의 투자환경 및 외자유치 부진의 원인을 살펴보기로 하자.[69)]

우선 검토해야 할 것은 외국기업에게 북한에의 진출은 어느 정도의 메리트가 있는 것인가, 바꾸어 말하면 북한의 투자지로서의 매력도이다. 예를 들면 중국의 경우, 개혁 · 개방의 초기에 외국기업은 중국 투자의 정치적 리스크가 있었음에도 불구하고 인구 10억의 중국시장의 거대한 잠재력을 겨냥해 중국에 진출했다. 동구 제국은 새로운 시장과 EU 시장 진출을 위한 생산기지라는 목적이 있었다. 베트남의 경우, 원유를 비롯한 자원개발, 동남아시아 진출의 전초기지라는 목적이 있었다.

그런데 북한의 경우, 내수시장으로서의 매력도, 수출생산기지로서의 매력도 매우 적다. 물론 북한이 외국기업에게 있어서 ① 동북아시아 진출의 거점의 확보나 ② 외국자본의 진출이 거의 없었던 신흥시장이라는 메리트가 전혀 없다고는 할 수 없지만, 그다지 큰 메리트라고는 보기 힘들다. 더욱이 1990년대의 지속적인 마이너스 성장과 심각한 식량난으로 대표되는 극심한 경제난 등으로 시장으로서의 북한의 매력은 빈약하기 짝이 없다.

반면 리스크는 매우 크다. 즉 정치 · 사회적 안정도의 면 혹은 대외신용도의 면에서 많은 문제를 안고 있다. 중국 · 베트남은 개혁 · 개방시대에 정치적 · 사회적으로 비교적 안정되어 있었다고 할 수 있다. 그런데 북한은 1990년대에 김일성의 사망, 김정일의 권력계승 지연, 핵개발 의

---

69) 북한의 외자유치 부진의 원인에 대해서는 남궁영(1995, 1997), 동용승(1997), 박정동(1996b), 배종렬 · 박유환(2000) 등을 참조.

혹, 미사일 개발 · 수출문제, 한국과의 대치상황의 지속, 심각한 식량난, 미해결의 누적채무 등으로 인해 외국기업에게는 정치적 · 사회적으로 불안정한 나라, 신뢰하기 어려운 나라로 인식되어 있다. 따라서 북한의 대외신용도는 대단히 낮다. 미국 의회 산하 회계검사국(General Accounting Office)의 각국별 대외신용도 조사에서 북한은 170개국 중 167위를 기록했다. 또한 '*Euromoney*' 지(1995년 9월)는 국가안전도(Country Risk)의 조사대상 181개국 중 북한을 179위로 평가하고 있었다. 이 조사에서 중국은 38위, 베트남은 69위였다.

이와 함께 개혁 · 개방의 의지도 지적할 필요가 있다. 중국 · 베트남은 국가지도부뿐만 아니라 일반 국민들에까지 개혁 · 개방의 의지가 널리 퍼져 있었고, 이러한 것을 외국기업들이 높게 평가했었다. 그런데 북한의 지도부에게는 아직까지 개혁 · 개방의 의지가 보이지 않는다. 나진 · 선봉 자유경제무역지대의 설치는 부분적 · 제한적 개방에 불과하다.

다음으로 실제 기업활동의 미시적인 측면에서 살펴보자. 우선, 북한의 외국인 투자기업에 대한 소득세는 베트남의 그것과 큰 차이가 없지만 중국보다는 조금 낮다. 일반지역에서는 중국이 33%이지만 북한, 베트남 공히 25%이며, 경제특구에서는 중국이 15%, 북한이 14%로 되어 있다. 북한의 나진 · 선봉 자유경제무역지대에서의 임금수준은 월 100달러 정도(최저임금 75달러)로 중국보다는 낮지만 베트남보다는 높다. 노동자 고용의 경우 중국, 베트남에서는 외자기업이 독자적으로 노동자를 채용할 수 있지만, 북한에서는 외국기업이 노동행정기관과 계약을 체결, 그 계약에 의해 채용하게 되어 있다. 또한 중국, 베트남에서는 외국투자기업의 내수판매가 제한되어 있지 않지만, 북한에서는 독자적인 내수판매가 제한되어 있다. 중국, 베트남의 경우 외국인 투자기업이 독자적으로 물자구입을 결정할 수 있는 권리를 가지고 있지만, 북한은 물자구입 때 국내물자 우선구입의 강제원칙이 적용되어 있다. 이와 같이 임금 · 세제와 같은 면에서 약간 유리한 면은 있지만 기업활동의 미시적인 면을 종합적으로 고려하면 투자환경은 중국 · 베트남보다 뒤떨어진다고 할 수 있다.

인프라는 북한이 취약한 분야이다. 중국 · 베트남도 인프라 부족이 외자유치의 장애요인이지만, 중국에서는 개혁 · 개방의 진전에 따라 인프라 건설에 대규모 투자가 이루어지고 있고, 인프라 시설도 확대되고 있다. 북한은 철도, 도로, 항만 등이 제대로 정비되어 있지 않은 데다 통신 분야도 열악한 상태에 놓여 있다. 특히 전력의 절대적인 부족이 가장 심각한 애로요인이다.

마지막으로 이른바 '해외동포자본'을 살펴보자. 중국의 경우, 1994년의 외국인 투자 가운데 3포자본(三胞資本: 대만동포, 홍콩 및 마카오 동포, 그 밖의 화교 · 화인)이 차지하는 비중은 무려 70%로, 237억 달러에 달하고 있다. 북한의 경우, 합영법에 의한 외자유치 중 재일조선인(조선총련계)에 의한 것이 90%로, 1억 5,000만 달러에 미치지 못한다. 나진 · 선봉 자유경제무역지대에 일부 재미동포자본이 들어가 있지만 소규모 투자에 지나지 않는다. 그리고 한국자본의 참가도 얼마 되지 않는다. 이와 같이 중국의 '3포자본'은 중국 진출에 적극적이지만 한국자본 및 북한의 해외동포자본은 북한 진출에 소극적이었다. 왜 그럴까. 북한의 투자환경이 중국의 투자환경보다 열악하다는 사실 이외에도 다음의 두 가지가 지적되어야 할 것 같다. 첫째, 중국 · 대만은 정경분리의 원칙을 암묵적으로 견지하였지만, 북한 · 한국은 정경분리원칙이 사실상 배제되어 왔다. 둘째, 화교 · 화인은 그 총수가 2, 600만 명[70]으로, 특히 동남아시아에서 상당한 경제력을 가지고 있는 사람이 많지만, 북한의 해외동포는 수백만 명에 지나지 않고, 또한 화교 · 화인 정도의 경제력을 가지고 있지 않다는 것이다.

---

70) 해외에 이주한 중국인 가운데 중국 국적을 보유하고 있는 사람은 화교, 현지의 국적을 가지고 있는 사람은 화인이라고 불린다. 1990년대 초에 화교는 200만 명, 화인은 2,400만 명 정도로 알려져 있다. 遊仲勳 編(1991), 『世界のチャイニーズ』, サイマル出版會, pp. 2-3 참조.

제4절 맺음말

실제로 북한에서는 '경제개혁' 이라든지 '경제개방' 이라는 말은 일체 쓰이지 않고 있다. 이런 말을 입 밖에 꺼내는 것조차 터부시되고 있다. "우리들은 쇄국정책을 실시한 적이 없기 때문에 '개방' 정책은 필요하지도 않다, 오히려 미국 등이 봉쇄정책을 취했기 때문에 대외경제관계의 발전이 저해되었다"는 입장이다. 또한 1988년 1월에 행한 김일성의 다음과 같은 연설은 북한 지도부의 공식적인 입장을 잘 나타내 주고 있다. "우리에게는 명확한 노선과 방침이 있기 때문에 개혁이나 개편을 해야 할 필요가 없습니다. … 우리는 지난날 잘못한 것도 없고 인민들이 당의 노선과 정책을 다 지지하고 있는 만큼 개혁할 필요가 없습니다. 잘못된 것이 있어야 개혁을 하지 다 잘 되고 있는데 무엇 때문에 개혁을 하겠습니까" (『경제관리 7』, p. 71)[71]는 것이다.

1990년대에 들어와 경제난이 계속되고 있음에도 불구하고 경제의 기본노선은 종전과 변함이 없다. 어디까지나 사회주의 경제체제를 견지하고 시장경제화를 거부한다는 공식적 입장에 변화가 없다. 김일성 사망 후 김정일이 내놓은 최초의 저작으로 알려진 『사회주의는 과학이다』(1994년 12월)에서 김정일은 "돈으로 인간을 움직이는 자본주의적인 방법에 의거하게 되면 사람들의 혁명적 열의와 창조적 적극성을 높일 수 없을 뿐 아니라 사회주의 체제 자체를 변질시켜 위험에 빠뜨릴 결과를 가져오게 된다"고 밝혔다.[72] 그러한 공식적인 입장은 그 후 김정일의 공식적인 담화나 신문 · 방송에서 관철되고 있다.

---

71) 1990년 4월의 어느 담화에도 거의 비슷한 내용이 등장한다. 『경제관리 7』, p. 325 참조.

72) 小牧輝夫 執筆, 「經濟の現狀と活性化の條件」, 小此木政夫 編(1997), pp. 35-36 참조.

다만 북한의 현실을 이해할 때 이러한 공식논조만으로 판단하는 것은 위험하다. 북한 지도부로서는 식량난, 에너지난, 외화부족에 대처할 필요성이 크고, 따라서 무언가 대책을 강구하지 않을 수 없다. 이를 위해서는 표면적으로는 종래의 입장을 견지하면서 실제로는 어느 정도 개혁 · 개방적인 조치를 취할 수밖에 없다. 다만 개혁 · 개방적 조치의 범위와 정도는 대단히 제한적이다.

북한의 역사를 돌이켜 보면, 실제 경제관리운영에 있어서 나타난 여러 가지 문제점을 북한 지도부가 그냥 지나쳐 버린 것은 아니었다. 하지만 그들은 문제의 주된 원인을 경제운영 시스템 그 자체가 아니라 일꾼들의 당성 · 계급성 · 혁명성의 부족, 상부의 지도 · 감독의 부족에서 구하였다. 따라서 문제점에 대한 국가대응의 기본방향은, 당과 행정의 양면에 걸친 감독 · 통제의 강화, 사상교육의 강화가 되지 않을 수 없었다. 1970년대 중반 기업에 대한 '3대 혁명소조'의 대대적인 파견 및 감시 · 감독, 1975년의 국가검열위원회의 신설 등 검열제도의 강화가 좋은 예이다.

1980년대 들어서는 나름대로 변화를 시도하기는 했다. 대표적인 것이 도경제지도위원회를 신설, '부문별' 경제관리체계에서 '지역별' 경제관리체계로의 전환을 모색한 것과 연합기업소제도를 전면적으로 도입, 연합기업소 중심의 경제관리체계로 재편한 것이다. 하지만 이러한 조치들은 기존의 경제 시스템을 '개혁'하려는 것이라기보다는 '개선'하려는 것들이다. 그리고 도경제지도위원회는 결국 실패했고, 연합기업소도 성과가 전혀 없다고는 하기 힘드나 극히 제한적이다.

1984년에 와서 겨우 '경제개혁'의 조짐이 나타나기 시작하였다. 그런데 이 움직임은 일시적인 것에 그쳤다. 1986년부터는 이러한 개혁적 분위기가 단숨에 식게 되었다. 그러던 것이 경제적 상황이 더욱 어려워지자 1980년대 말 혹은 1990년대 초부터 일련의 개혁적 조치가 등장했다. 독립채산제의 본격적인 도입, '개인부업'의 장려, '새로운 무역체계'의 도입, 자유무역지대(경제특구)와 같은 일련의 정책이 취해지고, 더욱이

1990년대 중반에는 '새로운 분조관리제'가 도입되었다. 이들은 기업 자주성의 확대, 물질적 자극의 확대, 대외개방의 확대라는 점에서 종전보다 진전된 형태의 개혁적 정책이라고 할 수 있다.

이들 조치는 이미 살펴본 독립채산제의 예에서 알 수 있는 것같이, 일정한 성과를 거두었음은 부정할 수 없다. 하지만 기대한 만큼의 성과를 거두었다고는 하기 힘들다. 제도적인 개혁이 이루어졌다 하더라도 거시경제상황이 너무 나쁘기 때문에 효과가 제한적이었다. 그리고 종전보다 진일보했다고는 하나, '새로운 분조관리제'와 같이 어디까지나 기존 제도의 개선조치에 불과한 것이 많다. 제1절에서 정의한 '개혁'이라고 불릴 정도의 정책은 아직 내놓고 있지 않다.

8 · 3 인민소비품창조운동, '개인부업' 장려의 예에서 볼 수 있듯이 일부 시장경제적 요소가 도입되었다고 해도, 그것은 어디까지나 국가의 계획경제 이외의 영역에서였다. '국가계획에 들어가 있지 않은 제품'을 생산하는, 중앙의 계획경제의 범위 밖에 존재하는 경제적 활동에 한정되었다. 계획경제의 범위 내에서는 종래의 시스템의 골격이 그대로 유지되었다. 이것은 1980년대 중반 이후의 북한에서 전개된 개혁적 정책의 큰 특징의 하나이다.

지방과 기업에 무역의 권한을 준 것, 바꾸어 말하면 무역의 분권화는 '지방 또는 기업차원의 자력갱생'과 한데 묶여 추진되었다. 이것은 불법적인 제2경제활동을 조장 · 촉진하는 결과를 낳았다. 다만 개인부업 장려의 경우, 불법적인 제2경제활동이 활발해진 데 대한 국가의 대응이라는 측면이 강하다. 즉 이미 일어나고 있는 변화를 사후적으로 추인하고 법률을 제정하여 그 변화를 법이 정한 범위 내로 가두어 놓고 국가가 변화의 움직임을 통제하려고 한 조치가 아닌가 한다. 물론 그렇다고 해서 국가가 불법적인 제2경제활동의 확대에 효과적으로 제동을 걸었다고는 보기 힘들다.

개방의 경우는 어떠할까. 북한에서는 비록 제한적이기는 해도 몇 가지 개방정책이 취해졌다. 하지만 북한이 기대했던 만큼 외국자본과 기술을 끌어들이지는 못했다. 북한이 투자대상지로서 별다른 매력이 없었다는 것, 반면 투자의 리스크는 컸다는 것, 더욱이 북한 당국은 '자본주의에 의한 오염'을 두려워한 나머지 외국기업들의 자유로운 경제활동을 보장하기를 주저했다는 것 등이 그 이유로 지적될 수 있다.

설령 외자유치가 어느 정도 성과를 거두었다 하더라도 그 경제적 효과는 제한적일 수밖에 없었을 것이다. 제1절에서 보았듯이 개혁과 개방은 원래 동전의 양면과 같은 것으로, 서로 분리되어 실시할 수 없는 성격의 것들이다. 개혁과 개방이 동시에 진행되어야만 서로 상승작용을 일으키면서 성공을 거둘 수 있다. 주지하는 바와 같이 중국은 개방정책과 동시에 개혁정책을 실시했다. 그런데 북한은 개방정책(그것도 제한적인 개방정책)은 전개하려고 했지만 개혁정책에는 극히 소극적이었다. '개혁 없는 개방' 내지는 '개혁 없는 부분개방'이라고 할 수 있다.

그렇다면 북한 지도부는 왜 본격적인 개혁 · 개방에 나서지 못했던 것일까. 개혁 · 개방은 왜 극히 제한적인 범위에서 실시되었던 것일까. 자세한 것은 보론에서 살펴보기로 하고, 여기서는 간단하게 한두 가지 요인만 지적하기로 한다.

예를 들면 북한에서는 공식적으로 독립채산제를 강조하고, 또 이 제도의 도입에 적극적이었지만 현실에서는 제도대로 운영되지 않았다. 북한 지도부는 이 제도를 실제로 적용하는 데 적지 않은 두려움을 가지고 있었기 때문이다. "김일성, 김정일도 이 제도의 성과에 대해서는 인정하고 있다. 다만 부정적 효과가 크다는 입장이다. 개인 이기주의를 조장하고 자본주의 사상이 침투할 우려가 크다는 것이다"(탈북자 E씨). 북한 지도부는 기업의 '자유화', 경제의 '자본주의화'에 대한 경계심이 컸다는 것이다.

1984, 1985년의 개혁 분위기가 1986년부터 갑자기 냉각된 배경에도 북한 지도부의 우려와 두려움이 있었다고 할 수 있다. 이미 서술했듯이 1984, 1985년에 개혁적 성격을 띤 정책의 전개를 시도했던 북한 지도부에게, 이러한 정책을 북한보다 먼저 추진했던 구소련 · 중국에서의 1985

년 이후의 사태의 추이는 적지 않은 충격이었을 것 같다. 그래서 개혁적 정책을 재고하기에 이르렀던 것으로 보인다. 북한 지도부는 경제개혁의 실시는 정치개혁의 실시로 파급 · 연동될 가능성이 크다는 것, 또 정치개혁에 있어서 민주화의 문제는 피해갈 수 없다는 것, 이러한 개혁은 일단 시작되면 지도부의 예상을 뛰어넘어 빠른 속도로 진행될 가능성이 크다는 등의 교훈을 얻었을 것으로 보인다.

북한 지도부가 본격적인 경제개혁 · 개방에 착수하지 못했던 것은 주체사상, 특히 혁명적 수령관의 영향도 무시할 수 없다. 전지전능한 수령, 신과 같은 수령에서 파생한 이 이론에서 수령의 지도에는 결함도, 오류도 있을 수 없다는 논리가 도출된다. 이는 잘못된 정책이 이후에도 수정되지 않고 반복해서 실시될 위험성을 잉태하고 있으며 또 실제로 그러했다. 경제실적이 악화되었음에도 불구하고 종전의 방식이 그대로 유지되었다는 것, 달리 말하면 북한의 전략, 나아가 체제의 경직성을 여기에서도 끌어낼 수 있다.

오히려 본격적인 경제개혁 · 개방을 전개한다는 것은 기존의 개발전략에 무언가 문제가 있다는 것을, 잘못이 있다는 것을 북한 지도부 스스로 인정하는 셈이 된다. 이는 수령의 권위, 나아가 북한의 정치체제의 큰 위협요인이 될 수 있다. 따라서 북한 지도부가 본격적인 경제개혁 · 개방에 '나설 수 없다는' 측면이 더 강할지도 모르겠다.

정치제도는 경제적 성과의 달성에 있어서, 혹은 경제개발전략의 형성 · 전개의 입장에서 보면 하나의 여건, 즉 하나의 환경요인이다. 그리고 이번에는 경제개발전략이 성공하는가 아닌가, 혹은 경제적 성과가 어떠한가 하는 것이 정치제도에도 영향을 미친다. 일반적으로 그러하다. 하지만 북한의 경우, 전자는 작동했지만 후자는 별로 작동하지 않았다. 즉 경제난은 정치제도에 별다른 영향을 미치지 않았다. 경제적 성과가 아무리 나빠도 전혀라고는 할 수 없겠으나, 별로 영향을 주지 못했다. 허약한 경제체제와는 비교도 되지 않을 정도로 견고한 정치체제가 구축되어 있었던 것이다.

보론 1. 1999~2000년의 연합기업소 해체·부활에 대한 해석

북한은 1999년 12월부터 2000년 1월에 걸쳐 주요 산업에서 대표적인 연합기업소를 해체했다가 2000년 9월에는 이들 중 상당수를 다시 종전의 연합기업소로 부활시켰다. 연합기업소제도가 북한경제 관리체계의 핵심고리의 하나라는 사실을 떠올린다면, 북한의 전반적인 경제운영을 둘러싸고 북한 내부에서 무언가 중대한 움직임이 있었던 것이 아닌가 하는 데까지 생각이 미칠 수 있다. 왜 그랬을까. 물론 북한 당국은 이에 대해 아무런 설명도 하지 않고 있다. 몇 가지 단편적인 사실과 정황을 토대로 추론해 보기로 하자.

잘 알려진 대로 1990년대 들어 북한의 경제상황은 종전보다 훨씬 악화되었다. 전체적으로 공장가동률이 20~30%로 주저앉았으며, 특히 아예 가동을 중단한 공장들도 많다. 이런 상황에서는 계획경제가 제대로 돌아갈 리가 없다. 특히 아무리 연합기업소라 하더라도 생산에 필요한 자재를 연합기업소 내에서 해결할 수 있는 것이 극히 제한적으로 되었을 것 같다.

오히려 경제 전반에 자재가 극도로 부족한 상황에서 연합기업소제도가 하나의 질곡이 되었을 가능성이 있다. 여기서 북한 전체적으로 공장가동률이 20~30% 정도라는 것이지 북한 내 모든 공장의 가동률이 일률적으로 20~30%가 아니라는 사실을 상기할 필요가 있다. 즉 완전 가동중단된 공장도 있고 가동률이 10~20%인 공장, 40~50%인 공장도 있을 것이다. 편차가 있을 수 있다는 이야기이다. 그런데 연합기업소 핵심기업은 자재를 우선적으로 연합기업소 내의 산하기업으로부터 공급받도록 되어 있다. 이는 산하기업들이 자재를 그런대로 생산할 때는 하나의 '특혜'가 될 수 있지만, 그렇지 못할 때는 하나의 '질곡'이 될 수도 있다. 그리고 이 핵심기업이 필요로 하는 자재를 생산하는 자신의 산하기업의 가동률보다 연합기업소 밖의 다른 기업의 가동률이 더 높다면 더욱 그러하다.

그럴 바에야 아예 연합기업소를 해체해서 국가입장에서 전략적 의의를 지니는 몇몇 핵심기업들에 대한 자재공급을 연합기업소 차원에서가 아니라 전국적 차원에서 보장하는 방안도 생각할 수 있다. 물론 이 경우 모든 연합기업소를 해체하면 의미가 없다. 국가기간사업의 대표적인 연합기업소만 해체하는 것이다. 그리고 국가가 이들 기업에 대해 자재를 중점 지원하는 것이다.

그런데 막상 연합기업소를 해체해 놓고 보니 아니나 다를까, 역시 우려했던 '기관본위주의', 특히 성(省)의 이기주의가 되살아나서 다시 혼란에 빠졌다. 기간사업의 대표적인 기업들에 대한 자재공급도 기대했던 것만큼 제대로 되지 않았다. 그래서 결국 어쩔 수 없이 종전의 연합기업소제도로 되돌아갔다고 볼 수 있다.

이러한 연합기업소의 해체 · 부활을 두고 북한의 '개혁 · 개방'과 연관지어 해석할 수도 있다. 다만 두 가지 상반된 해석이 가능하다.

첫째, '분권화'와 관련지은 해석이다. 즉 연합기업소는 원래 분권화의 요소를 가지고 있던 것인데 이를 해체한다 함은 분권화가 후퇴하는 것, 따라서 본격적인 '개혁 · 개방'으로부터 더 멀어지는 것을 뜻한다는 해석이다.

그런데 앞에서도 보았듯이 북한의 연합기업소는 '분권화'의 요소와 '집권화'의 요소를 동시에 지니고 있다고 보는 것이 적절하다. 더욱이 연합기업소의 해체 · 부활 움직임을 두고 '집권화, 분권화'를 따진다면 문제의 본질을 흐리게 할 우려가 있다. 특히 연합기업소의 해체가 분권화의 후퇴, 즉 집권화라는 논리는 곧 연합기업소의 부활은 분권화라는 이야기로 이어질 수밖에 없다. 그리고 북한은 연합기업소제도를 전면적으로 도입하는 1980년대 중반부터 경제관리의 분권화로 나아갔다는 이야기가 된다. 하지만 북한이 이 때부터 분권화로 나아가지 않았음은 주지의 사실이다.

둘째, '구조조정'과 관련지은 해석이다. 즉 연합기업소 해체는 국제통화기금(IMF) 체제하에 한국이 경험했던 구조조정에 비견되는 '북한식 구조조정'이라는 것이다. 기존의 종합적 생산조직을 사실상 폐지하고 조직의 규모를 축소해 생산증대, 효율성 제고, 기업경영의 내실화를 도모하는 실용주의적 조치로 평가할 수 있다는 것이다. 그리고 이는 북한이 경제운영에 있어서 무언가 근본적인 변화를 모색하고 있다는 해석으로도 연결된다. 한 걸음 더 나아가면 북한이 개혁 · 개방으로 나아가는 전조가 아닌가 하는 추측도 가능하게 해준다.

그런데 북한은 다시 연합기업소를 부활시켰다. 이는 북한의 경직된 산업구조에 대한 구조조정이 그만큼 어렵다는 것의 반증이라고 해석되고 있다.

사실 구조조정이라는 용어는 매우 포괄적인 내용을 담고 있으나 기업과 관련해서 이야기할 때는 비용절감 및 효율성 제고를 위해 감량경영, 저수익사업 정리, 인원삭감 등을 단행하는 것을 가리킨다. 따라서 연합기업소 해체를 외관상의 변화만 보고 '조직의 규모를 축소하고 기업경영의 내실화를 도모하는 실용주의적 조치'로 평가하면 북한의 현실과 동떨어지게 된다. 본문에서 보았듯이 북한경제에서 연합기업소가 가지는 의미를 생각해 본다면 더욱 그러하다.

결국 연합기업소의 해체 · 부활 움직임을 집권화 · 분권화나 구조조정으로 해석하는 것은 부분적 · 피상적 이해에 불과할 것 같다. 나아가 연합기업소 해체 · 부활 움직임을 북한의 개혁 · 개방과 연관지어 해석하는 것도 북한의 현실과 거리가 있다. 북한에서 생산활동의 가장 큰 고민거리는 원자재 공급문제이고 연합기업소제도 도입의 최대목적이 전후방 연관성이 큰 기업들간의 원자재 공급보장이었다고 한다면, 연합기업소 해체 · 부활을 둘러싼 움직임도 그러한 맥락에서 이해되어야 할 것으로 보인다.

북한은 사회주의 경제체제라는 기본적인 틀은 유지한다는 대전제하에서 생산부진을 타개해 보기 위해 기업간 자재공급 애로문제에 대해 북한 나름대로 대처방안을 모색해 보고자 했다. 그래서 나온 것이 연합기업소 해체시도였다. 하지만 그런다고 해서 문제가 해결될 수는 없었고 오히려 혼란만 가중되었다. 그래서 결국 종전의 방식으로 돌아가 연합기업소를 부활시켰다.

보론 2. 북한 개혁 · 개방의 제 변수

이 때까지 북한이 개혁 · 개방을 본격적으로 추진하지 않았던, 아니 못했던 이유는 크게 보아 다음의 세 가지로 정리할 수 있다. 이러한 원인들은 북한 개혁 · 개방의 제약요인이기도 하다.

첫째, 국내정치적 요인이다. 무엇보다도 본격적인 개혁 · 개방이 몰고 올 체제불안의 위험성을 꼽을 수 있다. 그리고 이는 북한이 본격적인 개혁 · 개방에 착수하지 못했던 가장 큰 원인이다.

북한에서 경제개혁의 실시는 정치개혁의 실시에 대한 요구로 이어질 가능성이 큰바, 최고지도자와 지배 엘리트들은 이 점을 부담스러워 할 것이다. 본격적인 경제개혁 · 개방을 전개한다는 것은 기존의 경제정책에 무언가 문제가 있다는 것을 북한 지도부 스스로 인정하는 셈이 된다. 그런데 김정일 위원장은 자신의 아버지인 김 주석으로부터 권력을 물려받았으므로 자신의 권위의 원천은 자신의 아버지에게 있다. 따라서 김 위원장 입장에서는 본격적인 경제개혁 · 개방의 전개는 극단적으로 보면 김 주석에 대한 부정, 따라서 자신에 대한 부정을 의미한다. 최고권력자의 입장에서는 매우 부담스러운 사태전개이다. 그리고 다른 사회주의 국가들의 경험이 보여 주는 것은 경제개혁이 일단 시작되면 주민들은 필연적으로 정치개혁도 실시할 것을 요구했다는 것이다.

달리 보면 개혁 · 개방은 시장주의적 요소 혹은 자본주의적 사상의 북한 내 유입을 초래하게 마련이다. 그리고 이러한 다원적 요소의 유입은 최고지도자를 정점으로 한 북한의 일원적 시스템과 충돌할 가능성이 크고, 이는 북한의 현재의 정치권력구조, 나아가 체제에까지 심각한 영향을 미칠 수 있다.

이와 함께 북한 경제난의 체제위협 정도에 대한 북한 지도부의 인식수준도 개혁 · 개방을 제약하는 국내정치적 요인으로 지적될 수 있다. 즉 경제난이 심각하고 이로 인한 사회적 부작용이 컸음에도 불구하고 이것이 아직까지는 북한체제를 위협할 수준에는 도달하지 않았다고 북한 지도부는 판단, 위험부담이 수반되는 개혁 · 개방에 착수하지 않았다고 할 수 있다.

이 밖에 개혁 · 개방 추진을 위한 지배 엘리트와 이데올로기상의 변화의 어려움 등이 개혁 · 개방을 제약하는 국내정치적 요인으로 지적될 수 있다. 개혁을 추진하기 위해서는 실용주의적이고 전문적인 지식을 갖춘 테크노크라트층이 출현, 변화를 주도해야 한다. 그러기 위해서는 사상 · 군사 엘리트가 주도권을 장악하고 있는 현재의 권력구조에 변화가 발생해야 하는데 이것은 쉬운 일이 아니다. 또한 개혁을 추진하기 위해서는 개혁을 정당화하는 이데올로기적인 뒷받침이 중요하다. 그러기 위해서는 북한의 현 체제의 사상적 근간을 이루고 있는 주체사상에 어떤 형태로든 손을 대지 않을 수 없는데 이 또한 쉬운 일이 아니다.

이 때까지 북한이 개혁 · 개방을 본격적으로 추진하지 못했던 두 번째 원인은 대외적인 정치 · 경제적 요인이다. 국제적으로 사실상 고립되어 있는 데다 체제안전이 보장되지 않은 상태에서 북한이 외국자본에 대해 문을 활짝 열기도 힘들었다. 지난해부터 EU 국가들과 국교정상화가 이루어지고 있으나 그 이전에는 국교가 없는 상태가 장기간 지속되었다. 무엇보다도 오랜 기간 미국, 일본과 적대적 대립관계에 놓여 있었다. 또한 지난해 미국과의 관계개선 움직임이 있었으나 부시 행정부의 등장으로 벽에 부딪히고 있으며, 일본과는 8년 만에 수교협상이 재개되었으나 협상은 지지부진한 상태이다. 사실 한국과도 작년의 정상회담 개최 전까지는 오랜 기간 대결과 반목의 시대였다.

설령 북한이 문호를 개방한다고 해도 외국자본들이 선뜻 들어오기 힘들었고, 경제적으로 실리가 보장되는 것도 아니었다. 미국이 북한을 테러지원국으로 규정하고 있는 상태에서는 미국의 대북한 경제제재조치도 완화될 리가 없고, 북한이 갈구하는 국제금융기구로부터의 자금지원도 실현불가능하다. 또한 대부분의 선진 자본주의 국가들과 국교가 수립되어 있지 않으니 북한에서 만든 물건들을 이들 나라에 수출하려 해도 관세상의 불리함 때문에 수출의 길은 사실상 막혀 있다.

이 때까지 북한이 개혁 · 개방을 본격적으로 추진하지 못했던 세 번째 원인은 국내경제적 요인이다. 북한의 심각한 경제난으로 인해 생산의 기본적인 여건이 제대로 갖추어져 있지 않는데, 이는 북한이 개방을 한다 해도 외국자본이 선뜻 들어오기 어려운 또 하나의 원인으로 작용했다. 전기가 턱없이 모자라고 철도, 도로, 항만 등 SOC도 열악한 상태이고, 자재난으로 인해 북한 내에서 조달할 수 있는 물자가 거의 없으며, 기계설비는 낡은 것이 대부분이다. 더욱이 당분간은 북한의 내수시장도 기대하기 어려운 형편이다. 중국이 1978년 개혁 · 개방을 단행할 당시 경제가 어려웠다고 하나 지금의 북한처럼 경제의 재생산이 불가능할 정도의 경제난은 아니었음은 지적될 필요가 있다.

경제적 측면에서 본, 이른바 개혁의 초기조건도 중국 등에 비해 불리한데, 이는 북한이 개혁을 한다 해도 그 성과가 상대적으로 적을 것이며 동시에 시장경제로 이행하기 위한 전환비용을 더 많이 부담해야 한다는 것을 뜻한다. 북한은 중국에 비해 계획경제가 훨씬 더 광범위하고 깊숙하게 침투해 있었고 또 더 오랜 기간 유지되었다. 이는 북한이 경쟁촉진적, 시장형성 촉진적 요소가 상대적으로 적은 경제를 개혁의 초기조건으로 안고 있다는 의미이기도 하다.

이렇게 보면 국내정치적 요인은 개혁 · 개방에 대한 착수 그 자체를 직접적으로 제약하는 요인이고, 국내경제적 요인은 개혁 · 개방의 성과를 제약함으로써 개혁 · 개방을 간접적으로 제약하는 요인이며, 대외적인 정치 · 경제적 요인은 이들 두 가지 측면을 함께 가지고 있다고 할 수 있다.

이러한 개혁 · 개방의 저해요인들로부터 북한의 개혁 · 개방의 제 변수들을 도출할 수 있다(보표 참조).

이러한 개혁 · 개방의 변수들에 대한 관찰은 북한의 개혁 · 개방을 전망하는 데 유용하다. 즉 북한의 개혁 · 개방을 전망하기 위해서는 이러한 개혁 · 개방의 변수들이 어떻게 달라질 것인지를 우선적으로 살펴볼 필

보표 북한 개혁 · 개방의 제 변수

구분	내용	성격
국내정치적 요인	—개혁 · 개방이 몰고 올 체제위협요인의 통제가능 여부 —경제난의 체제위협 정도에 대한 지도부의 인식수준 —개혁을 주도할 수 있는 전문관료층의 형성 여부 —개혁을 정당화할 수 있는 이데올로기상의 변화 여부	개혁 · 개방에 대한 직접적 변수
대외정치 · 경제적 요인	—미국과의 관계개선 여부 →북한의 체제안전보장 여부, 테러지원국 해제 및 경제제재 해제 여부, 국제금융기구 자금지원 여부 —일본과의 관계개선 여부 →북일수교 배상금 유입 여부 —남북관계개선 여부 →남북경협 활성화 여부	개혁 · 개방에 대한 직접적 및 간접적 변수
국내경제적 요인	—심각한 경제난, 열악한 SOC의 해소 여부 —개혁의 경제적 초기조건상의 불리함 극복 여부	개혁 · 개방에 대한 간접적 변수

요가 있다.

우선, 국내경제적 요인은 중 · 단기적으로 뚜렷한 변화가 생기기 어렵다. 북한 당국이 노력한다고 해서 해결될 차원의 것이 아니다.

대외적인 정치 · 경제적 요인은 북한의 의지와 노력 여하에 따라 부분적으로 완화될 수 있는 성격의 것이나 단기간에 획기적으로 개선되기는 어려울 전망이다. 대외관계개선의 핵심고리라 할 수 있는 북미관계가 풀려야 하는데, 여기에서는 북한의 핵 · 미사일 문제가 큰 관건이다. 북한은 체제생존과도 직결되는 핵 · 미사일을 쉽게 포기하기 어렵다. 더욱이 미국의 부시 행정부가 강경한 대북정책을 펴고 있는 상황에서 북미관계가 빠른 시일 내에 개선될 가능성은 그리 크지 않다. 다만 북한과 EU 간의 관계는 조금씩 개선되고 있는 추세이다.

국내정치적 요인은 북한 당국의 의지와 노력에 의해 변화될 수 있는 차원의 것이기는 하다. 최근의 몇 가지 움직임을 보면 북한 지도부는 이 요인을 부분적이나마 변화시켜 보기로 마음을 먹은 듯한 인상을 주는 것도 사실이다. 올 1월의 중국방문에 군부 등 지배 엘리트를 대동, 개혁 · 개방의 현장을 보여 준 이유의 하나도 개방의 공포를 해소시켜 주기 위한 것이라 할 수 있다. 또 김 위원장이 방문한 상하이의 발전상을 TV를 통해 보여 준 것도 북한이 나아갈 길을 주민들에게 암시했다고 할 수 있다. 특히 북한의 보도매체들이 이른바 신사고(新思考)와 관련 20세기를 김일성의 세기, 21세기를 김정일의 세기로 주장하고 1960년대와 현재의 상이함을 강조하는 등 김정일 시대와 김일성 시대에 일정 정도 선을 그으면서 운신의 폭을 확대하고자 시도하는 조짐이 있다. 다만 이러한 일련의 움직임들은 전체적으로 보면 아직은 미약한 수준이다.

이러한 제반 상황에 비추어 볼 때 북한의 변화 움직임은 개혁 · 개방의 관점에서 전망한다면 제한적 · 점진적 개혁 · 개방이 될 가능성이 크다. 북한이 개혁 · 개방에 착수한다 하더라도 그것은 중국식이 아니라 북한식이 될 것으로 보인다. 북한의 개혁 · 개방은 기본적으로 점진적이면서 동시에 지그재그식, 즉 진행시키다가 체제위협요인이 커지면 이를 제거하기 위해 속도를 떨어뜨리고 주변을 점검해 본 뒤 다시 앞으로 나아가는 식이 될 가능성이 크다.

제7장 결 론

여기서는 북한경제에 관한 기존 연구사(研究史) 속에서 이 책의 자리매김을 염두에 두면서 이 책의 두 가지 연구과제에 대한 논의를 정리하기로 한다.

1. 북한경제침체의 메커니즘

북한의 경제실적은 장기적인 시야에서 보면 성장률의 장기하락경향이다. 1950년대에 고속성장을 기록한 북한경제는 1960년대부터 성장이 둔화되기 시작해 1970년대 전반, 일시적으로 회복되었지만 1970년대 후반 또는 1980년대 전반부터 다시 하강곡선을 긋기 시작해 오랜 기간 침체상태가 계속되고 있다. 북한경제는 1990년대에 들어와 더욱 나빠졌다. 1990년부터는 9년 연속 마이너스 성장을 기록했고 심각한 식량난, 20~30%에 불과한 공장가동률, 극단적인 물자부족사태가 빚어지고 있다. 공식경제는 기능마비상태나 다름없고 이른바 제2경제가 급속히 확대되고 있다. 이 책에서는 이러한 북한의 경제개발실적을 한데 묶어 보다 장기적 · 구조적인 관점에 서서 '경제침체' 라고 부르기로 하였다.

북한측은 현재의 어려운 경제상황의 주된 원인으로서, 과도한 군사비 부담과 사회주의권 붕괴에 따른 무역관계의 단절을 들고 있다. 과연 그러한가. 이미 살펴본 바와 같이, 이들 요인이 북한경제에 부정적 영향을 준 것은 분명한 사실이지만, 이들은 경제침체원인의 '일부' 에 지나지 않는다.

북한경제는 왜, 어떻게 해서 심각한 경제침체에 이르게 된 것일까. 이것이 이 책의 첫번째 과제이다. 바꾸어 말하면 북한경제침체의 메커니즘을 해명하는 것이다. 여기에는 경제개발론적 관점과 경제체제론적 관점이 함께 들어가 있다. 이들의 두 가지 관점에 의한, 북한경제침체 메커니즘에 대한 구체적 · 실증적인 검토는 종전의 연구에서 거의 시도되지 않았던 것이다.

이 책에서는 경제실적은 초기조건, 경제개발전략(나아가서는 국면교체)의 귀결이라는 관점에서 또한 초기조건, 개발전략과 경제실적 사이에 개재(介在)하는 관계를 '개발 메커니즘' 으로서 정리하는 스텝에 중점을 두어 상기의 과제에 대응하였다.

우선, 북한경제개발의 역사적 유산 내지 초기조건은 플러스, 마이너스의 양면을 가지고 있다. 플러스의 면으로서는 풍부한 지하자원, 수력자원, 식민지시대의 공업화를 통해 형성된 물적 · 인적 자산 등이 있으며, 특히 남조선에 비해 경제개발의 초기조건이 유리했다는 점을 지적할 수 있다. 마이너스의 면으로서는 해방에 따른 일본과의 관계단절, 국토의 분단, 한국전쟁에 의한 파괴, 낮은 교육수준, 미국과의 대치, 석유자원의 부재 등을 들 수 있다. 또한 식민지시대의 공업화에 의해 형성된 전력 과소비산업구조는 시간이 지남에 따라 경제개발을 저해하는 마이너스 요인으로 작용했다.

이러한 초기조건을 토대로 국력지향형 요소가 강한 경제발전이라는 목적을 실현하기 위해 북한 당국은 중앙집권적 계획 시스템이라는 제도적 기반 위에서 자력갱생, 정신적 자극 우선 · 대중노선, 고축적 · 강축적에 의한 급속한 공업화, 중공업 우선발전 등 우선순위에 근거한 선택적 성장과 같은 수단을 사용하여 경제개발전략을 전개하였다. 그런데 북한 지도부의 의도와는 달리 지금의 심각한 경제침체에 빠지게 되었다.[1)]

초기 고속성장 이후 시기의 장기간에 걸친 경제침체현상을 설명하기 위해서는, 우선 초기의 고속성장을 간단히 살펴볼 필요가 있다. 우선, 다음과 같은 김일성의 이야기를 살펴보자.

"건설에서 자재형편도 이전과는 많이 달라졌습니다. 5개년 계획(1957~1960) 때까지만 하여도 자체로 동원하여 쓸 수 있는 자재의 예비가 많았습니다. 여기저기 널려 있는 쇳조각도 많았고 벽돌장도 많았습니다. … 이 때에는 또한 다른 나라들에서 물질 · 기술적 원조도 적지 않게 받았습니다. 그러나 최근에 와서는 동원하여 쓸 수 있는 유휴자재가 그전보다 훨씬 적어졌습니다. 그리고 다른 나라의 원조도 거의 없어졌습니다"(1965. 3. 26, 『경제관리 3』, p. 118).

"건설의 대상과 성격도 이전과는 많이 달라졌습니다. 전후(戰後) 첫 시기에는 마사진(파괴된) 공장, 기업소들과 생산시설들을 복구하는 것이 기본이었다면, 이제는 새로운 건설이 기본으로 되었습니다. 이전부터 자기 손으로 움직이던 공장, 기업소들과 시설들을 원상태로 복구하는 것은 그리 어려운 일이 아니지만 움직여 본 경험도 없고 본 일도 없는 새로운 공장들과 시설들을 건설하는 것은 결코 쉬운 일이 아닙니다"(1965. 3. 26, 『경제관리 3』, p. 118).

"그 때(1950년대)에는 노동자들을 모아 놓고 선동강연만 한 번 하여도 많은 유휴자재와 유휴노동력이 동원되고 생산이 쭉쭉 올라갔습니다. 그러나 지금은 그 때와는 사정이 다릅니다. 오늘은 널려 있는 유휴자재나 유휴노동력이 얼마 없습니다"(1962. 1. 6, 『경제관리 2』, pp. 229-230).

이러한 김일성의 인식에 따라가다 보면 1950년대의 고속성장을 지탱

1) 물론 군사력 강화 및 국방건설이라는 목적은 달성된 만큼, 북한의 개발전략이 완전한 실패라고는 단정할 수 없다.

해 온 요인은 전후 복구기라는 특수조건, 사회주의 제국으로부터의 대규모 무상원조, 대중의 자생적 에너지 등으로 정리할 수 있게 된다. 그리고 이들 요인의 소멸은 오히려 성장의 감속을 가져오는 것으로 된다. 실제로 북한의 1960년대부터의 성장둔화는 이러한 논리로 설명할 수 있다. 하지만 이러한 논리는 성장둔화 내지 침체의 일부를 설명할 수는 있어도 전부를 설명해 주지는 못한다. 고속성장을 기능적으로 지탱해 온 요인, 예를 들면 고축적 메커니즘, 중앙집권적 계획제도 등이 점차 기능이 저하되면서 성장을 제약하고, 여기에 고속성장 이후 시기에 새롭게 등장한 요인(예를 들면 정책 · 외부환경적 요인)과의 상호작용에 의해 '경제개발 메커니즘'이 일종의 '경제침체 메커니즘'으로 전화(轉化), 이것이 자기운동으로서 전개되어가는 일련의 흐름을 고찰해야 한다.

그 프로세스는 다음의 세 가지 그림을 중심으로 정리할 수 있다. 다만 이들 그림은 북한의 경제개발 총과정을 상이한 측면에서 파악한 것으로 고유의 순환 메커니즘을 각각 가지고 있다. 단지 각각 독립적인 것이라고는 말할 수 없다. 그림 상호간에 겹치고 연결되는 곳도 적지 않기 때문이다.

그림 7.1은 북한의 고축적 메커니즘이 시간이 흐름에 따라 그 기능이 저하되면서 저축적 메커니즘으로 바뀌어 가는 흐름을 매우 간략하게 나타낸 것이다. 특히 고축적 메커니즘이 나름대로 제기능을 수행했던 1단계에서 거의 기능하지 않게 된 2단계로 넘어가는 것은 오랜 기간에 걸쳐 진행되는 것이다. 또 그림에 나타난 제반 요인이 동시적으로 변화한 것은 아니다. 오히려 그림 7.1은 1단계와 2단계의 특징을 비교해서 보여주는 측면이 강하다.

그림 7.1에서 1단계는 대체로 1950 · 60년대를 상정하고 있다. 이 시기는 사회주의 제국으로부터의 무상원조(단 1950년대)와 함께 국내의 축적 메커니즘이 틀을 갖추게 된 시기이다. 즉 임금, 가격에 대한 엄격한 통제, 직접적인 물량적 통제 등 여러 가지 수단을 통해 노동자 · 농민의 희생 위에 높은 수준의 축적률을 달성할 수가 있었다. 그리고 생산의 면

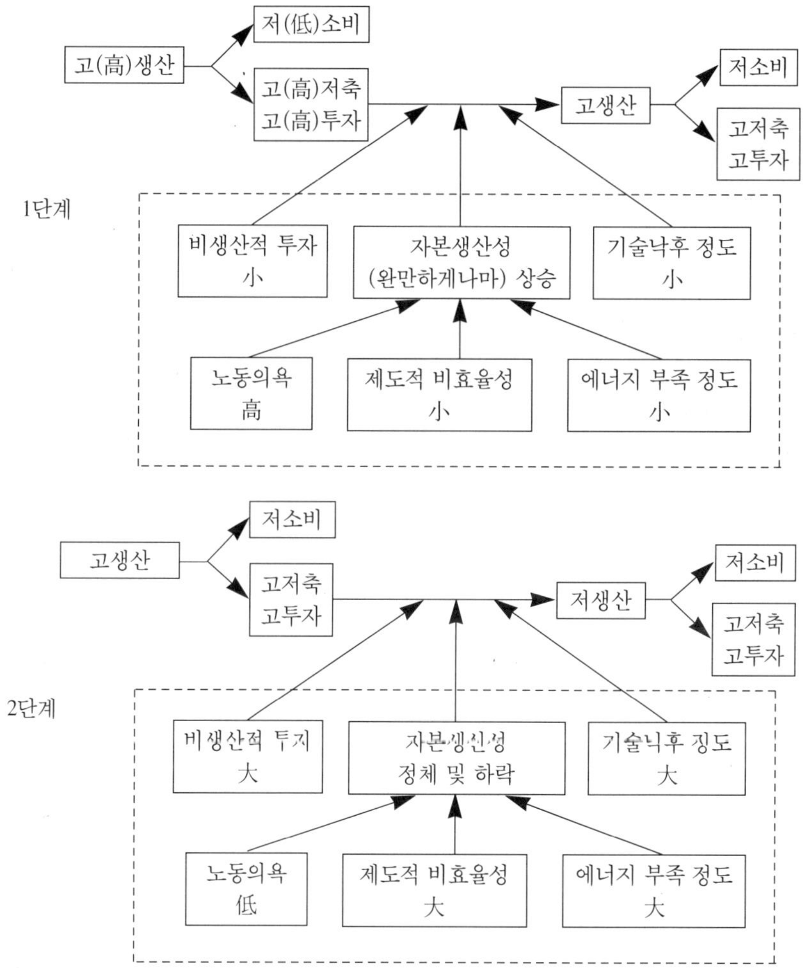

그림 7.1 북한의 고축적 메커니즘의 기능저하

에서 고축적에 상응하는 성과를 낼 수 있었던 시기이다. 고축적 메커니즘이 나름대로 기능하고 있었던 시기이다. 노동자들의 의욕은 높았고 중앙집권적 계획제도의 비효율성도 그다지 크지 않았으며 에너지 부족이 심각할 정도는 아니었으므로 결국 자본생산성이 완만하게나마 상승했던 단계이다. 구소련을 중심으로 외국 선진기술 도입이 어느 정도 이루어지면서 기술낙후가 큰 부담이 되지 않았으며 군사지출의 부담도 크지 않았던(단 1950년대) 시기이다.

2단계는 대체로 1970년대 후반 이후 오늘날까지를 포괄한다. 생산에서 고축적에 상응하는 성과를 거두기 어렵게 된 시기이다. 이것은 거액의 군사지출, 대규모 기념비적 건조물의 건설 러시 등 비생산적 투자부담이 과도하게 된 데다 외화난으로 인한 외국 선진기술 도입격감 등으로 기술도 오랜 기간 정체상태를 벗어나지 못했고, 특히 자본생산성이 점차 하락했기 때문이다.

자본생산성 하락에는 여러 가지 원인이 있다. 단순화를 위해 그림 7.1에는 노동 인센티브의 하락, 제도·정책적 비효율성의 현재화(顯在化), 에너지 부족의 심각화라는 세 가지 요인만 나타내었다. 제도·정책적 비효율성의 현재화는 집권적 시스템의 기능저하(후술)에 의한 면이 크고, 노동 인센티브의 하락은 고축적·강축적 메커니즘으로 인한 노동자·농민의 희생 누적, 대중의 자생적 에너지 소멸에 의해 초래된 면이 크다. 에너지 부족의 심각화에 대해서는 후술한다. 또한 그림에는 나타나 있지 않지만, 제도·정책적 비효율성의 현재화 등으로 인해 중공업 우선전략의 유효성이 저하한 것도 고축적을 이루었지만 생산에서는 그에 상응하는 성과가 나오지 않은 원인의 하나이다.

이렇게 해서 투자의 생산성이 하락하면서 생산은 둔화·정체되고 코스트는 상승하여 갔다. 이윤율(잉여율)은 하락하고 이윤액(잉여액)의 증가율이 둔화·정체·하락해 갔다. 이에 대해 국가는 강제저축을 한층 더 강화하는 방향에서 대응했다. 그럼으로써 간신히 어느 정도 고축적을 유지할 수가 있었다. 그러나 그러한 방식에는 한계가 있었다. 더욱이 해외부문은 국내의 자본축적상의 애로 타개에 아무런 도움이 되지 않았다. 종래와 같은 고축적이 불가능하게 되었을 뿐만 아니라 투자자금 부족사태까지 빚어지게 되었다.

그림 7.2는 북한의 중앙집권적 계획 시스템이 기능저하·마비에 빠지

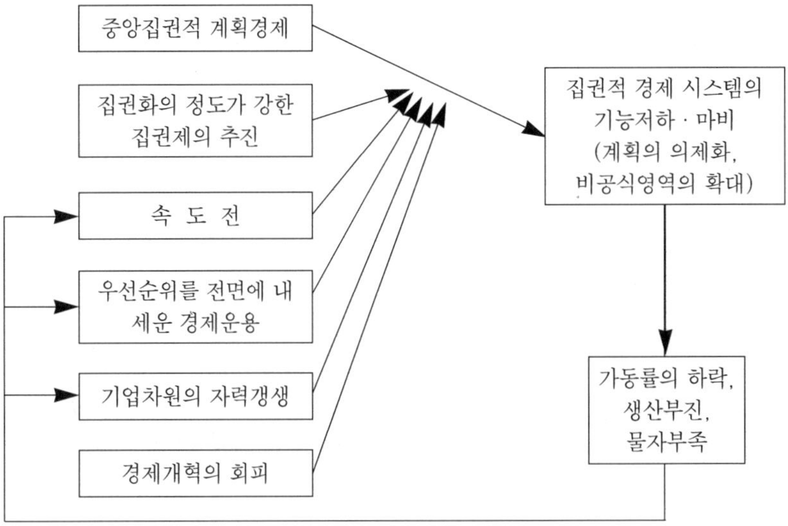

그림 7.2 북한의 집권적 경제 시스템의 기능저하

는 흐름을 간단하게 나타낸 것이다. 단 이 그림은 1970년대 이후의 상황을 나타낸 것임을 강조할 필요가 있다. 뒤집어 말하면 1970년대 이전, 즉 1950 · 60년대는 중앙집권적 계획 시스템이, 비효율성은 어느 정도 있었으나 시스템 전체가 기능마비상태가 될 정도는 아니었다는 것이다.

오히려 집권적 계획경제는 경제의 규모가 작고 경제관련이 비교적 단순한 단계에서 대량의 인적 · 물적 자원을 일정한 전략부문에 집중투입하여 단기간에 공업화를 달성하는 데 적합하다. 하지만 경제의 규모가 커지고 경제의 연관성이 복잡해지는 단계에 들어가면 그 유효성이 크게 하락한다.

이와 관련하여 김일성은 다음과 같이 말한 바 있다.

"지금은 우리가 새로운 경제관리체제를 내올 때와는 사정이 많이 달라졌습니다. 그전에는 인민경제의 규모가 그리 크지 않았고 공장, 기업소가 많지 않았습니다. 지금은 인민경제의 규모가 비할 바 없이 커졌으며 공장, 기업소들이 굉장히 많아졌습니다. 이런 조건에서 모든 공장,

기업소들에 자재를 원만히 보장해 주고 공장, 기업소들 사이의 협동생산을 빈틈없이 조직하며 모든 자재와 협동생산품들을 제때에 실어 나른다는 것은 간단한 문제가 아닙니다. 자재보장문제만 놓고 보더라도 그 많은 공장, 기업소들이 상호간의 계약에 따라 자재를 서로 주고받는 것도 복잡한 문제이고 국가계획위원회를 비롯한 위원회, 부들에서 전국의 수많은 공장, 기업소들을 직접 다 대상하여 자재를 정확히 맞물리고 제때에 보장해 준다는 것도 사실상 어려운 일입니다"(1984. 11. 13, 『저작집 38』, p. 348).

경제가 발전함에 따라, 즉 공장이 늘어나고 제품종류가 증가함에 따라 중앙이 처리해야 할 정보는 기하급수적으로 늘어나는 데 비해 중앙의 정보처리능력은 제한되어 있으니 양자의 불균형은 더욱 커지고 따라서 계획은 더욱 의제화된다.[2] 이에 따라 경제 시스템의 유효성을 떨어뜨리는 여러 현상이 발생하는데, 대표적인 것이 상기의 김일성 연설에서도 언급된 자재공급상의 애로이다. 이 밖에도 제4장에서 서술한 기업에서의 생산능력에 대한 과소신고, 투입재에 대한 과다요구, 수요를 무시한 재화의 공급, 신기술 도입이나 개발의욕의 결여, 투입재 · 노동력의 지나친 기업 내 껴안기 등과 같은 기업행동에 의한 낭비, 비효율, 비용과다는 시간이 지날수록 보다 뚜렷하게 나타난다. 북한의 경우 이러한 경향에 박

---

2) 중앙의 계획당국과 산업관련 성(省)이 관리하는 것은, 엄밀하게 말하면, 각 공장이 아니라 몇몇 공장들간의 상호작용 내지는 연관(聯關)이다. 그런데 기업간 연관의 수는 '기하급수적'으로 증가한다는 사실에 주목할 필요가 있다. 즉 공장의 수가 이전보다 2배 늘어나면 공장간의 연관의 수는 4배로 늘어나고, 중앙의 관리상의 복잡함도 4배 증가한다.

한편 구소련의 경우, 1930년대에 국가 전체의 경제관리문제를 해결하기 위해서는 1년에 10^{14}개의 연산(演算)을 해야 했으나 1970년대에는 10^{16}개의 연산을 해야 할 정도가 되었다. 즉 불과 40년 만에 100배가 늘어난 것이다. 그런데 인간이 1년에 10^{6}회 성도의 연산을 수행할 수 있다고 하면, 구소련 전체의 경제관리를 위해 1930년대에는 1억 명의 인원이 필요했지만 1970년대에는 100억 명이 필요하게 된 셈이다. グルシコフ&モーイエフ(1976), pp. 104-107 참조.

차를 가한 것이 보다 집권도가 높은 집권제의 추진, '계획의 무시' 적 성격을 가지고 있는 정책, 즉 '속도전' 과 우선순위를 전면에 내세운 정책('주석폰드 등'), 기업차원의 자력갱생의 강화와 같은 북한의 독특한 정책이다. 이렇게 해서 계획의 의제화, 계획경제의 혼란, 비공식영역의 확대와 같은 집권적 시스템의 기능저하 · 마비가 초래되었다.

더욱이 집권적 시스템의 기능저하는 공장가동률의 하락, 생산부진, 물자부족을 초래한다. 공장가동률의 하락은 해외부문의 제약으로부터도 발생한다. 게다가 공장가동률의 하락, 물자부족은 속도전, 우선순위를 전면에 내세운 정책, 기업차원의 자력갱생정책을 한층 더 강화시켜 결국 집권적 시스템의 기능저하를 부채질한다.

그림 7.3은 북한의 대내부문에 대한 대외부문의 제약을 나타낸 것이

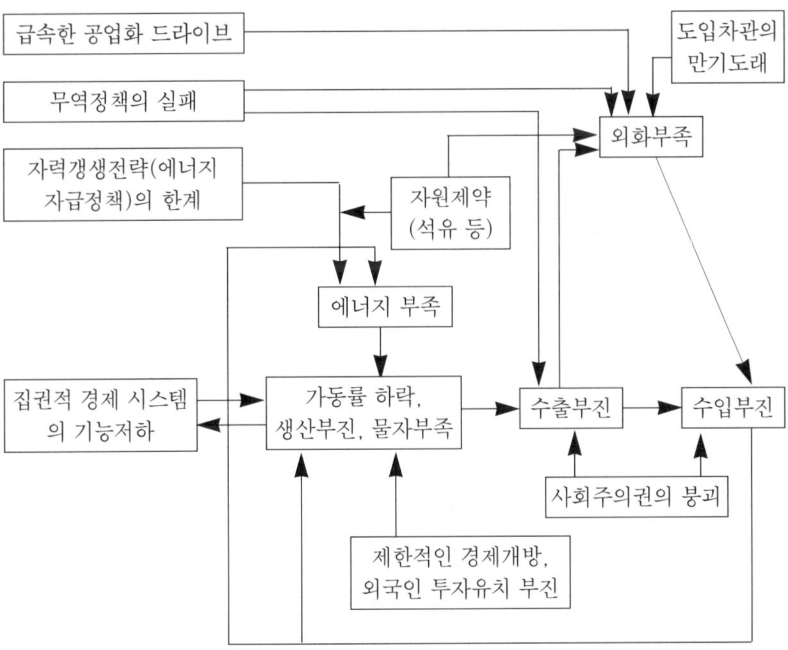

그림 7.3 북한의 대내경제에 대한 대외경제의 제약

다. 다만 이 그림도 1970년대 이후의 상황을 나타낸 것임에 주의할 필요가 있다. 1950 · 60년대에 대내경제는 대외경제로부터의 제약을 받기는 했으나 그 제약이 대내경제의 운영을 위협할 정도는 아니었다. 1950 · 60년대는 무엇보다도 외화난이 그다지 심각한 상태는 아니었다.

1970년대부터 북한은 급속한 공업화 드라이브, 무역정책의 실패, 석유자원 부재 등의 초기조건 제약, 도입차관의 만기도래 등이 겹치면서 외화부족이 초래되고, 이는 수입에 대한 엄격한 제약으로 작용했다. 집권적 시스템의 기능저하 등에 의한 가동률의 저하, 무역정책의 실패에 의해 수출부진이 초래된 것도 수입에 대한 제약으로서 기능했다. 1990년대 초의 사회주의권 붕괴는 북한의 수출 · 수입부진에 박차를 가하여 수출입의 위축을 가져왔다. 수출입 부진은 직접적으로 혹은 에너지 부족의 가속화를 통해 가동률의 하락을 촉진하고 물자부족사태를 심화시켰다. 외국인 투자유치도 부진을 계속해 국내의 가동률 저하, 물자부족으로부터의 탈피에 전혀 도움이 되지 않았다.

대내부문에 대한 대외부문의 간접적인 제약, 즉 대외부문에 대한 의존을 억제하기 위한 정책의 영향도 고려해야 한다. 즉 에너지 자급정책 등의 자력갱생은 에너지 자원제약과의 상호작용으로 에너지 부족사태를 초래, 결국 가동률 하락과 물자부족을 가져오는 요인으로 작용했다.

이상의 3개 그림을 보면 알 수 있듯이 북한의 경제개발은 전략의 유효성의 저하(내지는 상실), 전략실행단계에서의 구체적인 정책의 실패, 초기조건의 제약, 외부환경적 요인(구소련의 붕괴) 등의 복합작용에 의해 외화부족 및 수입부진, 에너지 부족, 원자재 부족, 인센티브 하락, 기술적 정체, 축적상의 애로 발생, 계획의 의제화를 가져와 결국 마이너스 성장의 지속, 심각한 식량난, 공장가동률의 극단적인 하락, 심각한 물자부족을 야기했다고 할 수 있다.

이러한 프로세스에는 경제개발 초기조건의 영향도 중요한 것은 분명하다. 이미 서술한 바와 같이, 초기조건의 면에서 보면 북한은 중국과 상이하다. '저개발' 이라는 면에서는 닮았지만, 몇 가지 측면에서 차이가 있다. 대표적인 것은 나라의 크기이다. 나라의 크기는 원래 그 자체로서 경제개발에 있어서 많은 중요한 의미를 갖고 있다. 대국은 상당한 광물자원과 큰 국내시장을 가질 수 있기 때문이다. 따라서 대국이 규모의 경제나 효율적인 경제를 희생시키지 않고 자력갱생정책을 추구하는 것은 훨씬 용이할 것이다. 이에 반해 소국은 자원과 국내시장에 제약이 있다. 따라서 자력갱생의 달성은 소국의 입장에서는 대단히 어려운 문제이다. 북한의 상황이 바로 그러했다. 특히 천연자원은 비교적 풍부하지만, 중요한 에너지원인 석유가 없던 것이 치명적이었다.

초기조건의 면에서는 북한은 소련과도 꽤 다르다. 북한은 소련이 공업화 초기에 갖고 있던 기반과 여유,[3] 즉 약간의 공업, 상당한 기술, 과학, 상당히 광범한 철도망, 식량잉여 등을 가지고 있지 않았다. 더구나 얼마 되지 않는 공업화 기반도 국토의 분단에 의해서 제약되었고, 게다가 한국전쟁 때 상당 정도 파괴되었다. 소련도 풍부한 천연자원과 거대한 영토를 갖고 있는 대국이지만 북한은 소국이었다. 즉 북한은 소련보다 불리한 조건을 기초로 소련과 유사한 전략(후술)을 전개했다고 할 수 있다. 북한의 경제개발과정이 소련보다 어려울 가능성의 하나는 여기에서 나온다.

그렇다고 해도 이미 3개의 그림에서 보았듯이, 북한의 경제침체의 많은 부분은 북한이 취해 온 개발전략의 유효성의 저하(내지는 상실)에 의해 설명된다. 특히 하나의 전략의 유효성 저하는 그것만으로 끝나지 않는다. 예를 들면 집권적 시스템의 기능저하는 가동률의 하락, 생산부진을 가져오지만, 이번에는 가동률의 저하, 생산부진이 집권적 시스템의 기능저하를 촉진한다(그림 7.1, 7.2 참조). 또한 자력갱생(에너지 자급정책)의 실패는 에너지 부족을, 나아가서는 가동률 하락을 초래하고 이로 인해 결국 집권적 시스템의 기능이 저하되는 현상이 초래된다. 집권

---

3) 소련의 공업화 초기조건에 관해서는 예를 들면 Nove(1968), p. 461; Brus & Raski(1989), pp. 35-37 참조.

적 시스템의 기능저하는 이번에는 다시 가동률 하락을 가져오고 이는 수출부진, 수입부진으로 연결되어 결국 가동률을 더욱 떨어뜨리는 결과를 초래한다(그림 7.3 참조).

이렇게 해서 개개의 개발전략 및 개발전략을 구성하는 개개의 정책이 기대했던 성과를 거두지 못하고, 더욱이 때로는 의도하지 않았던 결과를 가져오고, 다른 정책에 마이너스의 영향을 미친다. 게다가 그것이 원래 전략에 다시 영향을 주는 상호작용에 의해 일련의 악순환 메커니즘이 형성되는 사실에 주목할 필요가 있다. 이것은 북한에서의 경제침체 메커니즘의 설명에 대단히 도움이 된다.

그러면 개발전략이 왜 유효하지 않았던 것일까. 먼저 이러한 전략이 어떻게 해서 형성된 것인지 상기할 필요가 있다. 즉 제2장에서 보았듯이 ① 구소련의 압도적 영향력하에서 구소련 경험의 기계적 적용, '이식', ② 식민지시대로부터 물려받은 약간의 공업화 기반, 풍부한 수력자원 · 광물자원과 같은 초기조건, ③ 국내정치적 · 국제적 환경(특히 1950년대)이라는 배경하에서 이러한 전략이 형성되었다.

실제로 국가차원의 자력갱생전략은 정책의 경제적 근거가 대단히 희박하고 오히려 정치적 · 군사적 필요성에 의한 측면이 강하다. 더구나 소국의 자력갱생은 대국의 그것보다 훨씬 어렵고, 애당초 무리가 있는 전략이었다.[4] 정신적 자극 및 대중노선전략도 경제적이라고 하기보다는 정치적인 필요에 의한 측면이 강하다. 물론 경제적 근거가 없는 것은 아니다. "인간은 정신적 자극만 있으면 기적도 창조할 수 있다", "인간은

---

4) 석탄 중심의 에너지 공급구조 구축이라는 에너지 자급자족전략은 조금 사정이 다르다. 풍부한 석탄자원에 기인한 에너지 자급자족전략은 당시가 '석탄의 시대'였던 만큼 당시로서는 나름대로의 합리성이 있었다. 그런데 1960 · 70년대의 에너지 혁명과정에서 '석유의 시대'로 옮아갔지만 북한은 종래의 석탄중심 정책을 고집하였다. 에너지 자급자족전략을 평가할 때에는 초기소건을 무시한 면보다도 시대(혹은 전세계)의 흐름을 무시한 면 내지는 전략의 경직성이 강조되어야 할 것 같다.

노력만 하면 무엇이든지 할 수 있다"는 조건이 충족되면 경제적인 효과를 거둘 수 있고, 또 북한 지도부는 그렇게 믿어 왔는지도 모른다. 또한 실제로 사회주의 건설 초기에는 상기의 조건이 어느 정도 충족되었다. 그런데 시간이 흐름에 따라 상기의 조건이 더 이상 충족될 수 없었고 이 전략의 유효성이 저하되었다.

중공업 우선전략은 무엇보다도 군사적 필요에 의한 것이다. 단지 이론적으로는 일정한 조건이 충족되면 장기적으로 경제성장에 공헌한다는 경제적 합리성은 있다. 그런데 사회주의 제국의 현실에서는 그 조건이 충족되지 않았다. 대표적인 것이, 이론적으로는 일정불변이라고 가정되어 있던 자본효율이 실제로는 지속적으로 하락한 것이다. 고축적 · 강축적 전략도 이론적으로는 나름대로의 경제적 합리성이 있다. 그런데 사회주의 제국의 현실에서는 자본효율의 하락 때문에 그 전략의 유효성이 크게 손상되었다. 그리고 자본효율의 지속적인 하락은 중공업 우선전략의 유효성의 손상과 마찬가지로 제도적 · 정책적 비효율, 특히 현실의 중앙집권적 계획제도가 공통적으로 가지고 있던 비효율에 기인하는 바가 크다.

이미 밝힌 바와 같이 중앙집권적 계획경제는 시간이 흐름에 따라 제도적으로 문제가 발생하고 여러 가지 낭비 · 비효율이 보다 현저하게 나타난다. 더욱이 개발전략의 실행단계에서 나타난 구체적인 북한 특유의 정책, 예를 들면 보다 집권도가 강한 집권제의 추진, '계획의 무시' 적 성격을 띤, 우선도를 전면에 내세운 경제운영, '속도전', 기업차원의 자력갱생과 같은 것은 중앙집권적 계획제도의 기능저하를 재촉하였다. 1980년대의 대대적인 기념비적 건조물의 건설 러시는 투자자금 부족을 가속화하였다. 이러한 정책은 북한 특유의 정치체제, 즉 이 책에서 말하는 '유일체제' 의 유지 · 강화 및 최고지도자의 자의성과 밀접한 관계를 가지고 있다.[5] 이렇게 해서 경제개발전략이 실행단계에서 정치에 의해

5) 구소련보다 집권도가 강한 집권경제체제를 추진한 것도 구소련보다 집권도가 강한 집권적 정치체제를 구축한 것의 연장선상에 있다고 할 수 있다. '속도

왜곡되고 경제실적을 더욱 악화시키는 결과를 가져왔다고도 할 수 있다.

전략의 비유효성이 판명이 되었을 때 전략을 수정하면 문제는 완화할 수 있다. 하지만 북한의 지도부는 전략의 수정, 즉 국면교체를 시도하지 않았다. 종래의 전략을 고수했고, 특히 본격적인 개혁 · 개방에는 대단히 소극적이었다. 가장 큰 원인은 정치적인 데 있다.[6] 실제로 사회주의 국가에서 경제개혁의 문제는 경제적 문제 이상으로 정치적 문제이다. 북한 지도부는 경제개혁의 실시가 정치개혁의 실시로 파급 · 연동되지 않을 수 없다는 것, 이러한 개혁은 일단 시작된 이상 지도부의 예상을 넘어서 가속화될지도 모른다는 것을 누구보다도 잘 알고 있었다.

북한 지도부의 문제인식도 지적하지 않으면 안 된다. 김일성은 경제운영에 있어서 나타난 여러 가지 문제점의 원인을 체제의 문제점이 아니라 개인의 사상상의 문제점에서 구하고 있었다. 이 문제는 후술한다. 북한이 본격적인 개혁 · 개방에 착수하지 않고 종래의 전략을 고수한 것도 경제개발전략이 정치의 논리에 의해서 왜곡되고 경제실적이 더욱 악화되는 결과를 초래한 또 하나의 예라고 할 수 있다.

이렇게 해서 북한의 개발전략은 ① 출발시점에서 어느 정도 경제적으로 불합리한 요소를 내포하고 있었고, ② 전략실행의 단계에서, 특히 사회주의 경제라는 현실적 조건하에서 시간흐름에 따라 그 유효성이 점차

전'의 추진배경에는 1950년대의 '천리마운동' 대성공의 기억의 영향도 있었지만, 대중운동 그 자체가 갖고 있는 속성을 간과해서는 안 된다. '속도전'은 사상론과 사회의 동원화에 기초해 진행되는 것이다. 이것은 집권적 정치체제를 강화하는 면이 있다. 1980년대에 집중적으로 행해졌던, 각종 기념비적 건조물의 건조 러시는 최고지도자의 위신과 국가의 자주성 · 단결력을 내외에 과시하기 위한 것이다. 더욱이 대부분은 김정일의 발기에 의해, 김정일의 진두지휘에 의해 진행되었다. 국내외에 김일성의 후계자로서 김정일을 인지시키기 위한 김정일의 실적 만들기라는 측면도 강하다.

6) 물론 제6장의 보론 2에서 밝혔듯이 북한이 본격적인 개혁 · 개방에 착수하지 못한 것은 국내 정치적 요인만은 아니다. 국제적인 변수도 무시하지 못한다.

저하하여, ③ 또한 전략실행단계에서 구체적인 정책이 정치에 의해 왜곡되는 부분도 있었으며, ④ 게다가 초기 개발전략의 비유효성이 명백하게 되었음에도 불구하고 초기의 개발전략이 그대로, 더욱이 다른 사회주의 제국보다 오랫동안 또 지속적으로 추진되었다. 이러한 것들은 북한에서의 경제개발전략의 유효성 저하 · 상실의 프로세스이기도 하다.

결국 개개의 개발전략(및 정책)이 그 유효성이 저하하여 또는 기능이 저하하여 그 영향을 서로 주거니받거니 하여, 그 위에 초기조건 및 외부환경과의 상호작용도 더해져 몇 개의 악순환 메커니즘이 형성 · 전개되었다. 북한에서의 경제침체 메커니즘은 이상과 같이 설명될 수 있다.

2. 북한 사회주의 경제의 보편성 · 특수성

이어서 이 책의 두 번째 과제인 북한 사회주의 경제의 보편성과 특수성에 대해 간단히 정리하기로 한다.

고축적에 의한 급속한 공업화, 중공업 우선발전, 중앙집권적 계획제도와 같은 북한의 경제개발전략의 기본골격은 구소련의 스탈린 전략과 거의 비슷하다. 하지만 북한의 경제개발전략 가운데 자력갱생론과 정신적 자극 우선 · 대중노선 · 대중운동은 스탈린 전략에서는 찾아보기 힘든 것들이다.[7] 이런 것들은 북한 사회주의 경제의 특수성을 구성하는 요소로 볼 수 있다. 물론 자력갱생론과 정신적 자극 우선 · 대중노선이 북한 독자적인 것이라고 하기는 힘들다. 이것들은 중국의 모택동 전략의 그것에 가깝다고 할 수 있다. 다만 북한의 경제개발전략에서 어느 정도의 특수성이 있다고 인정한다고 해도 북한의 전략이 스탈린 전략에 꽤 가깝다는 것을 뒤집을 정도는 아니다.

전략보다 한 차원 낮은 구체적인 정책의 차원에서 북한의 독자적인

---

7) 다만 구소련도 '자력갱생' 정도는 아니지만 소극적인 무역정책을 전개했고, 또 수입대체를 강조했었다.

것이 있는 것은 분명하다. 이러한 것들을 '특수성'이라 불러도 좋을 것이다. '자력갱생' 원칙하에 진행되어 온 '주체의 철'과 같은 원료자급정책, 또한 석유에 대한 의존도를 억제하기 위해 전력에 대한 의존을 강화한 정책 등이 그 예이다. 아울러 보다 집권도가 강한 집권제의 추진, '계획의 무시'적 성격을 띤, 우선도를 전면에 내세운 경제운영, '속도전', 개혁 · 개방의 회피 같은 것들도 이러한 범주에 속한다.[8)]

한편 북한의 개발전략이 그다지 유효하지 않았던 제반 요인 중 상당수는, 그 전략의 제도적 기반이기도 한 중앙집권적 계획제도가 가진 문제점 및 비효율과 밀접한 관계를 가지고 있다.

따라서 북한의 경제침체의 원인, 메커니즘을 생각할 때 북한의 개발전략의 특수성보다는 보편성을 우선적으로 생각하지 않으면 안 된다고 본다. 즉 중앙집권적 계획제도, 그리고 그 제도와 세트로 되어 추진되었던 전략, 바꾸어 말하면 사회주의 제국이 공통적으로 추진했던 집권적 시스템 특정적(system specific) 전략 및 그 전략의 실패가 북한의 경제침체를 초래한 가장 큰 원인이라고 본다. 그리고 북한의 특수성, 즉 북한의 독자적인 전략 · 정책 및 그것의 실패는 두 번째 요인이었다고 생각된다. 다만 이는 가장 큰 것이 아니었다는 의미에서의 '두 번째'인 요인이지, '중요하지 않은 요인'이라는 의미에서의 '두 번째' 요인이 아님을 강조할 필요가 있다: 북한의 특수성은 북한의 경제침체를 심화 · 가속화시켰다.

요컨대 이 책은 북한 사회주의 경제의 특수성이 경제침체에 미친 영향을 경시해서는 안 된다는 입장이다. 1990년대의 9년 연속 마이너스 성장은 사회주의권 붕괴라는 대외적 요인의 영향도 크지만 그 뿌리는 북한

8) 물론 후자, 즉 보다 집권도가 강한 집권제의 추진 등과 같은 것들을 전적으로 북한 독자적인 것이라고 보기 어렵다는 견해도 있을 수 있다. 여타 사회주의 국가에서도 존재했던 것을 북한 지도부가 보다 강하고 광범하게 전개한 측면이 크다는 것이다. 바꾸어 말하면, 북한 사회주의 경제에 있어서 '특수성'의 상당 부분은 '보편성'과 관련성이 강하다고 하는 견해도 존재할 수 있다.

의 대내적 요인에 있고, 이러한 대내적 요인에서 북한 사회주의 경제의 특수성이 차지하는 위치는 결코 무시하지 못한다. 달리 말하면, 9년 연속 마이너스 성장이라는 사회주의 역사상 미증유의 사건 내지는 사실상 '경제의 파탄' 상태에 도달한 오늘날의 북한경제는 북한 사회주의 경제의 특수성까지 시야에 넣지 않으면 도저히 설명되지 않는다.

다음에는 북한 사회주의 경제의 특수성에 대해 다른 각도에서 검토하기로 한다. 북한 사회주의의 특수성(독자성)을 논할 때 사회주의 제국을 몇 가지 유형으로 정리해 두는 것이 유효하다.

경제를 발전시키기 위해서는, 혹은 경제침체로부터 벗어나기 위해서는 어떻게 하면 좋은 것일까. 사회주의 제국에는 세 가지 사고방식 · 정책이 있었다고 볼 수 있다. 첫째는 기술을 바꾸면, 즉 선진기술을 받아들이면 된다고 하는 사고방식 · 정책이다. 둘째는 사회주의라는 틀은 유지하면서도 제도를 개혁하면 된다고 하는 사고방식 · 정책이다. 셋째는 인간의 의식 · 사상을 바꾸면 된다고 하는 사고방식 · 정책이다. 이러한 방식으로 사회주의 제국을 3개의 타입으로 나눌 수 있다. 물론 현실의 사회주의 제국은 이 세 가지 면을 모두 다 가지고 있었음은 말할 필요도 없다. 여기서의 분류 · 유형화는 상기의 세 가지 측면 중 어느 쪽이 조금 더 우세하였는가에 따른 것이다.

첫번째 유형, 즉 기술중시유형의 대표적인 나라는 구소련이다. 그러한 정책의 대표적인 것은 계획화 · 관리의 자동화에 의해 효율을 높이고자 하는 시도이다. 여기서 핵심적 역할을 수행하는 것이 ASU(자동화관리 시스템)이다. 이것은 정보의 수집, 전달, 처리 및 관리 · 제어조작이 자동화된 시스템이다. 이것은 기업차원의 것, 각 지역차원의 것, 각 부문차원의 것이 있다. 구소련에서는 ASU 개발의 실험적인 작업이 제8차 5개년 계획(1966~1970) 중에 시작되었다. 이 시기에 414개의 ASU가 국민경제의 여러 부문에 도입되어 그 수가 제9차 5개년 계획(1971~1975)에는 2,364개까지 늘어났다.[9] 또한 1970년대에는 OGAS(전국적 자동 시스템)의 수립을 목적으로 한, 거대한 연구 프로그램이 착수되기에 이르렸다. 그런데 ASU는 계획화 작업이 한층 더 집권화될 필요를 제기해, 구소련에서는 ASU의 도입과 동시에 집권제가 더욱 강해졌다.

두 번째 유형, 즉 제도중시유형에 속하는 나라로서는 1950 · 60년대의 동구, 특히 헝가리를 들 수 있다. 구소련의 집권적 계획경제제도가 '이식'된 동구 제국에서는 이 제도의 문제점이 뚜렷해짐에 따라 제도의 변경을 통해 경제적 난관으로부터의 탈각을 꾀하였다. 단지 1950년대 후반의 이른바 경제개혁의 '제1의 물결' 때는 집권제의 근간(根幹)에 손을 댈 정도는 아니었다. 보다 본격적인 제도변경이 행해진 1960년대 중 · 후반의 경제개혁의 '제2의 물결' 때는 ① 집권화로부터 분권화에의 이행, 기업의 권한 · 자주성의 확대, ② 중앙이 기업을 움직이고자 하는 방법(경제규제방법)이 직접적 · 행정적 방법에서 간접적 · 경제적 방법으로 중점이 옮겨졌다.[10] 이러한 면에서 두드러진 나라는 헝가리였다. 헝가리에서 새롭게 도입된 제도는 '유도시장모델'이라고 불리웠다. 사회주의 경제의 틀 내에서 시장을 도입하려는 시도로, 노동시장과 자본시장은 배제한 채 상품시장만을 삽입한 계획경제였다.[11]

세 번째 유형은 사상중시유형이다. 여기에 속하는 나라는 개혁 · 개방 이전의 중국이다. 모택동이 사상을 중시 · 강조한 것은 잘 알려져 있는 바이다. 그는 인간의 능력은 무한하며 정신적 자극만 주어지면 기적도 만들어 낼 수 있다고 생각하고 있었다. 그는 객관적 조건이 나쁘더라도 인간의 의지, 정신에 의해서 그 조건을 극복할 수 있다고 생각하고 있었다. 이른바 '주관능동성론(主觀能動性論)'이다. 중국에서 '대중노선'이 강조되어 수많은 '대중운동'이 전개되고 대중의 에너지를 끌어내어 경

9) Ellman(1982), p. 69(원자료는 『소연방 국민경제통계집』(1975년판), p. 172).

10) 물론 구소련에서도 같은 시기에 경제개혁이 행해졌다. 1965년부터의 코쉬긴 개혁이 그것이다. 하지만 소련에서의 개혁은 동구 제국의 그것에 비해 불철저한 것이었다. 더욱이 1968년의 체코사건을 계기로 코쉬긴 개혁은 형해화되었다.

11) 자세한 것은 西村可明(1995), pp. 10-13 참조.

제건설에 투하하려고 한 것도, 이러한 '사상중시'와 깊은 관련을 가지고 있다.

그러면 북한은 어떠한가. 북한도 중국과 마찬가지로 세 번째 유형(사상중시)에 속한다고 할 수 있다.

이미 말한 대로, "사회주의 사회에서 생산력 발전을 힘세게 밀고 나아가는 결정적인 요인은 사람들의 혁명적 열의입니다"(『저작집 23』, p. 446)라든지 "대중노선을 구현하기 위해서는 … 대중의 정치 · 사상의식을 끊임없이 높이지 않으면 안 됩니다"(『저작선집 4』(일본어판), p. 323)라든지 "속도전의 전개에 있어서 가장 중요한 것은 사상혁명이다"(『경제사전 2』, p. 89)라든지 "자력갱생하기 위해서는 무엇보다도 우선 사상으로 주체를 세워 근로인민대중을 자주적인 사상의식, 주체의 세계관으로 무장시키지 않으면 안 된다"(『경제사전 2』, p. 206)고 되어 있다. 또한 구소련이나 동구 제국이 물질적 자극을 우선시킨 데 반해 북한은 중국과 마찬가지로 정신적 자극을 우선시키고 대중노선을 적극적으로 전개한 것[12)]도, 이러한 사상중시정책의 반영이기도 하다.

이 장의 앞부분에서 인용한 김일성의 발언, 즉 1950년대와 1960년대의 경제개발조건의 차이에 대한 언급에 있어서도, 그는 결국 사상 · 교양사업의 강화에 의해서 문제를 해결하려고 하였다. 더욱이 김일성은 경제운영에 있어서 나타난 여러 가지 문제점의 원인을 체제의 문제점이 아니라 개인의 사상상의 문제점에서 구하고 있었다. 김일성은 '당성 · 계급성 · 혁명성의 부족', '낡은 사상의 잔존', '소극성과 보수주의', '기관 · 지방본위주의'를 지속적으로 지적 · 비판했다. 또한 집권제의 문제점이 뚜렷해질 때에도 이에 상관하지 않고 기존의 체제 · 전략을 고수하면서, 그 대신에 사상혁명을 계속 부르짖었다. 예를 들면, 경제침체가 계속되던 1987년 1월 3일의 어느 담화에서 김일성은 사회주의 제국에서

12) 물론 제2장에서 밝힌 바와 같이 북한의 대중노선은 중국의 그것과 다소 상이한 면이 있다.

의 개혁 무드를 강하게 비난함과 동시에, 경제부문 책임간부들에게 사대주의와 패배주의에 반대하면서 자력갱생 · 각고분투의 혁명정신을 발휘하도록 호소했다(『경제관리 7』, pp. 2-16).[13)]

그렇다면 북한에서는 왜 사상을 중시 · 강조한 것일까. 물론 생산력의 발전보다 생산관계의 개조를 선행시킨 북한적 조건, 혹은 생산력이 낮은 조건에서의 사회주의 혁명의 수행이라는 북한적 조건의 산물이라는 측면도 있을 것이다. 그러나 그것보다는 북한의 독특한 정치체제, 즉 '유일체제'를 정당화하는 논리라는 측면이 강하다. 요컨대 혁명과 건설에서 인간의 사상적 요인이 결정적 의의를 가진다고 한다면, 인민대중의 의식수준을 높이는 것이 중요한 과제가 되고, 그것은 인민대중의 이익을 대변하는 탁월한 지도자가 없으면 수행할 수 없다고 하는 논리이다.[14)] 김일성이 경제운영에 있어서 나타난 여러 가지 문제점의 원인을 개인의 사상상의 문제점에 구한 원인도 정치적이다. 개발전략 · 체제의 문제점을 인정하는 것은 자신의 권위의 손상에 다름 아니기 때문이다.

공업화 초기에는 주체사상이 동원 이데올로기로서 어느 정도 기능했다. '천리마운동'의 성공이 좋은 예이다. 특히 주체사상은 민족주의적 요소가 강하기 때문에 한층 더 그러했다. 그런데 사회주의 건설 초기에 사상을 강조하는 것과 그 이후의 시기에 사상을 강조하는 것은 그 효과의 면에서 상이하다. 북한도 예외가 아니다.

과연 하나의 체제를 채택한 국민경제들이 공통적으로 가지고 있던 문제점들을 사상으로, 사상의 힘으로 어디까지 해결할 수 있을까. 물적 ·

---

13) 다만 김정일 시대의 공식 개막 이후 컴퓨터의 활용을 축으로 하는 '과학기술중시' 정책이 강성대국 건설의 3대 기둥으로 지위가 격상되면서 적극 추진되고 있다는 사실은 북한이 전술한 사상중시유형과 기술중시유형을 결합하는 방향으로 나아가려 하고 있음을 시사한다. 물론 전체적으로 볼 때 아직은 기술중시유형적 요소가 그다지 강하지는 않다.

14) 이것은 북한정치를 논할 때 중요한 테마이기도 하다. 예를 들면 鐸木昌之(1992), pp. 122-123; 이종석(1995b), pp. 35-36 참조.

객관적 구속성이 사상의 힘에 의해 어디까지 타파될 수 있을 것일까. 문제의 본질은 그대로 방치하고 전혀 다른 곳에서 해결책을 구하면, 시간이 흐를수록 문제가 더욱 악화될 뿐이다.[15)]

김일성은 모택동과 마찬가지로 사상에 많은 힘을 쏟았다. 물론 그 대신에 자신의 권력의 공고화, 정치적 안정이라는 커다란 성과는 거두었다. 하지만 경제적으로는 너무 많은 대가를 치렀다. 인적 · 물적 코스트가 너무 컸다. 북한 지도부가 전혀 의도하지는 않았겠지만 결과적으로 보면, 북한은 정치적 안정과 경제적 피폐를 맞바꿨는지도 모른다.

이번에는 북한 사회주의 경제의 특수성을 좀더 다른 각도에서 살펴보자. O. Lange는 구소련경제를 가리켜 '독특한 전시경제(戰時經濟)' 라 표현했다. 구소련에서는 정치적으로 결정된 목적의 달성을 위해 국가 전체가 전면적(全面的)으로 힘을 집중하는, 일종의 '총력전' 을 펼쳤다. 그리고 그 목적달성과는 직접적으로 관계가 없는 여타의 중요한 제반 문제는 무시되었다. 이는 서방세계에서의 전시경제 때의 모습과 매우 흡사하다는 것이다.

사회주의 사회에서는 경제적 · 사회적 제 관계를 새로운 형태로 재편하기 위해 경제 외적 강제가 사용된다. 그리고 경제의 모든 부문은 집권화된 당조직의 엄격한 통제하에 놓이게 된다. 당은 경찰 및 군부의 도움을 받아 중앙이 정한 경제상의 우선순위를 밀어붙인다. 우선순위가 낮은, 광범위한 재화와 서비스에 대한 대량의 수요는 이 과정에서 희생된다. 이처럼 사회주의 경제에서 자원배분에 관한 중앙의 결정이 전 사회에 걸쳐 결정적 의의를 갖게 되면서 경제 외적 강제와 함께 추진된다.

앞에서도 살펴보았듯이 북한은 급속한 공업화라는 목적달성을 위해 전 사회적으로 총력전을 전개해 왔다. 그리고 여타의 중요한 경제적 문제, 특히 주민들의 기본적인 소비생활, 즉 재화 · 서비스에 대한 수요충

---

15) 물론 상기의 세 가지 유형 중 어느 것도 사회주의의 문제점에 근본적으로 대처할 수는 없었다.

족은 희생되어 왔다. 경제에 있어서 중앙의 역할은 결정적이었다. 특히 최고지도자가 결정하고 지시한 것은 다른 모든 것에 우선해서 집행되었다. '주석폰드', '계획의 일원화, 세부화', 보다 집권도가 강한 집권제의 추진, 우선도를 전면에 내세운 경제운영, '속도전' 등의 예로부터도 북한의 사회주의 경제가 구소련 · 동구보다 '전시경제'적 요소가 강하다는 시사를 얻을 수 있다.

한편 Brus에 의하면 사회주의 제도에서 모든 경제적 의사결정은 다음의 세 가지 그룹으로 나눌 수 있다고 한다. 즉 ① 성장의 속도와 방향, 국민소득 분배구조 등 기본적인 거시경제적 문제, ② 개인적 소비와 취업(고용)에 관한 결정, ③ 투입 · 생산 · 판매 등 기업활동에 관한 의사결정이다(Brus, 1971: 105-117). 그런데 Brus는 모든 사회주의 경제제도에 있어서 ②는 당연히 시장을 통해서 실현될 것이라고 생각했었다. 또 실제로 구소련 · 동구는 그러했었다. 그런데 중국과 북한에 존재했던, 소비재에 대한 광범한 배급제와 직업선택에 대한 강한 제한은 ②가 중국과 북한에서는 실질적으로 비분권화(非分權化)되어 있었음을 시사한다. 중국 · 북한과 같이 ①, ②, ③ 모두가 집권화되어 있는 시스템은 이른바 '전시(戰時)공산주의'에 속한다.

종합적으로 볼 때 구소련, 동구도 '전시경제'적 요소가 있지만 북한은 '전시경제'적 요소가 훨씬 더 많다고 할 수 있다. 구소련, 동구와의 비교라는 관점에서 본다면 오히려 북한이 '전시경제'에 가까운 사회주의 경제가 아닐까 한다. 이러한 식으로 북한 사회주의 경제의 특수성을 정리할 수도 있다.

현실 사회주의 국가의 가장 큰 규정요인의 하나는 냉전체제이다. 냉전시대에 사회주의 국가들은 주변에 적(자본주의 국가)들로 둘러싸여 있었다. 적들로부터 체제를 지키기 위해서는 군사력의 확보 · 강화가 급선무였다. 그리고 선진 자본주의 국가들에 대한 경제적 후진성을 극복하는 것이 지상과제였다. 이래서 사회주의 국가들은 예외 없이 급속한 공업화를 추진하게 되었다.

북한은 냉전구조 속에서 미국과 대치했다. 하지만 북한은 여기에서 끝나지 않는다. 북한은 바로 코앞에 또 하나의 '적'이 있었다. 한국의 존재이다. 한반도의 분단상황 속에서 북한은 한국과의 대항 · 긴장관계가 지속되었다. 그리고 오랜 기간 남과 북의 체제경쟁이 전개되었다. 그래서 북한에서 사실상 '전시경제'에 가까운 경제 시스템이 보다 견고하게, 또 보다 오랜 기간 지속될 수 있었다.

다만 분단구조라는 '외부요인'이 북한경제의 특수성을 규정하는 절대적인 요소는 아니라고 할 수 있다. 북한 지도부가 자신들의 권력유지를 위해 분단구조라는 외부요인을 내부요인화했던 측면도 강하다는 사실을 지적할 필요가 있다. 즉 '남조선 괴뢰정권'과 '미 제국주의'와의 대결상태는 북한 주민들로는 과장되어 선전되었다. 이것들은 김일성, 김정일 부자의 절대권력의 유지와 공업화를 위한 주민동원에 있어서 중요한 역할을 하였다. 그리고 북한은 '전시경제'적 요소가 더 강한 경제체제로 인해 다른 사회주의 국가들보다 경제적으로 희생도 컸고 대가도 많이 치렀다. 이러한 측면에서도 북한 지도부는 결과적으로 정치적 안정과 경제적 피폐를 맞바꾸었는지도 모른다.

참고문헌

1. 한글 문헌 · 자료

(1) 한국측 문헌 · 자료

강명규(1994). 「북한의 경제체제: 중국과의 비교분석」, 이근 편. 『발전 · 개혁 · 통일의 제모델 — 경제체제의 국제비교』. 21세기 북스.

강정모(1996). 「대외경제와 무역」, 북한경제 FORUM 편. 『북한경제론 — 이론과 실제』. 법문사.

경남대학교 극동문제연구소(1979). 『북한무역론』.

고일동(1995). 「북한의 대외개방과 남북경협의 정책과제」, 『북한의 대외개방전망과 경제적 파급효과』(제5회 북한경제국제학술회의 논문집). 한국개발연구원.

______(1999). 『북한의 예산구조와 최근의 재정실태분석』. 한국개발연구원.

고현욱(1993). 「경제자립노선의 업적과 한계」, 『북한사회주의 건설의 정치경제』. 경남대학교 극동문제연구소.

국토통일원. 『남북한경제현황비교』. 각 연도.

______(1986). 『북한경제통계집(1946~1985년)』.

______(1988). 『북한의 GNP 추계방법 해설』.

권경복(1997). 「북한의 농업개혁: '대묘' 재배법과 분조관리제 개선」, 『통일경제』. 1997년 11월호.

극동문제연구소(1974). 『북한전서』.

______(1980). 『북한전서』.

김광석 · 박승록(1988). 『우리나라 제조업의 생산성변화와 그 요인의 분석』. 산업연구원.

김기원(1990). 『미군정기의 경제구조』. 푸른산.

김연철(1995). 「북한경제정책변화의 제한적 성격: 비교사회주의적 접근」, 『계간 북한연구』. 제6권 제1호.

______(1996). 「북한의 산업화과정과 공장관리의 정치(1953-70): '수령제' 정치체의 사회경제적 기원」, 성균관대학교 박사학위논문.

______(1997). 『북한의 배급제 위기와 시장개혁 전망』. 삼성경제연구소.

김영규(1980). 「북한의 GNP 산출방법」, 『통일정책』. 제6권 제3, 4호, 국토통일원.

김운근(1996). 「농수산업」, 북한경제 FORUM 편. 『북한경제론 — 이론과 실제』. 법문사.

김윤환(1972). 「북한의 경제발전과 공업화」, 고려대학교 아세아문제연구소. 『북한경제구조』.

김인호(1998). 『태평양전쟁기 조선공업연구』. 신서원.

김일평(1987). 『북한정치경제입문』. 도서출판한울.

김정민(1994). 「북한협동농장 결산분배」, 『북한』. 1994년 12월호.

김준보(1970). 『한국자본주의사 연구(II)』. 일조각.

김태일(1993). 『북한국영기업소의 관리운영체계』. 민족통일연구원.

김학준(1979). 「분단의 배경과 고정화과정」, 송건호 외. 『해방전후사의 인식』. 한길사.

남궁영(1995). 『북한의 경제특구 투자환경연구: 중국 · 베트남과의 비교』. 민족통일연구원.

______(1997). 「북한경제개방정책의 한계와 가능성: 경제특구정책을 중심으로」, 『통일경제』. 1997년 7월.

남성욱 · 문성민(2000). 「북한의 시장경제부문 추정에 관한 연구: 1998년을 중심으로」, 『현대 북한연구』. 3권 1호.

대한무역진흥공사(1992). 『91년도 북한의 대외무역동향』.

대한무역투자진흥공사. 『북한의 대외무역동향』. 각 연도.

______(2001). 『1990-2000년 북한의 대외무역동향』.

동용승(1997). 「경제개방정책」, 김영수 외. 『김정일 시대의 북한』. 삼성경제연구소.

류길재(1993). 「「천리마운동」과 사회주의경제건설: 「스타하노프운동」 및 「대약진운동」과의 비교를 중심으로」, 『북한사회주의건설의 정치경제』. 경남대학교 극동문제연구소.

리민복(1996). 「북한주민들의 개인화와 체제변화가능성」, 『북한』. 1996년 7월호.

민족통일연구원(1993). 『남북한국력추세비교연구』.

박승(1977). 『경제발전론』. 박영사.

박정동(1996a). 『북한의 경제특구 – 중국과의 비교』. 한국개발연구원

_____(1996b). 「중국의 외자도입정책성공과 북한의 정체」, 『통일경제』. 1996년 11월.

_____(2000). 『북한의 경제개발전략에 대한 일고찰』. 한국개발연구원.

박진(1994). 「북한의 무역추이와 전망」, 『전환기의 북한경제』(제4회 북한경제국제학술회의 논문집). 한국개발연구원.

박춘삼(1977). 『대외경제협력면에서 본 북한경제분석』. 국토통일원.

박형중(1994). 『북한적 현상의 연구』. 연구사.

_____(1998). 「북한경제체제의 변화와 개혁」, 『통일연구논총』. 제7권 제2호.

방찬영(1995). 『기로에 선 조선민주주의인민공화국』. 박영사.

배종렬 · 박유환(2000). 『남북한 경제협력; 발전전략과 정책과제』. 한국수출입은행.

북한연구소(1979). 『북한경제론』.

_____(1983). 『북한총람(1945~1982년)』.

_____(1996). 『북한신년사분석 1945~1995』.

서동만(1996). 「50년대 북한의 곡물생산량통계에 관한 연구」, 『통일경제』. 1996년 2월.

소련과학아카데미 세계사회주의경제연구소(1985). 『조선민주주의인민공화국』(국토통일원 역. 『북한의 정치경제』. 1988).

소련과학원 국제경제정치연구소(1991). 『1889~1990년 북한경제개관』(한국개발연구원 역).

신지호(1996). 「북한-조총련 합영사업 10년 결산: 시장경제문외한과의 씁쓰레한 사랑」, 『신동아』. 1996년 4월호.

양문수(1998). 『북한경제를 보는 또 하나의 시각』. 기아경제연구소.

_____(2000a). 「북한 기업의 행동패턴: 비교경제체제론적 접근」, 『현대북한연구』. 3권 1호.

_____(2000b). 「북한경제개발의 역사적 구조: 외연적성장의 내부구조를 중심으로」, 『북한연구학회보』. 제4권 제2호.

_____(2001a). 「북한과 중국의 계획화 시스템의 비교」, 『경제학연구』. 제49집 제1호.

_____(2001b). 「김정일 시대 북한의 경제운용과 과학기술중시정책」, 『통일문제연

구』. 제13권 제1호.
연하청(1986). 『북한의 경제정책과 운용』. 한국개발연구원.
연하청 · 노용환(1994). 『1990년대 북한의 대외경제관계와 남북경협의 정책과제』. 한국개발연구원.
오관치(1990). 「경제계획의 전개과정과 성과」, 이태욱 편. 『북한의 경제』. 을유문화사.
오승렬(1996). 「북한의 경제적 생존전략: 비공식부문의 기능과 한계」, 『통일연구논총』. 제5권 제2호.
오원철(1995). 『북한의 경제정책』. 기아경제연구소.
이달희(1990). 「북한경제와 군사비」, 『북한경제의 전개과정』. 경남대학교 극동문제연구소.
이병희(1990). 「북한의 산업관리체계에 관한 연구 — 대안사업체계를 중심으로」, 경희대학교 박사학위논문.
이봉석(1993). 「북한건설기의 국민소득과 공업성장」, 『북한사회주의건설의 정치경제』. 경남대학교 극동문제연구소.
이상직 · 최신림 · 이석기(1996). 『북한의 기업: 광공업부문기업편람』. 산업연구원.
이석기(1998). 『북한의 지방공업 현황과 발전전망』. 산업연구원.
이성봉(1990). 「북한의 경제관리체계 연구 — 당, 국가, 기업소의 역할관계변화를 중심으로」, 고려대학교 석사학위논문.
이영훈(2000). 「북한의 경제성장 및 축적체제에 관한 연구(1956~1964년)」, 고려대학교 박사학위논문.
이일영(1997). 『중국의 농촌개혁과 경제발전』. 서울대학교출판부.
이일영 · 양문수(2001). 「6.15 이후의 북한경제, 어디로?: 축적전략 변경 및 시스템 개혁에 대한 전망과 평가」, 『동북아경제연구』. 제2권 제2호.
이종석(1995a). 『현대북한의 이해: 사상, 체제, 지도자』. 역사비평사.
______(1995b). 『조선로동당연구 — 지도사상과 구조변화를 중심으로』. 역사비평사.
이찬도(1995). 「북한의 대외무역구조에 관한 연구」, 동국대학교 박사학위논문.
이태욱(1990). 「북한경제와 사회주의경제체제」, 이태욱 편. 『북한의 경제』. 을유문화사.
이호(1996). 「북한경제의 기초조건」, 북한경제연구 FORUM 편. 『북한경제론 — 이론과 실제』. 법문사.

이홍락(1997). 「내재적발전론비판에 대한 반비판」, 『역사비평』. 1997년 겨울호.

장상환(1990). 「북한농업의 전개과정」, 『북한경제의 전개과정』. 경남대학교 극동문제연구소.

장영식(1994). 『북한의 에너지경제』. 한국개발연구원.

전철환(2000). 「민족경제의 새 지평」, 『민족경제론과 세계화 속의 한국경제』(2000년 한국사회과학연구소 학술대회 논문집). 한국사회과학연구소.

전홍택(1995). 「전환기에 선 북한경제」, 『북한의 대외개방전망과 경제적 파급효과』(제5회 북한경제국제학술회의논문집). 한국개발연구원.

______(1997). 「북한 제2경제의 성격과 기능」, 『통일경제』. 1997년 2월.

정상훈(1986). 「북한의 대외무역」, 이홍구 · 스칼라피노 편. 『북한과 오늘의 세계 — 1980년대의 대외적응』. 법문사.

______(1990). 「북한경제연구: 일련의 방법론적 고찰」, 『북한경제의 전개과정』. 경남대학교 극동문제연구소.

정성식(1996). 「남북경협의 현황과 문제점」, 『북한경제동향』(1995년도). 한국개발연구원.

정우진(1996). 「북한의 체제와 에너지난」, 『북한경제의 오늘과 내일』. 현대경제사회연구원.

조동호(1993). 「북한의 노동생산성과 적정임금: 북한노동력의 질에 관한 연구」, 『한국개발연구』. 제15권 제4호.

조명철(1996). 「기업」, 북한경제연구 FORUM 편. 『북한경제론 — 이론과 실제』. 법문사.

조현식(1996). 「북한의 각종 대규모건설공사가 경제에 미치는 영향 분석」, 『북한』. 1996년 10월호.

지해명(1993). 『북한의 국영기업 · 협동농장 관리제도와 인센티브 구조』. 한국개발연구원.

______(1994). 「완충기(1994~1996년) 북한의 경제전략분석」, 『1994년도 상반기 북한경제동향』. 한국개발연구원.

최수영(1998). 『북한의 제2경제』. 민족통일연구원.

______(1999). 『북한의 강성대국 건설: 경제부문 중심으로』. 통일연구원.

최신림(1991). 『북한의 무역구조』. 산업연구원.

최신림 · 이석기(1998). 『북한의 산업관리체계와 기업관리제도』. 산업연구원.

통계청(1995). 『남북한경제사회상 비교』.
______(1999). 『남북한경제사회상 비교』.
통일문제연구소(1989). 『북한경제자료집』. 도서출판민족통일.
통일부(1999). 『북한의 식량사정과 대외의존도 평가』.
통일원(1990). 『분단45년 남북한경제의 종합적 비교연구』.
______(1993). 『북한경제종합평가(1990~1992년)』.
______(1994). 『북한의 '제3차 7개년 계획' 종합평가』.
______(1995). 『남북한경제지표』.
______(1996). 『북한경제통계집』.
통일원남북회담사무국(1994). 『북한경제용어집』.
한국개발연구원. 『북한경제국제학술회의자료집』. 각 연도(1991~1995).
______(1996). 『북한경제지표집』.
한국비교경제학회 편(1997). 『비교경제체제론』. 박영사.
한국산업은행(2000). 『북한의 산업』.
한국역사연구회(1992). 『한국역사』. 역사비평사.
한국은행. 『북한 GNP 추정결과』. 각 연도.
______. 『북한 GDP 추정결과』. 각 연도.
______(2000). 『알기 쉬운 경제지표 해설』.
한영우(1997a). 『되찾는 우리 역사』. 경세원.
______(1997b). 『조선시대신분사연구』. 집문당.
함택영(1993). 「경제 · 국방건설 병진노선의 문제점」, 『북한사회주의건설의 정치경제』. 경남대학교 극동문제연구소.
현승일(1985). 「북한의 산업경영체계의 전개 — 해방이후 지금까지」, 『통일논총』. 제5권 제1호.
황의각(1992). 『북한경제론』. 도서출판나남.
Dernberger, R. F.(1989). 「중국, 북한, 베트남경제의 비교」, 김달중 · 스칼라피노 편. 『아시아공산주의의 지속과 변화: 중국, 북한, 베트남』. 법문사.

(2) 북한측 문헌 · 자료

『경제사전 1, 2』(1970년판). 사회과학출판사.
『경제사전 1, 2』(1985년판). 사회과학출판사.

김일남 · 김세국 · 김융언(1991). 『조선농업사 4』. 농업출판사.
『김일성저작선집』. 각권, 조선로동당출판사.
『김일성저작집』. 각권, 조선로동당출판사.
『로동신문』. 각호.
박영근 · 김철제 · 리해원 · 김하광(1992). 『주체의 경제관리리론』. 사회과학출판사.
방완주(1988). 『조선개관』. 백과사전출판사.
『사회주의경제관리문제에 대하여』. 각권, 조선로동당출판사.
『정치용어사전』. 사회과학출판사, 1970.
조선민주주의인민공화국 국가계획위원회 중앙통계국(1961). 『1946~1960 조선민주주의인민공화국 인민경제발전통계집』.
조선중앙통신사. 『조선중앙년감』. 각 연도.
최중극(1992). 『위대한 조국해방전쟁과 전시경제』. 사회과학출판사.

2. 일본어 문헌 · 자료

アジア經濟研究所ほか 編(1997). 『テキストブック開發經濟學』. 有斐閣.
安秉直 · 金洛年(1997). 「韓國における經濟成長とその歷史的條件」, 『鹿兒島經大論集』. 第38巻 第2號.
李健泳(1994). 「企業經營と社會文化構造の日韓比較」, 牧戸考郎 編. 『岐路に立つ韓國企業經營』. 名古屋大學出版會.
石南國(1972). 『韓國の人口增加の分析』. 勁草書房.
石川滋(1960). 『中國における資本蓄積機構』. 岩波書店.
______(1989). 「中國の經濟發展 — 經濟開發理論からの考察」, 山內一男 編. 『中國經濟の轉換』. 岩波書店.
______(1990). 『開發經濟學の基本問題』. 岩波書店.
李燦雨(1995). 『北朝鮮のエネルギー需給の現況と展望』. ERINA(Economic Research Institute for Northeast Asia).
石原享一(1990). 「1970年代までの中國經濟管理: システムと實態」, 毛里和子 編. 『毛澤東時代の中國』. 日本國際問題研究所.
______(1991). 「中國經濟構造の多重化」, 石原享一 編. 『中國經濟の多重構造』. アジア經濟研究所.

犬飼欽也(1983).「東ドイツ－正統のひかりとかげ」, 岩田昌征 編.『ソ連・東歐經濟事情－多様な社會主義』. 有斐閣.

岩田昌征(1971).『比較社會主義經濟論』. 日本評論社.

上原一慶(1973).「大躍進期における大衆運動」,『歷史學硏究』. 1973年 11月.

______(1978).『中國社會主義の硏究』. 日中出版.

______(1987).『中國の經濟改革と開放政策: 開放體制下の社會主義』. 青木書店.

______(1994).「社會主義システムの改革と中國の行方」, 上原一慶 編.『現代中國の變革: 社會主義システムの形成と變容』. 世界思想社.

繪所秀紀(1991).『開發經濟學－形成と展開』. 法政大學出版局.

大川一司・小浜裕久(1993).『經濟發展論: 日本の經驗と發展途上國』. 東洋經濟新報社.

小此木政夫 編(1997).『北朝鮮ハンドブック』. 講談社.

大野健一(1996).『市場移行戰略』. 有斐閣.

梶村秀樹(1990).「1910年代朝鮮の經濟循環と小農經營」, 中村哲他 編.『朝鮮近代の經濟構造』. 日本評論社.

加藤弘之(1994).「市場經濟化の進展と經濟發展戰略」, 上原一慶 編.『現代中國の變革: 社會主 義システムの形成と變容』. 世界思想社.

B. カミングス(1989).『朝鮮戰爭の起源 第1卷』(鄭敬謨・林哲 譯). シアレヒム社.

河合弘子(1997).『中國と朝鮮半島の經濟關係』. アジア政經學會.

河地重藏(1972).『毛澤東と現代中國』. ミネルヴァ書房.

姜日天(1986).「朝鮮社會主義經濟建設の現段階における獨立採算制の强化について(上)」,『月刊朝鮮資料』. 1986年 9月號.

______(1987a).「朝鮮社會主義經濟建設の現段階における獨立採算制の强化について(中)」,『月刊朝鮮資料』. 1987年 2月號.

______(1987b).「朝鮮社會主義經濟建設の現段階における獨立採算制の强化について(下)」,『月刊朝鮮資料』. 1987年 7月號.

環太平洋問題硏究所 編(1987).『韓國・北朝鮮總攬 1987』. 原書房.

木崎翠(1995).『現代中國の國有企業: 內部構造からの試論』. アジア政經學會.

金日坤(1985).『韓國, その文化と經濟活力』. 第3出版.

______(1992).『東アジアの經濟發展と儒教文化』. 大修館書店.

金己大ほか(1983).「朝鮮民主主義人民共和國の農業」,『農業構造問題硏究』. 1983年

2號.
木村光彦(1990).「定期市」, 中村哲他 編.『朝鮮近代の經濟構造』. 日本評論社.
______(1997a).「北朝鮮の經濟危機の構造的原因」,『アジア長期經濟統計データベースプロ ジェクト・ニュースレター』6號. 一橋大學經濟硏究所.
______(1997b).「近代朝鮮の初等教育」, 板谷茂他.『アジア發展のカオス』. 勁草書房.
______(1998).「北朝鮮經濟の分析方法: 文獻と統計」. Discussion Paper D97-15, 一橋大學經濟硏究所.
______(1999).『北朝鮮の經濟: 起源・形成・崩壞』. 創文社.
グルシコフ&モーイェフ(1976).『コンピュータと社會主義』(田中雄三 譯). 岩波書店.
五井一雄(1981).「ソ連・東歐の經濟: 計劃改善型改革と産業管理機構の再編成について」, 五井一雄・野尻武敏 編.『ソ連・東歐の經濟: 計劃と市場』. 中央大學出版部.
「國際經濟と共和國の對外貿易」(익명의 좌담회).『朝鮮硏究』第165號. 1977. 4.
國際聯合(United Nations).『貿易統計年鑑』(Yearbook of International Trade Statistics). 各年度.
小島麗逸 編(1988).『中國の經濟改革』. 勁草書房.
______(1989).『中國經濟統計・經濟法解說』. アジア經濟硏究所.
小島麗逸(1997).『現代中國の經濟』. 岩波書店.
高昇孝(1989).『現代朝鮮經濟入門』. 新泉社.
後藤富士男(1981).『北朝鮮の鑛工業 - 生産指數の推計とその分析』. 國際關係共同硏究所.
______(1992).「計劃經濟諸國の'體制轉換'と朝鮮半島」, 中央大學經濟硏究所 編.『體制轉換 — 市場經濟への道』. 中央大學出版部.
______(1996).「1960年代北朝鮮の農業政策: 金日成「農村テーゼ」の解釋への疑問」,『經濟學論纂(中央大學)』. 第36卷 第5・6號.
______(1998).「市場經濟化をためらう北朝鮮經濟の現狀と今後」, 中央大學經濟硏究所 編.『市場經濟移行政策と經濟發展 — 現狀と課題』. 中央大學出版部.
小牧輝夫(1977a).「解放後の共和國の經濟」,『朝鮮硏究』第165號.
______(1977b).「産業開發の現狀と問題點」, 日本貿易振興會.『北朝鮮の産業と貿易』.
______(1984).「北朝鮮經濟の實像 — 工業部門を中心に」,『アジアトレンド』. 1984春.
______(1986).「社會主義中進國 北朝鮮」, 小牧輝夫 編.『朝鮮半島 — 開放化する東アジアと南北對話』. アジア經濟硏究所.
______(1988).「北朝鮮經濟の現狀と展望」, 小此木政夫 編.『岐路に立つ北朝鮮』. 日本國際問題硏究所.
______(1993).「朝鮮民主主義人民共和國の經濟動向と對外經濟關係擴大政策」,『アジアトレンド』. 1993-IV.
______(1996).『北朝鮮經濟の現狀と今後の展望』. 關西經濟硏究センター.
______(1997).「北朝鮮經濟の改革・開放への摸索」,『アジ硏ワールド・トレンド』第19號.
坂井隆(1993).「北朝鮮の社會主義路線(1984~92年): 保守と改革の狹間で」, 環太平洋問題硏究所 編(1987).『韓國・北朝鮮總攬 1993』第3號.
櫻井浩(1993).「行きづまる農業と食糧難」, 玉城素・渡邊利夫 編.『北朝鮮-崩落かサバイバルか 』. サイマル出版會.
佐佐木信彰他 編譯(1991).『中國産業連關表 — 資料と解說』. 晃洋書房.
佐藤經明(1975).「ソ連の經濟制度」, 野野村一雄 編.『社會主義經濟論講義』. 靑林書院新社.
申志鎬(1996).「北朝鮮の經濟開放: 合弁事業から經濟特區へ」, 慶應義塾大學大學院修士論文.
鐸木昌之(1992).『北朝鮮 社會主義と傳統の共鳴』. 東京大學出版會.
全鎭植(1994).「祖國との合弁は在日の糧」(인터뷰).『世界』. 1994年 10月.
世界銀行(1994).『世界開發報告1994』.
薛暮橋(1980).『中國社會主義經濟問題硏究』. 外文出版社.
田島俊雄(解說・記錄)(1980).「黑龍江省元縣營工場期技師との面談記錄」,『中國硏究月報』. 1980年 3月.
______(1990).「中國の經濟變動: 大躍進・小躍進と經濟改革」,『アジア經濟』. 第31卷 第4號.
______(1991).「中國の産業・投資構造」, 石原享一 編.『中國經濟の多重構造』. アジア經濟硏究所.

______(1996).「中國的産業構造の形成と變容: 小型トラック産業の事例分析」,『アジア經濟』. 第37卷 第7·8號.

田中良和(1997).「羅津·先鋒自由經濟貿易地帶と北朝鮮の經濟開發戰略(上)」,『朝日總研リポート』. 1997. 2.

谷浦孝雄(1975).『朝鮮民主主義人民共和國の社會主義企業』. アジア經濟研究所.

______ 編(1991).『アジア工業化の軌跡』. アジア經濟研究所.

玉城素(1983).「北朝鮮經濟の現狀と問題點」, 三谷靜夫 編.『朝鮮半島の政治經濟構造』. 日本國際問題研究所.

______(1993).「破綻する經濟計劃」, 玉城素·渡邊利夫 編.『北朝鮮—崩落かサバイバルか』. サイマル出版會.

______(1996).『北朝鮮 破局への道: チュチェ型社會主義の病理』. 讀賣新聞社.

中國研究所 編.『中國年鑑』1960年版.

______.『新中國年鑑』1970年版.

中兼和津次(1976).「中國型發展モデルについて」, 中國資本蓄積研究會 編.『中國の經濟發展と 制度』. アジア經濟研究所.

______(1977).『人民公社制度研究の視覺と方法: 試論』. アジア經濟研究所.

______(1979).「中國—社會主義經濟制度の構造と展開」, 岩田昌征 編.『經濟體制論 第Ⅳ券 現代社會主義』. 東洋經濟新報社.

______(1986).「中國經濟のパフォーマンス: ソ連·インドとの比較」, 岡部達味·佐藤經明·毛里和子 編.『中國社會主義の再檢討』. 日本國際問題研究所.

______(1988).「社會主義企業の理論と現實」(미발표논문).

______(1989).「中國の工業化とそのメカニズム」, 山內一男 編.『中國經濟の轉換』. 岩波書店.

______(1992a).「經濟體制改革の推移と課題」, 關口尙志ほか 編.『中國の經濟體制改革—その成果と課題』. 東京大學出版會.

______(1992b).『中國經濟論—農工關係の政治經濟學』. 東京大學出版會.

______(1993).「社會主義經濟の崩壞と經濟體制論」,『經濟學論集』(東京大學). 第58卷4號.

______(1997).「社會主義市場經濟論にかんする一考察: 唯物史觀の黃昏」, Discussion Paper 97-J-12, 東京大學大學院經濟學研究科.

______(1999).『中國經濟發展論』. 有斐閣.

中村靖(1992).『計畫經濟のミクロ分析』. 日本評論社.

中山弘正(1993).「經濟改革－ソ連」, 近藤邦康 · 和田春樹 編.『ペレストロイカと改革 · 開放』. 東京大學出版會.

西村可明(1976).「ソ連 · 東歐の經濟改革と企業連合」,『經濟研究』(一橋大學). 第27卷 第1號.

_____(1995).『社會主義から資本主義へ ― ソ連 · 東歐における市場化政策の展開』. 日本 評論社.

日本朝鮮研究所(1965).『朝鮮民主主義人民共和國國民經濟發展統計集 1946～1963』.

日本貿易振興會(1981).『中國の工場と農村: 歸國者との面談記錄』.

_____.『北朝鮮の經濟と貿易の展望』. 各年版(1986～1995).

野崎幸雄(1973).『中國工業管理論』. ミネルヴァ書房.

速水佑次郎(1995).『開發經濟學－諸國民 の貧困と富』. 創文社.

朴永根(1989).「共和國の企業管理制度と連合企業所(上)」,『月刊朝鮮資料』. 1989年4月號.

原覺天 編(1968).『外國援助の經濟效果』. アジア經濟研究所.

平泉公雄(1979).『社會主義的工業化と資本蓄積構造 ― ハンガリ-の歷史的經驗』. アジア經濟研究所.

福田敏浩(1996).『體制轉換の經濟政策: 社會主義から資本主義へ』. 晃洋書房.

W. ブルス(1971).『社會主義經濟の機能モデル』(鶴岡重成 譯). 合同出版.

堀和生(1990).「1930年代朝鮮工業化の再生産條件」, 中村哲他 編.『朝鮮近代の經濟構造』. 日本評論社.

松井謙(1979).『開發援助の經濟學』. 新評論.

溝口敏行 · 梅村又次 編(1988).『舊日本植民地經濟統計 － 推計と分析』. 東洋經濟新報社.

溝端佐登史(1998).「經濟政策の變遷」, 小野堅 · 岡本武 · 溝端佐登史 編.『ロシア經濟』. 世界思想社.

V. ミヘーエフ(1989).「朝鮮民主主義人民共和國の地域經濟交流」,『極東の諸問題』(日本語版). 1989年 6月號.

宮塚利雄(1993).「合弁事業の新たな展開」, 玉城素 · 渡邊利夫 編.『北朝鮮 ― 崩落かサバイバ ルか』. サイマル出版會.

宮鍋幟(1975).「計劃と市場」, 野野村一雄 編.『社會主義經濟論講義』. 青林書院新社.

______(1976).「經濟改革の現狀」, 岡埝 · 宮鍋幟 · 山內一男 · 竹浪祥一郎.『社會主義經濟論』. 筑摩書房.

室岡鐵夫(1991).「北朝鮮の對外貿易」, 日本貿易振興會.『北朝鮮の經濟と貿易の展望』(1991年版).

______(1992).「北朝鮮とソ連との貿易關係」, ソ連東歐貿易會.『舊ソ連 · 東歐諸國とアジア 社會主義諸國の經濟關係』.

______(1993).「對外經濟政策の緩慢な轉換」, 玉城素 · 渡邊利夫 編.『北朝鮮 — 崩落かサバイ バルか』. サイマル出版會.

______(1997).「北朝鮮經濟をどうとらえるか」,『東亞』. 1997. 6.

盛田常夫(1990).『ハンガリー改革史』. 日本評論社.

______(1994).『體制轉換の經濟學』. 新世社.

森田芳夫(1964).『朝鮮終戰の記錄』. 嚴南堂書店.

山內一男(1976).「中國の社會主義經濟」, 岡埝 · 宮鍋幟 · 山內一男 · 竹浪祥一郎.『社會主義經濟論』. 筑摩書房.

______(1988).『現代中國の經濟改革』. 學陽書房.

尹健次(1997).「韓國に '修正主義' はあるのか」,『歷史學硏究』. 1998. 8.

梁文秀(1997).「北朝鮮の工業化の構造 — 經濟開發論的視點による檢討」,『アジア經濟』. 第38卷 第12號.

______(1999).「北朝鮮の企業の行動樣式: 舊ソ連 · 東歐の企業との比較の視點から」,『アジア經濟』. 第40卷 第7號.

______(2000).『北朝鮮經濟論: 經濟低迷のメカニズム』. 信山社.

劉進慶(1990).「對外開放と開發戰略」, 山內一男 · 菊池道樹 編.『中國經濟の新局面: 改革の 軌跡と展望』. 法政大學出版局.

林毅夫ほか(1997).『中國の經濟發展』(杜進 譯). 日本評論社.

和田春樹(1992).『歷史としての社會主義』. 岩波書店.

______(1998).『北朝鮮 - 遊擊隊國家の現在』. 岩波書店.

渡邊利夫 · 白砂堤津耶(1993).『圖說中國經濟』. 日本評論社.

3. 영어 문헌 · 자료

Balassa, B. (1965). "Trade Liberalisation and 'Revealed' Comparative Advantage," *The Manchester School of Economic and Social Studies*. Vol. 33, No. 2.

Balassa, B. and Bauwens, L. (1988). *Changing Trade Patterns in Manufactured Goods*. North-Holland.

Bazhanova, N. (1992). *Between Dead Dogmas and Practical Requirements: External Economic Relations of North Korea, 1945-1990*(한글 역: 양준용 역. 『기로에 선 북한경제: 대외경협을 통해 본 실상』. 한국경제신문사, 1992).

Berliner, J. S. (1957). *Factory and Management in the USSR*. Cambridge, Mass: Harvard University Press.

______ (1962). "Managerial Incentives and Decision-making: A Comparison of the United States and the Soviet Union," in M. Bornstein and D. Fusfeld(eds.). *The Soviet Economy*. Homewood, Illinois: Irwin.

Brus, W. and Laski, K. (1989). *From Marx To the Market*. Oxford: Oxford University Press(일본어 역: 佐藤經明 · 西村可明 譯. 『マルクスから市場へ』. 岩波書店, 1995).

Buck, T. (1982). *Comparative Industrial System — Industry under Capitalism, Central Planning and Self-Management*. London: Macmillan Press.

Cassen, R. (1986). *Does Aid Work?* Oxford University Press.

Cave, M. (1980). *Computers and Economic Planning: The Soviet Experience*. Cambridge: Cambridge University Press.

Choi, Soo-young(1991). *Foreign Trade of North Korea, 1946~1988: Structure and Performance*. Northeastern University.

Chow, C.Y. (1987). "Causality between Export Growth and Industrial Development," *Journal of Development Economics* 26.

Chung, Joseph Sang-hoon(1974). *The North Korea Economy : Structure and Development*. Stanford: Hoover Institution Press.

Eberstadt, N. (1991). "Population and Labor Force in North Korea : Trends and Implication," 『북한경제의 현황과 전망』(국제학술회의자료집). 한국개발연구원.

Eberstadt, N. and Banister, J. (1992). *The Population of North Korea*. Berkeley: University of

California.

Eckstein, A. (1977). *China's Economic Revolution.* London and New York: Cambridge University Press(일본어 역: 石川滋監 譯.『中國の經濟革命』. 東京大學出版會, 1980).

E.I.U(The Economist Intelligence Unit). *Country Report − South Korea, North Korea.* 4th quarter 1993.

Ellman, M. (1979). *Socialist Planning*. Cambridge: Cambridge University Press(일본어 역: 中兼和津次 · 佐藤經明 譯.『社會主義計劃經濟』. 岩波書店, 1982).

Goto, Fujio(1990). *Estimates of the North Korean Gross Domestic Product: 1956~1959.* Kyoto Sangyo University Press.

Granger, C.W.J. (1969). "Investigating Causal Relations by Econometric Models and Cross-Spectral Methods," *Econometrica*. Vol. 37, No. 3.

Granick, D. (1954). *The Red Executive*. New York: Columbia University Press(일본어 역: 菊池敏夫 · 藤井壽夫 譯.『ソ連の經營者』. 論爭社, 1961).

______ (1983). "Institutional Innovation and Economic Management: The Soviet Incentive System, 1921 to the Present" in G. Guroff and F. V. Carstensen(eds.). *Entrepreneurship in Imperial Russia and the Soviet Union*. Princeton: Princeton University Press.

______ (1990). *Chinese State Enterprises.* Chicago and London: The University of Chicago Press.

Gregory, P. R. and Stuart, R. C. (1980). *Comparative Economic Systems*. Boston: Houghton Mifflin.

______ (1986). *Soviet Economic Structure and Performance*. 3rd edition, New York: Harper & Row(일본어 역: 吉田靖彦 譯.『ソ連經濟—構造と展望』. 教育社, 1987).

Grossman, G. (1977). "The 'Second Economy' of the USSR," *Problems of Communism*. Vol. 26, No. 5.

IEA(International Energy Agency) (1994). *Energy Statistics and Balances of non-OECD countries 1991~1992.*

IISS(International Institute for Strategic Studies). *The Military Balance*. various issues.

IMF. *Direction of Trade Statistics Yearbook*. various issues.

Jung, W.S. and Marshall, P.J. (1985). "Export, Growth and Causality in Developing Countries," *Journal of Development Economics* 18.

Kang, Myong-kyu and Lee, Keun(1992). "Industrial Systems and Reforms in North Korea: A Comparison with China," *World Development*. Vol. 20, No. 7.

Kimura, Mitsuhiko(1994). "A Planned Economy Without Planning: Su-ryong's North Korea," *Discussion Paper F-081, Faculty of Economics*. Tezukayama University.

______(1997). "From Fascism to Communism: Continuity and Development of Collectivist Economic Policy in North Korea," *Discussion Paper F-137, Faculty of Economics*. Tezukayama University.

Koopmans, T.C. and Montias, J. M. (1971). "On the Description and Comparison of Economic Systems," in A. Eckstein(ed.). *Comparison of Economic Systems: Theoretical and Methodological Approaches.* Los Angels: University of California Press.

Kornai, J. (1980). *Economics of Shortage*. Amsterdam: North-Holland.

______(1992). *The Socialist System: The Political Economy of Communism*. Princeton: Princeton University Press.

Kravis, I.B. (1970). "Trade as a Handmaiden of Growth : Similarities between the Nineteenth and Twentieth Centuries," *The Economic Journal*. Vol. 80, No. 320.

Lavigne, M. (1999). *The Economics of Transition: From Socialist Economy To Market Economy*. 2nd edition, New York: St. Martin's Press.

Lee, Doowon(1996). "North Korean Economic Reform: Past Efforts and Future Prospects," in J. McMillan and B. Naughton(eds.). *Roforming Asian Socialism: The Growth of Market Institution*. The University of Michigan Press.

Lee, Hy-Sang(1990). "The August Third Program of North Korea: A Partial Rollback of Central Planning," *Korea Observer*. Vol. 21, No. 4.

______(1992). "The Economic Reform of North Korea: The Strategy of Hidden and Assimilable Reforms," *Korea Observer*. Vol. 23, No. 1.

Levine, H.S. (1971). "On Comparing Planned Economies," in A. Eckstein(ed.). *Comparison of Economic Systems: Theoretical and Methodological Approaches*. Los Angels: University of California Press.

Lewis, W.A. (1980). "The Slowing Down of the Engine of Growth," *The American Economic Review*. Vol. 70, No. 4.

Linder, S.B. (1967). *Trade and Trade Policy for Development*. New York(일본어 역: 藤井茂 監 譯.『發展途上國の貿易と貿易政策』. 日本評論社 1968).

Meier, G.M. (1995). *Leading Issues in Economic Development*. 6th edition, New York: Oxford University Press.

Mesa-Lago, C. (1975). "A Continuum Model for Global Comparison," in C. Mesa-Lago and C. Beck(eds.). *Comparative Socialist Systems: Essays on Politics and Economics*. Pittsburgh: University of Pittsburgh Press.

Moiseyev, V.I. (1991). "USSR-North Korea Economic Cooperation,"『북한경제의 현황과 전망』(국제학술회의자료집). 한국개발연구원.

Montias, J. M. (1970). "Types of Communist Economic Systems," in C. Johnson(ed.). *Change in Communist Systems*. Stanford: Stanford University Press.

Murrel, P. and Olson, M. (1991). "The Devolution of Centrally Planned Economies," *Journal of Comparative Economics*. Vol. 15, No. 2.

Naughton, B. (1995). *Growing out of the Plan: Chinese Economic Reform, 1978~1993*. New York: Cambridge University Press.

Niwa, Haruki and Goto, Fujio(1989). "Estimates of the North Korean Gross Domestic Product Account : 1956-1959," *Asian Economic Journal*. Vol. 3, No. 1.

Noland, M. (2000). *Avoiding the Apocalypse: the Future of Two Koreas.* Washington: Institute of International Economics.

Nove, A. (1968). *The Soviet Economy, An Introduction*. 3rd edition, London: George Allen and Unwin(일본어 역: 公文俊平 譯.『ソ連經濟』. 日本評論社, 1971).

______ (1980). *The Soviet Economic System*. 2nd edition, London: George Allen & Unwin(일본어 역: 大野喜久之輔他 譯.『ソ連の經濟システム』. 晃洋書房, 1986).

Nurkse, R. (1961). *Equilibrium and Growth in the World Economy*. G. Haberler and R.M. Stern (eds.). Massachusetts(일본어 역: 河村鎰男外 譯.『世界經濟の均衡と成長』. ダイヤモンド社, 1967).

OECD. *Financing and External Debt of Developing Countries*. 1991, 1992.

Parish, W.L. and Whyte, M.K. (1978). *Village and Family in Contemporary China*. Chicago and London: The University of Chicago Press.

Richman, B. (1969). *Industrial Society in Communist China*. New York: Random House.

Riedel, J. (1984). "Trade as the Engine of Growth in Developing Countries, Revisited," *The Economic Journal*. Vol. 94.

______ (1988). "Trade as an Engine of Growth: Theory and Evidence," in D. Greenaway(ed.).

Economic Development and International Trade. Macmillan Education Ltd.

Sims, C.A. (1972). "Money, Income, and Causality," *The American Economic Review* 62.

State Statistical Bureau of the People's Republic of China and Institute of Economic Research Hitotsubashi University(1997). *The Historical National Accounts of the People's Republic of China: 1952～1995.*

Tang, A. (1968). "Agricultural Performance in Communist China," in Alexander Eckstein et al. (eds.) *Economic Trends in Communist China.* Chicago: Aldine Publishing Co.

Todaro, M.P. (1985). *Economic Development in the Third World.* 3rd edition, Longman(이근식 등 역. 『제 3세계의 경제발전론』. 비봉출판사, 1985).

UNDP(United Nations Development Programme)(1998). *Thematic Roundtable Meeting On Agricultural Recovery and Environmental Protection For The Democratic People's Republic of Korea.*

USCIA. *Handbook of Economic Statistics.* various issues.

Wilczynski, J. (1972). *Socialist Economic Development and Reform: From Extensive to Intensive Growth under Central Planning in the USSR, Eastern Europe and Yugoslavia.* London: McMillan.

4. 중국어 문헌 · 자료

薄一波(1993). 『若干重大決定與事件的回顧(下卷)』. 中共中央黨校出版社.

《當代中國》叢書編輯部 編(1984). 『當代中國的經濟體制改革』. 中國社會科學出版社.

______(1985). 『當代中國的經濟管理』. 中國社會科學出版社.

國家統計局 編. 『中國統計年鑑』. 各年度, 中國統計出版社.

國家統計局國民經濟平衡統計司全國投入産出調査弁公室(1991). 『1987年度中國投入産出表』. 中國統計出版社.

汪海波 主編(1986). 『新中國工業經濟史』. 經濟管理出版社.

中國海關總署 編. 『中國海關統計年鑑』(1992, 1993年版).

찾아보기

ㅂ

ㅅ

ㅇ

ㅎ

양문수(Moon-Soo Yang)

서울대학교 경제학과 졸업
일본 도쿄대학 대학원 박사(경제학)
매일경제신문, 문화일보 기자
제24대 북한연구학회장
(현) 북한대학원대학교 교수 겸 교학부총장
(현) 통일부 남북교류협력추진협의회 위원

북한경제의 구조

경제개발과 침체의 메커니즘

초판 1쇄 발행 2001년 11월 30일
초판 6쇄 발행 2021년 2월 25일

지은이 양문수
펴낸이 오세정
펴낸곳 서울대학교출판문화원

주소 08826 서울 관악구 관악로 1
도서주문 02-889-4424, 02-880-7995
홈페이지 www.snupress.com
페이스북 @snupress1947
인스타그램 @snupress
출판등록 제15-3호

ISBN 978-89-521-1616-1 93320